PARIS. — TYPOGRAPHIE ÉDOUARD VERT
Rue Notre-Dame-de-Nazareth, 29.

MAISON SPÉCIALE
POUR LES IMPRESSIONS DU COMMERCE

# LA FABRICATION

ET LE

## COMMERCE

# DES CUIRS ET DES PEAUX

ÉTUDES

SOUS LA DIRECTION DE

## CHARLES VINCENT

RÉDACTEUR EN CHEF DU JOURNAL **LA HALLE AUX CUIRS**

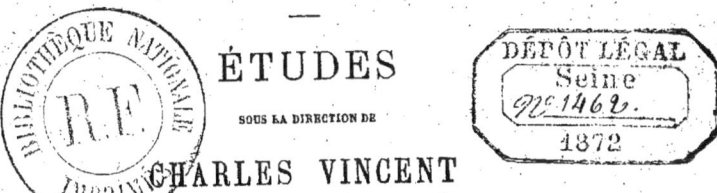

## PREMIÈRE PARTIE

De l'Industrie et du Commerce des Cuirs et des Peaux
dans les Deux-Mondes.
Du Veau ciré, Tannerie et Corroierie.
De la Vache lissée, Tannerie et Corroierie.
Reverdissage des Peaux sèches, salées et salées sèches.
Des Écorces. — De la Récolte. — Du Magasinage, etc.
Du Tannage au Châtaignier.
Du Cuir dit Garouille. — Du Cuir fort à Givet.
Outillage mécanique. — Tannage rapide et rationnel.
Des récompenses dans les Expositions futures.
Notice industrielle.

### PARIS

Aux Bureaux du Journal **LA HALLE AUX CUIRS**

42, rue de Turbigo, 42

ET CHEZ TOUS LES LIBRAIRES

1872

— Toute reproduction interdite —

# A NOS LECTEURS

Le livre que nous offrons aujourd'hui aux spécialistes de la fabrication multiple des cuirs et des peaux, n'est point une œuvre entièrement inédite. C'est, en grande partie, la reproduction de nombreux travaux, publiés par les praticiens devenus collaborateurs du journal *la Halle aux cuirs*, et d'articles écrits par nous dans cette feuille spéciale.

Avant de livrer à la publicité, sous cette forme nouvelle, les principales études contenues dans ce volume, nous les avons soumises, soit à leurs auteurs, soit à des hommes spéciaux, pour qu'ils veuillent bien y faire les additions, les suppressions et les critiques jugées nécessaires.

Les journaux spéciaux ont ceci d'heureux, qu'en renseignant les industriels sur la fluctuation des cours des matières premières et des marchandises fabriquées, ils sont une sorte de *Conservatoire professionnel*, où chacun apporte ses études et ses critiques. Le praticien y contrôle le théoricien; et si souvent les rêves de l'inventeur s'envolent sous les essais du fabricant, quelquefois celui-ci trouve, par l'application des moyens nouveaux proposés, une source d'économie et de perfectionnement, dans ce qu'il eût dédaigné ou ignoré, sans la puissance de vulgarisation qu'offrent incessamment et gratuitement les feuilles qui font passer, avant tout, l'intérêt des industries dont elles ont pour mission de s'occuper.

Nous avons fait précéder ces études d'un coup d'œil général sur les nombreux produits des différentes fabrications, envoyés en spécimen à l'Exposition universelle de 1867, en reproduisant, en partie, nos articles publiés par la *Halle aux Cuirs*, pendant ce concours merveilleux, qui avait attiré à Paris l'élite des fabricants de tous les pays. On trouvera à la suite quelques réflexions sur les produits exposés à Londres en 1862, et sur des tanneries que nous avons eu l'occasion de visiter à l'étranger, ainsi que notre opinion et celle de nos collaborateurs sur les exportations possibles à faire dans certaines contrées avec lesquelles des relations peuvent ou s'établir ou s'étendre.

Enfin, nous avons voulu rendre ce livre le plus utile possible, tout en évitant soigneusement de citer aucun nom de fabricants vivants, pour ne point que l'idée de ce que l'on est convenu d'appeler une réclame, pût même venir à l'esprit de nos lecteurs. Si quelques rares exceptions ont été faites à cette règle, on reconnaîtra que nous y étions forcé par la nature même du sujet dont nous avions à parler.

CHARLES VINCENT.

# COUP D'ŒIL

sur

# L'INDUSTRIE DES CUIRS & DES PEAUX

## DANS LES DEUX-MONDES

---

France. — Pays-Bas. — Belgique. — Prusse. — Grand-duché de Hesse. — Duché de Bade. — Wurtemberg. — Bavière. — Autriche. — Suisse. — Espagne. — Portugal. — Suède. — Norvège. — Danemark. — Russie. — Italie. — Etats-Unis d'Amérique. — Egypte. — Angleterre. — Canada.

« Ajax porte un bouclier d'airain, semblable au flanc arrondi d'une tour; *sept peaux de bœuf*, les unes sur les autres, recouvrent ce bouclier. Ces peaux sortent des mains de Tychius, le plus habile des enfants de Neotichos dans l'art de tanner, de corroyer et de coudre le cuir. »

Ainsi chante, dans son incomparable *Odyssée*, le plus grand des poëtes de l'antiquité. Aveugle et mendiant, Homère, ayant trouvé une touchante hospitalité chez le tanneur Tychius, voulut rendre impérissable sa reconnaissance envers ce charitable artisan. Il fixa le nom de son hôte dans ses chants merveilleux, qui sont à la fois le poëme attendri de ses souvenirs et le récit de ses voyages à travers sa patrie. Et voilà comment nous apprîmes que les Grecs savaient, déjà dix siècles avant l'ère chrétienne, préparer le cuir avec intelligence, le tanner et le corroyer.

Aujourd'hui, pour résister au choc des armes blanches les mieux trempées, point ne serait besoin d'airain : une seule peau de bœuf suffirait, pour peu qu'elle fût tannée à la jusée et en cuir fort par l'un de nos habiles praticiens.

Nos lecteurs ont pu constater la véracité de ce dire en entrant dans l'une des deux salles où étaient exposés, en 1867, les produits de nos tanneries françaises. Un seul coup d'œil aurait convaincu les plus incrédules de la force et de la rigidité que peuvent acquérir les peaux de bœuf et de vache par l'action habilement combinée de l'eau et du tannin.

Si l'on avait, cette fois encore, mesuré parcimonieusement la place à nos fabricants de cuirs, on leur avait du moins offert d'élégants salons, tout comme on est dans l'habitude de le faire pour les étoffes et les bijoux. Ce n'était que justice, car, à des degrés différents, l'art entre dans tout, et les arts les moins gracieux ne sont pas toujours les moins utiles ni les plus faciles à pratiquer. D'ailleurs, les peaux, transformées en maroquins aux couleurs chatoyantes, en chevreaux glacés ou mordorés, en vernis étincelants, méritaient aussi l'attention des délicats.

Donc, cuirs et peaux pour semelles ; tiges et avant-pieds ; peaux de cheval, de taureau, de bœuf, de vache, de veau, vernies ou cirées ; cuirs noirs, bruns, rouges, blancs, ou jaunes pour sellerie, bourrellerie ou chaussures ; peaux de mouton, de chèvre, de chien, de porc, d'éléphant, d'hippopotame, de phoque, etc., etc., pour des emplois multiples ; tout cela, simplement tanné, lissé ou battu, coloré ou verni, argenté ou doré, en laine naturelle ou teinte, tout enfin avait trouvé sa place dans des cases ou dans des vitrines élégantes.

M. Blackmore, dans un rapport fait sur les cuirs et peaux à la commission royale anglaise, à propos de l'Exposition de 1862, s'exprimait ainsi :

« Dans l'Exposition française tout est bon, excellent, varié et extrêmement parfait. Le jury a éprouvé une diffi-

-culté réelle à donner de justes distinctions en accordant les médailles aux produits de ces fabricants, qui, placés en regard de ceux belges et anglais, et pesés dans la balance avec la plus scrupuleuse attention, obtiennent la palme dans tous les objets de luxe, de goût et de délicatesse.

» Une très-longue liste de récompenses a été dressée; les raisons en ont été déduites ; il n'est pas possible qu'il y en ait de plus flatteuses pour la nation française. Elles sont l'indication véritable et collective de la valeur incontestable des produits exposés, depuis les cuirs tannés par MM. Pelletereau, de Château-Renault, jusqu'aux chevreaux pour gants mégissés à Annonay.

» La France est aussi, en vérité, *sans compétiteur* pour les objets de cuir.

» La France a une telle réputation pour les objets de luxe et d'élégance, comme les maroquins, peaux de chevreau, coloriées, peaux de veau teintes, vernies et corroyées, qu'elle a la supériorité pour tous ces produits.

» Elle a également une supériorité marquée dans les cuirs tannés, qui sont solides et d'un usage général, surtout si on les compare à ceux des tanneurs anglais qui ont un sol qui produit les meilleurs cuirs de bœuf et les meilleures écorces de chêne. Quand nous comparons nos produits naturels avec ceux de la France, nous constatons que ce pays a raison d'être fier de ses tanneurs, et aussi de ses cuirs de bœuf qui sont appendus à la muraille dans la salle de l'Exposition. »

Il n'est pas sans utilité *peut-être* de faire remarquer que le *patriotisme* anglais, dont on est dans l'habitude de se plaindre sur le continent, n'a point pesé sur les jugements de M. Blackmore. Le rapporteur anglais a fait là non-seulement preuve de bon goût, mais il a encore servi les intérêts de ses nationaux, en ne les laissant pas, par des louanges aventurées, s'endormir dans une dangereuse confiance. On verra plus loin que la supériorité si largement reconnue à nos maroquins et à nos peaux de couleur a piqué au vif les fabricants anglais. Les progrès qu'ils ont faits, depuis 1862, dans cette spécialité, sont remarquables. Il est vrai que, pour toutes les autres, ils se sont abstenus d'exposer ; un seul fabricant de gros cuirs s'est présenté au champ de Mars. C'est tout au moins une preuve de modestie de la part des autres.

Nos fabricants de cuirs forts *de pays*, on nomme ainsi les cuirs obtenus avec les peaux provenant des boucheries françaises, n'ont donc point de rivaux sérieux pour leurs magnifiques produits.

On avait cependant à regretter l'absence des produits de M. Sterlingue. Sterlingue ! aujourd'hui le doyen des tanneurs français, sortit, on le sait, des bancs de l'Ecole polytechnique pour appliquer ses connaissances scientifiques à la fabrication si difficile du cuir fort. Il paraît que la Médaille que lui offrit la corroierie parisienne, en reconnaissance des progrès qu'il a fait faire à son industrie, suffit à son ambition. On se contenterait à moins, il est vrai.

---

## FRANCE

Nous allons jeter un rapide coup d'œil sur les produits français et étrangers que ce concours sans précédent avait réunis dans ce champ de Mars qui aurait bien dû, pour le bonheur de tous, rester le Champ pacifique d'il y a quatre ans.

Les cuirs forts de pays étaient admirablement représentés, comme toujours, par les grandes fabriques de Paris et de ses environs, mais encore par Château-Renault, Strasbourg, Vernon, la Suze, Coulommiers, Magny. Il manquait là Héricourt, Montbéliard, Saint-Avold, Saint-Hippolyte et quelques autres centres où le cuir fort de pays est traité avec soin, intelligence et succès.

Venaient près d'eux les magnifiques cuirs de bœufs et de vaches lissés et battus de Château-Renault et de toute la Touraine, fabriqués avec cette perfection qui étonne les tanneurs étrangers, et qui ferait croire que les peaux fabriquées se polissent comme le marbre, tant leur chair et leur fleur sont unies et glacées.

La peau lissée est maintenant traitée dans toutes les provinces de la France avec un succès qui mérite d'être signalé. Ainsi Meung-sur-Loire, — où le fameux Séguin, sous la première République, fit les essais, imparfaits il est vrai, de son tannage accéléré, mais qui n'en furent pas moins le point de départ de la transformation de nos cuirs forts français, — Rennes et Metz avaient exposé du lissé très-remarquable. Comme eux avaient fait Toulon, Bayonne et Guise (Aisne).

La garouille de Montpellier représentait dignement cette intéressante spécialité que tout le Midi surtout, — et Perpignan, Narbonne, Nîmes, Béziers, — fabrique en quantité.

Il ne faut pas oublier, en fait de cuirs à semelles, notre belle fabrication de cuirs forts étrangers, représentée à cette exhibition, hélas! par un trop petit nombre de fabricants. Elle l'était dignement, nous le reconnaissons, par Givet et Rennes; mais pourquoi Sierck et Pont-Audemer manquaient-ils au rendez-vous? Et Saint-Saens, qui nous a fourni Jarlet, l'un des maîtres en cette spécialité, mort aussi, celui-là, après avoir créé plus d'une tannerie renommée. Quelques autres contrées moins connues ont fort heureusement envoyé des spécimens dignes d'être mentionnés. Si cela est bien, nous ne l'acceptons point comme compensation; toutes les forces vives d'une industrie devaient être là. C'était le cas de dire, ou jamais :

> Frères, debout, et que chacun travaille;
> Le monde enfin nous appelle en champ clos.
> Envoyons-lui, pour la sainte bataille,
> Sous nos efforts tous les chefs-d'œuvre éclos!

Ces tanneries absentes font aussi de petits chefs-d'œuvre que nous aurions pu opposer avec succès aux bons cuirs forts de la Belgique et de l'Allemagne. Mais si Sierck s'est abstenu et si Pont-Audemer n'a fait qu'une petite apparition, en revanche, l'Orne (Alençon) et la Somme (Abbeville) avaient envoyé des Buenos-Ayres très-remarquablement fabriqués.

Pour les gens du métier, il serait inutile d'ajouter que les cuirs étrangers sont également traités avec un talent rare chez les tanneurs de Paris et de ses environs et par la Touraine. Mais chez ces fabricants d'autres spécialités l'emportent sur celle-ci. De même qu'à Givet, à Rennes et autres contrées citées plus haut, si l'on tanne aussi le cuir fort du pays, cette spécialité ne forme là également qu'une exception.

M. Blackmore, en parlant de la supériorité des abats anglais, n'entendait certes pas établir une comparaison avec les cuirs étrangers, mais tout simplement avec les abats de nos boucheries françaises. Peut-être a-t-il raison sur ce dernier point, bien que généralement la beauté de la peau soit, pour ainsi dire, en raison inverse de la bonté et de la beauté de l'animal. Expliquons-nous plus clairement : un bœuf très-gras ne fournit pas la meilleure peau ; cette peau est molle et donne généralement au tannage un cuir *ouvert*, poreux. Ce genre de peau manque enfin de compacité et de résistance, ce que le tanneur appelle, en son langage énergique, la nature et le nerf !

A ces divers points de vue, les peaux provenant de l'Amérique du Sud sont les premières du monde. Dans les immenses plaines du Rio de la Plata, où les fourrages sont excellents et abondants, d'innombrables troupeaux de bœufs paissent en liberté, et acquièrent ainsi le développement complet de leurs forces. Les peaux de ces animaux, que malheureusement des marques de feu détériorent toujours un peu, sont recherchées avec un empressement croissant par les jeunes fabriques de l'Amérique du Nord et par nos vieilles fabriques de l'Europe. Nous ne saurions nous passer des produits que Buenos-Ayres et Monte-Video nous envoient chaque année en quantités prodigieuses.

Nous allons citer quelques chiffres qui auront leur éloquence. Nos ports du Havre et de Marseille (les *saladeros* ayant peu travaillé cette année là — 1866 —) n'ont reçu de Buenos-Ayres et de Monte-Video que *un million trois cent trente-sept mille peaux* contre *un million six cent quatre-vingt-neuf mille pièces* importées l'année précédente.

L'Inde nous envoie aussi des chèvres et des vachettes. En Angleterre, on tanne annuellement plusieurs millions de ces dernières peaux. La France, avant peu d'années, en abordera franchement la fabrication, et forcément par grandes quantités, les peaux similaires de nos pays devenant de plus en plus rares. Ici, généralement, les choix en poil qui sont présentés à nos fabricants sont de qualité médiocre et fort difficiles à faire *revenir* à l'état primitif. Cependant, aux enchères publiques de Londres, où, chaque mois, ces vachettes sont mises en vente par centaines de mille, tous peuvent se présenter à l'achat. Mais on recule à aller au loin chercher ce dont on n'a pas absolument besoin ; il suffirait d'ailleurs d'y mettre le prix pour recevoir ici ces vachettes en premier choix, dont les tanneurs anglais font si grand emploi, sans en tirer l'excellent parti que nos praticiens français, si patients et si soigneux, obtiendraient certainement. Nous avons assisté quelquefois à Londres à l'arrivage de croupons corroyés venus de France, les acheteurs anglais se les arrachaient en s'étonnant de leur beauté et de leur régularité.

Il faut reconnaître que le traitement de ces peaux exige des études toutes particulières; mais rien n'est facile en industrie. Déjà beaucoup ont essayé, la plupart ont renoncé, quelques-uns persistent avec succès et ramèneront forcément les autres quand l'absence de nos petites vaches se fera encore plus sentir qu'aujourd'hui, ou si la cherté du veau persiste.

On pouvait voir à la vitrine du regretté fabricant Latouche-Roger, d'Avranches, ce qui certainement pouvait s'obtenir de plus complet dans ce genre. Ce que le tanneur normand faisait si bien n'est pas impossible à ses confrères de France, et plus d'un l'ont prouvé.

—

Si, d'une peau prise encore saignante sur le dos de l'animal, le tanneur fait un cuir compact et fort, le corroyeur a pour mission de donner à ce cuir la souplesse et l'élégance.

Dans le courant de cette revue nous emploierons souvent le nom de l'animal sans le faire précéder du mot *peau*, cet usage étant adopté dans les diverses industries du cuir.

Les veaux cirés, avant d'offrir cette fleur unie et cette chair noircie glacée qui leur donnent une apparence si agréable, ont subi diverses préparations. Ces travaux exigent des soins particuliers dans lesquels nos ouvriers français excellent et que dirigent avec une habileté remarquable nos maîtres corroyeurs. Ils ont su rendre toutes les grandes villes des deux mondes tributaires de notre France, et il n'est pas d'éloge plus grand à faire aux maîtres et aux ouvriers corroyeurs de notre pays.

C'est d'abord les quelques grandes maisons de Paris qui ont des marques très-estimées à l'étranger, notamment en Angleterre et en Amérique pour les produits si recherchés des veaux de l'abat de Paris. Puis l'excellente corroierie de Milhau, dont les produits sont universellement connus et recherchés sous le nom de *veaux de Bordeaux*, bien qu'ils se fabriquent dans l'Aveyron. Disons en passant que la blancheur de ces produits prouvent suffisamment que nos écorces de chêne vert — pas plus que nos belles écorces de Normandie — n'ont rien à envier aux écorces de chêne de l'Angleterre. Tout près de la belle corroierie de l'Aveyron, on peut voir celle de l'Hérault; elle prouve à chaque exposition que Aniane marche sur les traces de Milhau.

La corroierie nantaise mérite aussi une mention spéciale; elle était admirablement représentée à ce concours. C'est ici l'occasion de dire que l'un des fabricants nantais prend la peau sortant de l'abattoir du boucher et la livre au commerce transformée en élégantes chaussures.

La tige et l'avant-pied forment aussi une spécialité dans laquelle brille au premier rang la corroierie parisienne. Un corroyeur parisien avait fabriqué une paire de tiges en veau de Milhau, d'une finesse et d'une souplesse extraordinaires. On roulait une de ses tiges de botte et on la faisait entrer dans un de ces petits rouleaux destinés à recevoir mille francs d'or; la paire pesait 50 grammes! Cette épreuve souvent subie par les tiges en question n'en avait nullement altéré la beauté; on n'en pourrait faire autant avec de la soie! Nantes et Lyon aussi fabriquent la tige et le veau avec grand succès.

Et le cheval corroyé, de Paris notamment, dont la souplesse faisait envie à bien des veaux cirés. Metz, Strasbourg, Aubusson, avaient aussi envoyé du bon et beau cheval corroyé. La Normandie en avait envoyé également de très-beaux, mais en croûte.

En peaux en croûte, il y avait encore des vaches à capotes de Paris, admirablement tannées. Et des vaches grasses pour soufflets, très-bien comprises comme tannage et corroyage, c'est-à-dire offrant à la fois résistance et souplesse.

Un bon corroyeur n'est pas simplement un finisseur, c'est aussi un créateur; telle peau médiocrement fabriquée reprend sous son action non-seulement l'apparence, mais encore la bonté. Ainsi certains corroyeurs achètent des peaux pour croupons de toutes les provenances et lorsqu'elles sortent de leurs mains, elles ont toutes l'uniformité dans le beau; ceux qui finissent ainsi valent ceux qui créent. Et ce n'est point seulement à Paris que l'on traite ainsi la corroierie; pour ne citer qu'une seule ville de la province, que l'on s'arrête devant l'exposition de Metz, on verra combien cette industrie est en progrès partout Il serait injuste de ne pas signaler aussi de la belle corroierie d'Aubusson (Creuse).

Il est encore une fabrication très-intéressante, c'est celle du veau mince pour filatures et pour cardes, et des fortes courroies pour transmission de mécanique. Que l'on regarde les magnifiques veaux de Paris, de Rouen, de Guise (Aisne), et l'on sera frappé, — ne connût-on rien aux difficultés de cet intéressant travail, — de la blancheur de la chair et de la netteté de la fleur, où pas une seule cassure n'apparaît. Cependant la peau n'est point facile à manier comme du tissu, et à quel tissu pourtant ces veaux glacés sur fleur le céderaient-ils ? Nous n'en connaissons pas.— Rouen exposait à côté de petites courroies de cuir pour cardes d'une netteté remarquable, des rouleaux pour lithographie qui sont en quelque sorte une spécialité de ce pays, et une spécialité remarquablement traitée.

La courroie de mécanique est l'objet, depuis plusieurs années, d'études spéciales; et nous croyons qu'aujourd'hui, si l'on n'a pas atteint l'apogée dans sa fabrication, c'est que le progrès est incessant et que la merveille d'hier sera la chose vulgaire de demain. Sans cela, nous proclamerions merveilles accomplies les courroies exposées par la France en 1867.

Paris, Guise, Strasbourg avaient envoyé de magnifiques spécimens. Un fabricant parisien offrait une curiosité dans le genre: une courroie de 36 mètres de long sur 50 centimètres de large, faite de cent deux lanières larges chacune de 2 centimètres et reliées par d'autres lanières ayant chacune 2 mètres de long.

Il y avait là aussi, envoyé par M. Placide Peltereau, de si

regrettable mémoire, les courroies si ingénieusement et si solidement fabriquées. Puis de toutes sortes, et de tous, des courroies à vis, des courroies à lames transversales en acier, des courroies à talon vissées ou cousues, à attaches métalliques, à coutures invisibles, des courroies inextensibles, des courroies hydrofuges, enfin des courroies soudées à l'aide de la colle Bageau, qui est d'une solidité à toute épreuve, puisque sous les plus fortes tensions, elle a résisté aux épreuves réitérées faites à l'arsenal de Woolwich, près LONDRES.

Les cuirs vernis et brunis pour sellerie et pour carrosserie de Paris et ses environs avec ceux de Pont-Audemer tiennent toujours la première ligne. Jamais exposition plus complète et mieux entendue ne fut offerte au monde industriel. L'Angleterre, notre rivale, et qui fut notre devancière dans cette spécialité, a si bien senti notre supériorité à l'Exposition de Londres (1862), qu'elle n'a que très-peu envoyé de produits similaires à l'Exposition française.

Sans trop nous hasarder, nous pourrions en dire autant des cuirs noirs et brunis. Paris — et encore une fois, sons ce titre générique, nous comprenons les fabriques qui l'environnent dans un rayon de quelques lieues — et Pont-Audemer n'ont rien eu à redouter du traité de commerce qui a ouvert la France aux produits anglais. Mêmes observations pour les cuirs à capotes et la hongroirie.

Quant aux cuirs vernis pour chaussures, nos seuls rivaux ce sont les Allemands; les Anglais n'en fabriquent pas ou très-peu. Les vernisseurs français ont su donner à leurs produits la souplesse des vernis allemands en conservant la résistance au montage qui fait complétement défaut à ces derniers. Les bottiers français, en effet, montent leurs chaussures à tour de bras et avec des pinces, parfois même à la mécanique, tandis qu'en Allemagne la chaussure est montée à la main et presque sans efforts. Ce qui explique la supériorité de nos chaussures et leur succès, même sur tous les marchés étrangers. En effet, impossible d'avoir une chaussure élégante offrant un peu de résistance à la marche avec un verni aussi peu consistant que celui des principales fabriques de l'Allemagne. Il va sans dire qu'il y a des exceptions à cette règle générale de la fabrication allemande; mais elles sont rares et ne se rencontrent que dans quelques fabriques de Zolverein. Encore les vaches vernies grainées de cette contrée étaient-elles creuses dans les flancs et beaucoup moins avantageuses que les nôtres.

Nos cuirs vernis de couleur ont acquis aussi, depuis quelques années surtout, une réputation méritée. Un des plus jeunes fabricants parisiens de cuirs vernis pour chaussures et dont les produits sont déjà très-estimés, avait exposé des veaux vernis de diverses nuances avec quadrillage or et argent qu'il serait injuste de ne point signaler.

Le veau mégissé si habilement fabriqué, depuis quelques années surtout. dans notre pays, a de véritables et sérieux rivaux en Allemagne, il faut savoir le reconnaître et ne pas s'endormir sur nos succès.

Quant aux peaux pour ganterie, Annonay et Paris sont toujours les deux grands centres de fabrication où les deux mondes viennent s'alimenter. Dans le Midi, et notamment à Montpellier, on fabrique aussi de très-beaux agneaux mégis pour gants. Il n'est que juste de signaler, incidemment ici, une spécialité de moutons façon veau blanc très généralisée dans le midi de la France et que cette dernière ville a créée. Mais revenons aux peaux préparées pour la ganterie en empruntant aux rapports du jury international, publiés sous la direction de M. Michel Chevalier, les appréciations générales suivantes qui attestent encore la supériorité de la fabrication française:

« La consommation des gants tend à s'accroître et n'aura de limite que celle de la production des peaux brutes; aussi le prix s'élève-t-il toujours. En France, l'élevage des chèvres s'est vu restreindre par suite des dégâts qu'elles causent dans les bois; aussi nos fabricants ont-ils dû rechercher les peaux brutes à l'étranger, qui, à part la Saxe et la Suisse, ne fournit que des qualités inférieures à celles de France, et, avec des améliorations successives, ils ont fait entrer dans la consommation des sortes qui avaient été négligées jusque-là; ils ont aussi, par un travail intelligent, mégissé les *chevrettes* d'Allemagne, qui, autrefois, étaient appliquées à la fabrication des maroquins, pour les convertir en peaux de ganterie plus fortes, servant à confectionner le gant dit *dogskin*, qui est d'un grand usage en Angleterre; ils ont, en outre, réussi même à alimenter ce pays, qui en a presque cessé la fabrication, préférant l'acheter en France.

« On peut juger de l'importance de cette fabrication par ce fait que, au commencement du XVIII$^e$ siècle, la ganterie (européenne) ne produisait que pour 1,500,000 francs à 2 millions de gants, tandis qu'aujourd'hui, elle en livre à la vente pour 75 ou 80 millions; que les chevreaux mégissés valaient, la grosse, de 40 à 45 livres, et que, aujourd'hui, ils sont estimés en moyenne, 480 ou 500 francs. L'Exposition (1867) ne montrait rien de remarquable en peaux teintes pour gants; un seul fabricant avait une vitrine qui contenait des couleurs très-variées; nous regrettons l'absence d'autres fabricants. Cet article est fort intéressant et très-bien réussi en France. »

La fabrication de nos maroquins et de nos moutons maroquinés reste toujours la première du monde. Il en sera longtemps ainsi, espérons-le, malgré cet acte de vandalisme qu'une guerre, en 1870, ne saurait excuser : l'incendie, par l'armée prussienne, de cette merveilleuse usine de Choisy-le-Roi, l'honneur de notre maroquinerie française!

Rien de plus varié, de plus éclatant, de plus élégamment préparé pour la maroquinerie, la gaînerie, la reliure, la chapellerie que les peaux fabriquées, notamment à Paris, à Strasbourg, à Marseille. Tous les pays du monde sont encore nos tributaires pour ces spécialités relativement récentes en France, puisqu'elles ne remontent guère à plus d'un siècle. Et ces admirables chevreaux mats, colorés et dorés de Paris, et que l'Angleterre nous achète tous les jours. Ils faisaient l'admiration des connaisseurs.

Les basanes de Paris, de Maringues et du midi de la France, la peau de mouton du Languedoc, façon veau blanc, et autres sont aussi très-remarquables. Une petite spécialité parisienne de peau teinte sur chair était également exposée par une maison qui fabrique avec succès une autre spécialité, les basanes à registre, sur lesquelles il est si difficile d'obtenir une nuance à la fois bien nourrie et nette.

La chamoiserie, peu représentée ici, n'est pourtant pas en décroissance, bien que Niort se soit abstenue, Beausseré — Enencourt — Léage et notamment Trye-le-Château, exposaient du buffle d'un cuir ferme, d'une couleur très-blanche et une variété de peaux chamoisée d'une coupe bien jaune et très-bien comprises comme fabrication et couleur.

Enfin, terminons cette courte revue par la chèvre corroyée, que Paris et Lyon travaillent avec une grande perfection, et par la chèvre tannée que Marseille fabrique sur une échelle si vaste, qu'une seule maison en livre couramment au commerce quatre à cinq mille douzaines par semaine !

Ce n'est pas seulement de la Corse, de l'Italie, de l'Egypte, de la Grèce, de Constantinople que les peaux de chèvre arrivent à Marseille ; mais c'est encore de l'Inde et du sud de l'Afrique qu'elles nous viennent directement aujourd'hui, sans passer par Londres comme autrefois. N'est-ce pas que l'industrie ainsi comprise ne manque point de grandeur ! Ceux qui ne voient que le côté mercantile dans les questions industrielles sont décidément des spectateurs inintelligents ; ils ne savent les regarder que par le gros bout de la lorgnette,

## CUIRS ET PEAUX DE FABRICATION ÉTRANGÈRE

### PAYS - BAS

Sur deux exposants indiqués par le catalogue, un seul, X. d'Eibergen, avait envoyé quelques veaux blancs et quelques courroies assez bien tannées, mais qui avaient l'air d'avoir un âge assez avancé ; le tout aurait figuré déjà à une exposition précédente que cela ne nous étonnerait point.

Nous avons regretté de ne pas trouver les cuirs vernis d'Amsterdam, annoncés sur le livret, et dont la bonne réputation ne nous est pas inconnue.

### BELGIQUE

La Belgique, qui compte aussi, dans son exposition, des cuirs forts estimés des tanneries du duché de Luxembourg, est un pays où le cuir est l'objet d'une fabrication attentive et désireuse de bien faire.

Ses cuirs forts, pour lesquels elle emploie toujours les plus belles sortes de saladeros, sont d'une excellente qualité. Ils rappellent ceux de Givet, mais ils n'ont point le coup-d'œil qu'offrent ceux-ci, et, de plus, presque tous les cuirs belges ont un peu de fleur, ce que n'ont pas les cuirs des bonnes marques de Givet.

Ce sont néanmoins de beaux et bons produits, et s'ils ne

sont pas encore placés en première ligne, ce ne sont pas certes des cuirs de second choix, comme qualité surtout.

La coupe de ces cuirs offre une grande finesse de fleur, la fibrine est bien garnie, brillante à la coupe, et il ne leur reste donc, pour prendre rang à côté de nos cuirs français, que d'acquérir ce fini qui leur permet de prendre au battage ce beau glacé tant recherché des amateurs.

Stavelot, Louvain, Soignies, Namur, Tournai, Houffalize et Bruxelles, ont envoyé des cuirs à semelles dignes d'être signalés.

La corroierie n'est pas aussi près d'égaler notre fabrication française que le gros cuir l'est de celle de Givet. Généralement la corroierie est trop chargée de dégras. Il n'est pas difficile de donner de la souplesse à la peau en lui prodiguant la nourriture; ce qu'il faut, c'est lui donner en même temps que de la souplesse de la blancheur et de l'élégance, s'il est permis de parler ainsi à propos de cuirs.

Cette corroierie a cependant fait des progrès depuis Londres, et nous pouvons citer des veaux cirés d'Alost; — des veaux blancs et cirés et des veaux à cylindre de Gand; — des peaux corroyées et quadrillées, de Nimy; — de Tournai, — et d'assez beaux veaux cirés de Bruxelles.

En somme, la corroierie belge, qui laissait tant à désirer à Londres, regagne du terrain. Les collets et les flancs sont moins maigres, la mise en huile, le blanchissage et le finissage plus soignés. Les tiges sont restées plus en arrière que les veaux; cependant on y pouvait constater une légère amélioration.

L'article corroyé est surtout celui qui doit nous valoir le plus de commandes de ce pays, qui demanderait en outre des quantités de peaux en croûte à Paris, si la sèche y était généralement plus complète.

Il serait injuste de ne pas indiquer du beau lissé de Tournai, qui exposait aussi de bons cuirs à courroies — et de Liége; des cuirs pour sellerie, très-bien traités, de

Bruxelles; — de très-beaux cylindres pour filature et les cuirs pour couture, de Gand, d'Etterbeek-les-Liége ; — les cuirs pour cardes, d'Herve, près Liége ; — les cuirs vernis, de Anderlecht-les-Bruxelles, ainsi que de très-beaux produits, en cette spécialité si difficile, exposés par Bruxelles

En maroquins et moutons de couleur, nous avons pu signaler des progrès remarquables réalisés aussi par les fabricants de ce pays depuis l'Exposition de Londres, c'est-à-dire en cinq ans. Une industrie qui marche ainsi, — et depuis lors elle ne s'est pas ralentie, — ne peut manquer d'arriver au succès.

## PRUSSE

Nous voilà en face des tanneries allemandes, et nous avons été là en désaccord assez marqué avec les décisions du jury. Les cuirs forts de ce pays sont fabriqués d'après la méthode belge, et, moins qu'eux peut-être, ils ont la beauté que nous exigeons de nos bons cuirs français ; ils sont assez généralement d'une bonne qualité. Le battage mécanique est très-peu pratiqué dans les deux pays; quelques essais ont été tentés, mais enfin ce n'est pas la méthode usuelle. L'exposition de Prüm attirait tout de suite. Elle présentait un cuir Buenos-Ayres, tanné à la jusée, très-blanc de fleur, d'une apparence très-flatteuse ; malheureusement ce cuir avait eu trop de développement en passerie, et non-seulement il n'était pas tanné, mais, quel que soit le séjour en fosse qu'on lui eût donné, on ne serait pas arrivé à le tanner de fond. Un autre cuir du même fabricant, indiqué comme tanné *complètement*, laissait encore voir une petite raie de verdure. Mais ces cuirs avaient de l'œil, et, malgré tout, ils ont obtenu une médaille d'argent.

Nous leur préférions pourtant les cuirs de Trèves, dont les cuirs forts, simplement Mentionnés et qui méritaient la médaille, ont l'apparence de nos cuirs de Givet et une fermeté complète.

Le Hanovre exposait des cuirs forts battus mécaniquement. Ces cuirs avaient gagné du coup d'œil à cette opération; malheureusement ils manquaient de fermeté, qualité primordiale pour du cuir fort.

Il nous faut citer encore, pour être juste, les cuirs de Cologne, de Prüm et ceux de Ehrenbreitstein, de très-bonne qualité courante.

## GRAND-DUCHÉ DE HESSE ET DUCHÉ DE BADE

Cette Exposition contenait incontestablement de la très-belle et très-bonne corroierie; mais elle était toujours d'un finissage moins égal que la corroierie parisienne; les têtes de veaux, quoique baissées, avaient une fermeté que n'ont pas les nôtres.

Ce qu'il y avait de vraiment remarquable ici, ce sont les veaux vernis de Worms.

Citons aussi, en première ligne, la très-belle corroierie de Bensheim et d'Endigen.

Les cuirs vernis pour sellerie du grand-duché de Hesse étaient bien au-dessous des nôtres.

Signalons du lissé d'Eberstadt, qui n'était point sans défaut, mais qui méritait cette citation, quoique la médaille de bronze l'ait suffisamment récompensé. Il y a en France des peaux de beaucoup supérieures à celles-là, qui n'ont pas obtenu même la Mention.

## WURTEMBERG

Bopfingen avait exposé de belles vaches vernies. — Kunzelsau et Stuttgart, de belle et bonne corroierie; — cette dernière ville exposait des cuirs pour courroies d'une grande médiocrité; heureusement que son exposition était complétée par d'assez bons cuirs tannés et surtout par de beaux cuirs noirs en suif. — Enfin nous avons retrouvé à cette exposition, dans une vitrine d'Ulm, des veaux cirés tannés avec leur poil, par le procédé intéressant de M. Vandelbucke, dont on trouvera un court exposé dans le journal sous le titre : *Tannage accéléré des peaux de veau tannées avec leur poil.*

Ce système, très-peu répandu en France, paraît mis en usage commun dans le Wurtemberg, car les peaux exposées par les fabricants wurtembergeois n'étaient nullement signalées comme un produit exceptionnel.

M. Vandenbulcke ayant pris un brevet en Belgique, en Angleterre et en France, en 1862, croyait à une simple imitation de sa découverte.

## BAVIÈRE

Le coin de salle consacré à la Bavière est incontestablement l'un des plus agréables à l'œil de l'Exposition.

Disons, en passant, bien que nous devions y revenir, que la mégisserie y est admirable, et que, dans la spécialité du veau mégissé, il est le premier pays du monde.

La corroierie était belle à cette Exposition, où n'apparaissait le gros cuir que sous la forme de courroies, qui peuvent avoir une utilité spéciale, puisqu'elles sont brevetées, mais qui sont bien laides et d'un tannage douteux. Mais ce n'est là qu'un point noir dans le tableau charmant offert par la belle corroierie, les vernis et surtout les beaux cuirs vernis de sellerie exposés là par Dresde, les beaux veaux blancs et cirés du Palatinat; les veaux mégis de Munich, et enfin les magnifiques astrakans noirs lustrés, de la même ville.

La corroierie de Munich est très-belle ; mais elle manque de solidité dans le tannage, elle pèche un peu dans les veaux par les flancs et les collets. L'opinion d'un grand connaisseur est cependant que l'abat de Munich peut passer pour le premier abat de veau du monde, comme dépouille bien entendu.

## AUTRICHE

L'Autriche ne présente rien de remarquable comme cuirs à semelles.

Un fabricant, le seul, *dit-il*, qui tanne à l'écorce de chêne, exposait des cuirs jusés d'une belle apparence, et dont les peaux provenaient des boucheries du pays.

En cuirs à semelles, nous pouvons citer encore les fabricants de Siariano. Les autres cuirs exposés peuvent être d'un assez bon usage ; mais tout cela était peu soigné et loin des cuirs à semelles, cités plus haut, même des sortes inférieures de la Prusse. Comme qualité, disons que les cuirs de Bohême et ceux de la basse Autriche nous ont paru être d'un bon emploi courant.

La corroierie est supérieure, et de beaucoup, à la fabrication des cuirs jusés dans ce pays ; elle a du coup d'œil et de la souplesse ; mais elle est toujours trop chargée et creuse dans les collets et les flancs.

Nous signalerons cependant la corroierie de Vienne et de la Bohême. Mais que tout cela est loin de nous, mon Dieu !

Nous avons cependant le devoir de signaler des cuirs de sellerie, dont le cuir noir surtout était beau ; les cuirs colorés de Trieste, ainsi que les cuirs de Marbourg (Styrie).

Chez MM. J. Gerlach et fils, nous avions remarqué une peau de buffle pour soupapes de pompe hydraulique. Cela doit être bien inférieur à nos bons cuirs de bœuf préparés au suif.

La même maison exposait un taureau pour courroies, d'une étendue fort remarquable. Le poids, 52 kil., donnera aux lecteurs une idée de la dimension de cette peau exceptionnelle.

Leobersdorf (basse Autriche), à côté de jolis veaux pour filature, dont la fleur est très-fine, montrait une peau d'éléphant tannée au dividivi, et qui avait près de 4 centimètres d'épaisseur. Château-Renault, à l'Exposition française, avait des spécimens dans ce genre et mieux tannés.

Où l'Autriche est remarquable, c'est dans la fabrication de la petite peau ; sa mégisserie pour chaussure est admirable. Ses maroquins et ses peaux de mouton maroquinées à Vienne ont fait de grands progrès, et suivent d'assez près nos fabricants pour qu'ils commencent à s'en inquiéter sérieusement.

## SUISSE

La Suisse est peut-être le pays dont les produits ressemblent le plus à ceux de la France. Sa corroierie est remarquable et ses cuirs sont excellents, un peu fosselés sur la fleur : mais c'est l'habitude du pays. Ces *fosselures* n'enlèvent rien à la qualité s'ils déparent un peu le coup d'œil. Et d'ailleurs l'usage du marteau a commencé déjà chez quelques fabricants à faire disparaître ces petites cavités, déplaisantes à l'œil. Les excellents cuirs du Doubs, connus à Lyon sous le nom de *Cuirs Suisses*, bien que fabriqués dans les environs de Montbéliard, ont déjà perdu cette petite imperfection.

On a récompensé par une médaille d'or la corroierie de ce pays en une maison de Lausanne. C'est, certes, le pays s'approchant le plus de nos premières fabriques françaises. La méthode du tannage et du corroyage est la même qu'en France. Les tiges ne sont pas encore arrivées au niveau des nôtres, même dans les plus belles vitrines; mais que cette corroierie et cette tannerie sont de beaucoup supérieures à celles de l'Allemagne !

Encore une fois, dans cette annexe consacrée à la Suisse, on se croirait en France.

Nous ne pouvions prendre vitrine par vitrine, mais nous avons cité ce qui nous a frappé, et au hasard de nos notes ; là, d'ailleurs, le bien-fait est la règle.

Lausanne, Genève, Morges et Vevey avaient là de très-remarquable corroierie.

Genève, Zurich, Franenfeld (Thurgovie), Ucrikon (Zurich), Watwyl (Saint-Gall), Morges, Nyon et Montreux (Vaud), offraient des cuirs fort excellents, notamment une maison de Genève, très-mal récompensée.

Les cuirs de ces pays sont généralement pleins dans les flancs, ils n'ont pas la beauté des nôtres ; mais ils doivent être d'un usage excellent.

Nous avions signalé aussi les veaux vernis, de couleur, de Saint-Gall, et les veaux vernis noirs de Fischengen (Thurgovie).

En résumé, la Suisse est presque notre égale pour le veau ciré. Sa tige est bien traitée ; mais elle est encore assez loin de nos fabrications de choix, et leurs vernis pour chaussure, quoique en progrès, sont loin des nôtres. La France peut donc expédier de ces articles dans cette contrée comme elle y envoie des cuirs forts et surtout du lissé.

## ESPAGNE

L'Espagne, qui fut célèbre dans la profession par ses cuirs de Cordoue, d'où vient le nom de cordonnier, disent certains historiens, a depuis longtemps été dépassée par les tanneries françaises qui lui expédient en quantité nos beaux et bons cuirs lissés, nos maroquins et nos vernis.

Citons d'abord les cuirs à semelles de la *Tannerie barcelonaise*, que nous n'avons pu apprécier à la main, puisqu'ils étaient juchés à une hauteur inabordable, mais qui, autant que l'œil pouvait en juger, étaient d'une fabrication bien entendue. Ils avaient tout à fait bon aspect. — Nous avons aussi à signaler de très-beaux maroquins de Madrid ; — de bonne corroierie et de belles peaux de chagrin de Valence ; — des veaux blancs et cirés, que l'on nous a dit être de Lugo, mais dont le nom ne figure point sur le catalogue : ces veaux blancs et cirés étaient tout simplement admirables.

Ces derniers faisaient exception, il faut le reconnaître, car, en général, la corroierie était ce que l'on appelle, dans le métier, littéralement *pourrie* d'huile, en ce qui concerne le veau ciré. En revanche, tous les veaux blancs exposés étaient ras et doux et méritaient attention.

Signalons cependant les veaux vernis de Barcelone et les produits tannés et corroyés de Salamanque.

Quant aux cuirs lissés, fort jolis comme couleur, ils

étaient d'un tannage mou et ouvert. C'est ce qui explique sans doute pourquoi la France trouve là, comme nous l'avons dit plus haut, un assez grand débouché pour ses belles vaches lissées.

## PORTUGAL

L'exposition de cette contrée avait beaucoup de rapport avec l'Espagne, et les mêmes observations peuvent y être attribuées. Ainsi les cuirs lissés de Lisbonne sont jolis et bien tannés, mais très-ouverts. On fait là le cuir à semelles comme on fabrique chez nous la molleterie. Les peaux sont creuses ; c'est-à-dire qu'elles ont reçu trop de chaux.

Avec les cuirs de Lisbonne, il convient de signaler aussi les cuirs de Porto. Ce pays, comme l'Espagne, est tributaire de notre industrie française en cuirs et peaux.

## SUÈDE

Des cuirs jusés assez fermes, la fleur est blanche et très-belle. La corroierie n'a pas le fini apporté à nos produits français ; néanmoins elle est bonne et assez belle. Les courroies de mécaniques sont faites avec un cuir qui doit avoir beaucoup de prêtant, ce qui n'est pas une qualité.

Citons néanmoins et justement de beaux cuirs de Gothembourg.

## NORVÉGE

Le cuir fort jusé pour semelles est en Buenos-Ayres ; car ce pays, ainsi que la Suède, ne fournit guère que de la peau propice à l'empeigne. Ces cuirs forts sont bien tannés à l'écorce de chêne ; mais le tannage est peu serré, ce qui donne naturellement un cuir mou et sans consistance.

Les cuirs pour semelles, de pays, qui ont attiré notre attention, sont ceux de Christiana et les produits de la tannerie de Flekkefjord.

Nous avons trouvé aussi dans cette contrée des veaux blancs très-légers, très-souples, mais dont la fleur est enlevée légèrement à l'étire, et dont la chair est fine et très-rase.

En retour des bois que nous fournit la Norvége, nous expédions d'assez grandes quantités de gros cuirs français.

## DANEMARK

Dans ce pays, où le cuir est travaillé avec goût et à la française, comme en Norvége, il serait injuste de ne pas signaler de très-bonne corroierie de Copenhague, dont les veaux sont surtout très-bien tannés et corroyés ; il faut citer aussi le cuir noir pour sellerie, digne d'être remarqué. — Il ne faut pas oublier non plus des peaux de moutons de la même ville, et des vernis qui méritent un encouragement, exposés par Copenhague.

A Londres, Copenhague avait envoyé de très-bons et très-beaux cuirs à semelles et d'excellents croupons en huile, rappelant le travail des bonnes tanneries de l'héroïque et malheureuse ville de Strasbourg. Ce pays a progressé dans le tannage et le corroyage des veaux, qui étaient loin des veaux exposés cinq ans après à Paris. Nous avions aussi remarqué, à Londres, du cheval venu d'Altona, tanné, corroyé et verni avec beaucoup de succès.

## RUSSIE

Voilà certainement un pays qui, s'il mérite sa réputation, — en raison de la préparation de certains cuirs, à l'aide de l'écorce odoriférante du bouleau, ce qui donne un parfum généralement aimé du public, — ne mérite guère l'attention des connaisseurs.

Les cuirs à semelles ont un tannage qui laisse beaucoup à désirer, — rien n'y est tanné au jus. Ce tannage du cuir à semelles est là encore à l'état d'enfance.

A côté de ces produits informes, on remarque des tiges fabriquées par les procédés français, et qui ont une finesse très-remarquable ; elles ont, du reste, tout à fait la forme française.

Cependant, il faut reconnaître, à côté des imperfections du tannage russe, les avantages qui s'y rattachent. Le cuir russe proprement dit, vachettes et gros veaux, a le mériter d'obtenir en croûte une souplesse naturelle qui permet de l'employer tel quel sans le secours du travail de corroierie.

Les cuirs de sellerie n'offrent rien de particulier non plus ; c'est de troisième ordre.

Il faut signaler d'assez jolis maroquins et de la chèvre mise en huile, à grain naturel et lustré très-net, d'une bonne corroierie. Elle est l'œuvre d'une maison polonaise (Varsovie). De très-beaux cuirs quadrillés et des chevreaux de couleur assez remarquables venant de Moscou. Enfin, de très-jolies tiges en veaux blancs exposées par deux maisons de Saint-Pétersbourg, qui contrastent, nous l'avons déjà dit, avec les produits mal tannés qui formaient le fond de l'exposition russe.

Voilà d'ailleurs, sur les produits de ce vaste empire, le résumé de notre collaborateur à l'exposition de Londres. Le commerce français pourrait encore en faire son profit :

« La Russie est un grand pays de production, comme matière première, en ce qui concerne le commerce des cuirs ; mais sa fabrication, comme perfection et comme bonne qualité des choses usuelles, est loin d'être à la hauteur des Etats européens, la Turquie exceptée.

Une vingtaine de fabricants russes ont envoyé des échantillons de leurs produits à l'Exposition universelle d'Angleterre ; parmi ces vingt fabricants j'en ai choisi quatre comme types, et, dans des localités différentes, il ressort de mon examen qu'à Saint-Pétersbourg il y a trois à quatre bons tanneurs-corroyeurs pour la molletterie et la partie de la corroierie que nous appelons partie anglaise ; leurs productions comme perfectionnement ont une valeur relative vis-à-vis des autres, mais sont loin d'égaler les nôtres.

J'ai constaté que leurs cuirs forts sont tout à fait inférieurs ; que leurs bœufs et vaches lissés sont peu propices pour faire de la semelle ; qu'ils pourraient, au besoin, convenir pour fabriquer des cuirs noirs en suif et un peu de sellerie ;

Que la plupart de leurs petites vaches et veaux pour corroierie, tannés à l'écorce d'aulne et mis en huile avec du suif et de l'huile de bouleau, tannés probablement à la flotte, par conséquent creux et secs, présentaient peu de garantie contre un bon usage et contre l'humidité ;

Que, de plus, toutes ces marchandises étaient cotées à des prix de vente bien supérieurs à ceux de nos meilleures fabriques, et qu'en somme nous n'avions rien à redouter, pour une assez longue période, de la concurrence que pourraient nous faire les tanneurs de ce vaste empire, soit sur les marchés étrangers qui nous sont familiers, soit même sur notre propre sol, si un traité de commerce venait à y admettre leurs produits; qu'au contraire, les nôtres leur feraient une rude concurrence s'ils pouvaient être admis chez eux au même titre que nous le sommes en Angleterre ou autres États avec qui nous avons lié des traités de commerce.

Nos belles et bonnes tiges en veau de Paris et de Milhau, si recherchés en Angleterre, en Amérique, même en Belgique, le seraient également à Saint-Pétersbourg, Moscou et autres grandes villes, où l'on aime le luxe et le confortable; on connaît déjà ces produits à Saint-Pétersbourg; je sais plusieurs bons fabricants français qui, chaque année, y expédient quelque cent douzaines de tiges; mais, jusqu'alors, les droit d'entrée si élevés, la difficulté des communications pendant six mois de l'année, tout cela a donné, jusqu'à ce jour, bien à réfléchir à nos producteurs. Mais arrive le jour où les chemins de fer du centre de la Russie viendront se relier avec les nôtres, ce jour prochain nous mettra à trois ou quatre journées de la capitale moderne de l'empire et à cinq jours de Moscou, cette seconde capitale de la Russie, plus centrale que la première pour les affaires avec l'intérieur. Ce jour-là, toute notre hésitation devra cesser; nos bons cuirs forts, si imperméables et si solidement tannés, comme le sont ceux qui font notre gloire à l'Exposition; nos beaux articles de sellerie et carrosserie, comme ceux qui sortent de nos fabriques de Paris et de Pont-Audemer, devront trouver sur le marché de Pétersbourg et Moscou d'immenses débouchés, et tout cela parce que les besoins et le luxe en Russie grandissent plus vite que l'industrie. Nous avons là un vaste champ ouvert à notre émulation, et la hardiesse venant à nos fabricants en même temps que l'appât du gain, ils ne sauront faillir à leur mission, qui est de propager nos articles manufacturés dans tous les coins de l'univers.

J'ai su déjà que si la Russie demandait des cuirs à semelles à l'Angleterre de préférence à la France, c'est que nos premiers envois avaient été peu suivis comme conditionnement.

Nous ne sommes véritablement pas assez aventureux en France, nous préférons nous faire dans notre patrie une concurrence absurde et ruineuse, plutôt que de hasarder quelques tentatives à l'étranger.

Jetons un regard d'une vingtaine d'années en arrière et voyons ce qu'a produit pour notre commerce d'exportation un simple voyage fait en amateur, par défunt l'honorable Courtepée, accompagné d'un de ses amis nommé M. Gossel.

Vers l'année 1840, ils partirent tous deux pour Londres pour s'y promener, et aussi pour étudier le commerce de ce pays en ce qui concernait notre partie.

M. Gossel parlait parfaitement l'anglais; ils furent introduits dans diverses fabriques, et Courtepée vit d'un coup-d'œil combien il y aurait à faire en ce pays si nos marchandises y étaient connues ; on fut voir quelques négociants qui reçurent nos gens froidement, à la manière anglaise; on alla ensuite visiter quelques forts détaillants, où l'on fut mieux accueilli. Bref, des commissions d'échantillons furent données, Courtepée les expédia avec le plus grand soin, les commandes suivirent, puis quelques négociants anglais vinrent nous visiter. Ventujol eut la chance d'avoir leur visite : il leur vendit des tiges coupées et fabriquées dans des veaux de Milhau, qui furent appréciées par nos voisins à leur juste valeur. En quinze années, ces fabricants avaient formé des maisons de premier ordre. »

## ITALIE

Il était presque impossible de se rendre compte des cuirs italiens, exposés comme on l'avait fait : les petites peaux roulées sous vitrine fermée et les grosses peaux en ballots placées dessous cette vitrine.

Seuls, de beaux cuirs d'une maison de Turin étaient apparents, mais à une hauteur qui ne permit que d'en juger le coup-d'œil, d'ailleurs très-favorable aux cuirs de sellerie. Nous avons déjà dit que les cuirs forts de ce pays avaient beaucoup de ressemblance avec les nôtres, le grain est plus gros et plus tendre, mais ils devaient être néanmoins d'une bonne qualité.

Voilà ce que nous avons pu constater *de visu* ; de très-jolis veaux blancs quadrillés, de Pessicète (Bologne) ; — de jolis veaux blancs et des veaux vernis de Turin ; — et de beaux veaux de Macerata.

Quand nous aurons cité du lissé bien tanné de Brescia, nous aurons signalé ce que cette Exposition, si mal organisée, nous a permis de voir.

Mais nous ne pouvons passer aussi légèrement sur les produits d'un pays qui nous offre des débouchés sérieux. Aussi reprendrons-nous les observations suggérées par l'exposition de ce pays à Londres en 1862.

Livourne exposait des bœufs et des vaches lissés d'une belle couleur, mais manquant de fermeté.

Naples avait envoyé des produits similaires, mais bien supérieurs comme qualité, quoique inférieurs encore à nos bons produits français.

Pescia (ancienne Toscane) avait exposé des vachettes, façon de Russie, très-bien réussies, les articles pour sellerie et corroierie très-bien traités.

Modène exposait des vachettes corroyées, mais d'un tannage dur et d'une corroierie imparfaite.

Il ne sera pas sans utilité pour nos lecteurs de reproduire ici ce que nous écrivions à *Halle aux Cuirs* en décembre 1866 sur les tanneries de l'*Italie du Nord* que nous venions de visiter.

« J'ai parcouru, vous le savez, l'Italie du Nord entièrement. Je n'ai pas trouvé la tannerie en progrès dans la Toscane ; on se prépare, dit-on, à mieux faire ; mais toujours est-il qu'à Florence, aujourd'hui capitale de l'Italie, il n'y a que quelques petites tanneries encore dans l'enfance. Le nombre des tanneries est plus important dans les villages qui avoisinent Florence ; mais tout cela est très-imparfait, ne mérite pas encore d'être signalé et ne pourrait prendre rang même à côté des plus médiocres tanneries françaises.

On m'a fait dire, dans ma dernière lettre, que Milan était fournie par les tanneries de Varèse et de Brescia : cela est vrai ; — mais on m'a mal lu à l'imprimerie. J'avais écrit que, bien qu'il y eût des tanneries importantes à Milan, où j'avais vu seulement des négociants en cuirs, de fortes tanneries de Varèse et de Brescia fournissaient de cuirs fabriqués l'ancienne capitale de l'ex-royaume Lombardo-Vénitien.

Milan a 196,000 habitants ; c'est une ville de luxe, et, bien que sa principale industrie comprenne surtout les fers et les soies, le cuir y est aussi représenté. Les cuirs forts, qui n'y sont pas beaux, mais doivent être assez bons, sont presque tous faits de cuirs étrangers et tannés à la Vallonnée ; on les plie comme à Venise en paquet carré. J'ai vu de beaux lissés que l'on m'a dit être tannés dans le pays ; mais comme on était en fête, je n'ai pu constater le fait. Toujours est-il qu'à Brescia on fabrique un très-beau cuir lissé, qui peut prendre rang à côté de nos belles marchandises courantes, sans égaler nos belles sortes de France.

A Venise, où je ne suis resté que deux jours, je me suis fait conduire à une tannerie qui m'avait été signalée comme importante. Vous le savez, toute la ville est bâtie dans l'eau sur pilotis, et les rues principales ne sont autre chose que des canaux, qu'il faut naturellement parcourir en gondole. Les gondoles remplacent là nos fiacres de Paris ; on les prend à l'heure ou à la course, au choix. On a beau savoir d'avance que l'on va trouver une ville entièrement dans l'eau, et pas une petite ville, car, sous la République, elle comptait 200,000 habitants, et elle en a encore aujourd'hui 125,000, ce n'est pas sans une étrange émotion qu'on y arrive, surtout la nuit. Figurez-vous être tout à coup transporté à onze heures du soir sur une gondole noire, éclairée à peine par un petit lumignon et conduite par des gondoliers silencieux, comme les maisons élevées et les grands palais dont les pieds se baignent dans le Canal-Grande. Figurez-vous cette merveilleuse mais sombre décoration entrevue à peine par une nuit noire, sans un rayon de lune pour l'éclairer, c'est ainsi que Venise m'apparut.

Se sentir ainsi emporter rapidement sur ce sol mouvant et dans l'ombre épaisse, n'entendre que le bruit des rames, c'est vraiment un spectacle saisissant.

On ne m'avait point trompé. Je trouvai à l'île Giudecca, séparée de Venise par l'immense canal qui porte le même nom, la très-importante tannerie annoncée. Cette tannerie compte environ 110 à 120 fosses; elle est parfaitement outillée et aménagée. On tanne là beaucoup de peaux étrangères pour semelles. Les cuirs forts, qui sont légers, sont fabriqués à la Vallonnée ; mais la plus forte consommation est faite de lissé. Ce lissé a la fleur rouge, étant entièrement tanné avec l'écorce de pins provenant de la Dalmatie.

Ce que l'on travaille le mieux dans cette tannerie, c'est la petite vachette de Calcutta pour empeignes.

Cette fabrique espère faire un commerce plus étendu avec

l'Italie, aujourd'hui que Venise appartient au royaume italien et que les droits vont disparaître.

En somme, les vachettes corroyées de Venise sont le seul article qui pourrait trouver preneurs chez nous (mais nous les fabriquons à meilleur compte), et à aucun prix le lissé et le cuir fort vénitiens ne trouveraient d'amateurs en France. Au contraire, nos cuirs lissés et nos cuirs forts minces seraient incontestablement bien accueillis par les consommateurs italiens, et déjà la cordonnerie de luxe du centre de l'Italie achète des articles français.

Je vous ai dit ce que j'avais vu à Milan. Toute la Lombardie et la Toscane tannent le cuir fort à la Vallonnée, ce qui n'est pas beau, mais produit cependant des cuirs d'un bon usage. Sauf le lissé de Brescia et de Milan, je n'ai rien trouvé dans ces contrées qui se puisse comparer à nos produits français. Quant aux peaux lissées, tannées à l'écorce de pin ou de sapin, si le cuir ainsi fabriqué est souple ainsi que ces messieurs me l'ont fait remarquer, ils n'ont pu nier de leur côté que ce tannage produit un cuir d'une mollesse vraiment trop grande et que repousserait la cordonnerie française.

A Turin, au contraire, nous avons trouvé une fabrication qui se rapproche beaucoup de la nôtre. Il y a là des tanneries importantes qui sont conduites par des hommes très-intelligents qui s'occupent constamment d'améliorer leur fabrication, et qui sont déjà nos rivaux sérieux pour certains articles.

J'ai bien regretté de ne pouvoir visiter toutes les tanneries de ce pays vraiment important ; mais du moins j'en ai vu une vaste et parfaitement outillée ; elle a été construite exprès. L'eau étant abondante, il n'y a pas de machines à vapeur, et les moulins à écorce, comme les tonneaux à fouler, à dégorger, à faire revenir les peaux sèches, et les marteaux à battre le cuir, tout marche à l'eau, ce qui est une économie. Cette tannerie est, je le crois, à l'heure qu'il est, la plus importante de l'Italie.

En outre de la fabrication habituelle au pays : lissé, veau ciré, vachette en huile, courroies de mécaniques, cuirs noirs, de Hongrie, etc., il y a là un tannage très-suivi de cuirs forts à la jusée. J'ai été étonné de voir d'aussi beaux cuirs forts, après avoir trouvé tant de choses imparfaites dans le pays que je venais de visiter. La fleur est blanche, la coupe est belle et indique un tannage bien compris.

Ce qui m'a très-vivement frappé dans cette tannerie, c'est le reverdissage des vachettes calcutta obtenu très-simplement, rien qu'avec un séjour dans l'eau et le passage dans des tonneaux où il n'entre que de l'eau.

J'ai vu aussi une vernisserie très-bien entendue. Ce qu'elle fabrique de moutons et de chèvres vernis est considérable ; chèvres et moutons tannés au sumac et toujours vernis sur fleur. Une autre maison tanne et fabrique toute la petite peau avec succès et intelligence.

En somme, à Turin, où l'on fabrique tous les cuirs avec des écorces très-belles et très-bonnes provenant en partie des chênes de la vallée de la Suze, les cuirs forts peuvent aller de pair avec nos bonnes sortes dites beaux choix de halle. De plus, ici tout se vend sec. Mais je reviendrai plus loin sur la fabrication de cette ville, où l'on fabrique toutes les sortes de cuirs avec succès, mais où l'usage réclame encore une fabrication de cuir lissé *bouilli* fort originale, mais dont heureusement l'emploi va en diminuant chaque jour.

Résumons-nous : la tannerie, dans l'Italie du Nord, laisse encore beaucoup à désirer. L'Italie du Nord se compose, on le sait, de l'ancienne province du Piémont, de l'ancien royaume Lombard-Vénitien, de l'ancien duché de Parme, de l'ancien duché de Modène et de la Toscane.

Peu importante dans la Toscane, la tannerie apparaît plus sérieuse dans la Vénétie et surtout dans le Milanais ; enfin elle s'affirme d'une façon très-recommandable dans le Piémont, où elle se rapproche, dans l'ensemble, de nos fabriques françaises. Dans les environs de Milan, le cuir lissé est fabriqué avec soin et mérite d'être signalé, et notamment avec succès dans les tanneries de Brescia et de Gorla (Lombardie).

Si, à Venise et dans une bonne partie de la Lombardie, on trouve le lissé rouge, obtenu à l'aide de l'écorce de sapin, et le cuir fort tanné à la Vallonnée ; deux sortes de produits qui ne trouveraient aucun acheteur en France, le lissé de Milan et surtout ceux de Brescia et de Gorla valent les bonnes sortes courantes de France.

Quant à la petite peau, on la tire généralement d'Allemagne. Les chèvres seules sont demandées à Lyon, et cela par toute l'Italie. Turin, qui en tire lui-même de Lyon, en corroie également chez lui ; mais l'Italie, en somme, tire de France, et avec raison, sa chèvre tannée de Marseille et de Lyon.

J'ai promis de parler d'une fabrication assez étrange de lissé qui se fait à Turin, et dont MM. les marchands de cuirs voudraient bien déshabituer leurs clients ; mais les mauvaises habitudes sont plus difficiles à déraciner que les bonnes ; c'est pourquoi le progrès réclamé ne marche là, comme ailleurs, que si lentement.

Quand le lissé (vaches et bœufs) est prêt à être livré au client, on le détériore de la façon suivante, sous le prétexte de lui donner plus de fermeté.

On mouille les peaux lissées, puis on les met en pile, jusqu'à ce qu'elles s'échauffent complétement, c'est-à-dire qu'elles deviennent noires. Pour qu'elles s'échauffent plus facilement, les piles de peaux mouillées sont recouvertes de paille et d'ébourrures.

On retourne les peaux deux ou trois fois dans la semaine, puis on les met à la sèche. On obtient aussi des cuirs lissés noirâtres et qui ont de la dureté, non cette dureté flexible qui est si nécessaire aux cuirs à semelles, mais une dureté cassante ; selon nous, et de l'aveu même des fabricants, la qualité réelle du cuir s'amoindrit après cette façon. Mais certains clients restent fidèles aux peaux lissées ainsi *bouillies*, aussi faut-il bon gré mal gré continuer d'en fabriquer au risque, ce qui arrive quelquefois, de laisser brûler le cuir. Ce n'est pas, d'ailleurs, une opération facile que celle-là, car plus le cuir est près de prendre feu, suivant l'expression habituelle du métier, plus il prend la couleur et la qualité demandées par le consommateur. Et suivant l'énergique expression d'un des fabricants de ces sortes de lissé, il faut amener l'échauffe à ce point, qu'un bâton planté vigoureusement dans la pile y ferait trou.

Cela semblera incroyable à certains de nos lecteurs et cependant c'est l'exacte vérité. Tous les goûts sont dans la nature, et de même qu'il est certains chasseurs qui ne veulent manger le gibier que lorsqu'il commence à entrer en décomposition, de même les consommateurs de ce pays ne veulent employer le cuir qu'alors qu'il a perdu sa principale qualité. Un cuir ainsi *bouilli* est entré presque en décomposition, car ce que nous appelons le nerf a complètement disparu, les fibrines se sont désagrégées et incontestablement les cuirs ainsi macérés n'ont plus les qualités de compacité et d'élasticité que recherche avec raison la consommation intelligente et que nos bonnes tanneries françaises excellent à produire.

Heureusement que le cuir fort à la jusée gagne peu à peu du terrain, et que le bon lissé chasse aussi peu à peu cet usage ridicule du cuir bouilli

Mais revenons à nos rapports commerciaux avec l'Italie du Nord. J'ai dit que la corroierie de l'Italie du Nord ne tirait guère de France que de petites peaux : — beaucoup de chèvres de Lyon, — quelques basanes en croûte — et quelques veaux vernis.

Ce dernier article est concurrencé avec succès par les fabricants de vernis de l'Allemagne, tandis que nous gardons un avantage considérable pour les chèvres.

J'ai voulu connaître l'opinion des consommateurs, et j'ai visité beaucoup de cordonniers, que, naturellement, j'ai fait causer sur les produits qu'ils emploient.

— Pourquoi donnez-vous la préférence aux veaux vernis de l'Allemagne ? ai-je demandé à Gênes, à la plus forte fabrique de chaussures.

— Mon Dieu, pour plusieurs raisons. — La première, c'est que nous ne pouvons pas vendre ici les chaussures aux prix de France, et qu'il y a toujours une différence de 25 0/0 au moins dans nos prix de vente et les vôtres, et que les veaux vernis d'Allemagne nous coûtent meilleur marché.

— Oui, mais je crois que vous avez des ennuis, avec les cuirs allemands, que vous n'éprouvez pas avec nos vernis français. Ainsi, par exemple, nos veaux vernis se montent mieux, et cèdent beaucoup moins à la pression des pinces faites par l'ouvrier, et ainsi montés, ils offrent aux pieds une résistance incontestablement supérieure aux vernis allemands.

— Je le reconnais; mais ce qui est un défaut chez vous, où vous avez très-facilement de bons ouvriers pour monter les chaussures, devient une qualité ici, où l'on a peine à trouver de bons ouvriers. Ici, l'on monte à la main. Mais un autre inconvénient pour nous, le plus grand, et qui n'a peut-être de raison d'être qu'à Gênes, où nous avons des changements de température soudains ; il nous arrive souvent que les vernis français, à certaines époques de l'année, se gercent au montage, et qu'il nous faut ainsi perdre et la façon et la matière première, ce qui ne nous arrive jamais avec les vernis allemands. »

En effet, c'est au climat de Gênes que peut seul être attribué cet inconvénient de la gerçure ; car, je me hâte de le dire, à Turin, j'ai vu plusieurs cordonniers qui se trouvent très bien des vernis français, et les préfèrent de beaucoup aux vernis allemands.

Revenons à Gênes. La cordonnerie emploie là des cuirs lissés Buenos-Ayres qui lui arrivent de la Corse, et qui font d'excellentes semelles. Marseille avec ses cuirs lissés des boucheries de France, y fait aussi des expéditions assez suivies ; — Châteaurenault apparaît encore, avec ses excellents produits, dans les premières maisons, et sans leurs prix, qui, naturellement, se trouvent augmentés des frais de transport, ils feraient une concurrence très-redoutable aux meilleurs lissés de Gorla et de Brescia, dont nous avons parlé plus haut.

J'ai vu à Gênes de très-bons cuirs lissés fabriqués avec les peaux de boucheries du pays.

On n'emploie que du lissé pour semelles à Gênes, où le cuir fort serait trop dur et trop fort pour le climat généralement très-doux.

Les veaux cirés français ont également la préférence, pour les chaussures fines, sur les produits divers, veaux et vachettes Calcutta, préparés pour empeignes dans le pays ; mais on ne les emploie que pour des chaussures de luxe.

A Turin, où l'on fabrique assez bien le veau ciré, les veaux cirés français gardent la suprématie dans la cordonnerie de luxe. Les veaux cirés français sont là très-estimés, et il devrait se faire, à notre profit, un commerce plus suivi encore qu'aujourd'hui. Nos voyageurs ne visitent pas tous ces pays. Dans l'ancien Piémont, le veau manque, ainsi que dans l'Italie centrale ; aussi remplace-t-on le veau frais par des veaux secs d'Amérique et par de petites vachettes de Calcutta. On prend les légères pour faire des empeignes, et les fortes pour des cuirs à premières semelles.

Quant au veau verni, j'ai déjà dit plus haut que les Turinois en faisaient un usage presque général. Cependant les veaux allemands, s'ils se vendent en moins grande abondance dans le Piémont que dans les autres parties de l'Italie, font encore là aux nôtres une vive concurrence. Les campagnes emploient, en quantités considérables, des moutons tannés au sumac, vernis sur fleur et fabriqués dans le pays.

En somme, l'Italie du Nord offre un débouché sérieux pour les veaux blancs cirés, la tige, les veaux vernis, pour chaussures et sellerie, les peaux de cochons pour selles, les articles de corroierie et les maroquins et moutons maroquinés.

L'Italie du Sud nous demande des cuirs de Châteaurenault et des fabriques de Paris et de ses environs, notamment de Lonjumeau et en quantités assez importantes ; Lyon, Marseille et nos fabriques du Midi sont en rapport suivi d'affaires avec le Nord et le Sud, mais nous croyons que nous pourrions trouver à fournir plus amplement ce pays où la tannerie et la corroierie sont en progrès évidemment, mais où les bons fabricants sont rares pour une consommation qui s'est agrandie considérablement depuis quelques années.

## ÉTATS-UNIS D'AMÉRIQUE.

La Nouvelle-Orléans avait envoyé des peaux de crocodile, en croûtes et cirées, dont l'usage, assez répandu en Angleterre, n'est pas inconnu en France. Quelques grandes maisons de cordonnerie de Paris ont souvent, à leurs vitrines, des chaussures de chasse dont les empeignes sont faites avec cette peau. La souplesse des peaux exposées attestait une fabrication bien comprise par l'exposant.

New-York et Winchester exposaient des veaux cirés qui manquaient de coup d'œil, étaient trop chargés d'huile, mais qui avaient de la main et de la qualité. Mais combien cette fabrication est loin de la nôtre. D'ailleurs l'Amérique est un des principaux débouchés pour nos veaux cirés français. Nos veaux vernis y sont également appréciés. Malheureusement les prix de la fabrication allemande permet à ce pays de nous faire une concurrence sérieuse pour cet article.

New-York exposait de médiocres cuirs vernis ; mais, en revanche, il avait un assortiment de cuirs chamoisés pour touches de piano, dont la souplesse et en même temps la résistance étaient très-remarquables.

Nous aurions voulu voir là des cuirs à semelles tannées à l'Hemlock, pour nous rendre compte des progrès faits par les jeunes tanneries de ce vaste pays, que préside, à l'heure qu'il est, un ancien tanneur de l'État d'Ohio, le général Grant.

## EGYPTE

L'Egypte avait envoyé quelques vaches lissées qui avaient reçu trop de chaux, et dont le tannage, assez satisfaisant à l'œil, était sans consistance.

Les cuirs noirs et blancs pour sellerie restent bien loin des nôtres. Il y avait là un spécimen curieux des cuirs bruts dont certains nomades se font des chaussures : la peau, à peine sortie du dos de la bête, est jetée avec son poil dans une sorte de bain dans lequel on a mis de l'écorce. Après quelques jours de ce tannage qui ne traverse pas même la peau, on en fait des chaussures qui doivent rappeler beaucoup celles que portaient les hordes barbares du trop célèbre Attila.

Les maroquins de l'empire ottoman sont incontestablement d'une qualité suffisante pour l'emploi dans le pays ; mais comme ils sont loin des nôtres, nous avons sur eux l'avantage incontestable du tannage et du corroyage, et, de plus, si nous faisons aussi solidement le rouge et le jaune, les deux couleurs adoptées dans cette contrée, où la fabrication du maroquin a pris naissance, nous y avons joint des variétés infinies de nuances.

L'Egypte, comme la Grèce, comme la Turquie, est en relations suivies avec nos meilleures fabriques françaises pour les cuirs de toutes sortes, mais principalement pour nos cuirs lissés, qui, de longtemps, n'auront de rivaux sérieux dans les deux mondes.

## ANGLETERRE

Nous n'avions à signaler en réalité, en 1867, que deux maisons : la première, pour les cuirs à semelles ; la seconde, pour les cuirs de sellerie.

Le cuir à semelles anglais ne supporte pas la comparaison avec nos cuirs français, ce qui explique l'abstention des exposants.

Une grande maison qui a des tanneries à Bristol, à Avonside et Western, n'a expédié que des croupons lissés, de Buenos-Ayres, très-beaux. On sait que l'usage en Angleterre est de tanner à part les dépouilles. Il y a peut-être dans cette habitude un avantage que nos tanneurs français ont au moins le tort de ne pas étudier. Ce sera l'objet de réflexions qui trouveront place dans notre prochain volume, après avoir été l'objet d'articles dans la *Halle aux Cuirs*.

Ces cuirs étaient de force exceptionnelle ; mais ils nous

ont paru tellement développés, que l'on ne pourrait, dans le travail, arriver à coller les bordages.

Cette fabrication, qui nous offre une fleur très-belle, mais une très-vilaine chair, se rapproche du cuir jusé, sans avoir la solidité de nos cuirs forts français.

Londres et Leeds (York) ont envoyé de très-beaux maroquins, de remarquables basanes teintes et de superbes peaux de moutons et d'agneaux, en laine teinte, admirablement fabriquées, ainsi que de beaux cuirs vernis blancs ; Leuton, près Nottingham, des cuirs pour chapellerie très-bien traités.

Les cuirs pour courroies, exposés, sont loin des nôtres.

Les cuirs pour sellerie, d'Edimbourg, sont bien vernis et d'une bonne corroierie ; seulement leur grain est long, et beaucoup plus facile à faire que nos vernis quadrillés. Le grain quadrillé français exige deux et quelquefois trois façons ; le vernis anglais n'en a qu'une à subir ; ce fait seul prouverait plutôt une infériorité qu'une supériorité. Et c'est ce qu'avait démontré parfaitement un de nos fabricants parisiens en exposant l'un et l'autre à sa vitrine.

Nos vernis pour carrosserie sont supérieurs incontestablement aux vernis anglais et allemands, et ceux-là qui s'extasiaient devant les produits de ces derniers, beaucoup moins bien corroyés que les nôtres et que ceux de l'Angleterre, n'avaient point touché les flancs des vaches vernies allemandes. Nous sommes en véritable rivalité pour les cuirs de sellerie avec l'Angleterre, mais rien qu'avec elle.

Mais dans l'ensemble même de cette spécialité nous lui sommes supérieurs ; où elle nous dépasse peut être, c'est dans la vache grainée, couleur blanc mat, destinée aux garnitures de voiture ou de salon et aux articles de voyage.

Dans les petites peaux maroquinées et mégissées, l'Angleterre a fait de grands progrès, sans cesser d'être notre tributaire. Nous avions déjà admiré à Londres des peaux maroquinées, à grain naturel bombé, désignées sous le nom de *full grain*, *Levant morocco*, *cristal finish*. La régularité et la beauté du grain nous avait frappé et nous nous étonnions de ce que l'on pouvait produire avec la fleur d'une peau. L'exposant était de *Kendal* (West-Morland). Quant à ses peaux de moutons teintes en laines, elles sont tout simplement admirables.

Le CANADA (possession anglaise) avait exposé de la vache vernie bien corroyée et d'excellent cheval corroyé.

——

On sait que nous expédions en quantités importantes en Angleterre, notamment à Londres du veau ciré, de la tige des avant-pieds, clarences. Cependant, nous croyons devoir reproduire ce que nous écrivait il y a quelques années, notre correspondant qui faisait une tournée en *Ecosse* pour y étudier le pays au point de vue de notre industrie :

« Édimbourg et Glascow ! voilà des places où notre corroierie peut trouver de larges débouchés *quand la fabrique travaille*. Les tiges fortes, les bottins et les avant-pieds, idem en veau de pays, les veaux forts, abats de Paris ou semblables, de 24 à 40 kil. en blanc, prêts à cirer, etc., tout cela se vendrait à merveille et à bon prix, soyez en sûr.

Il faut pour ce pays des veaux bien tannés, pleins dans les collets, et dont les flancs soient bien blanchis, sans veine et surtout bien nourris ; le pays est humide les trois quart de l'année, et il faut que la marchandise soit bien préparée pour résister aux intempéries du climat.

La tige doit être aussi bien mise en huile, même un peu brune sur le pied ; cela plaît au consommateur, cela est nécessaire pour parer aux inconvénients de l'humidité, on ne porte en ce pays que de fortes chaussures ; si nos excellents cuirs forts y étaient connus, nul doute qu'ils trouveraient là un vaste débouché ; avis à vos fabricants qui ont obtenu des médailles. Cette recommandation peut leur être d'un grand secours, car en ce pays on attache une grande importance à la médaille, surtout à celle conquise en Angleterre. »

———

Pour finir, nous dirons que *les rapports du jury international* n'ont fait que confirmer les articles publiés dans *la Halle aux Cuirs*, lors de l'Exposition de 1867, qui, tout en reconnaissant la supériorité de la France dans les cuirs et les peaux sur toutes les autres nations, ces rapports concluent comme nous l'avions fait dans notre journal :

« Si nous avons dit notre pensée sur l'ensemble des peaux
» et des cuirs exposés qui ont concouru à cette Exposition,
» nous croyons pouvoir rappeler et expliquer encore à la
» France le jugement porté à l'Exposition de Londres, en
» 1862, par M. Blackmore, rapporteur, dans la classe des
» cuirs et peaux : « La France, disait-il, a non seulement
» une réputation méritée pour tous les articles de luxe, les
» maroquins et les vernis, les chevreaux et les veaux cor-
» royés, mais encore pour les peaux de bœuf tannées, qui
» offrent une preuve incontestable du mérite général et in-
» dividuel de ses exposants. » Nous croyons toujours vraie
» cette déclaration faite par un juré si compétent ; car si nous
» trouvons chez plusieurs exposants et dans un certain
» nombre de pays des produits dont la perfection est égale
» et quelquefois supérieure à la nôtre, en considérant l'en-
» semble de la fabrication des cuirs et des peaux, il est
» évident que la France l'emporte encore sur ses concur-
» rents.

» Mais, ajoutent les rapporteurs français, il ne faut pas
» craindre de répéter à nos fabricants ce que nous avons
» dit en 1862 : la France est suivie de près par l'Alle-
» magne, pour les vernis et les maroquins ; par la Suisse et
» la Belgique, pour les cuirs tannés ; par l'Angleterre, pour

» les cuirs destinés à la sellerie ; il faut qu'elles ne ralentis-
» sent pas ses efforts si elle veut conserver cette supé-
» riorité de fabrication qui, dans toutes les Expositions
» universelles, a été reconnue, même par ses concurrents. »

—

O ! combien en relisant ce résumé rapide, qui nous a rappelé cette Exposition merveilleuse de 1867, notre cœur s'est senti soulagé du poids que le présent fait si lourdement peser sur lui. Quelle douce fierté a ramené en nous l'espoir et relevé notre front abattu. O France ! ô ma chère patrie ! il n'est donné à aucun engin de guerre perfectionné de tuer en toi l'amour du beau, la vivacité dans la conception, le goût sûr et délicat de ton intelligence. Retrempe-toi dans cette eau de Jouvence des nations : le travail ! Tu triomphais hier, tu triompheras demain encore dans ces combats sans larmes, d'où les nations sortent d'autant meilleures et plus fortes qu'elles font surgir, de la matière brute, plus nombreuses et plus éclatantes, des créations utiles et artistiques destinées à l'amélioration matérielle qui fortifie le corps, et à l'admiration du beau et du grand qui élève l'âme.

Charles Vincent.

Janvier 1871.

Ce volume, où sont traitées, avec le plus de clarté possible, des études que nos lecteurs apprécieront, ne forme, en réalité, que la première partie de l'ouvrage que nous voulons consacrer à l'Industrie des Cuirs et des Peaux.

Le travail si remarquable de M. Baudin fils sur la Vache lissée se complétera d'abord dans la *Halle aux Cuirs*. Et, pour rendre la compréhension plus parfaite encore de l'établissement qu'il a décrit dans ce livre, notre second volume apportera des dessins qui sont déjà dans les mains de l'artiste.

Notre collaborateur Réné, dont on connaît la compétence, nous prépare un travail détaillé sur la *tige*. Mais, vu la rareté croissante des peaux de veaux, il s'occupe d'une étude pratique sur *la fabrication complète des vachettes de l'Inde*, qui, pour plusieurs emplois, peuvent remplacer le veau.

La mégisserie et la chamoiserie, à peine ébauchées dans ce volume, trouveront dans le second un complément satisfaisant ; ainsi pour d'autres spécialités.

Enfin, des articles très-complets sur le *cuir fort de pays* et le *cuir fort étranger* sont en mains, et, nous pouvons le dire, dans des mains de praticiens hors ligne.

Ces travaux paraîtront d'abord dans le journal, et subiront ainsi l'épreuve indispensable de la critique.

Ce premier volume n'eût-il eu pour unique résultat que de décider des hommes compétents à apporter leur concours à l'œuvre commune, que nous ne regretterions pas d'en avoir entrepris la publication.

# ÉTUDES SUR LA TANNERIE & LA CORROIERIE

## DU VEAU CIRÉ

### LE TANNAGE

*Coup d'œil sur le passé*

Des veaux noirs grainés et imprimés. — Des veaux blancs. — Nos premières exportations. — De la foire de Beaucaire. — Les foires disparaîtront. — Comment on fabriquait les veaux blancs. — Arrivée de quatre ouvriers corroyeurs de l'Irlande. — De l'emploi du couteau à revers dans le dérayage. — De l'exportation.

Avant d'entrer dans le détail de la fabrication du veau ciré, dont l'importance est devenue si grande depuis environ une trentaine d'années, je veux essayer de dire ce que je puis connaître des débuts de cette spécialité, et des premiers temps où ce genre de travail a pris un sérieux développement dans notre pays.

Que de contrées éloignées sont aujourd'hui tributaires de la France pour cette spécialité de la double profession du tanneur et du corroyeur.

Ma mémoire ne sera peut-être pas toujours très-fidèle; mais dire ce que l'on sait d'une profession après trente-cinq années d'expérience ne peut pas être inutile, du moins c'est ce que le rédacteur de ce journal a pensé. Je me rends à son invitation, certain d'avance que ceux de mes lecteurs qui auraient à rectifier quelques erreurs s'empresseront de le faire, puisqu'il n'est pas besoin de livrer ici son nom à la publicité que beaucoup redoutent, moi le premier, et tous devant comprendre que chacun a le devoir d'apporter sa petite pierre à l'édifice que notre journal, la *Halle aux Cuirs*, veut bien construire pour l'utilité générale.

Je tâcherai que ces lignes soient utiles à ceux de mes confrères qui voudront fabriquer ou fabriquent déjà du veau ciré, soit pour l'exportation, soit pour la consommation de notre pays. Ceci dit, et sans plus de préambule, j'entre en matière.

—

Il y a environ cinquante ans, la fabrication du veau ciré était à peu près inconnue en France. On fabriquait des veaux noirs grainés, des veaux imprimés et des veaux blancs. On faisait déjà très-bien, il faut le reconnaître, les deux premiers articles les seuls, avec la vache en huile, employés pour la chaussure d'homme et même pour la chaussure de femme. Le veau blanc s'exportait : l'Orléanais, la Touraine, la Bretagne et quelques départements du Midi avaient fait de cet article une sorte de spécialité. Ces marchandises étaient expédiées en Espagne par les ports de Barcelone et de Saint-Sébastien. Avant les guerres de l'empire, le Portugal nous demandait aussi des veaux blancs. L'Italie recevait encore bon nombre de veaux blancs, par le port de Marseille. Quelques cargaisons de ces produits étaient également dirigées sur Constantinople, Smyrne, Alexandrie et la Sicile.

C'était surtout, il faut le reconnaître, en foire de Beaucaire que les négociants du Levant venaient s'approvisionner ; aussi cette foire était-elle alors d'une importance première pour la partie des cuirs. Cette foire est bien diminuée aujourd'hui ; cela tient à ce que des relations suivies se sont établies par correspondances, et que l'on ne compte plus guère sur le stock des foires pour s'approvisionner, et c'est selon moi un bonheur.

A mon avis, les foires disparaîtront à mesure que les liens de la civilisation tendront à unifier le commerce des nations et que la confiance mutuelle présidera aux transactions internationales. Cette confiance sera bientôt établie si les négociants et les fabricants veulent agir avec conscience. Déjà plusieurs marques françaises s'achètent à caisses fermées par suite de la loyauté reconnue des expéditeurs. Espérons que bientôt ce qui n'est aujourd'hui qu'une exception deviendra une généralité.

Mais revenons à nos... veaux et disons en peu de lignes comment on fabriquait alors ces veaux blancs. Je ne parlerai point de la manière dont ils étaient tannés, je l'expliquerai plus tard; dans ce premier article, je veux dire seulement quelles façons on leur faisait subir, après le tannage, pour les rendre propres à être livrés à l'exportation.

Au lever de la fosse, on les mettait légèrement essorer, puis on les buttait soit sur un chevalet de rivière avec un couteau de tannerie, soit sur une table à coup d'étire ; mais cette façon se pratiquait légèrement ; puis on les mettait en huile de fleur avec un dégras un peu clair, mélangé d'huile de baleine ou d'huile de morue. Sur la chair, on employait généralement des dégras purs, tels que les chamoiseurs les livraient; enfin, on les mettait à la sèche. Les veaux étant secs, après quelques jours de pile, on les ployait en manchon, on les foulait à la bigorne, on les corrompait à la pommelle ou à la marguerite fine, puis on les rebroussait avec un liége, on les parait à la lunette, très-légèrement; les têtes étaient à peine dégrossies. Enfin, on les grainait avec un liége à main, en les prenant des quatre faux quartiers, et, ainsi préparés, ils étaient livrables pour l'exportation.

Ces veaux ressemblaient à peu près, mais en *laid*, aux veaux de Millau bruts que l'on reçoit de nos jours dans les magasins de la commission.

Voilà comment étaient travaillés les veaux blancs qui valurent, à notre partie, les premières expéditions de veaux français pour l'étranger.

———

Vers l'année 1808 ou 1810, quatre corroyeurs irlandais quittèrent leur patrie, je ne sais pour quelles causes, et vinrent se fixer en France. C'étaient quatre bons ouvriers sachant parfaitement faire ce que l'on nomme encore de nos jours la partie *anglaise*. Ces hommes apportaient là une branche nouvelle, pour nous, de l'industrie du cuir. Cette spécialité devait un jour placer la corroierie française au premier rang; car elle est à peu près aujourd'hui sans rivale dans ce genre particulier de fabrication.

Ces Irlandais étaient, dans toutes les diverses phases du travail, des ouvriers accomplis; c'est-à-dire que comme corroyeurs ils pouvaient prendre un veau tanné et lui faire subir toutes les façons pour le rendre en ciré prêt à être livré à la cordonnerie. Des ouvriers comme ceux-là sont rares de nos jours. Je dirai plus tard pourquoi malheureusement il en est ainsi.

Des ouvriers aussi capables ne pouvaient rester longtemps éloignés de Paris; aussi vinrent-ils presque directement offrir leurs services aux rares maisons de corroierie que la capitale possédait.

Ils étaient dans un tel état de misère, que l'on doutait fort de leur capacité. Ce fut par pitié que l'on consentit à leur confier des veaux tannés. L'ignorance, hélas! a plus d'une fois accueilli de cette façon le vrai mérite.

Les veaux tannés qu'on leur avait confiés furent bientôt transformés, sous leurs mains habiles, en de magnifiques veaux cirés, qui émerveillèrent les hommes du métier. Ce qui étonnait le plus, c'était la manière dont les pauvres Irlandais dérayaient et égalisaient les peaux à l'aide du couteau à revers ; aussi faisait-on des demandes réitérées pour avoir le plaisir de les voir travailler.

Avant leur arrivée, on ne connaissait guère que le parage à la lunette ; on ignorait la beauté du travail du couteau à revers dirigé par une main habile. Ces hommes furent aussi les premiers en France (et ce n'est que justice de le reconnaître) qui dérayèrent la vache à capote, les veaux pour filatures et pour cardes. J'ai souvent entendu dire dans ma jeunesse (et j'ai plus de cinquante ans) à mes aînés, patrons ou ouvriers corroyeurs, que ces hommes arrivèrent à gagner jusqu'à 100 fr. par jour !

—

Lorsque j'arrivai à Paris, en 1832, un de ces ouvriers irlandais, que l'on appelaient ici des Anglais, travaillait encore dans la maison Blondin frères, qui naissait à cette époque. Cet ouvrier était connu sous le nom de père Morphée ; courbé par l'âge et la fatigue, il travaillait encore bien, et ses leçons me profitèrent, car j'eus le bonheur d'être son camarade d'atelier. Dans les premiers temps que ces Irlandais travaillaient à Paris, ils se cachaient pour travailler, comprenant qu'une fois que les ouvriers français connaîtraient leurs procédés de fabrication, l'amour de la profession et le désir naturel de faire aussi bien qu'eux, les auraient bientôt amenés à être aussi habiles qu'eux-mêmes. On eut beaucoup de peine à leur faire faire des apprentis ; enfin on leur offrit d'assez fortes sommes, et leur méthode se propagea, mais peu rapidement ; car les ouvriers français, devenus à leur tour aptes à fabriquer le veau ciré par la méthode anglaise, élèveraient les mêmes difficultés pour faire des apprentis, désireux qu'ils étaient de garder le plus longtemps possible le monopole d'un travail qui leur rapportait de gros salaires.

Après Paris, ce fut, si je ne me trompe, Pont-Audemer qui

posséda les premiers sujets, et la juste renommée que ce pays a acquise doit dater de cette époque.

C'est également par ces Irlandais que nous avons appris à corroyer la peau du cheval.

A cette époque, nous étions en guerre presque permanente avec l'Angleterre ; nos ports, étroitement bloqués, paralysaient toute espèce d'importation ; on ne travaillait donc que pour les besoins de l'équipement militaire et pour la consommation du pays. On fabriquait donc peu de veaux cirés, si ce n'est dans les grandes villes où on l'employait pour les chaussures élégantes ; le veau ciré avait alors à peu près le même emploi que le verni voilà une dizaine d'années ; car aujourd'hui l'emploi du verni s'est généralisé, et le soulier verni n'est plus une exception dans les villes. Dans les petites villes de la province, la vache en huile et le veau grainé faisaient le fonds de la consommation.

Le cheval, une fois connu, fit fureur ; on portait tout en cheval lisse, on en faisait même des bottes. Enfin c'était, comme nous l'avons dit tout à l'heure du veau ciré, le *verni* de l'époque.

En 1814, la mode des bottes nous arriva avec les Russes ; la demi-botte en veau ciré diminua l'emploi du cheval. Disons-le tout de suite, malgré le mérite de l'importation de la façon anglaise, cette façon était loin d'atteindre à cette perfection acquise de nos jours pour la fabrication de la tige. Le veau ciré seul se faisait à peu près aussi bien alors qu'aujourd'hui, et même mieux ; je dirai plus tard également pourquoi, ne voulant point devancer les explications que je donnerai en leur temps pour établir la comparaison entre le travail d'alors et celui d'aujourd'hui.

Donc, la fabrication de la tige de botte, à partir de 1814, prit un rapide essor en France ; mais le veau ciré, proprement dit, sommeillait encore, sinon comme fabrication, au moins comme importance de vente.

Enfin la paix arriva, et deux ou trois années après nos désastres, on songea à créer des ouvriers, à monter des fabriques ; d'ailleurs, l'exportation, si longtemps interdite, venait solliciter nos fabricants français, et après les rêves de la gloire vinrent ceux de l'industrie.

L'Amérique, immense débouché, s'offrit à nous, et bientôt on nous vit exporter du Nord au Sud des veaux cirés et des tiges en petites quantités, il est vrai ; car l'Angleterre avait seule le monopole du commerce de l'ancien au nouveau continent. C'était donc chose difficile de prendre racine dans ce pays. Cependant notre premier élan semblait devoir être couronné de succès, et nous aurions atteint le but encore assez facilement, si les premières expéditions faites en Amérique eussent eu la bonne foi pour guide; mais, hélas ! on n'expédia en partie que des rebuts et des écarts. Voilà comment nous débutâmes vers 1818 ou 1820.

On nous traita comme nous le méritions de l'autre côté de l'Atlantique. Je ne veux pas répéter ici les épithètes accolées à notre nom; mais le lecteur les devine, et nos exportations directes cessèrent pour un assez long temps.

Nos fabricants et négociants de l'époque s'aperçurent qu'ils avaient commis là une faute grave, et ils cherchèrent à la réparer. Enfin petit à petit la bonne foi des Houette, des Blondin frères et des fabricants de Nantes nous ramenèrent nos acheteurs. Seulement ces acheteurs exigèrent la marque de fabrique, et cette condition acheva de forcer l'expéditeur à n'expédier que de bonnes marchandises.

Depuis cette époque, notre commerce d'exportation de cuirs corroyés a toujours, et chaque année, pris une plus forte extension. Depuis 1840 même, nous avons conquis l'Angleterre; ce pays ayant reconnu la supériorité de certains de nos produits corroyés sur les siens, il devint notre tributaire, et depuis cette époque nos expéditions pour l'Angleterre ont pris une importance telle, que bon nombre de maisons françaises ont dû avoir à Londres des représentants spéciaux. Honneur à ceux qui ont implanté notre drapeau industriel sur le sol britannique. Honneur aux Courtépée et aux Ventujol ! S'ils ont largement été récompensés par de rapides fortunes, ils ont encore droit à nos éloges; car ils ont été dans ce pays les pionniers de notre industrie.

L'exportation du veau ciré et du veau verni pour la chaussure est, à mon avis, l'article le plus sûr pour tous ceux qui voudront entreprendre de grandes affaires avec l'Etranger. La fabrication du veau ciré m'étant particulièrement très-connue, je n'hésite pas à chercher à la propager et surtout à donner des notions aux fabricants qui s'occupent spécialement de cette industrie, pour qu'ils arrivent rapidement à la perfection du travail. C'est surtout à la province, certaines grandes villes exceptées, que je prétends rendre quelques services. Combien de tanneurs et corroyeurs des petites localités seront heureux d'apprendre comment on tanne un veau et comment on le corroie pour arriver à en faire une œuvre parfaite, relativement bien entendu, car je ne nie pas le progrès, et j'espère bien que nos neveux feront mieux que nous.

# DU VEAU CIRÉ

## LE VEAU EN POIL

De la classification des veaux en poil. — Des veaux frais de boucherie. — Travail de rivière. — Des pelains ou plains. — Moyens à employer pour les peaux échauffées. — Danger du vieux dicton : *Qui pelame tanne.* — Des veaux normands propres au ciré. — Ce qu'il faudrait faire pour obtenir des veaux normands en première qualité. — De la direction des pelains. — Comment s'établissent les pelains. — Des pelains vifs, gros et morts. — Moyens d'éviter les miasmes résultant du séjour des pelains morts. — Moyens d'éviter les inégalités dans le travail des veaux de boucherie par rapport à leur séjour dans les pelains. — Utilité du cuveau de dégorgement pour les petits tanneurs de la province.

Les veaux en poil, dont je vais m'occuper de décrire la fabrication, se divisent en quatre catégories, savoir : 1° les veaux frais de boucherie; 2° les veaux salés; 3° les veaux secs de France et d'Europe; les veaux secs des Indes orientales et occidentales.

### DES VEAUX FRAIS DE BOUCHERIE

Si je commence par les veaux frais de boucherie, c'est parce qu'ils forment la base de notre fabrication française.

Lorsque je reçois des veaux frais de boucherie, je les mets

à l'eau pour les dessaigner. Je ne les mets pas dans l'eau courante de la rivière, et voici pourquoi : la rivière est glacée en hiver et chaude en été, et, selon moi, il est préférable d'avoir de l'eau d'une température à peu près égale. Pour cela, à défaut d'eau de source vive, je prends l'eau de mon puits ; mais, me direz-vous, lecteur, il faut beaucoup d'eau, et il en coûtera cher pour la tirer du puits. A cela je réponds : Il est bien rare que dans une tannerie il n'y ait pas un cheval ou une machine à vapeur. Votre cheval souvent se repose à l'écurie, ou votre machine a toujours un peu plus de force que celle utilisée par vous ; or, au moyen d'un mécanisme des plus simples, vous faites construire une pompe aspirante et refoulante ; vous la faites fonctionner par le cheval ou la machine, et vous obtenez de 6 à 7,000 litres d'eau à l'heure, et plus même si vous le voulez ; vous avez au centre de votre fabrique, ou dans un coin, un vaste réservoir élevé de 2 mètres au moins au-dessus du sol ; vous y faites arriver votre eau, et, de là, vous la distribuez, à votre gré, dans votre établissement. La dépense pour le tout peut s'élever entre 2,000 et 2,500 fr.; ce n'est pas un chiffre bien grand pour l'importance que j'attache à me procurer de l'eau pure toujours et d'une température égale.

Peu m'importe que l'eau soit dure ou douce ; cependant, je la préfère douce, car elle est moins chargée de matières calcaires que l'eau dure, qui est souvent saturée de sels terreux. — Je ne prétends pas ici faire l'analyse de toutes les eaux qui s'infiltrent à travers notre sol ; c'est au tanneur à chercher à bien connaître la qualité de celle qu'il possède et à l'utiliser suivant les principes qu'elle renferme.

Par le moyen ci-dessus, je possède donc de l'eau en abondance, qui est et sera toujours à peu près la même. J'étudie cette eau ; si elle est douce, mon travail sera prompt ; si elle est dure, il sera plus long ; mais je suis sûr d'arriver au même résultat : là est le but.

Pour le travail que je vais décrire, je suppose mon eau

douce. Ma pompe m'en fournissant à discrétion, j'ai dans mon travail (dit de rivière) un bassin en bois pouvant contenir de 3 à 4 mètres cubes d'eau. Aussitôt que mes veaux arrivent de la boucherie, je les plonge dans ce bassin en les développant bien un à un, et en ayant bien soin de les éparpiller avec un bâton dans le contenant.

Cent veaux pesant de 5 à 600 kil., suffisent pour ma quantité d'eau. On peut en mettre moins; mais si l'on en mettait plus, ils se dégorgeraient mal. Je laisse mes peaux se dégorger six heures en été, douze heures en hiver, selon que la température monte ou descend, après quoi je les sors de l'eau. Je vide alors mon bassin au moyen d'une soupape pratiquée au fond, puis je le remplis d'eau claire, et j'y replonge mes veaux comme la première fois; au bout de six heures environ en été, ou douze en hiver, je les examine : la chair en est blanche, les petites veines ont perdu leur sang, je les retire de l'eau, et je leur fais donner sur le chevalet de rivière, avec le couteau de tannerie, un léger coup de fer sur la chair. Des tanneurs diront : cette façon est superflue, elle est inutile ! Moi, je la sais utile ; l'essaiera qui voudra.

Mes veaux étant suffisamment dessaignés et égouttés, je me dispose à les mettre dans mes bassins de chaux, que l'on nomme vulgairement les *pelains* ou *plains*; mon bassin se divise en trois compartiments, chacun de la contenance de 1m cube 50; dans l'un est le pelain mort, qui est le plus ancien; l'autre, le pelain gris, qui est le second ; et le troisième, le pelain vif, qui est le plus actif. Au moyen d'un grand *bouloir*, j'agite, autant que possible, le contenu de mon pelain mort, et, lorsqu'il est suffisamment boulé, j'y jette mes veaux, un par un, en les développant bien et en les enfonçant dans le liquide au fur et à mesure que je les y plonge. La besogne achevée, je les laisse en repos vingt-quatre heures, puis je les retire au moyen de pinces en fer. Lorsqu'ils sont tous sortis, j'agite de nouveau mon pelain, et j'y replonge mes veaux pour vingt-quatre heures encore.

Je pratique cette manière sur des veaux *bien frais* de boucherie; mais si mes peaux étaient légèrement échauffées, je les passerais de suite au pelain gris et même au pelain vif pour leur sauver la fleur. Si même mes veaux étaient entrés déjà en une espèce de décomposition, en arrivant de chez le boucher, je m'empresserais de les rincer avec soin, de leur donner un coup de fer de chair, et je les jetterais immédiatement au pelain vif. J'ai souvent sauvé bien des peaux en employant cette prompte manière. Cela dit, je reviens à mes veaux que j'ai replongés dans mon pelain mort pour vingt-quatre heures. Au bout de ce temps je les lève et je me dispose à les faire passer dans le pelain gris, où j'opère de même que dans le premier; je les y laisse quarante-huit heures, ayant soin de les lever et rabattre toutes les vingt-quatre heures.

Au bout de ces quatre jours de chaux il arrive souvent, en été, qu'un tiers, la moitié, quelquefois même tous mes veaux pèlent. Dans ce cas, je les retire immédiatement; au cas contraire, je les passe au pelain vif, où je les laisse jusqu'à ce qu'ils pèlent; généralement au bout de vingt-quatre à quarante-huit heures le but est atteint, en été surtout.

Il est bien entendu que si les veaux pèlent au pelain gris, il est inutile de les mettre au pelain vif; car, à mon point de vue, l'emploi de la chaux pour faire peler les peaux est un *mal nécessaire*, et, par conséquent, il ne faut en user que médiocrement, c'est-à-dire tout juste ce qu'il faut pour obtenir le *pelage*. Ensuite il faut chercher tous les moyens possibles pour extraire du corps de la peau la chaux qui la mange et la détruit comme qualité à venir.

Nos anciens et les arriérés de nos jours disaient et disent encore *qui pelame, tanne!* Erreur, profonde erreur!!!... Un tanneur qui raisonne ainsi, tanne ses peaux sans s'occuper des difficultés qu'il va créer au corroyeur.

En Normandie, à notre époque, qui le croirait? le vieux proverbe est encore pratiqué dans certaines fabriques; aussi, quand en Touraine le veau tanné se vend 4 fr. le kilog., il vaut 2 fr. 80 et 3 fr. en Normandie! Je dirai même qu'avec des veaux normands tels qu'en partie ils arrivent tannés sur le marché de Paris, il est impossible au plus habile corroyeur d'en faire de beaux veaux cirés, tant ils sont gonflés et brûlés de chaux.

Il est bien entendu que je parle des veaux qui arrivent sur la place de Paris pour être vendus à la corroierie, à l'effet de faire du ciré, et que je ne m'occupe pas de ceux que l'on expédie de cette province et qui sont propres au verni ou à la filature, de ceux-là j'en connais de très-estimés. J'admets, en thèse générale, que les veaux de Normandie sont ceux que je connais avoir le plus de chaux de tous les veaux tannés en France, et qu'à mon point de vue, pour faire de beaux veaux cirés, ce sont les moins favorables (1).

Ce défaut de qualité ne vient que de ce que la plupart des tanneurs négligent, par routine, leur travail sur les pelains; et du jour où le tanneur normand voudra soigner ses pelains et son travail de rivière, il fera des veaux de première qualité; car il a les plus belles écorces de France.

Mais je m'éloigne de mon sujet, et je reviens à mon travail personnel. La chaux est donc un agent utile et nuisible tout à la fois; il est donc nécessaire que le tanneur s'occupe activement de la conduite et de la bonne direction de ses pelains, et qu'il n'abandonne au besoin ce travail qu'à un homme sûr, à un bon ouvrier.

J'ai dit plus haut que lorsque mes veaux pelaient je m'em-

---

(1) Nous devons dire que, depuis 1862, époque à laquelle nous avons publié ce travail dans la *Halle aux Cuirs*, de grandes améliorations ont été introduites dans cette contrée. Notre collaborateur, par ses critiques, n'est pas étranger à ces heureux résultats. — C. V.

pressais de les retirer de la chaux; après les avoir laissés égoutter, je les mets à l'eau, dans un cuveau, avec la quantité d'eau nécessaire pour les couvrir sans qu'ils flottent; ils subissent là un premier dégorgement; ils peuvent, au besoin, rester dans cette eau dix à douze jours sans se gâter; je préfère cette manière à l'empilage, car dans l'eau mes veaux se dégorgent et l'action de la chaux s'amortit, tandis qu'en pile elle continue à agir, et si mes ouvriers, en les empilant, ne les étendent pas avec soin, ils attrapent ce que les corroyeurs appellent des plis de pelain, qu'il est presque impossible de faire disparaître à la corroierie. Mais le mieux de tout cela c'est, aussitôt que des veaux pèlent, de les sortir des pelains, de les rincer au bassin ou à la rivière et de les ébourrer de suite, car, pour moi, la promptitude du travail c'est l'économie du capital. Dès cette première façon, il faut donc aller aussi vite que possible; car, encore une fois, dans la chaux, les veaux ne se tannent pas.

J'ai omis plus haut d'indiquer la manière dont je préparais mes trois *pelains*, vif, gris et mort :

Dans mon pelain, qui est de la contenance de 1$^m$ cube 50, je verse environ 6 hectolitres d'eau, et je mets 150 litres environ de chaux grasse : voilà pour le *vif;* dans mon pelain *gris*, même quantité d'eau et 100 litres de chaux seulement; enfin, dans mon pelain *mort*, même contenu d'eau et environ 50 à 60 litres de chaux, et plus si ma chaux est faible.

J'entretiens mes pelains, à mesure qu'ils fonctionnent, avec de la chaux éteinte, pour tâcher de les tenir tous les trois environ au même degré relatif; je renouvelle mon pelain *vif :* environ toutes les six semaines, deux mois au plus, il devient pelain *gris*, et le pelain *gris* devient le pelain *mort*. Pour refaire mon pelain vif, je jette et nettoie mon premier pelain mort, car je crois cette mesure utile, au point de vue de la santé de mes ouvriers et de la salubrité de mon établissement.

J'ai vu des tanneries où, lorsque les ouvriers faisaient les pelains, il était presque impossible de rester là sans être suffoqué par la mauvaise odeur d'un pelain mort corrompu. Puisque l'on peut éviter cette peste, pourquoi ne pas le faire?

J'ai une observation à faire au sujet du travail du pelain : Lorsque j'étais acheteur de veaux secs en croûte ou secs d'huile, à la halle aux cuirs, il m'arrivait parfois de trouver dans une partie de veaux, provenant du même tanneur, deux ou trois espèces de qualités; les uns étaient beaux : c'étaient ceux qui avaient le moins souffert sur les pelains; les autres plus médiocres : c'étaient ceux qui avaient eu un peu trop de chaux; d'autres avaient la chair rousse et étaient brûlés dans les flancs ; les chairs s'arrachaient à la main comme de l'amadou : c'étaient ceux qui avaient le plus souffert.

Un jour que j'achetais une partie de ces marchandises, le tanneur étant présent, je lui demandais pourquoi son travail n'était pas mieux suivi ; voici ce qu'il me répondit : Il vous est facile à vous autres tanneurs parisiens d'avoir des veaux toujours d'une même réussite ; vous recevez 100, 200 et même 300 veaux le même jour, vous pouvez suivre votre travail ; mais moi, je reçois 10 veaux un jour, 15 le lendemain, puis 3, 4, 5 les jours suivants; comment voulez-vous que je m'y prenne? je suis bien obligé de les faire attendre sur les pelains; de là des peaux qui ont quinze jours de chaux, même plus, et d'autres qui n'ont que cinq à six jours ! Je compris la difficulté, et voici le moyen que j'indiquerai à ceux qui seraient dans le même cas : lorsque votre ouvrier, chargé de lever et rabattre les pelains, en aperçoit dans le nombre qui pèlent, il doit les mettre à part, les laisser égoutter, puis les mettre dans le cuveau de dégorgement, et là ils pourront attendre que la marée soit complète pour les faire passer ensemble au travail de rivière. De cette manière, les veaux se trouveront tous au même point ; voilà en quoi mon cuveau de dégorgement peut être utile aux tanneurs.

# DU VEAU CIRÉ

## DES VEAUX SALÉS ET SECS EN POIL

Soins particuliers auxquels donnent lieu les bordages et les gorges. — Moyen de faire revenir les veaux secs dans l'hiver à l'aide de l'eau de puits. — Des veaux secs de provenances étrangères. — De la petite vachette et de son reverdissage. — Du reverdissage des peaux de Rio-Janeiro, de Monte-Video et de Buenos-Ayres.

### DES VEAUX SALÉS

Ayant décrit dans l'article précédent ma manière d'opérer pour les veaux frais de boucherie, j'arrive aux veaux salés.

Je fais dégorger leur sel et leur sang pendant vingt-quatre heures ; ensuite, je les tire de l'eau et leur fais donner un coup de fer de chair ; puis je les remets à l'eau claire pendant douze heures ; après quoi je les retire, je les laisse égoutter ; puis je les jette au pelain mort en suivant la même méthode que pour les veaux frais de boucherie.

### DES VEAUX SECS EN POIL

Pour les veaux secs en poil, de provenance de France et d'Europe, voici comment je procède :

Je les fais tremper pendant quarante-huit heures; au bout

de ce temps, je les fais lever et rabattre dans la même eau et je les y laisse encore quarante-huit heures ; je les lève de nouveau et leur fais donner un coup de fer avec le plus grand soin, surtout sur les parties qui ont résisté à la trempe. Les bordages et les gorges doivent être travaillés avec une attention minutieuse, chaque pli doit être ouvert, et les gorges restées dures doivent être roulées sous la main. Ce travail fait, je les remets à l'eau douze heures, ensuite je les retire, je les laisse égoutter et je les mets au pelain mort *que j'ai le soin d'affaiblir*, car pour les veaux secs en poil, les pelains doivent être plus doux que pour les veaux salés et frais de boucherie. Ce travail se trouve donc tant soit peu ralenti.

Je procède de cette manière pour le reverdissage de mes veaux secs en poil pendant environ huit à neuf mois de l'année ; mais quand la température baisse, voici comment j'y remédie avec l'aide de mon eau de puits :

Il est bien rare que, dans une tannerie, on n'ait pas une fosse inoccupée ; je m'empare de cette fosse, j'y empile autant de veaux secs qu'elle peut en contenir, puis je charge ces veaux avec de grosses pierres ; je mets ma pompe en mouvement, et, en place d'envoyer l'eau dans mon réservoir, je la dirige, toute chaude (car en hiver l'eau de puits possède une chaleur relative), dans la fosse où sont mes veaux ; je remplis d'eau cette fosse et je mets trois à quatre perches dessus, puis je la couvre soigneusement avec des sacs vides de manière que l'air extérieur pénètre le moins possible dans ma fosse ; cela fait, je suis quarante-huit heures pour des petits veaux et soixante-douze pour les gros, sans les regarder. Mon eau établit dans ma fosse une espèce de fermentation, et au bout de ce temps mes veaux, parfaitement revenus, peuvent recevoir le coup de fer.

Il m'est arrivé de faire reverdir de la sorte des veaux secs en poil du poids de 5 à 6 kil. pièce, en plein hiver. C'étaient des veaux des environs de Narbonne et Béziers, séchés en

été dans le midi de la France, et Dieu sait s'ils étaient durs !
Eh bien ! au bout de soixante-douze heures, il était grand
temps de les retirer, voici encore en quoi mon eau de puits
est utile ; car dans des eaux glacées ils ne seraient pas revenus, et il me répugnait de me servir des confits !

### DES VEAUX SECS DE PROVENANCE ÉTRANGÈRE.

Je passe à la quatrième catégorie de mes veaux qui sont de provenance orientale, c'est-à-dire qui nous viennent de Madras, de Calcutta, de Java, de Bornéo et autres îles de l'Océan Pacifique ; c'est ordinairement le commerce anglais et le commerce hollandais qui nous les livrent, car ces colonies leur appartiennent. En France, on tanne peu de ces peaux, nous ne voyons même presque jamais les premières sortes, nous les connaissons donc peu ; mais en Angleterre, en Hollande, en Prusse, en Allemagne, on en tanne considérablement.

Ces petites vachettes ou veaux remplacent chez eux nos veaux forts qu'ils ne possèdent pas ; je ne sais comment ils les tannent, mais moi voici comment je les fais reverdir :

Je les mets à la trempe dans mon bassin pendant trois à quatre jours, puis je les retire et les empile ; lorsqu'ils sont bien égouttés je leur fais donner un violent coup de fer ; bon gré, malgré, il faut que mon ouvrier de rivière arrache à force de bras les tissus graisseux, le parchemin qui recouvre le cuir : il développe ainsi, il brise le nerf de la peau, il l'étend d'un tiers ; quand ce travail est fait avec intelligence et courage, on est sûr que les peaux se ramolliront bien.

Après ce travail je les remets dans de l'eau claire, je les y laisse vingt-quatre ou quarante-huit heures selon la saison, puis je leur fais donner un coup de coursé sur le poil et dans son sens.

Ce travail achevé, je les empile à plat, les unes sur les autres, la fleur en dessus, et je me dispose à leur appliquer la dissolution suivante :

Pour 100 peaux environ, pesant de 3 à 4 kil. pièce, je prends un tonneau de la contenance de 2 hectolitres environ, je l'emplis aux 2/3 d'eau, j'y mets éteindre de la chaux grasse, de manière à en faire une espèce de bouillie ; pendant qu'elle est encore chaude, je mets 2 kil. d'orpin, je mêle le tout et j'attends le refroidissement. Ensuite voici comment je procède : j'emmanche au bout d'un vieux balai un fort morceau de toile d'emballage ; je trempe ce tampon dans mon liquide et j'en fais une application sur le poil de ma peau ; lorsqu'elle est bien barbouillée partout, je la ploie en manchon, comme une peau que l'on sale, puis je dépose le manchon dans un caveau exprès ; j'agis de même sur toutes mes peaux, ayant le soin de les empiler dans mon cuveau, le mieux possible, et lorsque j'arrive à la dernière, je verse le restant de ma dissolution par-dessus toutes mes peaux, comme pour les couvrir.

Je les laisse ensuite dans cette position pendant trois jours consécutifs ; le quatrième je les retire de mon cuveau, et, si j'ai une rivière, je les y rince ; si je n'en ai pas, je me sers de mon bassin, où je les agite et les rince du mieux possible. Ce travail achevé, je les ébourre et je les rince à nouveau, puis je les laisse égoutter, et je les mets 24 heures au pelain vif *pour obtenir un peu de gonflement*. Au bout de ce temps je me dispose à les faire passer au travail de rivière que j'indiquerai plus loin.

Ce reverdissage, qui demande un peu de main-d'œuvre, m'a donné des résultats magnifiques.

J'ai obtenu des fleurs douces comme sur des veaux frais de la boucherie !

Ainsi en dix jours, en toute saison, je parviens par cette méthode simple à faire reverdir et à ébourrer les peaux les plus difficiles.

Je ne prétends pas avoir inventé cette manière; mais je sais qu'elle est peu répandue; quelques praticiens habiles se servent de ce procédé, ils s'en trouvent bien.

J'ai connu des tanneurs qui avaient essayé de fabriquer des vachettes, et n'avaient pu réussir à les mener à bien : tous prétendaient qu'il fallait à ces marchandises de quinze jours à trois semaines et même un mois de pelain pour arriver à les faire peler. Par conséquent, ce long séjour dans les pelains les rendait creuses et peu propres à la corroierie. Ils avaient raison : c'était la conséquence de leur travail; rien n'est difficile à faire peler comme une vachette, parce que le poil en est très-court, et que ces peaux reçoivent aux Indes une première préparation dans laquelle il doit entrer de l'alun; de plus, elles ont séché sous la zone torride, souvent même au soleil! Tout contribue donc à les rendre rebelles au reverdissage et à l'action de la chaux. En suivant les moyens que j'ai cités plus haut, on arrive à combattre toutes ces difficultés et à en faire des peaux qui peuvent rivaliser, dans une certaine mesure, avec nos gros veaux ou nos petites vaches bretonnes.

J'ai peu fabriqué de veaux de provenance des Indes-Occidentales; j'ai fait quelques peaux de Rio-Janeiro, de Monte-Video et de Buenos-Ayres; je les faisais reverdir comme nos veaux secs d'Europe; je leur faisais donner deux coups de fer pour enlever les parchemins et tissus graisseux dont ils sont couverts, et je les mettais au pelain comme nos veaux secs; on en fabrique peu en France; cependant on ferait bien d'en essayer, car ces peaux, qui sont assez souvent d'une bonne nature, coûtent moitié prix des autres, et un tanneur habile doit en faire quelque chose.

# DU VEAU CIRÉ

## LE TRAVAIL DE RIVIÈRE

Installation des bassins. — De l'outillage. — Première façon, l'ébourrage. — L'écharnage. — Le père Masse. — Conduite de la passerie. — Du salaire des ouvriers. — Des cuves et de leur organisation.

Mon travail de rivière est installé de manière à ce que mes hommes perdent le moins de temps possible, pour sortir et remettre dans les bassins les veaux qu'ils façonnent.

Trois bassins, au moins, sont nécessaires pour cinq à six hommes de chevalet; ces bassins doivent contenir 15 à 16 hectolitres chacun; l'eau doit y arriver promptement, et l'épuisement doit se faire de même.

Mes chevalets pour travailler ont 1$^m$ 50 de long; ils sont tous recouverts d'une forte plaque de zinc; ils présentent ainsi une surface unie pour faciliter le travail de mon ouvrier, éviter les cassures de fleurs et les hoches des couteaux.

La feuille de zinc a 1 mètre de long sur 65 centimètres de large. Le chevalet est bombé de 20 centimètres environ.

Le zinc est fixé par des pointes à tête ronde bien enfoncées, il ne doit pas arriver à la tête du chevalet, mais bien à 3 centimètres plus bas, et voici pourquoi :

Il arrive souvent dans le travail que l'on est obligé de mettre égoutter 20 à 25 veaux sur un chevalet, et de les y laisser quelques heures. Eh bien ! j'ai remarqué que celui de dessous, dont la fleur portait sur le contour de la tête du chevalet, était fortement imprimé d'une courbe dans le collet, et que cette marque devenait ineffaçable, non-seulement en tannerie, mais encore en corroierie.

La fleur à cette place était comme parcheminée, et refusait le tannin : je cherchai, et attribuai cela à la carre vive de mes chevalets ; je fis descendre ma feuille de zinc de 3 centimètres, et, à partir de ce moment, je cessai de voir parmi mes veaux ces plis de fleur, qui leur faisaient perdre de leur valeur.

Lorsque j'étais acheteur à la halle aux cuirs à Paris où en foire, j'ai souvent remarqué des plis, du genre de ceux que je viens de signaler, qui déparaient de beaux veaux.

Mon chevalet, pour écoller mes veaux et baisser leurs gorges, est plus large et moins bombé que les autres, il forme la lentille ; cela facilite le travail de la faux ; en prenant une surface plus large, le tranchant est moins sujet à faire défaut ; le travail va plus vite, l'ouvrier n'étant pas obligé de changer si souvent sa peau de place, et, quand il baisse une gorge ou une tête, il la baisse d'une façon plus égale.

Les outils dont je me sers sont :

1º La faux, dont le tranchant a 50 centimètres de long ; elle est emmanchée des deux bouts, dans des manches bien maniables ;

2º Le couteau de tannerie, fortement emmanché, la lame doit avoir 36 centimètres de long, la courbe de 2 centimètres ;

3º La cœurse, dont la pierre longue de 30 centimètres doit être emmanchée dans une mâchoire de fer perforée, et maintenue fixe avec des rivets en fer ; sa courbure doit être de 3 centimètres environ, les manches doivent être solides.

Il est nécessaire que chaque ouvrier possède un double outillage, à savoir : 2 faux, dont l'une est plus légère que l'autre ; c'est la plus usée qui devient nécessairement la plus légère.

Ensuite, deux couteaux, l'un pour ébourrer et faire les

façons de fleur, l'autre pour écharner et pousser les veaux ; une bonne cœurse suffit.

L'outillage a subi depuis une trentaine d'années d'heureux changements, on doit ces perfectionnements à MM. Serizier, Poirier et Lutz, de Paris, qui nous ont donné des outils solides, mais légers, à seule fin de ne pas fatiguer inutilement les mains du travailleur.

Autant que possible, ces outils doivent être repassés sur la meule par la même main, et cette main doit être habile, pour ne point changer la courbe des couteaux et des cœurses, chose essentielle dans un bon travail. Outils bien emmanchés, repassés avec soin, confiés en de bonnes mains : travail parfait.

## PREMIÈRE FAÇON

J'arrive à ma première façon qui est l'ébourrage.

Pour ébourrer des veaux de l'abat de Paris, je fais mettre sur mes chevalets deux veaux de couche, et pour des veaux moyens, 3 ; puis 4, pour des petits veaux.

Pour éviter les éraflures et pour rendre plus douce l'action de mon couteau, j'exige que l'ouvrier ait le plus grand soin des bordages, et qu'il n'y laisse aucune trace de poil ; puis je les fais mettre à l'eau pour les rincer.

Ensuite je les fais écoller par un homme adroit et spécial pour cette façon ; il tranche les nombrils entre deux chairs, coupe les tetines, déborde les culées et la queue, fait tout le tour de son veau, et arrive à la gorge, que je lui fais baisser selon mes besoins. Si par hasard, dans les flancs ou les collets de mes veaux, le boucher qui les a dépouillés a laissé de grosses chairs, je les fais enlever légèrement à la faux.

A la suite de cette façon, je fais ce que l'on appelle pousser les chairs de mes veaux au couteau ; je fais prendre mes veaux de travers ou de quart à partir de la bosse de l'épaule ; pour pousser des veaux de l'abat de Paris, je le fais à chevalet nu ; mais pour des petits veaux moyens ou minces, je fais mettre deux veaux de couche pour éviter les cassures de fleur.

Pour bien faire cette façon, il faut qu'à petits coups serrés, donnés en fauchant tant soit peu, il faut, dis-je, que mon ouvrier arrache de force toutes les chairs et tissus parchemineux qui se trouvent sur le noyau de la peau, sur le nerf de la patte de devant, et sur celui de la patte de derrière.

L'action doit être vive et fortement serrée sur la croupe, où l'on doit entièrement briser le nerf de la peau ; mais sur les flancs de derrière, sur ceux de devant, on doit passer légèrement, sans chercher même à arracher les tissus qui les couvrent ; le collet doit être aussi ménagé *avec soin* ; l'action doit être vive sur les gorges et les têtes lorsqu'ils en ont.

En agissant de cette façon, on brise le nerf des veaux sur les parties nerveuses, et l'on ménage les parties faibles ou creuses.

Ce travail est très-important et doit être surveillé avec soin, car les veaux que l'on ne pousse pas comme je l'indique, et que l'on ne fait que simplement râcler de chair, ne se développent jamais bien en tannerie ; ils refusent l'absorption du tannin et donnent en corroierie de pauvres résultats, que je signalerai dans la suite quand je m'occuperai du travail de la corroierie.

Lorsque mes veaux ont tous subi cette façon, je les mets six heures à la trempe dans un bassin d'eau claire.

Je leur fais ensuite donner un contre-écharnage en mettant sur mon chevalet deux veaux de couche ; je les remets à l'eau pendant une heure ou deux ; puis je les fais reprendre pour les cœurser ; à cet effet, je fais mettre sur mon chevalet, pour l'abat de Paris, deux veaux de couche, la chair en dessus, et davantage si ce sont de petits veaux.

Je tiens beaucoup à ce que cette façon soit bien faite à coups de œurse, légers d'abord, puis bien serrés, pour les vider et les purger de la chaux ; après le coup de cœurse, je les fais décrasser de fleur au couteau, avec un couteau dont le biseau est bien adouci, pour éviter les éraflures.

Après ces deux façons, je remets mes veaux à la trempe, pendant trois à quatre heures, dans de l'eau claire ; au bout de ce temps je les fais reprendre pour leur donner une dernière façon de chair et de fleur *sur les noyaux seulement* ; je les rince une dernière fois et les mets en pile, en attendant que je les fasse encuver.

On a trop souvent répété qu'en mangeant un pain de quatre livres on faisait un ouvrier tanneur. C'est là un vieux dicton de gens qui n'ont jamais mis la main à la pâte.

Il faut d'abord savoir bien repasser une faux, ensuite beaucoup de dextérité pour la manier avec adresse, savoir bien apprécier les parties que l'on doit atteindre, et, pour cela, croyez-moi, il faut de l'aptitude et de l'expérience.

De même que pour pousser l'écharnage d'un veau, il faut encore une main sûre, les coups doivent être donnés en fauchant, attendu que les coups directs et fortement appuyés font souvent pénétrer le couteau dans la peau et enlèvent ce que l'on appelle une semelle ; les bouchers font assez de défauts dans les peaux sans que les tanneurs s'en mêlent.

Il faut donc du savoir pour éviter tout cela ; c'est, de plus, un rude métier : il faut du cœur et des bras vigoureux pour faire un bon ouvrier de rivière.

Un bon ouvrier, travaillant avec soin, ne peut faire plus de dix à douze peaux par jour, de tout point, en veau moyen de l'abat de Paris.

Les façons du travail de rivière, telles que je viens de les décrire, étaient pratiquées par le père Masse, ce célèbre tanneur de veaux, qu'un de vos intelligents collaborateurs vient de signaler dans un compte rendu de l'Exposition de Londres. J'ai connu le père Masse au temps où il était contre-maître de tannerie, pour la spécialité des veaux, chez M. Sterlingue; on n'avait qu'un reproche à lui adresser, c'est qu'il les tannait trop bien, *pour les vendre frais de fosse*, et qu'il en retirait un trop mince bénéfice.

C'était un grand maître! et j'aurai occasion de le signaler prochainement, lorsque je m'occuperai du travail de l'encuvage et des passements; c'est là où il excellait; il comparait des veaux sortant du travail de rivière à des enfants qui viennent de naître; il les allaitait de tannin lentement et progressivement, les suivait pas à pas avec une sollicitude toute paternelle; chaque jour il les voyait progresser, et ne les abandonnait que quand il les avait menés à bien, c'est-à-dire prêts à recoucher en fosse, alors qu'ils ne couraient plus aucun danger.

Plus tard, je le revis comme acheteur à la halle aux cuirs; bien que très-connaisseur, il n'était plus là dans son rôle; il y était respecté, mais non pas vénéré comme il aurait dû l'être.

Il me semble encore le voir avec sa veste jaune, sa casquette à longue visière, son grand parapluie, allant d'un magasin dans l'autre, cherchant les produits dont il avait besoin, déplorant la manière de faire des uns, signalant les progrès des autres, toujours prêt à donner un bon conseil à celui qui le lui demandait; j'aimais à lui entendre expliquer sa méthode, et ses sages avis m'ont souvent bien profité; aussi je conserve religieusement un bon souvenir à sa mémoire.

## CONDUITE DE LA PASSERIE

Pour bien faire comprendre ma manière de conduire ma passerie et tout l'ensemble de mon travail, je me vois obligé d'entrer dans des détails indispensables ; il me faut tout d'abord prendre une base de fabrication, et déterminer d'une manière aussi nette que possible ce que mon agencement, tel que je l'entends, pourra produire de peaux dans le cours d'une année, la quantité d'ouvriers que je dois occuper, le tan dont il faut que je m'approvisionne, en un mot prouver, approximativement, le prix de revient de mes veaux tannés sur le bord de la fosse.

J'adopterai donc, comme terme moyen, la fabrication de mille veaux en sorte de l'abat de Paris, par mois, soit douze mille par an : j'estime ces veaux, gros et moyens, pouvant peser, l'un dans l'autre, 6 kilog. 500 la pièce ; j'ai donc 78,000 kilog. de cuir frais à tanner, et, comme j'emploie 3 kilog. de tan pour tanner 1 kilog. de peau fraîche, il faut que je m'approvisionne de 234,000 kilog. de tan ; puis, en tenant compte des très-gros veaux auxquels il faudra trois poudres, ensuite des gros écorçons que j'emploie pour soutenir mes fosses à jus, je puis donc compter sur le chiffre de 250,000 kilog. pour le tan qui me sera nécessaire pour l'année.

Six hommes au travail des pelains et de rivière me suffiront ; deux hommes à ma passerie et au travail de mes fosses pourront faire ma besogne, étant aidés, de temps à autre, par un homme du travail de rivière.

Mon chef d'équipe, chargé de la conduite de mes pelains et de mon travail de rivière, travaillera avec ses hommes, écollera mes veaux. Ces hommes pourront me faire 250 veaux par semaine, en tenant compte de la perte de temps à laquelle sont sujets les ouvriers de nos genres. Mon chef de passerie conduira mes cuves, fera ses potées et refaisages, recouchera en fosse ; un homme de peine courageux lui sera adjoint. Comme il est nécessaire que ces deux hommes s'entendent bien, je laisserai à mon chef de passerie le soin de choisir cet homme.

J'agirai de même vis-à-vis de mon chef au travail de rivière, responsable de l'ensemble de ma production ; je me garderai bien de lui imposer des hommes, je lui laisserai le soin de les choisir et de les former au besoin. Je lui donnerai une autorité morale, et cela devra lui suffire pour se faire respecter de ses ouvriers.

Un bon chef d'équipe est chose assez rare, car il faut que, sans cesser d'être ouvrier lui-même, il prenne de l'autorité sur ses camarades ; cette autorité, il saura la conquérir, comme ouvrier supérieur, tant par son courage et sa belle conduite que par son savoir.

Je lui donnerai 5 fr. par jour, soit 30 fr. la semaine et plus, si son aptitude le mérite ; dans ce cas, je lui réserverai une gratification annuelle, J'établirai pour ses hommes des prix qui varieront de 3 fr. 75 à 4 fr. 50 par jour, à seule fin de maintenir de l'émulation entre eux, car je n'admets pas que tous doivent gagner une journée uniforme ; à chacun selon ses œuvres.

Rien à mes yeux ne rend un bon ouvrier indifférent comme le système que l'on tente d'établir de payer à tous les hommes le même prix. Les paresseux, les hommes débauchés, l'armée roulante, en un mot ; ceux qui travaillent huit jours dans une maison, quinze jours dans une autre, demandent seuls cette uniformité des salaires, et, je le répète, à chacun selon ses œuvres, à chaque œuvre selon son mérite, l'avenir tout entier de notre chère industrie est là.

Un bon patron doit certes s'enquérir des besoins de ses ouvriers, il faut qu'ils puissent vivre en travaillant, et, comme le métier de tanneur est pénible, il faut que cet homme puisse gagner pour suffire largement au besoin de son corps qui se fatigue, et que, pour soutenir son courage, le fruit de son travail puisse également suffire au besoin de sa famille, s'il en a une.

On ne cesse de dire : vendez plus cher, le consommateur paiera! Oui, c'est très-bien pour tout ce qui doit être consommé en France; mais comme la production de notre industrie déborde nos besoins, et que nous sommes obligés d'aller chercher sur les marchés étrangers l'écoulement de nos produits, là nous rencontrons aussi les producteurs étrangers, avec lesquels il faut compter.... C'est là la pierre d'achoppement.

Payant d'abord la matière première trop chère (puisque dans notre métier on en est réduit à se faire une plus grande concurrence à l'achat qu'à la vente), payant des façons d'un prix trop élevé, nos marchandises, quoique parfaitement fabriquées, devront être délaissées; il s'ensuivra des chômages : les chômages, c'est la ruine de l'usine, c'est la misère des ouvriers! Et comment concilier tout cela? Il faut donc qu'ouvriers et patrons s'entendent; l'un doit dire · vos besoins sont devenus plus grands, je ne peux vous payer plus, mais appelez tout votre courage, faites un effort et produisez davantage j'augmenterai vos journées, c'est pourquoi, dans ma fabrique, j'établis des prix relatifs à la production de chaque homme. Une grande justice doit présider dans la distribution des salaires; une grande émulation doit être réservée à chaque travailleur, et, pour moi, l'uniformité des salaires détruit tout cela. La journée des ouvriers tanneurs, à Paris, varie de 4 fr. à 4 fr. 25, eh bien! j'accorderai 4 fr. 50 à qui les gagnera, mais celui qui ne gagnera que 3 fr. 75 ne recevra que ce prix.

On pourra me dire encore, pourquoi ne mettez-vous pas vos ouvriers aux pièces ? A cela je répondrai que l'ouvrage aux pièces, pour moi et dans mon métier, n'est pas praticable ; parce que deux intérêts se trouvent en présence ; celui du patron, qui paie pour que son ouvrage soit bien fait, et celui de l'ouvrier, qui coule, autant qu'il le peut, pour gagner davantage. On me dira encore, mais faites visiter le travail, et, s'il est mal fait, faites-le recommencer? J'ai essayé ce mode, qui me paraissait rationnel; eh bien! voici ce qui en résultait :

Mon chef d'équipe commençait par faire des observations à l'ouvrier qui avait mal fait, ce dernier prétendait avoir bien fait; une discussion s'engageait, il en résultait toujours des mots blessants, presque des rixes, l'ouvrier disait en dernier ressort, si vous n'êtes pas content, donnez-moi mon livret; il le recevait et son argent également, il entraînait ses camarades à boire, ils épousaient sa querelle, et voilà le travail suspendu au détriment de tous !

Donc, pour moi, je repousse l'uniformité des salaires parce qu'elle abrutit l'homme en lui montrant la limite de son courage ; je repousse également la besogne à la tâche parce qu'elle est presque toujours mal faite, et j'en reviens à la journée payée suivant mérite.

Voici donc comment j'établis mes prix pour les hommes qui composent mon équipe de rivière:

Mon chef, 5 fr. par jour, soit. .     30 fr. la semaine.
5 hommes de chevalet en prix
    moyen de. . . . . 4 fr. 25    127 50    —
Mon ouvrier conducteur de ma
    passerie. . . . . . 4   75    28 50    —
Un homme de peine. . . 3   50    21 »    —
    Total par semaine. .    207 fr.

Par mois 828 fr. environ; pour produire 1,000 veaux, soit 82 c. de main-d'œuvre par peau.

Du jour où le tanneur de Paris sera forcé de dépasser ces prix, il sera écrasé par la tannerie de province ! Il lui faudra avoir recours aux moyens mécaniques, *que je suis loin de nier*, et que j'étudierai plus tard. Mais ces moyens mécaniques la province s'en emparera tout comme lui, peut-être même avant lui, alors sa position restera la même. Si vous saviez comme elle marche la province ? comme elle s'élance vers les perfectionnements ! vous trembleriez, tanneurs parisiens, en face de votre avenir.

Mon personnel étant bien organisé, mes pelains bien conduits, mon travail de rivière parfait ; j'arrive au travail de ma passerie ou basserie ; mot également employé dans les tanneries.

Pour cuver 1,000 veaux par mois, il me faut 26 cuves en chêne, de 1 mètre de profondeur dans œuvre, 1 mètre 70 de diamètre ; elles doivent être en chêne, car le bordage d'une cuve de sapin ne saurait avoir une longue résistance, pour le travail journalier auquel elle est soumise.

26 cuves à 50 veaux l'une, peuvent cuver 1,300 veaux par mois ; mais comme j'ai des cuvées de gros veaux, dans lesquelles je ne peux mettre que 35 peaux, ce chiffre se réduit à 1,000, car avant de préparer le travail de rivière pour une cuvée, j'égalise autant que possible le poids des veaux que je destine à cette cuvée ; 50 veaux moyens à 5 kil. 500 chacun, me donnent 275 kil. de cuir frais pour ma cuve, et si j'ai des gros veaux, je n'en mets que 35 à 8 kil. pièce en raie, cela fait 280 kil. ; il est très-important de chercher à égaliser ces cuvées, pour que la quantité de tan employée dans chacune obtienne le même résultat ; et pour arriver juste, je fais peser tous mes veaux en arrivant de la boucherie, je les fais marquer au poids de queue, et mon chef d'équipe, avant de mettre une marée en train, a soin de relever ses poids de queue, de manière à ne pas dépasser la limite de 280 kil. de cuir frais.

Dans mes refaisages, je mets 200 veaux, je les y laisse un mois, il me faut donc six grandes cuves pour refaisages, elles peuvent être en sapin ; elles ont 1$^m$ 75 de profondeur, et 2 mètres de largeur ; je les laisse dépasser de 50 centimètres le niveau du sol pour éviter que l'on marche dessus.

De même que les cuves en chêne de ma passerie, qui doivent également sortir de 45 centimètres du sol pour faciliter l'homme qui coudre : lorsqu'il relève ou rabat une cuve, ses genoux viennent s'appuyer sur les bordages, et lui évitent ainsi le danger de faire la culbute dedans! malgré cette précaution, il arrive quelquefois qu'un homme qui a bu un petit coup, pique une tête dans la cuve ; ce cas se présente rarement, mais enfin il arrive, et j'en ai été témoin.

Il me faut aussi douze râteliers en chêne assez solides pour porter 100 veaux au besoin ; c'est sur ces râteliers que je mets égoutter mes veaux quand je les sors de la cuve, pour bouler le contenu, et y ajouter la quantité de tan nécessaire pour le réencuvage.

Ma passerie tout entière est bitumée, pour éviter que mes cuves ne se pourrissent au ras du sol, la propreté y gagne également, et si ma rangée de cuves s'appuie au mur, je fais combler mes entre-cuves, et fais bitumer l'équerre qui existe entre elles, de manière que mon jus en coudrant retombe dans ma cuve et n'est pas perdu.

Vingt-six cuves en activité pour ma passerie, six cuves pour mes potées, six grandes pour refaisages, total : trente-huit, auxquelles j'en ajoute deux autres pour les éventualités ou temps d'arrêts imprévus ; voilà donc un total de quarante cuves. Et comme il me faut quatre cuves pour au moins une fosse, bien que mes veaux restent plus de temps en fosse qu'en cuve, j'ai dix fosses plantées à ras du sol ; elles ont 2 mètres de profondeur dans œuvre et 2 mètres 20 centimètres de largeur à la gueule ; elles peuvent contenir environ trois cents veaux ; je ne les fais pas faire plus grandes pour pouvoir en retourner une par semaine ; cela résulte de l'ensemble de mon travail qui doit être suivi sans temps d'arrêt.

Il me faut également trois fosses à jus ; elles ont aussi 2 mètres de profondeur et $2^m 20$ centimètres de largeur ; j'y fais établir un double fond en sapin, percé de trous, pour laisser filtrer le jus ; une cheminée carrée, en planches, y est établie pour y fixer ma pompe ; elle descend jusque dans le double fond.

Dans ma fosse neuve, que je désignerai sous le nom de fosse à jus n° 1, je mets au fond 50 à 60 centimètres de gros écorçons pour soutenir mon jus; j'y mets mes tannées de première et de deuxième poudres, elle me sert à préparer mes troisièmes cuves, à soutenir parfois la force d'une cuve qui retombe ; au bout de huit jours, elle devient fosse n° 2, son jus me sert à préparer mes potées et refaisages, à abreuver mes fosses ; au bout de huit jours, elle devient fosse n° 3, dont la force est presque négative, mais qui sert à abreuver la fosse n° 2, pour qu'elle s'use moins vite ; elle reçoit les tannées des refaisages, le jus des potées, en un mot, elle filtre la dernière essence de mes tannées ; elle sert aussi à modifier parfois la force de ma fosse n° 1, quand je prépare une troisième cuve ; au bout de huit jours, elle est totalement épuisée ; je la fais vider aux tannées et j'en fais ma fosse neuve, et ainsi de suite.

Ces fosses à jus sont de la plus grande utilité ; on ne saurait rien faire de bien sans leur secours.

Combien ai-je vu de tanneries en province où il n'y avait pas une seule fosse à jus ! Toute tannée sortie de la fosse était jetée sur le tas ; ces tanneurs perdaient ainsi le tiers de la force de leur tan : ils cuvaient avec des jus neufs, et obtenaient une fleur rouge ; ils abreuvaient leurs fosses avec de l'eau ! J'ai vu des tanneries où il y avait quarante fosses et dix cuves ! Ces tanneurs-là faisaient en douze à quinze mois de la marchandise plate et fosseuse ; ils étaient obligés de la vendre avec 15 à 20 0/0 d'humidité, car, sèche, elle n'eût rien rapporté, et tout cela pourquoi ? pour n'avoir pas donné suffisamment de cuve à leurs peaux, et souvent ne les avoir pas mises en potée, ni même en refaisage! La Picardie et une partie de la Lorraine sont les deux provinces où j'ai rencontré le plus de tanneurs tannant avec ces vices de tannerie.

# DU VEAU CIRÉ

## TRAVAIL DE LA PASSERIE OU BASSERIE

De l'encuvage. — Du coudrage. — Mise en potée et refaisage.

Ayant, je crois, suffisamment rendu compte de l'agencement de mon usine, j'arrive à l'encuvage de mes veaux, en un mot, au travail de la passerie.

Ma troisième cuve, qui est la dernière que je donne, est toujours neuve ; ma fosse à jus numéro 1 me sert à la préparer. Sa force doit être au pèse-tannin d'environ trois degrés, plutôt moins que plus. Elle devient ma deuxième cuve, ma deuxième cuve devient première, et ma première devient ma cuve de dégorgement.

Je ne me sers au besoin de mon pèse-tannin que pour ma troisième cuve, car le pèse-tannin ne me donne la force du jus que lorsque ce jus est pur de toute gélatine, on ne saurait s'en servir avec succès pour peser la deuxième cuve dont le jus se trouve déjà chargé de gélatine.

De même pour la première, et encore moins pour le dégorgement ; voici comment se prépare cette dernière :

Je commence par faire extraire la moitié du tan usé qu'elle contient, je la déguste : son jus doit être à peine sensible au palais ; comme elle est presque toujours trop forte, j'y ajoute du jus de ma fosse à jus numéro 3, je la remplis à peu près aux deux tiers de son contenu, de manière que lorsque mes veaux sont dedans, le tout arrive à environ 15 centimètres du bordage.

Je fais monter mes veaux du travail de rivière, mon chef à la passerie les prend un par un et les jette à plat dans cette cuve. L'homme de peine, armé d'un bâton en chêne long de 1ᵐ 60 centimètres environ, les plonge les uns après les autres tout autour de la cuve. Cette opération terminée, le même homme s'empare d'une perche en chêne longue de 2ᵐ 50 centimètres, assez forte pour ne pas trop ployer sous le poids de la charge, il la plonge le long du bordage, puis lui fait faire la bascule ; douze à quinze veaux sont au bout de sa perche, il l'abaisse sur le bord de la cuve, et se met à les balancer de droite et de gauche pendant deux minutes environ. Il met ainsi tout le contenu de la cuve en mouvement, puis relevant sa perche aux deux tiers, il lui fait décrire un demi-cercle à gauche, relève sa perche et les lâche, il replonge sa perche à nouveau, saisit à peu près la même quantité de peaux et continue le même travail jusqu'à ce qu'il ait fait le tour de sa cuve, il saisit alors le crochet en fer de tannerie, démêle ses veaux, égalise sa cuve et recommence son opération à la perche, et ainsi de suite pendant deux heures.

Au bout de ce temps mes veaux, bien flottés, bien lavés, ont perdu tout ce qui leur restait de chaux du travail de rivière. Je m'aperçois que ce travail est à sa fin, quand la chair de mes peaux commence à noircir, alors je les fais retirer très-promptement par mes deux hommes, l'un des pêche au crochet, l'autre les attrape un par un et les met sur le râtelier, et, l'opération terminée avec vivacité, je les fais porter sur la brouette dans ma première cuve préparée à l'avance de la manière suivante :

J'en fais extraire toute la tannée usée, je la déguste, et comme son jus est toujours trop fort j'y ajoute quelques tines de ma fosse à jus numéro 3, je la remplis aux deux tiers, et j'y fais jeter mes veaux de la même manière que dans ma cuve de dégorgement, mon ouvrier continue de les balancer de la même manière ; la chair de mes veaux commence à blanchir, au bout d'une heure j'y fais jeter 5 kil. de tan fin de première qualité, et je fais continuer de les agiter. Un quart d'heure après, j'y ajoute une même quantité de tan, et le coudrage continue. Au bout d'un quart d'heure j'examine mes peaux ; un léger grain commence à se dessiner sur la fleur, je continue de les faire coudrer encore un quart d'heure en mettant encore 5 kil. de tan fin, puis, lorsque je me suis assuré que le grain marque bien, et sans vouloir en obtenir davantage (pour ne pas saisir la fleur, en voulant acquérir un grain *trop prématuré*), je les fais relever promptement sur le râtelier placé au-dessus de ma cuve, je jette encore 5 kil. de tan fin dans mon contenu ; je fais bouler ma cuve avec le bouloir, mon homme de peine s'empare d'une pelle de bois et fait tourbillonner le jus pendant que l'autre la boule ; cette opération dure quatre à cinq minutes environ, puis je fais replonger vivement mes veaux dedans un par un, et je veille à ce que mon ouvrier chargé de les y enfoncer, ne les y plonge pas au fond du premier coup de bâton ; il doit, son veau à moitié enfoncé, changer son bâton de place pour éviter de lui faire prendre des faux plis, ce que l'on nomme, en terme de métier, en faire un parapluié.

J'ai commencé mon opération de coudrage à six heures du matin, elle est terminée à dix heures, je laisse mes veaux en repos jusqu'à midi, et je les fais relever un par un en les plaçant, par moitié, pliés de cul en tête sur mon râtelier, la fleur en dedans ; je fais de nouveau brasser ma cuve, puis je replonge mes veaux dedans, en mettant pendant l'opération 10 kil. de tan première qualité, moulu à la noix, à trois heures même opération, sans y mettre de tan, seulement je fais brasser ma cuve avec force jusqu'à ce que la mousse monte dessus. j'y replonge mes peaux, et à six heures du soir je les fais relever de nouveau, je brasse ma cuve de même et en recuvant mes veaux j'y mets encore 10 kil. du même tan. Au-dessus de ma cuve est un tableau peint en noir, j'écris dessus le jour de l'encuvage, la quantité de peaux contenues dans ma cuve, et je trace deux barres pour indiquer que 40 kil. de tan ont été mis dans ma cuve.

Le lendemain, dès l'arrivée de mes ouvriers, je fais relever ma cuve, j'examine la fleur de mes veaux, déjà mon grain se dessine mieux, je fais brasser le contenu avec vigueur, et à mesure que j'y fais replonger mes veaux, j'y mets 10 kil. de tan toujours à la noix, et je les laisse en repos toute la journée.

Le soir à six heures je fait relever ma cuve, je procède de la même manière que ci-dessus, et en les réencuvant, j'y ajoute 10 kil. de tan, et je marque une troisième barre sur mon tableau.

Le lendemain, je fais de nouveau relever les veaux de ma cuvée, en la brassant j'y fais jeter 10 kil. de tan, et autant en les réencuvant. Je marque une quatrième barre sur mon tableau, et le lendemain même opération, puis je les laisse en repos pendant quatre jours entiers.

Ma première cuve m'a dépensé environ 100 kil. de tan *mais graduellement*; toujours pour ne pas saisir la fleur de mes veaux.

Je fais jeter le contenu de ma cuve de dégorgement, et je me garde bien de l'envoyer sur mes fosses à jus, car ce jus contient trop de chaux et trop de matières gélatineuses ; ces eaux nuiraient à la pureté de mes fosses à jus.

Dans beaucoup de tanneries on coudre à la pelle; dans les grandes usines où il y a des moteurs, on coudre au moyen de moulins flotteurs pour épargner la main-d'œuvre; c'est là un progrès que je suis loin de nier, et je sais de bons fabricants qui obtiennent par ce procédé d'excellents résultats ; mais il ne faut pas abuser du flotteur, dont l'emploi, fait sans une juste mesure, creuse souvent les peaux.

Si plus tard j'ai à m'occuper de moyens mécaniques réalisés de nos jours, je me réserve d'en dire ce que mon expérience m'en aura appris. Les moyens mécaniques sont, en résumé, l'avenir de toutes les industries.

Le neuvième jour que mes veaux ont été encuvés dans ma première cuve, je les fais lever et égoutter sur mon râtelier pendant une heure.

Je prépare alors ma deuxième cuve, j'en fais extraire tout le tan usé qu'elle contient pour m'assurer de la force de son jus; je le déguste à la bouche, j'y ajoute presque toujours deux tines de jus de ma fosse numéro 1 et une tine de ma fosse numéro 3 ou de celle numéro 2, selon qu'elle est plus ou moins au degré où je veux la mettre. Pour me faciliter dans mon appréciation, j'ai soin de goûter le jus de ma première cuve, et j'élève la force de ma deuxième d'un degré à peu près au-dessus de la première; j'y fais jeter 10 kil. de tan à la noix, je la fais bouler avec force pendant cinq minutes, et je fais apporter les veaux sur le râtelier de ma deuxième; je mets de nouveau son contenu en mouvement, et je n'attends pas pour réencuver que mon jus soit reposé, au contraire, je les réencuve avec vivacité, et arrivé à peu près aux deux tiers du réencuvage, j'y jette 5 kilog. de tan, puis je continue; arrivé au dernier, mes deux hommes enfoncent bien mes veaux au fond de ma cuve pour qu'il n'y reste pas d'air, et je fais jeter dessus les 5 kilog. de gros tan qui me restent, ayant soin de les faire baigner à la surface du contenu.

Pendant quatre jours la même opération se renouvelle chaque matin, en ajoutant chaque fois 20 kilog. de gros tan de première qualité; j'ai soin chaque jour de laisser égoutter mes veaux pendant une heure sur mon râtelier, entre le lavage et le réencuvage.

Je marque sur mon tableau la quantité de veaux réencuvés le jour où l'opération se fait, la quantité de tan que j'y mets, et le quatrième jour je les laisse en repos, quatre jours en été, six jours en hiver ; le séjour de mes veaux en deuxième cuve est donc de huit jours en été et dix jours en hiver.

Je m'assure chaque jour du progrès que font mes peaux ; si elles montent trop je diminue la quantité de tan, si, au contraire, mes veaux semblent retomber, j'y mets 10 kilog. de tan fin, souvent même une tine de jus de ma fosse n° 1 ; ceci est l'affaire du praticien, on n'a jamais trop de soins pour le cuvage des veaux, et je dirai même que chaque matinée du tanneur doit être consacrée à ce travail sérieux.

J'emploie dans ma deuxième cuve environ 80 kil. de gros tan à la noix et de première qualité, et cela est suffisant si le tan que j'emploie est bon.

Le neuvième où le dixième jour, je prépare ma troisième cuve, avec le jus de ma fosse n° 1, je ne la remplis qu'à moitié ; sa force doit être d'environ 3 degrés au pèse-tannin ; s'il est plus fort je le modifie, s'il est inférieur j'y fais jeter 10 kilog. de tan fin, puis je fais bouler le contenu pendant environ dix minutes ; je fais lever ma deuxième, je laisse égoutter mes veaux deux heures, et je les fais porter sur le râtelier de ma troisième cuve préparée. Je la fais bouler à nouveau en y mettant 10 kilog. de gros tan, et j'y encuve mes veaux vivement et de la même manière que dans la cuve précédente ; pendant quatre jours j'opère de même en mettant chaque jour dans ma cuve 20 kilog. de tan ; le quatrième jour je les laisse en repos. Cette cuve m'a encore coûté 80 kilog. de tan.

Ainsi le cuvage de 275 à 280 kilog. de peaux fraîches de boucherie m'a dépensé, avec le secours de mes fosses à jus, environ 1 kilog. de tan pour 1 kilog. de cuir frais ; mon travail s'est opéré graduellement : la fleur de mes veaux est restée douce, le grain chaque jour s'est dessiné davantage, la fibrine de mes veaux s'est lentement et progressivement imprégnée de tannin, la fleur est devenue blanche comme du lait, elle a commencé à se saturer, mes veaux ont pris une certaine fermeté, les collets, les flancs sont bien pleins, il ne m'en faut pas davantage; tranquille sur leur sort, je les laisse six jours en repos, je veille à ce qu'il ne sorte pas au-dessus du jus de la cuve; la fermentation qui s'opère dans cette cuve est souvent si active que l'on est obligé chaque jour d'y veiller.

Pour préparer une cuvée de veaux secs en poil, égale à mes cuvées de veaux frais, je ne mets que 110 à 115 kil. de peaux sèches, car 50 kil. de cuirs frais ne donnent guère que 20 kil. de peaux bien sèches, je les conduis à peu près de la même manière que les veaux frais, seulement, je les fais coudrer environ une heure de plus, le grain d'un veau sec monte plus difficilement que celui d'un veau frais, et je prends des précautions plus grandes pour ne pas en saisir la fleur, qui ayant déjà été séchée se crisperait plus facilement sous l'action du tannin.

J'agis de même pour les vachettes de Calcutta ou de Java, j'en mets 125 kil. par cuvée; car les vachettes, avant de les sécher, ont reçu une première préparation qui fait que, sèches en poil, elles perdent moins à la sèche que les peaux ordinaires; l'action de l'orpin, que j'ai employé pour les faire peler vivement, a tant soit peu attendri la fleur, et cette fleur plus tendre demande des ménagements infinis dans l'opération du cuvage; j'ai fait de cette manière des vachettes qui avaient la fleur aussi douce que des veaux frais, mais avec un travail plus lent, et une sollicitude de tous les instants. Je ne désespère pas de voir un jour la tannerie française se livrer plus en grand à la fabrication de la vachette bien comprise; au jour où l'on voudra, comme nos voisins les Anglais et les Allemands, s'attacher à fabriquer des premières sortes, on saura les faire apprécier du consommateur.

La petite vache propice à faire des croupons en huile pour empeigne devient de plus en plus rare, par suite des progrès apportés dans le croisement des races; eh bien! nous avons pour les remplacer, les vachettes des Indes, nous devons donc nous appliquer à en perfectionner la fabrication, et surtout ne pas hésiter à acheter des premières sortes, qui ne viennent guère en France faute d'y être appréciées.

A quoi bon se disputer à l'achat la peau de pays! quand on peut, par une fabrication intelligente, la remplacer à peu près par des peaux de production étrangère, qui abondent sur les marchés voisins, et qui viendraient en masse sur les nôtres si on savait les y apprécier.

Sortir de la routine et marcher vers le progrès, là est l'avenir de la génération actuelle.

### MISE EN POTÉE ET EN REFAISAGE

Mes veaux étant suffisamment cuvés, je me dispose à les mettre en potée; à cet effet, je fais nettoyer la cuve qui doit les contenir, et j'y dirige le jus de ma fosse n° 2, je mets environ 15 centimètres de ce jus au fond, je fais lever les deux cuvées de troisième que je destine à être mises en potée environ trois heures à l'avance pour qu'ils s'égouttent bien.

Je fais humecter environ 225 kil. de tan fin, première qualité; ce tan doit me servir à jeter par poignées sur mes peaux à mesure que je les dispose par lit dans leur potée.

Il est utile que ce tan soit légèrement bassiné d'eau pour éviter d'en perdre, et, ensuite, voir clair au fond de sa cuve; si on ne l'humectait pas, la poussière, le fleurin du tan se perdrait, et les hommes en seraient incommodés dans leur travail.

Toutes ces précautions étant prises, je fais apporter mes veaux sur une brouette près de ma cuve, où je les fais prendre un par un, le premier ouvrier les prend par les deux pattes de derrière, et les lance bien à plat sur le jus qui est au fond de la cuve, la fleur en dessus ; le second est armé d'un bâton, il étale les pattes ou le collet qui se sont repliés en tombant, puis à deux, et avec chacun un bâton, ils enfoncent le veau carrément dans le jus ; ils y jettent ensuite trois à quatre poignées de tan, en saisissent un autre, et l'opération continue ainsi sur chaque peau ; lorsque le jus est absorbé, on en verse d'autre, de manière que la potée soit toujours flottante, mais aussi compacte que possible ; on ne doit pas y mettre trop de jus, ceci est très-important, car à partir de cette façon les veaux qui ont été suffisamment flottés dans les trois cuves, doivent commencer à se resserrer, pour éviter d'en faire des veaux dont la fibrine serait trop veule.

J'emploie pour cette potée environ 225 kil. de tan fin, première qualité, cette quantité étant suffisante pour les quinze jours que mes peaux doivent passer dans cette cuve.

Lorsque le travail est achevé, je fais mettre sur la potée environ 12 à 15 centimètres de tan usé, pour maintenir les peaux carrément dans la cuve ; car sans cette précaution le travail de la fermentation s'opérant, les veaux se soulèvent, sortent du jus, et souvent, en une demi-journée, prennent des taches sur les parties de la fleur exposées à l'air ; et ces taches ne s'effacent jamais.

J'ai dit que je laissais mes veaux quinze jours en potée, au bout de ce temps, j'en fais lever et rincer dans un bon jus deux potées, et je me dispose à les mettre en refaisage, après les avoir laissé égoutter trois ou quatre heures. Voici comment je procède pour cette façon, qui se pratique pour donner du corps à ma peau, avant la mise en fosse, et pour tanner à fond la fleur de mes veaux ; car bien *tanner* la fleur, c'est là le grand mérite des praticiens de Château-Renault, et j'agis sur mes veaux, comme ils agissent sur leurs bœufs et vaches ; pour avoir une fleur blanche et douce et qui ne change jamais de couleur en corroierie, il faut que cette fleur soit tannée de fond, avant de recoucher les veaux en fosse; c'est pourquoi je mets mes veaux dans un refaisage demi-flottant, la fleur en dessus, en ayant soin d'employer pour cette façon du tan bien fin, pour ne pas fosser la fleur, qui est encore tendre, et qui subira une certaine pression dans l'opération qui va suivre.

Après avoir nettoyé avec soin ma grande cuve, dans laquelle je veux mettre les veaux de mes deux potées, je fais mettre au fond de cette cuve environ 5 centimètres de tannée fine usée, je fais prendre un veau que je fais jeter bien à plat, la fleur en l'air, sur cette tannée; mes hommes étalent ce veau avec un bâton, de manière qu'il soit bien à plat et fasse le moins de plis possible, ensuite ils y jettent dessus, principalement sur le noyau et sur la gorge, des poignées de tan, de manière que la fleur en soit couverte légèrement dans les flancs, mais bien garnie sur le corps de la peau; à chaque veau que je fais mettre, même opération, et pour que le refaisage monte égal, je fais tourner mes culées tout autour de ma cuve, et cela du reste en égalise la force et la régularise. L'opération terminée et arrivé au dernier, je lui fais mettre la fleur en-dessous; je choisis pour cela de préférence un grand veau, et je le fais garnir soigneusement de tan sur la chair; mes veaux ne doivent pas emplir ma cuve, il doit rester au moins 25 à 30 centimètres de vide au-dessus du dernier veau, voici pourquoi je veux que mon refaisage ne subisse aucune autre pression que sa charge naturelle, et celle d'environ 15 centimètres de tan usé que je mets dessus; et pour l'abreuver avec une fosse n° 1, je fais mettre sur le tan usé une toile pour que le jus, en arrivant dessus, ne déplace pas le tan; je l'abreuve doucement et successivement, le jus pénètre dans l'intérieur et sous le refaisage, sa charge fait remonter légèrement le contenu, et mes veaux se soulèvent.

Au bout de quelques jours, quand la fermentation agit, il arrive souvent que le tout s'élève de 25 à 30 centimètres; donc, si ma cuve de refaisage était trop pleine, le jus déborderait et se perdrait; voilà pourquoi je me garde bien de faire remplir ma cuve jusqu'au bord; je ne la fais pas charger, parce que je veux que ce refaisage soit tant soit peu flottant; une forte pression, comme à des veaux recouchés en fosse, ferait que le tan s'imprimerait dans la fleur des peaux et viendrait créer des difficultés au corroyeur.

Je n'emploie guère plus de tan pour cette façon que pour la précédente; mais le jus que je mets pour l'abreuver est bien supérieur; ensuite, il est en plus petite quantité, et, par la quantité de tan employé, le refaisage, nécessairement, a plus de principes tannants que la potée; le travail continue donc à être progressif, et mes veaux gagnent toujours, tout en se resserrant davantage.

Dans cette façon, la fleur achève de se saturer, sans devenir dure, car le plus important c'est de tanner la fleur de fond sans la rendre rêche, et avant tout pour faire de la belle corroierie il faut que la fleur soit douce.

Je laisse mes veaux un mois dans ce refaisage; ce temps est suffisant; ils ne gagneraient pas à les y laisser plus. Il est bien entendu que toutes les fois que je fais lever une potée ou un refaisage, que le jus et le tan usés que ces cuves contiennent sont envoyés sur la fosse à jus n° 3; on ne doit rien perdre dans le travail.

# DU VEAU CIRÉ

## LA MISE EN FOSSE

Je m'étendrai très-peu sur cette façon, qui se fait généralement très-bien en France.

Au bout d'un mois de refaisage, je fais lever mes veaux; la fleur en est tannée; elle est blanche, bien saturée de tannin, et comme mon travail de passerie, de potée et de refaisage s'est opéré dans un flottage progressif, la fleur de mes peaux est restée douce; le grain qui règne sur cette fleur s'efface presque sous l'ongle; il est important de ne pas la durcir par une application de tan trop forte, et, pour éviter cela, je fais laver et rincer mes veaux avec soin dans du jus de ma fosse numéro 3; je les fais ployer en deux, la fleur en dedans, et je les mets en égout pendant vingt-quatre heures.

Je fais préparer ma fosse, et au fond j'y fais mettre environ 5 centimètres de bonne tannée usée.

Je n'emploie pour coucher en fosse que du tan fin, autant que possible de première qualité.

Je fais bassiner ou humecter mon tan avec du bon jus; j'en fais préparer 3 à 400 kil. à la fois, et je le fais mélanger avec soin; on le mouille le moins que l'on peut, pour lui réserver une grande force de fermentation.

Dans chacune de mes fosses est établie une cheminée en planche, cette cheminée sert pour abreuver la fosse, de manière que le tan qui recouvre les veaux n'éprouve pas de déplacement lors de l'abreuvage, et ensuite elle sert à se rendre compte si la fosse ne manque pas de jus.

Je m'assure tous les huit jours si chacune de mes fosses est suffisamment abreuvée, et si elle ne perd pas son jus : ceci est utile ; de cette manière, je n'ai jamais de fosse qui graisse par le manque de liquide.

Tous ces préparatifs faits, mon recoucheur descend dans sa fosse ; un homme est appelé à le servir ; il lui apporte les peaux sur le bord, de manière qu'il puisse les prendre les unes après les autres sans le secours de personne.

Il lui apporte ses corbeillées de tan, et le travail commence. Mon recoucheur prend un veau, le laisse bien ployé, la fleur en dedans ; le met bien à plat, la culée du côté du bordage, de manière que les pattes de derrière du veau arrivent par la proximité à se reployer ; il engage dans ces plis une forte poignée de tan, puis les recouvre d'une autre poignée, il garnit bien la culée de sa peau, les nombrils également, ploie les brochets sur la patte de devant, et glisse dans ce pli une dernière poignée de poudre, puis recouvre légèrement son collet, ouvre la gorge et y met sur fleur une poignée de tan, puis ensuite la recouvre d'une forte couche ; car cette partie qui est forte a besoin d'une double couche de poudre.

Ce veau achevé, il en prend un autre, et s'arrange de manière à tourner ainsi tout autour de sa fosse, pour la monter le plus également possible ; il varie ses couches de manière à ce que des parties faibles viennent recouvrir des parties fortes, il évite ainsi les cavités que souvent de mauvais ouvriers remplissent de bon tan, pour monter leur fosse d'une façon uniforme, au grand détriment des intérêts du patron qui souvent ne peut le voir.

Un bon recoucheur en fosse, est un homme précieux dans une tannerie, car il dépense une matière bien chère. Les bons ouvriers coucheurs sont assez communs dans les tanneries françaises, et en voyageant j'ai toujours remarqué que dans presque toutes les tanneries de nos départements, il y avait pour cette façon d'excellents praticiens. Tout en descendant son veau dans la fosse, il le tâte et l'apprécie, et sait ce qu'il portera de tan.

On ne doit pas épargner la poudre dans la première fosse, elle doit aussi être abreuvée avec un bon jus ; on se sert pour cela de la fosse à jus numéro 2.

Lorsque le recoucheur est arrivé à environ 20 à 25 centimètres du bordage de sa fosse, il s'arrête, met sur son dernier rang une couche de tan d'environ 5 centimètres, puis recouvre le tout de 25 à 30 centimètres de bonne tannée, il dispose sur le dessus des planches qu'il charge de grosses pierres pour établir une espèce de pression, car en abreuvant cette fosse par sa cheminée, le poids du jus qui descend dedans, fait souvent remonter le tout, et si on ne le chargeait pas, il arriverait que par le poids du liquide, et la force de la fermentation, les veaux, bien que laissés à 25 centimètres, s'élèveraient au-dessus du bordage. Ensuite la fosse serait trop flottante, et le but ne serait par atteint, car il s'agit dans cette façon de resserrer, de comprimer les veaux, de manière que les fibrines développées dans le travail antérieur acquièrent toute la solidité possible, tout en se saturant de tannin.

On tanne une peau en cuve et en refaisage ; mais on ne la serre, on n'en fait du cuir parfait, qu'en la recouchant en fosse ; c'est là qu'elle acquiert toute la solidité qui fait sa plus belle qualité.

Je laisse mes veaux deux mois dans cette fosse ; au bout de ce temps, le tan que je leur ai donné est usé, ils n'avanceraient pas si je les y laissais davantage.

Je les fais donc lever, et je les fais battre à la baguette pour faire tomber la tannée usée qui serait susceptible de rester adhérente à la chair de mes peaux.

Ensuite je les fais recoucher en deuxième poudre sur l'autre côté, toujours par les mêmes moyens, mais cette fois en employant moins de tan que pour la première ; le recoucheur les serre autant qu'il peut, et s'applique surtout à bien garnir les croupes et les gorges, parties qui résistent le plus à l'action du tannin.

On charge et on abreuve cette fosse comme la première; on peut la lever au bout de quarante-cinq jours, si l'on veut, mais le mieux est de la laisser deux mois.

*Résumé de la durée du travail.*

15 jours de pelain et travail de rivière compris.
30 jours pour les trois cuves de la passerie.
15 jours pour la potée.
30 jours pour le refaisage.
60 jours pour la première fosse.
60 jours pour la deuxième fosse.

Total 210 jours ou sept mois.

Au bout de ce temps, quand des veaux n'ont pas été saisis par des jus trop forts en première et deuxième cuves, et qu'ils ont été suffisamment nourris en troisième cuve, en potée et en refaisage, ainsi qu'en fosse, sans avoir jamais langui entre ces façons, on est sûr qu'ils sont parfaitement tannés et préparé, pour faire de belle corroierie, pour qu'elle soit surtout douce, moelleuse et blanche de fleur.

Un veau pour corroyer ne doit être tanné que tout juste; si, par exemple, je laissais mes veaux trois à quatre mois dans chaque fosse, et si je les recouchais à plat sans avoir soin de les ployer en deux, la fleur en dedans, eh bien! les veaux deviendraient durs.

La fleur serait rude au travail de la corroierie, le nerf du veau serait trop prononcé, et il deviendrait impossible au corroyeur d'en faire une peau douce, les veines de tannerie résisteraient au travail de la mise au vent; au retenage la peau deviendrait trop serrée; il faudrait une forte quantité d'huile, de suif et de dégras, pour arriver à la nourrir suffisamment; la fleur aurait une teinte brunâtre comme de la vache en huile, et en serrant cette fleur elle écaillerait sous la pression; au blanchissage, l'étire, ou le couteau à revers, danserait dans la fibrine qui aurait acquis trop de force de résistance, et souvent l'ouvrier ferait ce que l'on appelle en terme de métier des échalotes.

Puis, lorsqu'il s'agirait de les grainer, le liége à main ne serait pas suffisant pour briser le nerf et faire monter le grain; il faudrait avoir recours à la marguerite à liége, et alors le grain monterait comme sur une vache ; puis, au tirage, les chairs resteraient rudes, et, en les glaçant sur la première colle, la solidité du tout empêcherait l'effet de la glace, et l'on obtiendrait un veau dont le fond de la chair ne serait pas fin.

J'ai eu l'occasion de corroyer bien des fois des veaux qui avaient douze, quinze, dix-huit, même vingt-quatre mois de tannerie; je m'y suis pris de toutes les manières pour les bien faire; j'ai été jusqu'à les faire fouler dans de l'huile de baleine pure pendant des heures entières ! cela les amollissait, mais, au travail, ils reprenaient leur rigidité, et ne faisaient que de la corroierie dure qui rapportait en poids beaucoup au fabricant, mais qui ne satisfaisait nullement l'acheteur.

J'ai essayé également d'en faire des tiges; elles étaient excessivement difficiles à cambrer à la main; puis, à la mécanique, on en cassait au moins 10 0/0 ! les blanchisseurs les blanchissaient en échelon : on ne pouvait les rompre en les tirant au liége, et on obtenait une tige dure et cassante.

Il faut donc pour faire de bonne et belle corroierie qu'un veau soit bien pénétré de tannin, mais dans une juste mesure. Trop peu tanné, il repousse les corps gras que l'on y applique en corroierie, et il ne rapporte pas de poids, parce qu'il s'amaigrit trop au travail, attique la fibrine, n'étant pas assez munie de tannin, devient comme chanvreuse au blanchissage; par conséquent, il donne des veaux plats et creux dans les collets et dans les fleurs; de plus, cette fleur change de couleur au bout de huit à quinze jours après le finissage.

7

Des veaux doux après être finis, deviennent durs en magasin ou en caisse; et souvent, arrivés à leur destination, lorsqu'on les exporte, ils ne sont plus reconnaissables.

De même lorsqu'ils sont trop saturés de tannin, ils restent durs, pèsent un poids énorme; ce qui ne serait pas un défaut, loin de là, pour le fabricant, si le consommateur s'en arrangeait. Mais le consommateur, lorsqu'il achète des veaux, les veut souples, blancs et doux; il veut de la surface; en un mot, il se rend compte et de la qualité et de son prix de revient; et des veaux trop plombés ne font jamais son affaire, car il sait tôt ou tard les reconnaître, et cesse d'en demander.

Sept à huit mois de tannage bien choisi, sont donc suffisants pour des veaux moyens, abat de Paris, de 5 à 6 kil. pièce, décollés de boucherie; huit à dix mois pour les gros auxquels on est obligé d'appliquer une troisième poudre.

Passé ce temps, lorsque le travail en a été bien suivi, bien entendu, on en fait de petites vaches, et par conséquent de mauvaise corroierie, car elle est trop dure.

Je connais des tanneurs en Touraine et ailleurs, qui ne mettent pas moins de douze mois pour tanner des veaux de 5 à 6 kil. frais de boucherie avec têtes, et dont les gorges au bout de ce temps, sont à peine pénétrées de tannin.

L'expérience m'a appris que ces tanneurs ne dégorgeaient pas suffisamment leur peau à la première façon, au sortir du travail de rivière; ensuite qu'ils les saisissaient trop dans leur première cuve.

La fleur et la chair, trop saisies par la fosse des jus, se parcheminaient et se crispaient légèrement à l'œil et étaient rudes au toucher; eh bien ! on obtenait en quelques jours un veau bien gonflé en apparence, mais qui ne profitait plus ; au contraire, il retombait petit à petit, le tannin ne pouvait plus pénétrer à travers les fibrines du cuir, la fleur saisie lui présentait un rempart solide, et ces veaux languissaient; ce n'était qu'à force de séjour en fosse qu'on parvenait à les tanner, et, comme je le disais plus haut, même au bout d'une année, les gorges restaient vertes, et lorsque l'on mettait ces veaux en corroierie, on n'en obtenait que de pauvres résultats.

Le tannage doit donc être progressif, et celui qui, du premier coup, veut aller trop vite, est celui qui obtient les plus lents et les plus mauvais produits.

Un bon corroyeur s'aperçoit de tous ces défauts lorsqu'il corroie des veaux manqués au tannage. Il parvient bien, à force de soins, à les rendre passables; mais il ne saurait leur rendre leur qualité première. Il faut donc, lorsque l'on tanne pour sa propre corroierie, suivre autant que possible la méthode simple que j'ai indiquée, et l'on sera sûr d'obtenir les plus magnifiques résultats. Dans les façons de corroierie que je m'efforcerai de décrire dans les articles qui suivront, pour compléter mon travail et en faire autant que possible une œuvre parfaite, qui soit tout à la fois profitable au fabricant, et qui remplisse tous les besoins du consommateur, je tâcherai de signaler les vices de fabrication du tannage qui empêchent souvent à un bon corroyeur de réussir dans son travail.

# DU VEAU CIRÉ

## LA CORROIERIE

L'essorage. — Le dérayage. — La mise au vent. — La mise au vent, travail de fleur. — Le retenage. — Mise en huile de fleur. — Mise en huile de chair. — La sèche sur la mise en huile. — Le dégraissage. — Le blanchissage. — Le dégraissage de fleur. — Le grainage. — Manière de fabriquer le cirage. — Son emploi et sa couleur, suivant les pays où doivent être exportés les veaux. — Le finissage.

### L'ESSORAGE

Je fais lever mes veaux de la fosse où ils sont recouchés, soit en deuxième, soit en troisième poudre ; je les fais battre à la baguette pour faire tomber la tannée qui reste adhérente après les chairs.

Je les fais monter au séchoir et mettre à l'air pour les faire essorer ; dans les grandes fabriques, là où le matériel est au complet, on place 100 à 150 veaux sous la presse hydraulique, et en un instant on les fait essorer par la pression ; ceci évite beaucoup de main-d'œuvre, et remplit à peu près le même but que l'essorage à l'air ; c'est même préférable, en ce sens que des veaux exposés à l'air, simplement pour être essorés, ont besoin d'une grande surveillance pour que les collets et les extrémités restent au même degré de sèche que les têtes et les noyaux ; souvent des ouvriers négligents laissent sécher des veaux dans les extrémités, et les remouillent après; cette négligence porte préjudice à la qualité des parties qui ont séché ; des veaux frais font des veaux en croûte ; et, à la mise en huile, si l'ouvrier ne s'en aperçoit pas, il est susceptible de percer d'huile les parties dont le tannin s'est vaporisé par l'action de l'air. Il faut donc avoir la plus grande sollicitude pour conduire l'essorage d'une partie de veau.

Lorsque mes veaux sont essorés à l'air, je les fais détendre et mettre en pile ; un apprenti prend une brosse à main, et leur donne un coup de brosse et sur fleur et sur chair ; puis je les confie au dérayeur, qui les écharne de la manière suivante.

Et, à ce sujet, je vais entrer dans quelques détails rétrospectifs que le lecteur me pardonnera.

## LE DÉRAYAGE

Les bons dérayeurs pour le veau ciré sont devenus rares de nos jours ; depuis une vingtaine d'années, les vernisseurs se sont emparés de presque tous les bons ouvriers et leur ont gâté la main ; ensuite l'on gagne davantage à dérayer le veau verni plutôt que le veau ciré, de sorte que presque tous les ouvriers qui restent pour la corroierie ne sont plus que des routiniers travaillant sans principe. On chercherait en vain, parmi tous les hommes qui sont susceptibles de dérayer des veaux cirés, des dignes successeurs aux quatre Irlandais qui furent nos premiers maîtres ; il en existe cependant encore, et je me fais un plaisir de citer ici leurs noms : ce sont MM. Roussel, Rougerat, Grémot et Jacquinot, et quelques autres qui me sont inconnus. Le premier doit être un des émules qui ont suivi les leçons de nos braves insulaires, et, avec Rougerat, je défie que l'on trouve des hommes plus consciencieux dans leur ouvrage, et aussi plus capables de le faire; il faut avoir vu comme moi avec quel soin ces hommes ménagent une peau, quand ils savent qu'elle sera vendue au poids, et aussi avec quelle adresse ils savent l'égaliser, lorsqu'ils travaillent pour vendre à la pièce.

Grémot et Jacquinot sont les deux plus beaux coupeurs que j'aie connus; je les ai vus fendre des chairs avec une dextérité sans égale : c'est à peine s'ils serraient le manche de leur couteau dans leurs mains, tellement ils étaient sûrs de leur fil; puis, lorsqu'ils dérayaient, jamais la feuille de cuir ne bronchait sous la lame. Chaque coup donné accomplissait son œuvre; ils enlevaient une feuille mince comme une toile, ou bien, si besoin était, une seconde feuille de la longueur et de la carrure du chevalet; enfin, ces ouvriers faisaient beaucoup d'ouvrage et semblaient se jouer avec.

Mais aussi à quelle école avaient-ils été ! Chez M. Houette aîné, à l'école du contre-maître Barrié, que je suis heureux de signaler ici.

Avant de passer aux façons qui vont suivre, il me reste encore quelques observations à faire au sujet du dérayage. Dans la plupart des fabriques, on ne traverse plus les veaux, on les fait d'un trait, et cela pour ménager 50 centimes sur la façon; car, pour dérayer des veaux, tel que je l'ai décrit dans l'article précédent, cette façon vaut de main-d'œuvre à l'ouvrier qui l'exécute 2 francs 25 centimes par douzaine, pour des veaux moyens, pesant en raie et sans tête, sur le bord de la fosse, environ 6 kilog. pièce; cette raie se compose de veaux de 4 à 7 kilog. 50 décag.; mais pour les veaux de 8 kilog. pièce et au-dessus, la façon du dérayage se paie 2 francs 75 centimes par douzaine, et lorsque l'on a affaire à un bon ouvrier dérayeur, un homme consciencieux, cette façon n'est pas trop payée, car des premiers il ne pourra faire que quatre douzaines *à peine*, mais n'en fera pas plus de trois des seconds; cela établira la moyenne de ses journées de travail entre 8 et 9 francs. Certes, c'est là une belle journée! Mais lorsque l'on songe qu'il faut à cet homme trois années au moins d'apprentissage pour arriver à la perfection, et que, de plus, ce travail, qui est très-pénible, demande un tact, un savoir tout particuliers, on se rendra compte que ce prix, fixé par nos aînés, n'est que la juste rémunération du labeur qu'il exige.

Dans les fabriques où l'on fait écharner d'un trait les veaux sans les traverser, on paie les moyens 1 franc 75 centimes par douzaine, et les gros 2 francs; eh bien! les ouvriers y gagnent tout autant, et l'ouvrage est moins bien soigné; le veau est souvent et presque toujours affamé par place; il rapporte moins de poids au fabricant, voici pourquoi: lorsque l'on écharne un veau et que l'on veut le faire d'un trait, on force le coup à l'écharnage, et comme il reste, à droite et à gauche, une veine d'un côté, un bouquet de chair de l'autre, l'ouvrier est obligé de doubler le coup, en prolongeant un coup droit sur sa peau. Qu'arrive-t-il? En forçant le premier coup à l'écharnage, sur une longueur d'environ 50 centimètres, son couteau, aux reprises des coups, pénètre parfois plus avant dans le cuir. Eh bien! en donnant un coup droit dans le même sens, on ne fait qu'entrer plus avant dans les places déjà affamées, ce qui est excessivement préjudiciable au poids et à la peau; tandis que, en prenant la peau de travers, on croise les coups, et la partie affamée à l'écharnage échappe au dérayage.

Il s'ensuit que l'ouvrage est moins soigné et que le poids du veau est aussi moins ménagé; je n'estime pas à moins de 500 grammes, par douzaine, cette perte de poids que je porte tout à fait au minimum.

Prenons le prix moyen du kilo de veaux cirés fabriqués: il est, je crois, de 7 francs; pour ménager 50 centimes de main-d'œuvre, un patron perd 3 francs 50 centimes, ce qui fait de perte brute 3 francs! Sur quatre à cinq douzaines que l'ouvrier lui fait par jour, il perd donc de 12 à 15 francs, croyant gagner 2 francs 50 centimes; c'est là un calcul absurde, mais dont bien des fabricants sont loin de se rendre compte.

Pendant la longue carrière que j'ai parcourue dans la fabrication, il m'est passé des centaines d'ouvriers dits *dérayeurs*, sous les yeux; si, en vingt-cinq années, j'en ai rencontré vingt-cinq de bons, c'est tout; tous les autres étaient des écharneurs ! sachant à peine retourner un couteau, tenant leurs planches de chevalets tout de travers ; leurs couteaux coupaient une heure ou deux, et, le reste de la journée, ils râclaient; chaque jour ils repassaient! ils prenaient les peaux sans principes, dans tous les sens ; lorsque, pendant l'heure du repas, j'allais examiner les marchandises écharnées ou dérayées, le cœur me saignait en voyant mes veaux saccagés! L'un avait un trou au beau milieu du collet, les flancs étaient remplis de pinces, un morceau de la patte était enlevé, le noyau de mon veau était rayé dans tous les sens, aucun principe ne ressortait de cet ensemble de travail, sinon une routine et le désir de gagner beaucoup, d'aller vite, sans s'inquiéter des résultats, et, quand je me rappelais la méthode de Barrié, je me demandais où mes hommes avaient pu puiser leurs principes. Ils n'avaient certes pas été à l'école de Barrié, mais ils avaient appris de routine en voyant faire, et avaient été acceptés comme dérayeurs dans des moments de presse, et ils se croyaient véritablement des ouvriers. Travaillant à côté des fines lames, ils se croyaient leurs égaux ! On partageait l'ouvrage, ils voulaient suivre ceux dont le savoir leur faisait fondre la besogne dans les mains.

Je cessais de donner de l'ouvrage à ces sabreurs, j'en prenais d'autres : même résultat ; et quand j'arrivais enfin à leur faire voir les fautes de leur ouvrage, ils m'énuméraient de suite les maisons célèbres où ils avaient travaillé, et à leur tour m'envoyaient promener! Que de mal j'ai eu avec les soi-disant dérayeurs ! J'en étais arrivé à leur préférer de bons apprentis, au moins ceux-là suivaient mes leçons et recommandations, et, avec leur concours et celui de deux ou trois bons ouvriers, j'arrivais à faire à peu près ce que je voulais.

Le lecteur me pardonnera d'être entré dans tous ces petits détails d'intérieur d'atelier, je ne les ai énumérés que pour faire ressortir l'importance qu'il y a en corroierie, à avoir sous la main de bons, de véritables ouvriers dérayeurs, et le prix qu'il faut attacher à ces hommes de mérite et de savoir.

Lorsqu'on les possède, tout est là ; beauté du travail d'une part, prix de revient de l'autre, ces deux choses en disent assez.

Je vais passer à la façon qui suit et que l'on appelle, en terme de métier, la mise au vent.

### LA MISE AU VENT

Cette façon est une des plus importantes du travail de table, et aussi une des plus négligées, depuis que l'abominable routine a remplacé le savoir que nous avaient transmis nos premiers maîtres.

Par où pèchent ces milliers de douzaines de veaux blancs qui viennent à la vente chez nos principaux commissionnaires de la halle? Par le dérayage d'abord, par la mise au vent ensuite. Mal dérayés, mal mis au vent, le mal est irrémédiable ! Voici comment je procède pour cette façon.

Mes veaux, une fois dérayés, je les fais mettre à la cuve, soit dans des jus de tannée faible si j'en ai, soit dans des eaux claires non corrompues. Il est bon, lorsqu'on en a le temps, de les laisser se dégorger dans ces eaux au moins vingt-quatre heures ; ensuite vous les prenez et les ployez en soufflets ou en manchons, dans un cuveau ; bien disposés tout à l'entour, et dans le milieu si l'on a deux, trois ou quatre metteurs au vent, il est bon qu'ils foulent tous ensemble, ils obtiennent un bien meilleur résultat que de fouler isolément, je fais verser dans mon cuveau deux ou trois seaux d'eau ou de jus faible, alors chaque homme prend un foulon et se met à fouler en cadence dans le cuveau ; jamais les coups ne doivent frapper à la même place, de cette manière, en sept à huit minutes, mes veaux sont assez foulés d'un côté, je les fais retourner et le travail continue pendant le même laps de temps, en un mot, jusqu'à ce qu'ils soient foulés en tripe, le mot en dit assez.

Dans les grandes usines où il y a un moteur, il doit y avoir un tonneau à fouler, l'on y introduit les veaux ployés en manchons, on y verse une certaine quantité de liquide et l'on fait tourner le tonneau, les veaux se foulent et se purgent d'eux-mêmes, cela épargne beaucoup de main-d'œuvre et le travail s'y fait mieux, car on les laisse fouler le temps nécessaire pour les ramollir complétement, tandis que, foulés au foulon à main, les ouvriers qui n'aiment pas faire cette façon, souvent la négligent, et c'est là un grand tort, car un veau mal foulé avant la mise au vent, c'est presque comme un veau sec que l'on mettrait au plain sans être complétement revenu. Pour qu'un ouvrier metteur au vent soit maître de sa peau, il faut qu'elle soit ramollie, que le nerf en soit brisé, qu'elle soit déjà à moitié purgée, cela facilite singulièrement le travail. Eh bien! cette façon est presque toujours négligée, surtout par les hommes aux pièces... C'est pourquoi je recommanderai toujours de la faire faire autant que possible par des moyens mécaniques, cette façon est évaluée environ à 15 centimes par douzaine, tous les ouvriers aux pièces préféreront qu'on leur donne 15 centimes de moins par douzaine, mais qu'on leur donne leur marchandise toute foulée, et, en cela, ils ont raison ; car, pourquoi abrutir des ouvriers à taper des veaux dans un cuveau quand les moyens mécaniques peuvent donner d'aussi bons, de meilleurs résultats? Mieux vaut mille fois réserver leur force pour un travail plus intelligent, c'est pourquoi je donne la préférence au tonneau, ou bien au foulon vertical, celui dont on se servait avant l'invention du tonneau.

Cette façon bien faite, je remets dégorger mes veaux dans de l'eau claire ou dans du jus faible.

Les jus de tannée sont toujours préférables à l'eau pure.

Les outils dont je me sers pour cette façon sont la cœurse, l'étire et la brosse de chiendent.

Ces outils sont assez connus de tous les praticiens, pour que je n'aie pas besoin de déterminer leur forme particulière. Toutefois, je dois dire que, pour cœurser des veaux forts, je me sers d'un outil présentant plus de poids, plus de solidité que pour des veaux moyens ou faibles : on ne saurait travailler des veaux forts et faibles avec le même outil ; car, lorsqu'une cœurse est trop légère, l'ouvrier qui s'en sert sur une forte peau a beaucoup plus de fatigue à déployer ; de même, une forte cœurse sur des veaux faibles aurait pour inconvénient de faire effleurer involontairement bien des petites peaux dont la fleur présente souvent moins de solidité.

On pourrait faire la même observation pour l'étire ; cependant, j'ai reconnu que l'on pouvait, avec une bonne étire de force moyenne, étirer soit de petites ou de fortes peaux.

Ces outils doivent être repassés avec soin ; la carre d'une cœurse doit être vive, le biseau légèrement abattu, pour éviter qu'elle ne s'égrigne trop vite ; les coins doivent être arrondis ; elle doit être repassée aussi plate que possible, et ne doit jamais être bombée, pour éviter les effleurures.

On repasse l'étire de même, et l'on arrondit également les coins pour éviter les défauts ; on ne repasse la cœurse que sur les grès, tandis que l'étire doit être adoucie sur la pierre anglaise ou la pierre douce. On doit éviter le morfil qui pourrait altérer la fleur.

Mes outils bien disposés, je prends un veau dans le cuveau où il se dégorge, et je le place sur mon marbre, la chair en dessus, la culée à droite, la queue toute entière sur le marbre, et la raie, du côté du collet, à 10 centimètres du bord du marbre ; je prends mon étire, je colle la raie du dos, mon premier coup dans la direction de la queue, à partir de la hauteur des épaules, et mon second coup partant du même centre et se dirigeant droit sur la nuque, c'est-à-dire entre les deux oreilles ; si mon veau n'est pas bien collé sur la raie du dos par ces deux coups, je les double, et ensuite je commence à étirer la gorge presque en travers et en appuyant fortement. J'arrive ainsi à la patte de devant, *que je n'étire pas* ; ensuite je me tourne vers la culée de ma peau, et, mes coups partant de la hauteur des épaules et commençant le long de la raie du dos, je remonte successivement ; en en prenant 3 à 4 centimètres en largeur à chaque coup, et environ 50 à 60 centimètres de longueur ; me voici au nombril ; cette manœuvre a pour but de déplacer le trop de cuir que j'ai renversé sur la patte de devant et le brochet, en prenant ma gorge et mon collet en travers, car il y a toujours trop de cuir dans le collet d'un veau, et tous mes efforts tendent à le dégager ; je veux, avant tout, que mon veau soit bien plat, et pour obtenir ce résultat, que je poursuivrai jusqu'à la mise en huile, je commence le déplacement de mon cuir dès la première façon qui est l'étirage de chair.

Mon collet bien aplati, mon cuir renversé du côté de la culée, je pousse mon brochet avec force droit devant moi, je tends mon veau le plus que je peux dans cette direction ; car plus je l'allonge, plus mon cuir se dégage de chaque côté, et j'arrive alors à la patte de devant, qui se colle toute seule sans manchettes ; puis, je reprends mes coups sur la culée de ma peau en serrant fortement sur le nœud de la queue, sur le rond de la fesse, et, arrivé à la patte de derrière, je l'écarte par des coups obliques de droite et de gauche; puis, je rassemble tous mes coups, et je prends ma brosse de chiendent ; je la trempe dans mon seau d'eau, et je lave toute la chair de ma peau ; je la retourne pour étirer l'autre côté, en agissant de même ; ensuite, je ploie ma peau en quatre, et je la mets se dégorger dans l'eau claire.

Cette façon a pour but d'atteindre et de briser le nerf de la peau, et de la préparer, par le déplacement du cuir, à la façon de fleur qui va suivre.

Cette façon est souvent bien négligée par l'ouvrier; je la crois essentielle, et je la surveille avec soin.

### LA MISE AU VENT, TRAVAIL DE FLEUR

Je reprends mon veau et je l'étends sur mon marbre de la même manière que pour l'étirage de chair. Je prends ma cœurse, je la colle à partir de la hauteur des épaules le long de la raie du dos dans la direction de la queue, puis je me retourne, et je le colle dans la direction de la nuque ; toujours le long de la raie du dos, je le colle, je l'appuie solidement ; car la raie du dos, pour qu'un veau soit collé droit, ne doit pas se déplacer, et quand des veaux ont trop de nerf, et qu'ils collent difficilement, je n'hésite pas à étendre le long de mon marbre une légère couche de suif, et cela pour que, de ce point, il ne s'opère aucun déplacement de cuir.

Cela fait, je commence à cœurser le collet en appuyant fortement sur mon outil, sans trop le serrer dans les mains ; le poids de l'avant-corps doit suffire, car si l'on serrait trop fortement sa cœurse, les mains se fatigueraient trop vite, et en retirant mon coup je laisse traîner mon outil sur ma peau pour décrasser la fleur, et en le retirant, je le soutiens, mais ne le serre pas, ce serait de la force employée inutilement.

Le collet bien cœursé, je me retourne dans la direction de la culée, et, partant de la hauteur des épaules, je commence mes coups contre la raie du dos en remontant à chaque coup de 3 centimètres dans la direction du nombril, j'en arrive au brochet que je cœurse droit devant moi, en opérant le dégagement du trop de cuir qui existe toujours dans cette partie, et je colle ma patte de devant en l'écartant de droite et de gauche, puis je reprends ma culée que je serre tant que je peux, car cette partie toujours nerveuse doit être aplatie quand même ; je colle le flanc de derrière et j'écarte la patte avec soin, cela fait, je prends ma brosse de chiendent, je lave ma fleur avec soin, et je reprends ma cœurse, je recommence mon travail d'après les mêmes principes, et comme la fleur est plus serrée en laissant traîner mon outil en revenant, la cœurse ressaute et ronfle sur la fleur, plus le renflement est sec, plus la peau est serrée, à cette façon toutes veines doivent disparaître, et la veine de sang doit monter et se faire voir sur l'épiderme de la fleur. Ce n'est que quand je l'aperçois que je juge ma peau suffisamment cœursée, alors je reprends ma brosse, je lave la fleur à nouveau et je prends mon étire dont la lame doit être bien adoucie pour éviter d'altérer la fleur ; mes coups d'étire commencent de même que ceux de la cœurse et dans les mêmes directions, seulement je serre davantage mon étire dans mes mains pour qu'elle ne saute pas, et j'évite en retirant mon coup de la laisser traîner sur la fleur, car on ne doit jamais, à cette façon, renverser la fleur, on l'altérerait inutilement.

J'ai vu souvent des ouvriers qui négligeaient de serrer leur peau à la cœurse ; étirer inutilement un veau à force de bras, pour en faire disparaître la veine, ils y parvenaient ;

mais une fois leur veau enlevé de dessus le marbre, la veine remontait, et leur travail était imparfait, c'est la cœurse seule qui enlève la veine, l'étirage vient après, mais ne saurait la remplacer.

Mon veau étant bien cœursé, bien étiré, je le retourne et recommence de même mon travail de l'autre côté, toujours en ayant soin que la raie du dos reste bien collée au marbre, car le moindre déplacement ferait que ma peau serait collée de travers, et je me préparerais, au retenage, qui est la façon suivante, des difficultés de redressage que je veux éviter. Cette façon pour des veaux moyens de l'abat est évaluée à 1 fr. 75 c. par douzaine ; un bon ouvrier ne peut guère en faire plus de trois douzaines par jour ; cela porte sa journée à 5 fr. 25 c.

Cette façon exige de la force corporelle ; mais elle n'est point longue à apprendre : en un mois on fait un bon metteur au vent.

Mes veaux, tannés d'après les principes que j'ai décrits, ne sont pas difficiles à mettre au vent, ils n'ont pas de chaux, sont bien coudrés, ils n'ont pas été saisis dans les pansements, ils ont été crépis avec soin, et ils subissent cette façon dans d'excellentes conditions.

Il n'en est pas de même des veaux pelamés, ou bien qui ont été saisis dans des jus trop forts, mal coudrés, ainsi de suite... Quoique crépie, et foulée avec acharnement, la veine résiste au travail, et le pauvre metteur au vent a bien de la peine à en faire quelque chose ; on y parvient cependant, et c'est là où apparaît le talent d'un véritable corroyeur : il consiste à remédier aux fautes du tanneur.

J'espère plus tard démontrer la manière de vaincre bien des difficultés de ce genre.

Après la mise au vent vient le retenage.

## LE RETENAGE

En été, quand des veaux ont été bien mis au vent, on peut les retenir sans les mettre essorer ; mais, en hiver, il est bon de les faire essorer, surtout les mâles ; dans les grandes fabriques, on doit avoir, à cet effet, une presse hydraulique, et cette opération réussit bien par ce moyen ; mais, dans les maisons ordinaires, où les machines font défaut, on expose le veau à l'air, jusqu'à ce qu'il ait bien bu son eau ; cela facilite beaucoup le travail de l'ouvrier, une peau se redresse mieux, et l'action de l'étire a beaucoup plus de force, la veine ne remonte pas ; la peau se serre mieux, les veaux mâles surtout réclament beaucoup de soins, surtout les gorges, les flancs et le bord de la culée, c'est dans ces parties que l'ouvrier intelligent doit déployer tout son talent.

Il doit, dans cette façon, donner de la grâce à sa peau, bien développer la patte de devant et le brochet, faire disparaître ce que l'on appelle en terme de métier *les manchettes;* le flanc de derrière doit être rentré et la patte de derrière parfaitement élargie et légèrement renversée sur la culée. Les Anglais les aiment comme cela ; mais les Américains préfèrent le contraire. Moi, je suis d'avis que l'on doit dresser ses veaux suivant les exigences des divers pays où ils doivent être exportés, et, pour cela, je me réserve plus tard de dire à mes lecteurs ce que l'expérience m'a appris sur ce sujet.

## LA MISE EN HUILE DE FLEUR

Pour mettre mes veaux en huile de fleur, je me sers, en été, d'une matière composée d'huile de baleine blonde, de suif fondu au creton, je n'emploie jamais de suif fondu aux acides, et, pour bien lier ces deux corps gras, j'en ajoute un troisième, j'y mélange un peu de dégras de première qualité dans la proportion de deux dixièmes.

En hiver, je remplace l'huile de baleine par de l'huile de foie de morue ; je cherche autant que possible à me procurer des huiles de foie de morue pures, exemptes de tout mélange d'huile végétale ; car les huiles végétales ne se marient jamais avec la fibrine du cuir : appliquées d'un côté, elles ressortent de l'autre, tandis que l'huile de morue est siccative.

En général, toutes les graisses animales peuvent être employées pour mettre en huile des cuirs.

Il n'en est pas de même des huiles végétales : outre qu'elles ne donnent pas de poids à la marchandise, elles ne lui donnent aucune douceur, et elles tendent toujours à s'échapper des tissus de la peau, sur sa chair en remontant à la surface ou sur fleur en remontant à l'épiderme, et se forment souvent en petites cloches, qui, parfois, brûlent la fleur ou la brunissent pour toujours.

Le suif fondu aux acides présente souvent sur fleur les mêmes inconvénients ; donc je recherche les huiles pures et le bon suif fondu au creton.

Quand mon veau a été bien dressé, bien étiré sur mon marbre, que toute veine a disparu, j'applique sur la fleur une couche de fleur, je ploie mon veau en deux, et je le laisse deux à trois jours dans cette position avant de le mettre en huile de chair.

Cette fleur, qui vient de subir un si rude travail, reprend toute sa nature sous l'action bienfaisante de cette application, qui s'introduit et s'étend lentement dans le tissu de l'épiderme ; en trois jours, la couche d'huile tout entière s'est introduite dans les pores de la peau ; le suif seul reste à empâter la surface, et saura en maintenir la fraîcheur, lorsque mes veaux seront exposés à l'air ou à l'étuve pour sécher.

Si je mettais mes veaux en huile de chair de suite après le retenage, mon metteur en huile, en serrant son veau pour le coller, chasserait, par la pression de son étire, toute mon application de fleur, et ma peau n'aurait plus assez de matière sur sa fleur pour l'adoucir d'abord, et pour la préserver de l'action trop vive de l'air ou de la chaleur de l'étuve, et mon but ne serait pas atteint, car je veux, avant tout, une fleur douce, souple et moelleuse, je veux qu'elle ait cette jolie couleur noisette, qui sait si bien flatter l'œil de mon acheteur, et qui est, avant tout, le véritable indice d'une qualité parfaite ; mais il faut aussi, pour que cette façon réussisse bien, que la fleur ait été en tannerie bien saturée de tannin ; on ne saurait obtenir ce beau résultat sur des veaux dont le tannage de fleur aurait été négligé.

C'est pourquoi, lorsque je m'occupais de décrire les façons du tannage en cuve, en potée et en refaisage, je disais qu'il fallait, avant tout, bien s'appliquer à bien tanner la fleur du veau ; beaucoup de tanneurs négligent ces façons : c'est parce qu'ils ne sont pas corroyeurs et qu'ils n'en peuvent juger les inconvénients. Un veau dont la fleur n'est pas suffisamment saturée de tannin reste marbrée après la mise en huile ; ces taches disparaissent momentanément lorsque l'on graine les veaux ; mais au bout de quinze jours de magasin, la fleur reprend sa mauvaise nature ; la gélatine, conservée à l'épiderme, chasse l'huile ; le veau se marbre de nouveau ; le grain redevient roide sous la main, et souvent le suif remonte en blanchissant à la surface ; au bout de trois mois de magasin ou de voyage en mer, ces veaux perdent tout leur coup d'œil, et valent, à mes yeux, 20 p. 0/0 de moins au déballage ; les négociants, qui les ont achetés de confiance, souvent sans plus de connaissance, ne peuvent se rendre compte de ces tristes résultats ; on leur écrit de ne plus acheter telle marque, et un bon corroyeur perd souvent sa réputation pour avoir corroyé et vendu des veaux dont le tannage de fleur était resté imparfait. Il n'y a rien de beau dans le métier comme la fleur d'un veau, tannée et corroyée par une main habile.

## LA MISE EN HUILE DE CHAIR

Lorsque mes veaux ont séjourné deux ou trois jours sur leur mise en huile de fleur, je me prépare à les mettre en huile de chair, et, pour opérer cette façon qui est une des plus essentielles, je dispose la matière suivante :

Je n'emploie, autant que possible, pour la composer, que du dégras de première qualité ; je préfère la torse de mouton à celle de buffle ; elle est plus pénétrante ; elle laisse sur la peau moins de résidu.

Je l'additionne, en été comme en hiver, d'une quantité de bon suif, et, pour opérer mon mélange, je ne fais pas fondre tout mon dégras ; ainsi, sur 200 kilogrammes de dégras, j'en fais fondre environ 50 kilos ; je le fais fondre à la chaudière jusqu'à ce qu'il soit presque bouillant, puis je le verse tout doucement sur ma quantité ; je fais ensuite fondre une chaudière de suif ; je la verse au même degré de chaleur sur tout le reste ; puis, à l'aide d'un bâton, je mélange vivement le tout ensemble ; quand le mélange est presque opéré, je prends un bouloir et je continue, avec son aide, d'agiter fortement tout mon contenu jusqu'à ce qu'il soit presque refroidi, que la matière, en un mot, soit assez mélangée pour ne pas faire corps à part.

En été, lorsqu'il fait chaud, je double ma quantité de suif; mais, en hiver, j'opère suivant la température ; il m'arrive parfois, lorsque je fais sécher à l'étuve, de mettre presque autant de suif qu'en été, pour que la matière soit assez compacte pour ne pas couler après son application.

Cela fait, je prends mon veau par les deux pattes de derrière, je l'applique sur mon marbre jusqu'à la hauteur de l'épaule, j'en tâte la culée et les flancs pour m'assurer de leur force, et je le colle légèrement sur mon marbre, sans efforts, pour ne pas déplacer le cuir, et aussi pour n'en pas chasser mon application de fleur.

Je prends un tampon revêtu d'une peau d'agneau à poil ras, ou bien une brosse demi-douce ; mon dégras est sur le coin de mon marbre à ma portée ; j'en prends une certaine quantité, je la dépose sur la fesse gauche de ma peau, j'en mets autant sur celle de droite ; puis, je l'égalise partout.

En croisant bien mes coups, pour que la couche soit partout égale, je ménage les deux aines, puis j'étends mes coups d'un flanc à l'autre, des bords de la culée jusqu'à l'épaule ; cela fait, je charge davantage le nerf des pattes de derrière, la culée et le noyau, le bord du ventre ; mes veaux étant tannés de fond, n'ayant ni chaux ni boisson, portent énormément de matière, j'en mets presque de l'épaisseur du cuir !

Toute ma culée étant bien nourrie, suivant sa force, les mâles, dont la fesse est forte ainsi que les bordages, reçoivent presque une couche égale, mais il n'en est pas de même des femelles, le bord de la culée est plus faible ainsi que les flancs, je les ménage ; les noyaux étant plus forts, plus serrés que les mâles, j'augmente souvent sur ces parties mon application d'un bon tiers.

Toute la partie collée sur mon marbre étant bien nourrie à propos, je prends ma peau sur sa droite par la patte de derrière et la patte de devant, et je la retourne lestement, je saisis les deux brochets, un de chaque main, et je dresse ma peau, je prends mon étire et je colle mon collet tout doucement pour ne pas déranger sa forme, car si je le serrais fortement, mes coups d'étire déplaceraient le cuir et j'aurais beaucoup de peine pour le recoller aussi droit qu'il l'a été au retenage, même je n'y parviendrais pas sans laisser de faux plis tout autour du collet, c'est là le grand défaut de bien des metteurs en huile. Beaucoup ne savent pas coller un veau droit, et rien n'est plus disgracieux qu'un veau fini que l'on étend sur une table, et dont le collet, à partir de l'épaule, se soulève en faux plis.

Je reprends mon veau bien collé et sans effort, puisqu'il

a été bien retenu, j'applique mon dégras sur la partie forte du collet, puis je l'étends, je l'égalise, ensuite je recharge le collet suivant son épaisseur, je charge davantage le nerf de la patte de devant, le brochet et l'épaule, mais je ménage les côtés du cou avec soin, car lorsqu'un veau est percé d'huile au collet il est affreux ; rien ne dénote plus l'inexpérience d'un metteur en huile qu'un veau mal dressé et percé d'huile au collet et dans les flancs.

Le tout terminé, je prends une baguette ; je la passe dans les trous que j'ai eu soin de faire aux pattes de derrière, et je mets ma peau à la sèche.

J'emploie environ 6 kil. de dégras pour nourrir 50 kil. de veau frais sur le bord de la fosse, pour mon application de chair, et environ 1 kil. 50 pour nourrir la même quantité de fleur.

J'estime la main-d'œuvre du retenage 75 centimes par douzaine, et celle de la mise en huile de chair 1 fr. 20 par douzaine également.

Un bon reteneur doit faire environ six douzaines par jour ; un bon metteur en huile pourra faire le même nombre : l'un gagnera 4 fr. 50, ce sera le reteneur ; mais le metteur en huile gagnera 7 fr. : pourquoi cette différence ?

C'est qu'en un mois ou deux on peut apprendre à un homme à bien retenir un veau, et que, pour faire un bon metteur en huile de chair, il faut des années.

Il faut qu'au premier coup d'œil il juge de la qualité de son cuir ; son attention est sans cesse en éveil ; bien peu de peaux se ressemblent, et puis, dans le tannage, un veau a un peu plus de chaux, un autre est creux de sa nature, un autre a été affamé par place par le dérayeur... Il faut qu'il distingue tout cela ; c'est là une chose que l'on ne vous apprend pas et que la capacité et l'expérience seules peuvent enseigner à l'ouvrier. En un mot, un bon metteur en huile, c'est l'âme de la corroierie : ses fautes ne peuvent se réparer.

Son talent, son intelligence doivent donc recevoir un juste salaire.

---

## LA SÈCHE SUR LA MISE EN HUILE

La sèche des veaux en huile exige de grands soins, en hiver lorsque la température est basse, que l'atmosphère est humide, on ne saurait sécher des veaux à l'air, le dégras resterait sur la peau, la fleur se moisirait, et la moisissure ferait tache, la couleur serait affreuse ; il faut donc avoir recours à l'étuve, mais dans ce cas la chaleur doit être tempérée, il ne faut pas de coup de feu trop violent, car sur des veaux fraîchement mis en huile, la matière se décomposerait et coulerait, et comme on suspend un veau par la culée et que cette partie reçoit le double de dégras que le collet qui est pendant, il s'ensuivrait que la matière en coulant de la culée viendrait percer le collet au détriment du noyau de la peau qui ne serait plus assez nourrie, 18 à 20 degrés de chaleur suffisent ; on peut, avec cette atmosphère, sécher des veaux frais de fosse mis en huile, abat de Paris, en huit jours de temps, il est utile dans une étuve d'avoir une ou plusieurs ouvertures pour y établir un léger courant d'air pour enlever l'humidité qui s'échappe des peaux ; la sèche se comporte mieux, elle est plus prompte.

J'ai vu un jour, chez un de mes confrères, une étuve parfaitement établie ; il y avait un calorifère sous la pièce qui répandait de tous côtés dans l'étuve une douce chaleur, et comme il n'y avait pas trace d'humidité dans ce séchoir, je m'informais pourquoi ? Mon confrère communicatif comme sont presque tous les fabricants français, me fit remarquer que sous son étuve il y avait un faux plancher, ayant cinq à six ouvertures grillées donnant dans l'étuve, et sur lesquelles l'on marchait.

« La chaleur, me dit-il, sort des bouches du calorifère, monte dans la pièce, la fraîcheur descend et vient se perdre par ses grilles d'absorption, descend dans le faux plancher et s'en va rejoindre la cheminée du calorifère, plus il entre d'air chaud, plus le tirage des bouches absorbantes est alimenté, et plus je sèche vite. Je règle la température comme je l'entends, me dit-il, qu'en pensez-vous ? »

Je trouvais le moyen bon, j'en ai gardé le souvenir, et je le recommande à mes lecteurs.

Lorsque mes veaux sont entièrement secs, je les fais détendre et mettre en pile vingt-quatre heures, puis je les remets à l'air ; je les y laisse trois, quatre ou cinq jours avant de les remettre de nouveau en pile ; la fraîcheur de l'atmosphère s'étend sur mes peaux, et leur redonne cette main, cette souplesse que ne donne pas la sèche de l'étuve ; mes veaux gagnent du poids ; ils seront aussi plus faciles à blanchir, la chair se coupera mieux... Cette précaution est utile et profitable tout à la fois, je ne la néglige jamais.

Au bout de mes quatre à cinq jours, même plus, si je ne suis pas pressé, je les remets en pile, ployés en deux, la fleur en dedans. J'étends bien mes débris et pattes, pour que la presse ne leur donne pas de faux plis, puis je les charge le plus lourdement que je peux et je les laisse là au moins huit jours.

Il serait utile, pour que la matière absorbée par la fibrine s'égalise bien, de les laisser un mois dans cette position, la qualité et la couleur y gagneraient, le poids également, et cela surtout quand des veaux sont bien tannés ; mais s'ils ne l'étaient pas, tout le contraire se produirait ; je m'expliquerai plus tard à ce sujet quand je vous traiterai les difficultés de la corroierie en face des imperfections du tannage ; mais, pour le moment, je n'ai à m'occuper que de mes veaux, et, comme leur tannage est parfait, ils peuvent rester en pile impunément, leur séjour sous l'huile ne peut que leur être profitable. Voilà donc pour la sèche d'hiver, celle d'au moins six mois de l'année.

Maintenant, pour la sèche du printemps, elle se gouverne d'elle-même, et je n'ai d'autre précaution à prendre que de changer parfois des veaux de place, et de les mettre en pile au fur et à mesure qu'ils sèchent.

En été, par les grandes chaleurs, les vents du Midi surtout, il faut de nouveau prendre des précautions, et souvent n'ouvrir qu'un côté du séchoir, quelquefois même le fermer tout à fait, car il y a des courants d'air qui dessèchent la fibrine du cuir, font perdre beaucoup de poids à la marchandise, et sont nuisibles en tout à la qualité. J'ai vu des veaux sécher en douze heures! la fleur était marbrée et les flancs brûlés par le hâle. En blanchissant ces marchandises, la poussière volait sur l'étire !

On a souvent toutes les peines du monde pour les remettre à leur degré de sèche ; le meilleur moyen est celui que j'emploie quand cela se produit, c'est de mettre ses veaux en pile dans une cave ou un endroit humide, et de les y laisser huit jours sans charger la pile ; au bout de ce temps, je les remonte de la cave et les empile dans l'atelier, et je les laisse le plus que je peux sous leur huile ; la fleur s'égalise ; la couche de suif, qui reste sur la chair, se marie avec, et je peux les donner aux blanchisseurs ; ils le couperont bien, la difficulté est vaincue, mais non sans perte de poids.

La saison la plus propice pour la belle réussite de la mise en huile est, sans contredit, celle des mois de septembre et d'octobre ; la chaleur est tempérée le jour, les nuits sont fraîches, la sèche se produit lentement et progressivement, la marchandise conserve sa souplesse et son poids ; le finissage en est facile, la qualité parfaite.

### LE DÉGRAISSAGE

Lorsque mes veaux ont séjourné sous l'huile, je les fais dégraisser de chair et de fleur.

Je me sers pour cette façon d'une étire mince, non flexible ; je la repasse sur le grès et la pierre douce, de manière qu'elle soit vive, mais je ne lui retourne pas le fil, et cela pour les raisons qui vont suivre : Je prends mon veau de long, la culée tout entière sur mon marbre jusqu'à la hauteur de la naissance de l'épaule, j'appuie fortement sur mon étire inclinée à demi, mes coups suivent la même direction que lorsque j'ai collé ma peau pour la mettre en huile, j'abats avec soin les plis qui quelquefois remontent le long des bordages à la sèche ; je ménage les flancs et les parties dont le cuir est rentré, je me garde bien de les ouvrir pour ne pas déformer ma peau, ce qui serait un mal irréparable et deviendrait une difficulté au blanchissage : toute partie déformée devient creuse, elle plisse et se bourre sous le couteau où l'étire et ne se rase plus. Combien de fois n'ai-je pas vu des veaux dégraissés par un ouvrier négligent ou maladroit que le blanchisseur ne pouvait mener à bien ; il y perdait son temps d'abord, puis ensuite enlevait du poids à la marchandise, et tout cela ne donnait qu'un mauvais résultat.

Je soigne donc cette façon pour obvier aux inconvénients que j'ai signalés ci-dessus, et je ne retourne pas le fil de mon étire à dégraisser, pour pouvoir serrer mon coup tout à mon aise, sans faire sur ma peau des hoches inutiles.

---

### BLANCHISSAGE

Lorsque je me dispose à blanchir des veaux au couteau, je les dégraisse légèment de fleur avec une étire très-douce, et si je veux les blanchir à l'étire, je me dispense de leur faire cette façon, car je la ferai après le blanchissage.

Lorsque je commençais à apprendre mon état, il y a de cela trente-six ans, le blanchissage à l'étire était tout à fait inconnu ; on ne blanchissait les veaux qu'au couteau à revers, et, n'en déplaise à notre corroierie actuelle tout entière, cette façon était, certes, mieux faite qu'on ne la fait aujourd'hui. Les veaux étaient peut-être un peu moins ménagés, mais la coupe en était beaucoup plus belle : sortant des mains d'un ouvrier habile, on eut juré que la peau avait été faite d'un trait. Le meilleur ouvrier blanchisseur que j'aie connu, c'était vers 1832, un nommé Vaugelle, surnommé Comtois la Grosse-Patte ; je ne lui ai jamais demandé pourquoi ce sobriquet lui avait été décerné, mais ce que je sais de lui, c'est que cette grosse patte était, à l'ouvrage, une des plus belles et des plus légères que j'aie rencontrées. Vaugelle faisait, en moyenne, six douzaines de veaux de l'abat de Paris, par jour ; il coupait bien et enlevait une feuille droite d'une légèreté incroyable ; et cependant son couteau serrait sa peau tout en la rasant. Travaillant dans la même fabrique que lui, je lui demandai, un jour, quel moyen il employait pour arriver à maintenir son fil aussi doux et en même temps si solide ; il repassait rarement et ne rayait presque pas ses veaux. C'était, en un mot, un blanchisseur de la vieille école de mes bons Irlandais, un ouvrier dans le genre de Barrié, mais moins communicatif de son savoir. A ma demande, il répondit :

« Je te dirai cela plus tard.

— Mais, père Vaugelle, pourquoi pas tout de suite ?

— Qu'à cela ne tienne, mon enfant, tu le sauras, parce que je vois que tu as le désir d'apprendre, et, comme je vieillis, il en faudra bien pour me remplacer ; je vois avec peine naître bien des gratteurs ; on n'apprend plus que par routine, on perdra le blanchissage ; déjà j'en vois qui grattent des veaux à l'étire, ça me fait de la peine, me dit-il.

Allons, petit, viens boire une bouteille, et, tout en faisant une partie de piquet, je te conterai cela. »

J'acceptai avec joie, il était joueur et bon joueur, il me gagna la consommation, et il se mit ensuite à m'expliquer sa manière de faire.

« Ecoute-moi bien, petit, et profites-en, si tu le peux : Quand des veaux sont bien dégraissés, avant de les blanchir, je les mets se rafraîchir entre des veaux essorés environ une heure, et, pendant ce temps, je repasse mon couteau ; je ne lui fais pas un biseau trop long, je l'adoucis bien sur le grès avant de le mettre sur la pierre écossaise ; puis, sur celle-ci, je ne le lâche pas qu'il ne soit devenu d'un fil très-doux ; ensuite, je l'achève sur la pierre douce ; puis, je m'assure, avec l'ongle, s'il ne reste pas sur le tranchant la moindre trace de morfil : il faut, avant tout, que la coupe soit d'une douceur extrême. Ce résultat obtenu, et non à la légère, car j'y mets souvent une heure et plus, je graisse mon biseau avec le suif, je prends mon petit fusil à retourner, et j'embauche mon fil, d'abord avec force (puisque mon biseau est court, je ne crains pas de lui faire passer trop de fil) ; puis, à mesure que j'arrive sur le fil, ma main devient plus légère, j'arrondis mon fil, je ne l'écrase pas, et j'arrive dessus jusqu'à ce que la lame soit perpendiculaire ; alors je m'arrête, je prends un marteau, je rabats bien le fil sur les cornes de mon biseau pour lui donner de la solidité, et aussi pour que les coins n'accrochent pas la peau. Voilà, mon petit, comment je passe et retourne mon outil ; c'est pour moi une affaire d'État, j'y mets le plus grand soin.

— Merci, père Vaugelle, buvons un coup, et vous me direz après comment vous vous en servez sur la peau.

— Oui, mon garçon, à ta santé.

— A la vôtre, père Vaugelle, et de deux.

— Tu sais, me dit-il, que je blanchis sur un chevalet anglais. Je tiens avec soin ma planche de Gaillac bien droite, j'en abats légèrement les carrures, et j'arrondis le haut avec soin pour que la planche ne s'imprime pas sur la fleur de mon veau; cela fait, je saisis mon couteau, et, avec un petit fusil bien fin, bien adouci, je lui donne légèrement le fil, et je prends ma peau, la culée pendante, la raie du dos droite; dans le milieu de ma planche, je descends mon coup, à partir de la hauteur de l'épaule, dans la direction de la queue; je serre le dos de mon couteau sur la peau, et mon fil rase les chairs; je le tiens droit, je ne l'abaisse pas, car je râclerais sur la pointe du fil, je rayerais, j'accrocherais, mon couteau sauterait, et je ne ferais que du velu; tandis qu'en serrant le dos de mon couteau, le fil rase fin et n'enlève que sa feuille; la partie atteinte devient comme une glace, en deux traits j'arrive à la queue, et je retourne la peau pour faire la même opération dans la direction du collet. Ensuite, je fais la patte de devant, je déborde le nombril, je rase légèrement le flanc et la patte de derrière, je fais ainsi tout le tour de la peau, et je reprends mon veau en travers; j'enlève d'un trait la gorge, le collet, le noyau, partout mon couteau prend sa coupe sur la partie faite de long sur la raie du dos, et descend également sur la partie faite des bordages; j'avance vite comme tu vois, si, par hasard, la coupe se raye légèrement, je flatte mon coup en rasant, et j'enlève ainsi les parties rayées, de manière que ma coupe reste comme glacée; je dirige toujours la peau de la droite sur la gauche, je ploie la partie gauche seulement derrière la planche du chevalet, et l'on ne voit jamais sur les chairs glacées les raies de la béquille du couteau. Si, par hasard, mon veau est coutelé de coutures peu profondes, je les enlève sur la carrure de ma planche, puis je reflatte la place, et tout disparaît. C'est comme cela, mon garçon, que tout bon ouvrier doit faire sa besogne; blanchir, c'est bien, me dit-il; mais il faut aussi parer sa peau, le moindre bouquet de chair je l'enlève, aucune veine ne doit rester, excepté dans le collet des veaux plats; alors je fends la veine, mais je ne la fouille pas, car j'amoindrirais la qualité de mon veau, et le bénéfice du patron en souffrirait. Souviens-toi de cela, et essaie de ma manière, elle te servira... »

Je pris les mains de mon vieux camarade ; je le remerciai avec effusion, et nous passâmes le reste de la journée ensemble. Cette leçon donnée d'amitié, je ne l'ai jamais oubliée. Au bout de peu de temps, j'arrivai à bien faire, et chaque fois que je blanchissais ou voyais blanchir des veaux, je pensais à mon vieux Vaugelle.

Le blanchissage des veaux cirés est à mes yeux une des parties les plus essentielles de la fabrication.

Il est le commencement du finissage, et les défauts du blanchisseur peuvent apparaître aux yeux de tous, même des gens peu connaisseurs ; un veau rayé se voit sous la colle ; des chairs mal coupées ne peuvent se dissimuler ; une coutelure peu profonde doit disparaître, sinon, elle reste là comme un défaut exposé à la vue de l'acheteur. Il faut donc pour faire un bon blanchisseur, un homme adroit et intelligent tout à la fois, sans quoi il ne saurait faire une œuvre parfaite. Les maisons qui se sont acquises les plus belles réputations se sont toutes montrées très-susceptibles à cet endroit de la fabrication.

La maison Houette aîné, sous l'intelligente direction de Barrié, pouvait passer pour la première, sous le rapport du dérayage ; mais la maison Courtepée l'emportait sous le rapport du finissage ; c'était là où l'on excellait dans cette fabrique, et l'école de Vaugelle, pour le blanchissage, y avait contribué pour sa bonne part ; de même *la Marque Lemoine*, dont la réputation est devenue universelle ! Eh bien ! Lemoine se montrait également *très-méticuleux* pour le finissage. Ses jolis petits veaux femelles tannés à Milhau et corroyés par lui avec tant de soins, étaient tous blanchis au couteau à revers. Il était toujours à la recherche des bons ouvriers blanchisseurs ; il avait horreur du blanchissage à l'étire. J'ai eu occasion d'en causer quelquefois avec lui et les raisons qu'il me fournissait étaient tellement absolues, que je me mettais presque toujours d'accord avec lui. Mais le moment ne me semble pas encore venu de les développer. C'est lorsque je m'occuperai du cirage et du passage en colle que je ferai valoir les avantages d'un veau blanchi au couteau, sur celui qui n'est blanchi qu'à l'étire ; jusque-là je m'abstiendrai d'en parler. Pour faire un bon blanchisseur de veau au couteau, il faut des années, tandis que, pour faire un blanchisseur à l'étire, il ne faut que des mois.

La fabrication du veau ciré, en France, dans les années qui suivirent 1830, avait pris un tel développement que l'on ne pouvait former assez vite des ouvriers capables pour le blanchissage au couteau. Un autre motif, tout aussi puissant, celui de la vente au kilo, força les fabricants d'aviser.

Les fabricants de la Loire-Inférieure, les Nantais, en un mot, se trouvèrent les premiers aux prises avec ces difficultés. Quelques ouvriers qui n'aimaient pas trop à repasser, et desquels on exigeait qu'ils décrassassent leurs veaux au vif, avisèrent de retourner grossièrement le fil de leurs étires et, non contents d'enlever la crasse, ils enlevaient encore les petites chairs qui restaient après le dérayage ; ce que voyant, les mieux avisés tâchèrent de tirer profit de cette invention naissante. On acheta de bonnes lames de tôles d'acier, on les repassa avec soin, on en bomba le tranchant, on prit un fusil bien adouci, on retourna le fil ; et l'on commença à gratter un peu proprement. Petit à petit, des ouvriers plus adroits s'y formèrent la main, et le blanchissage à l'étire se perfectionna. La nécessité, cette grande mère de l'invention, n'avait en cela point fait défaut aux chercheurs. Les blanchisseurs au couteau eurent des auxiliaires, et les commandes ne restèrent plus en retard, faute d'ouvriers capables.

Lorsqu'une étire est dans une main habile et *intelligente*, elle peut remplacer le couteau à revers, je dirai mieux, un veau sera moins déformé et plus ménagé, étant bien blanchi à l'étire. Mais combien peu d'ouvriers réunissent les qualités exigées, et combien de ceux qui les possèdent ne veulent point se donner la peine de bien faire ?

Dans la longue carrière que j'ai parcourue comme fabricant, je me suis presque toujours trouvé aux prises avec les ouvriers de cette catégorie.

J'en ai occupé de très-adroits et de très-consciencieux, qui me faisaient de la besogne irréprochable ; mais aussi combien ne réunissaient pas ces qualités ! et cela, à mon avis, était le fait de deux intérêts opposés.

La plupart des blanchisseurs à l'étire ne veulent travailler qu'à leurs pièces, capables ou non. Qu'arrive-t-il ? Un bon ouvrier consciencieux ne peut guère faire plus de quatre douzaines de veaux par jour ; un ouvrier peu adroit veut faire le même nombre, et quelquefois plus ; il sabre dans sa besogne, et, souvent, pour gagner 1 fr. 50 de plus par jour, il fait perdre 15 francs à son patron ; car un ouvrier qui veut avancer quand même, jette aux bourriers 2 à 3 kilog. de cuir par jour, et ce cuir vaut de 7 à 8 fr. le kilog. et plus.

Pour bien blanchir un veau à l'aide de l'étire, il faut d'abord le prendre de long, ensuite le traverser avec soin, en suivant bien ses coups, en enlevant les veines et les bouquets de chair, et surtout les coutelures, celles du moins qui peuvent disparaître. En prenant bien toutes ces précautions on arrive souvent à faire passer dans le premier choix une peau qui n'aurait pu être admise que dans le deuxième ; il s'agit là de gagner 1 franc par kilog., la chose en vaut la peine.

Le prix de la façon du blanchissage au couteau pour des veaux moyens, abats de Paris, vaut 2 fr. par douzaine, et, pour les mêmes peaux blanchies à l'étire, 1 fr. 75 ; il est bien entendu qu'à ce prix, l'ouvrier doit enlever tous les défauts qui peuvent disparaître ; enfin, il doit, comme disait mon ami Vaugelle : *Parer ses veaux.*

## LE DÉGRAISSAGE DE FLEUR

Mes veaux blanchis au couteau, bien que dégraissés légèrement de fleur avant le blanchissage, ne peuvent cependant être grainés sans que je les retouche une deuxième fois ; voici pourquoi : en les blanchissant, il se marquent souvent des carrures du chevalet, et souvent l'action du liége ne serait pas assez puissante pour effacer ces marques, ce qui nuirait au coup d'œil du grainage. Alors j'avise au moyen que voici :

Je prends une cœurse légère, j'en adoucis bien les coins en les arrondissant, j'en abats le biseau, d'abord sur le grès, ensuite sur la pierre anglaise, de manière à ce qu'elle soit bien polie, presque comme une glace ; je prends ma peau de travers tout comme pour la retenir, en prenant la fleur dans le même sens ; pour éviter les frisures, je fais disparaître les plis du chevalet, je redresse le collet et les flancs ; j'enlève et j'applatis les plis qui sont remontés à la sèche ; j'enlève, en appuyant quelquefois fortement, les veines qui ont résisté ou qui sont ressorties après la mise au vent et le retenage ; je suis bien mes coups.

Cette façon adoucit singulièrement la fleur, et souvent en égalise la couleur. Je prends ensuite une étire, pas trop flexible, j'en adoucis bien le fil, de manière qu'elle ne soit pas trop vive et surtout qu'elle ne raye pas ; je commence ainsi par dégraisser le collet ; souvent, quand les flancs sont un peu creux, je tends ma peau de la main gauche et, tenant mon étire de la main droite seulement, j'arrive, tout en dégraissant la fleur, à la resserrer. J'évite avec le plus grand soin les éraflures qui rendraient la fleur de mon veau comme marbré, et nuiraient à l'ensemble du fini de mon travail.

Cette façon essentielle, souvent confiée à une main inhabile, se fait généralement très-mal ; beaucoup de fabricants y attachent peu d'importance ; moi j'y prends la plus grande attention. D'abord elle rend la fleur plus douce tout en la resserrant sur la fibre ; elle prépare l'action du grainage, et d'un veau qui a subi cette façon avec intelligence, on est sûr de voir sortir un grain de très-belle apparence ; je dirai même mieux, c'est qu'il est très-difficile de grainer la fleur d'un veau bien égale, si d'avance cette façon n'a pas été appliquée.

Je procède de même pour les veaux blanchis à l'étire, et qui n'ont pas été primitivement dégraissés avant le blanchissage ; le suif qui est resté adhérent à la fleur, se glace et s'égalise sous cette espèce de retenage à sec ; la fleur redevient douce, elle s'affranchit ; et souvent des veaux, séchés trop vite à l'étuve, ou hâlés par la sèche trop prompte de l'été, redeviennent très-doux de fleur. C'est à cette façon que l'on doit cette fleur pâteuse et mœlleuse tout à la fois, qui est pour le connaisseur l'indice d'une belle fabrication. J'ai vu souvent des veaux, qui avaient été parfaitement travaillés de rivière, mis au vent et retenus avec soin, arriver à cette façon qui, mal faite, leur faisait perdre tout le fruit de ce travail. On aurait pu compter les coups d'étire mal appliqués ; puis ensuite, d'autres ouvriers qui, croyant aller plus vite, retournaient légèrement le fil de leurs étires et effleuraient le veau par place, la fleur n'était remplie que d'éraflures ; on eût juré d'une peau basse de fleur. Ils s'écartaient ainsi du véritable principe de fabrication, qui consiste avant tout à ménager la fleur d'une peau, dont elle est le plus bel ornement.

### LE GRAINAGE

Il y a plusieurs manières pour grainer un veau ; chaque fabricant presque a son genre de faire. Les uns forment un grain carré, en prenant leur veau des quatre faux quartiers, c'est la méthode anglaise ; d'autres s'appliquent à produire un grain d'orge. Et, à mon avis, ce grain est le plus beau, car il brise moins la peau et ménage davantage les flancs. D'autres le prennent des quatre faux quartiers et le terminent en le prenant droit de queue en tête, ce qui produit un grain d'une grande finesse, mais qui ne peut s'appliquer avec succès qu'à des veaux femelles bien serrés de tannage, et ne saurait convenir à des veaux mâles.

Pour bien grainer une peau, il faut être connaisseur, et au premier coup d'œil, juger de la qualité du veau que l'on va grainer; car si un veau est ferme et serré, on peut sans danger le cirer au liége, sans craindre de lui faire monter, à la surface de la fleur, un grain trop gros ; il n'en est pas de même des veaux un peu creux dont la fleur est tendre, ceux-là doivent être ménagés, sans quoi la fleur se soufflerait au point qu'on la croirait détachée de la fibre.

Il faut donc que l'ouvrier soit assez de son métier pour ne pas se tromper, car le mal est irrémédiable.

Voici comment je procède à cette façon : je prends une pommelle recouverte d'un liége bien égal, et qui n'ait pas plus de 16 à 17 centimètres de large ; il ne faut pas que la pommelle soit trop bombée, elle doit former un cintre surbaissé, sa longueur peut varier de 26 à 28 centimètres ; au milieu, je mets une bride en cuir, assez large et assez douce pour ne pas me blesser ni me fatiguer la main ; cet outil doit être d'une grande légèreté et bien maniable, car presque toujours une seule main le fait fonctionner, et cette main se fatiguerait vite si cet outil ne remplissait pas ces conditions de légèreté, et s'il n'était pas bien en main.

Je prends mon veau par la patte de derrière de gauche, je roule cette patte bien serrée jusqu'à la hauteur du nombril, de manière à me fixer sur la direction du grain que je veux produire, à partir du brochet de gauche, à la patte de derrière de droite ; c'est ce que l'on appelle le prendre d'un faux quartier; si la peau est ferme, je passe mon liége, le tenant de la main droite, sous ma main gauche et je n'hésite pas à appuyer fortement des deux mains, en ayant soin de bien suivre la courbe de mon liége, ce qui est essentiel pour bomber le grain. Car si je le tirais droit, le grain resterait plat; je suis bien mes coups, ayant soin de n'avancer de gauche à droite que du quart de la largeur de mon liége, et cela pour produire un grain égal; quand j'arrive au flanc droit, je ne l'écrase pas, je passe légèrement par dessus en soutenant mon liége, et mon action continue fortement quand j'arrive à la patte de derrière.

Mon grain bien ressorti dans toute la longueur, je déroule la peau et je continue, en respectant et ménageant le flanc gauche et en serrant fortement la culée, car le grain de cette partie ne se développe pas aussi facilement, et il faut même, et souvent, y doubler les coups. J'arrive ainsi, en développant toujours mon veau, jusqu'à l'extrémité de la patte, puis je le retourne pour en faire la partie du collet; je roule également cette partie, je reprends mon grain au milieu, à la naissance de l'autre; je procède de la même manière, en ménageant les parties faibles, en appuyant fortement sur la gorge pour la rompre.

Arrivé à l'extrémité, je prends mon veau droit devant moi, je roule de ma main gauche toute la gorge et le collet, et j'arrive jusqu'au milieu du veau; là, je le soutiens roulé de la main gauche, et, de ma main droite, je bombe mon grain en long d'une manière égale; j'évite de détendre la partie rentrée du collet entre le brochet et la patte de devant pour ne pas le déformer; je passe à la légère sur ces parties, et mon action devient plus vive lorsque j'arrive à la gorge et à son extrémité. Je retourne ensuite le veau, et je procède de même pour la partie de la culée, j'appuie, autant que je le peux et suivant sa force, sur cette partie qui est la plus nerveuse; j'épargne les flancs, qui se détendraient et se creuseraient si je ne les ménageais pas: c'est de cette manière que se produit ce joli grain d'orge, qui est bien le plus beau à mon avis.

Il arrive souvent qu'une veine rebelle semble persister à se maintenir à la surface, je l'écrase et la coupe, et elle disparaît en se perdant dans l'ensemble du grain.

Pour former un grain presque carré, en un mot le faire des quatre faux quartiers, lorsqu'il a été fait de la première manière décrite ci-dessus, on le reprend de même par la patte de derrière de droite, et le grain se coupe à angle droit. Bien des fabricants font procéder ainsi, et quand ce grain est fait par une main habile, il est fort joli et n'a qu'un inconvénient, celui de trop briser un veau, et souvent de le faire paraître plus ouvert qu'il ne l'est véritablement.

Si à cette façon on ajoute celle de faire le veau de la queue à la nuque, on produit un grain multiple, mais qui a pour défaut de trop rompre la peau et souvent de la déformer.

Quand des veaux sont ouverts et qu'ils ont la fleur tendre, il ne faut pas appuyer fortement sur son liége au premier coup. Il faut tout d'abord y passer à la légère et chercher à faire monter le grain le plus fin possible; au second coup, on serre un peu plus, et on est sûr que le grain ne devient pas trop gros. C'est surtout dans les veaux mâles qu'il faut observer cette règle, et bien ménager les flancs, que l'on creuserait inutilement.

Rien n'est beau au coup d'œil de l'acheteur comme un veau bien grainé; tout véritable connaisseur le juge par là.

Un grain bien fin dénote un veau bien ras, on ne saurait donc prendre assez d'attention pour arriver à un beau résultat. Cette façon se paie environ 60 centimes de la douzaine, et ce n'est pas trop quand elle est bien faite; un bon ouvrier de table ne peut guère en faire plus de sept à huit douzaines par jour, surtout en abat moyen de Paris.

## MANIÈRE DE FABRIQUER LE CIRAGE — SON EMPLOI

Voici comment je fabrique mon cirage : je prends d'excellent noir de fumée léger, et je le mets détremper pendant quelques heures dans de l'huile de lin ; si je veux faire un hectolitre de cirage, je prends 5 kil. de noir, c'est dans la proportion d'un dixième environ que j'emploie le noir pour obtenir un beau noir qui ne crasse pas sous la brosse.

Lorsqu'il est bien détrempé dans une petite quantité d'huile, je le broie pour en écraser les boulettes, soit avec les mains, soit sur un marbre avec un rouleau préparé à cet effet. Quand il est bien mis en pâte et que tous les grumeaux ont disparu, j'y verse de l'huile, et j'en opère le mélange lentement ; j'arrive à y mélanger environ 30 kil. d'huile de lin, si c'est en hiver ; mais en été, j'y mets moitié d'huile de morue, car l'huile de lin perce et marbre les veaux.

J'ajoute dans mon mélange de noir et d'huile, un fiel de bœuf et cinq litres de noir de bière ou de rouille, ou bien du noir préparé avec le bois de campêche, le vert-de-gris, la noix de galle et la gomme arabique Ce dernier noir est très-beau, et donne un fond noir bleu magnifique. Le tout bien mélangé et ne formant qu'une seule pâte, je fais fondre en hiver 10 kil. de suif, je ne fais que le faire fondre, et je ne le laisse pas trop chauffer, car s'il était bouillant, il se saisirait en le versant et se grumellerait. Il suffit de faire fondre simplement son suif avant de le verser, et, sitôt versé, d'en opérer vivement le mélange, et le cirage se trouve toujours bien réussi. En été, j'y mets volontiers 15 kil. de suif, et j'ai connu des fabricants qui y ajoutaient de la cire jaune et qui obtenaient de beaux résultats, surtout sur de petits veaux, cela vient souvent donner aux flancs une certaine fermeté qui ajoute à l'ensemble du coup d'œil.

J'attends pour m'en servir que mon cirage soit bien refroidi. Je prends une douzaine de veaux, je les choisis, je mets les plus grands dessous en les disposant sur ma table à seule fin de les cirer proprement, et pour éviter les bavures de la brosse.

Je place toutes mes peaux la chair en dessus, bien entendu ; toute la partie du côté de la culée sur la table jusqu'à la hauteur de la patte de devant, de manière qu'en retournant mon veau il ne reste plus à cirer qu'une petite partie du collet.

Cela fait, je prends ma brosse à cirer, qui a la forme d'un champignon renversé, je la saisis de la main droite, je la trempe également dans mon cirage, mais en ayant soin de n'en prendre qu'une faible quantité ; je la pose sur la culée, et je frotte fortement la chair en arrondissant mes coups de manière à bien garnir les chairs, ma main gauche fonctionne en même temps que la droite, et vient ajouter à la force de la pression. Mes coups redescendent de la culée au collet, et, quand j'arrive à cette partie, ma brosse est presque sèche ; pour éviter de percer cette partie, toujours plus faible que la culée, je passe de suite sur mes bordages avec soin, en prenant très-peu de cirage pour les faire ; j'évite de brosser au rebours des bordages pour ne pas faire de bavures de cirage, à seule fin que, dans mes façons suivantes, mes veaux se tiennent propres, pour éviter de les décrasser à l'étire.

Lorsque mon veau est bien noir, je frotte ma brosse à sec pour enlever la crasse, et même je quitte ma brosse et je frotte avec la main pour faire rouler toutes les boulettes ; lorsque mon cirage est bien sec, je prends un balai de crin, et je les chasse de dessus la peau ; quand cette façon est bien faite, on peut y passer le doigt, et c'est à peine s'il se noircit au contact : c'est là où l'on reconnaît qu'un veau est bien ciré. La culée faite, je retourne mon veau, j'applique sur les bordages de gauche des veaux qui restent sur la table, soit un morceau de cuir ou de carton, pour éviter que le noir qui est sur le bordage des veaux restants tache la fleur de la peau que je retourne ; cela fait, je cire le collet de la même manière que la culée.

Le défaut de beaucoup de cireurs est de plaquer le cirage sans trop le brosser; cela va plus vite, mais cela cire mal, car souvent, en les passant en première colle, la brosse relève les chairs, et l'on a des veaux gris au lieu de veaux noirs, et même, quand des veaux sont bien ras, les chairs restent rougeâtres, et l'on s'en aperçoit en les passant en dernière colle, alors qu'il n'est plus temps de remédier au mal.

Un bon cireur est à considérer, car lorsque des veaux sont trop blancs de mise en huile, il peut les foncer ; de même, s'ils sont trop nourris, par son adresse il évite de les percer davantage ; il faut donc, pour cette façon, avoir sous la main un homme expérimenté, et qui se rende bien compte du travail qu'il fait. Cette façon, pour des veaux moyens, abat de Paris, se paie 90 centimes par douzaine, et même 1 franc, car un ouvrier courageux et habile ne peut en faire plus de cinq à six douzaines par jour, en employant bien son temps.

### LE FINISSAGE

J'ai pour habitude de laisser séjourner mes veaux sous le cirage, et voici pourquoi : bien que broyé avec soin et séché sous la brosse, les corps gras dont se compose mon cirage pénètrent vivement dans le corps de la peau, surtout sur des veaux minces, souvent ménagés à la mise en huile ; qu'il soit blanchi au couteau, ou à l'étire, cette pénétration, souvent instantanée, marbre la fleur du veau ; il faut donc lui donner le temps de s'égaliser, et ce résultat ne s'obtient que par le séjour; huit jours suffisent en été, et dix à douze jours en hiver.

Je mets donc mes veaux en pile par douzaine, et j'ai soin de les bien couvrir pour les préserver de la poussière commune dans tous les ateliers de corroierie, et qui, venant s'attacher au cirage, m'obligerait, en les passant en première colle, à les décrasser une deuxième fois.

J'ai dit, dans un article relatif au blanchissage, soit au couteau, soit à l'étire, que j'établirais un point de comparaison entre les deux façons, pour ce qu'elles ont d'influence sur le cirage et le finissage tout à la fois.

Un ouvrier cireur préférera toujours cirer des veaux blanchis au couteau ; les chairs mieux coupées se brossent facilement, la pénétration s'opère vivement, et il lui est facile de décrasser son cirage qui n'a pu être plaqué ; mais dans la plupart des veaux blanchis à l'étire, il n'en est pas de même ; les chairs sont moins ouvertes, le cirage y pénètre difficilement, et il arrive souvent que pour aller plus vite, l'ouvrier tient son cirage plus liquide ; il court plus de risque de percer ses veaux, et les chairs en sont toujours moins garnies.

Des veaux blanchis au couteau rapportent plus de poids au cirage que des veaux blanchis à l'étire, la différence est de 2 à 3 hectogrammes par douzaine, mais il faut tout dire : des veaux blanchis au couteau perdent à peu près cette différence en plus que ceux blanchis à l'étire, la balance se rétablit donc ; mais dans la façon du passage en colle, les veaux blanchis au couteau reprennent leur supériorité : la première colle se marie mieux avec les chairs, elle s'écrase mieux sous la glace. On peut la tenir même un peu plus grasse sans crainte qu'elle roule sous l'action du glaçage. Lemoine, que j'ai déjà cité comme une autorité sous le rapport du finissage des veaux, appréciait tellement le blanchissage au couteau pour la finesse des chairs de ses jolis petits veaux, qu'il n'en voulait pas qui fussent façonnés autrement ; et la grande réputation de sa marque, comme fini du travail en corroierie, nous a prouvé qu'il avait raison.

Je donne donc toute préférence aux veaux blanchis au

couteau, et les Anglais, si susceptibles à l'endroit du finissage et de la finesse des chairs, ne les blanchissent pas autrement; les corroyeurs américains, qui tiennent leurs principes des Anglais, préfèrent également les veaux blanchis au couteau; les Russes font de même. Et à l'Exposition de Londres, j'ai remarqué que, dans l'exposition des marchandises provenant de la maison Nicolas Hübner, les veaux et croupons corroyés en blanc prêts à cirer, étaient blanchis au couteau; c'était ce que les Russes avaient exposé de mieux et ce qui se rapprochait le plus de notre belle corroierie.

L'Angleterre, la Russie, l'Amérique sont nos plus grands marchés d'exportation en fait de veau ciré. Nous devons nous appliquer à perfectionner notre blanchissage pour maintenir notre supériorité, et si le blanchissage à l'étire a été une nécessité provoquée par le grand développement de nos exportations, nous devons nous rapprocher du blanchissage au couteau si nous voulons nous maintenir au premier rang.

Toutes ces réflexions me sont suggérées par l'intérêt que je prends à l'avenir de notre commerce extérieur : nous fabriquons en France trois fois plus de veau ciré que notre consommation l'exige, nous avons donc besoin de très-grands débouchés pour maintenir l'activité de nos usines, et nous ne maintiendrons la faveur de ces débouchés qu'en soignant et perfectionnant notre fabrication.

On s'accorde généralement, sur les marchés étrangers, à blâmer notre nouvelle méthode de blanchissage ; nos veaux sont moins souples, les noyaux sur la chair sont remplis de veines apparentes, nos exportations de veaux en blanc, prêts à cirer, cachent en partie ces défauts ; mais lorsque nos acheteurs font cirer les veaux qu'ils ont acquis en blanc, ils sont souvent obligés de les faire reblanchir, et cela les indispose contre nos produits; l'intérêt général exige donc que nous en revenions autant que possible à nos premiers principes, le blanchissage au couteau sans veines, ou à de plus grands soins dans le blanchissage à l'étire.

Nos veaux tannés dans la perfection, corroyés avec soin, deviennent affreux au finissage; si nous laissons les noyaux avec des bouquets de chairs et des veines apparentes, la colle la plus belle ne saurait les dissimuler à l œil du connaisseur et de celui qui les emploie; c'est pourquoi je m'applique, dans ma fabrication du veau ciré, à signaler ces graves défauts.

Voici la manière dont je prépare ma colle : je prends, à cet effet, des rognures de peaux de ganterie; ces rognures doivent être en *chevreau*, je les préfère à tout le reste, car le chevreau me donnera une colle beaucoup plus fine, et conséquemment plus facile à employer. Je mets ces rognures tremper pendant douze heures dans l'eau ; je les rince bien pour qu'il n'y reste aucune matière étrangère.

Puis, pour faire de la gélatine, je prends un demi-kilog. de ces rognures nettoyées, que je fais bouillir dans 5 litres d'eau. J'écume le premier bouillon avec soin, et je laisse ensuite le tout bouillir pendant trois heures environ et à petit feu ; au bout de ces trois heures, je passe le tout dans une toile claire, puis je laisse le liquide se refroidir. J'obtiens, de cette manière, une gélatine tendre qui s'écrase bien ; il ne faut pas qu'elle soit trop forte, car elle s'écraserait mal, et, comme je la mélange avec du suif, si elle était trop forte, elle se mélangerait difficilement et l'emploi en serait laborieux. De plus, étant employée, la gélatine trop forte résisterait au glaçage, et les veaux seraient rayés.

Le grand défaut de beaucoup de finisseurs consiste dans l'emploi de première colle trop forte.

Je prends donc, suivant mon besoin, soit 1 kilo de cette gélatine, je l'écrase à l'aide d'un morceau de bois approprié à cet emploi, je la broye pendant dix minutes, je prends ensuite 8 hectogrammes de suif fondu au *creton* et non aux acides ; j'écrase bien ce suif, et, pour le rendre plus pâteux, j'y mélange environ 1 hectog. d'huile de lin en été, et en hiver 2 hectog., car, lorsque la température est basse, le suif se durcit, et cette quantité d'huile est nécessaire pour le rendre plus maniable.

Lorsque mon suif est bien broyé, je le mélange petit à petit avec ma gélatine et j'en forme un seul corps ; ce mélange doit s'opérer avec beaucoup de soin.

J'ai connu des ouvriers habiles finisseurs qui opéraient ce mélange avec leurs mains : ils réussissaient les trois quarts de l'année, mais, par des temps orageux, il arrivait parfois que la chaleur de leurs mains décomposait la gélatine, et les deux corps se séparaient ; leur colle était perdue et c'était à recommencer. L'instrument dont je me sers, et que l'on nomme le *bat-colle*, n'a pas cet inconvénient, c'est pourquoi je le préfère, bien que l'opération soit plus longue.

Je me sers, de préférence, de bon suif de bœuf et toujours fondu au creton ; je le préfère au suif de mouton, que je trouve trop sec et qui est toujours plus difficile à écraser que le suif de bœuf. Je ne me sers pas de suif fondu aux acides, parce qu'il m'est arrivé vingt fois que, lorsque j'étais forcé d'en employer, surtout en été, l'acide contenu dans le suif décomposait ma gélatine, et ma colle tournait.

Je n'emploie jamais de colle décomposée, car elle produit toujours les plus mauvais résultats. Mon mélange étant bien fait, je prends une brosse assez douce pour qu'elle ne raye pas ; je mets un veau sur la table, je lui donne un coup de ma brosse à main pour chasser, soit la poussière adhérente ou les dernières boulettes de cirage, et saisissant ma brosse à colle, j'étale sur la peau cette première colle, en petite quantité sur les femelles et en plus grande quantité sur les mâles ; sur ces derniers, j'ai bien soin de garnir les flancs et surtout les gorges de ceux qui sont vieux ; j'égalise bien le tout par un dernier coup de brosse, et je retourne mon veau pour lui faire subir le même travail de l'autre côté.

Ceci fait, je suspends mon veau à la tringle au moyen d'un crochet et d'un petit trou, pratiqué à l'emporte-pièce au milieu de la gorge.

Je ne le laisse à la tringle, en été, que le temps nécessaire à passer quatre peaux en colle, et six en hiver; je ne laisse pas sécher ma colle davantage, car elle serait trop difficile à glacer; je détends donc les veaux à mesure, et je les mets en pile sur mon tréteau.

Lorsque mes peaux sont toutes passées en première colle, je me prépare à les glacer; à cet effet, je retourne ma pile, pour avoir à glacer les premiers veaux passés en colle.

Pour cette opération, il est utile d'avoir une glace bien douce, pour qu'elle ne raye pas. On peut glacer sur un marbre bien poli; on peut glacer sur une table en noyer; beaucoup glacent sur un tapis de cuir; moi, si j'ai de gros veaux par trop chargés d'huile, je les glace volontiers sur un marbre. Si j'ai des veaux moyens dans la même nature, je les glace sur ma table en noyer; mais si j'ai de petits veaux ou des veaux trop nourris, je les glace de préférence sur le tapis de cuir, et j'ai soin de passer de temps en temps sur ce tapis un peu de talc pour que la peau glisse bien dessus et ne s'y colle pas, et cela pour éviter les frisures de glace.

Je glace tous mes veaux en travers, et il m'arrive souvent, quand j'ai des peaux qui résistent au glaçage, de croiser mes coups; je commence toujours par le collet en suivant bien mes coups, évitant les frisures, les coups de *carre* qui resteraient et apparaîtraient à la dernière colle.

Si mes veaux ne sont pas chargés d'huile, je n'ai aucune crainte de les foncer; je les glace fortement; mais si, au contraire, ils sont déjà bruns, j'y passe le plus légèrement possible pour éviter de les foncer davantage.

Ces deux façons demandent beaucoup de soins, de propreté; aussi avant de retourner ma peau pour la passer en première colle, j'ai le soin d'essuyer ma table avec un chiffon de laine pour enlever les bavures de la brosse, qui, en retournant le veau, viendraient salir la fleur et m'obligeraient à un décrassage à l'étire, qui laisserait de vilaines traces sur la fleur de mes veaux.

J'agis de même au glaçage, et, de cette manière, mes peaux sont toujours d'une grande propreté sur fleur, et ce sont, à mon avis, des soins qu'il ne faut pas négliger, car un veau taché de fleur dénote toujours un ouvrier peu soigneux.

Lorsque ces deux façons sont achevées, je me prépare à passer mes veaux en dernière colle, et je la compose de la manière suivante :

Je fais fondre ma gélatine dans un vase : j'y ajoute un quart d'eau pour en diminuer la force, puis je la laisse se refroidir ; je l'écrase ensuite avec le *bat-colle*. J'y mélange un peu de savon noir et environ 1 hectogramme de suif par livre de gélatine ; j'y ajoute environ un quart de colle de pâte, avec addition d'un peu d'huile de lin, pour la rendre plus siccative, et je mélange le tout avec le plus grand soin. Grâce à cette composition, je fais une belle colle terne, qui est toujours la plus agréable à l'œil et la plus avantageuse, car elle cache tous les petits défauts.

Mais si je veux obtenir une colle fine et un peu plus claire, je m'y prends de la manière suivante :

Je fais dissoudre, dans un quart d'eau, mon savon blanc ou noir, le blanc est préférable ; je le laisse bien bouillir, pour que la dissolution soit parfaite. Ensuite, je mets dans le vase ma livre de gélatine, qui se dissout de suite, et, pendant que le tout bout à petits bouillons, je bats, dans un vase à part, environ 2 hectogrammes de colle de pâte avec un quart d'eau ; lorsque ce mélange est bien fait, je le verse dans mon premier vase, et je laisse le tout bouillir ensemble ; je l'écume avec soin, et, au bout de dix minutes, je retire ma colle du feu, je la passe dans une toile demi-claire, et je la laisse se refroidir, en ayant soin de la tourner de temps en temps, jusqu'à ce qu'elle prenne la consistance voulue. Lorsqu'elle est bien refroidie, je l'écrase, et, sans rien y ajouter, je peux passer mes veaux en dernière colle. Cette colle sera d'une grande finesse, mais un peu claire; elle convient pour l'exportation, soit dans les Antilles ou dans l'Amérique méridionale.

La colle terne est justement appréciée en France et dans l'Amérique du Nord.

Les Anglais n'aiment pas nos veaux passés en colle à notre manière, aussi nous achètent-ils beaucoup de veaux blancs prêts à cirer. Pour les cirer et les passer en colle à leur méthode, ils les cirent généralement avec un cirage très-clair, et les passent en colle, avec une colle beaucoup plus solide que la nôtre, mais cette colle a un défaut; souvent elle se faïence, ou devient grise en vieillissant; j'ai pu en constater les effets à leur grande exposition, et je préfère notre manière de faire à la leur, car notre colle terne, plus elle est vieille, plus elle se glace et devient belle; c'est ce qui me fait lui accorder toute préférence. Pour passer en dernière colle, je me sers d'une éponge très-fine, je la trempe dans l'eau, puis je la presse fortement pour qu'il y reste le moins d'humidité possible.

Je prends la peau, je l'étale sur ma table, la culée de mon côté, je saisis mon éponge, je prends une quantité de colle en rapport avec la grandeur de la peau, j'applique mon éponge le plus avant possible dans la colle et je l'attire vivement vers la culée, je croise pour l'étaler mes coups de droite et de gauche, puis je lisse le tout en commençant par les bords de la culée, les pattes de derrière, mes coups se suivent bien et vont en remontant vers le collet, je tire ma peau devant moi en la saisissant de la main gauche par la queue; à mesure que ma main droite monte, ma gauche s'abaisse, et j'arrive ainsi à la gorge. Je répands rarement de la colle, le trait que j'ai tiré alimente mon éponge, et mon veau se trouve fait d'un seul trait, en travers bien entendu ; je l'accroche à la tringle et je le laisse sécher au moins douze heures. Ce travail doit s'opérer dans une pièce où ne puisse pénétrer ni vapeur ni humidité ; car l'un ou l'autre de ces deux agents ternirait la colle et même, dans certains cas, lorsque les veaux seraient mis en douzaines, ils se colleraient les uns aux autres et la marchandise perdrait de son coup d'œil et de sa valeur tout à la fois.

C'est surtout pour des exportations lointaines qu'il faut prendre toutes ses précautions. Car une caisse de veaux qui, arrive collée est entièrement dépréciée. C'est pourquoi, lorsque l'on fabrique pour exporter outre-mer, on ne saurait trop prendre de précautions pour bien laisser sécher la colle ; vingt-quatre heures de sèche sont souvent utiles, surtout en hiver ; par des temps brumeux, alors que l'air est surchargé d'humidité, la pièce où l'on met sécher des veaux passés en colle doit être chauffée de 15 à 20 degrés et ventilée avec soin, pour qu'il ne reste aucune vapeur, qui en se condensant, viendrait toujours se fixer sur la colle, ce dont on s'aperçoit à peine en les détendant ; mais souvent, au bout de quelques jours, la réaction s'opère, surtout lorsque les veaux sont empilés ou encaissés, et alors il est trop tard ! Les veaux arrivent ayant perdu leur coup d'œil, et cela faute de soins donnés à cette dernière façon.

RÉNÉ.

# DE LA VACHE LISSÉE

## LA TANNERIE

### CONSTRUCTIONS ET OUTILLAGE MÉCANIQUE

Monsieur Charles Vincent, rédacteur en chef de
*la Halle aux Cuirs*.

Je me trouvais dernièrement dans une des jolies petites villes du Perche, où j'étais invité à visiter une tannerie.

La réputation excellente de cet établissement, le savoir du sous-directeur, tout me conviait à ne pas manquer cette belle occasion de m'instruire.

Mais je ne veux point être égoïste et viens communiquer à votre journal les notes prises pendant ma visite : ces notes forment en quelque sorte un cours de tannerie.

Mon professeur aura fait ainsi profiter la tannerie française du savoir acquis dans une vie dévouée tout entière à cette industrie.

La tannerie, dont je vais vous entretenir, est admirablement située, entre deux collines qui limitent une surface étendue ressemblant assez à un vaste cirque, où circule un ruisseau alimenté par une source voisine.

Les bâtiments sont construits avec une sévère économie ; il est facile de voir qu'avant tout on voulait éviter un luxe inutile, qui vient toujours peser sur le fabriqué, jusqu'à complet amortissement.

Ils sont disposés en forme de carré parfait, laissant ainsi une vaste cour intérieure, où les fosses sont placées.

Il paraît que cette forme carrée est infiniment plus avantageuse que le parallélogramme. Car, si vous supposez nécessaire une longueur totale de 40 mètres, vous avez avec les parallélogrammes :

15 mètres $\times$ 5 = 75 mètres carrés.

avec le carré :

10 mètres $\times$ 10 = 100 mètres carrés.

différence 25.

Il est donc incontestable qu'en disposant 40 mètres de longueur en forme carrée, la surface intérieure excédera de 25 mètres le parallélogramme.

Je jetai, en entrant dans l'usine, un coup d'œil sur l'ensemble, et je fus tout simplement émerveillé.

La fabrique n'a qu'un étage surmonté partout d'une galerie de séchoirs à persiennes.

L'entrée se trouve du côté du nord.

A droite de la porte, se trouve le magasin des cuirs en poil, puis les pelains.

A gauche, sont les bureaux et les magasins.

Vous pénétrez alors dans la cour et vous avez au couchant, c'est-à-dire à droite, un des côtés du carré où se trouve le travail de rivière, à angle droit sur les pelains, et le ruisseau qui baigne les murs extérieurs de la tannerie.

Au levant, même construction, avec sous-sol affecté à la basserie.

Le rez-de-chaussée contient les machines, telles que rebrousseuses et marteaux, pour le travail du cuir tanné.

Au premier, l'atelier du lissage et toujours les séchoirs au-dessus.

Enfin, tout en face de l'entrée, et au midi, les moteurs et les gros outils.

C'est par la machine à vapeur, dont les savantes combinaisons excitent toujours mon admiration, que je vais essayer de décrire et de répéter tant bien que mal ce que j'ai pu retenir.

Le moteur, disais-je, se trouve placé dans une belle pièce, juste au milieu de l'aile-midi. Il a cet immense avantage d'exercer son effort au milieu de l'arbre de couche au lieu de le porter à l'extrémité.

La machine horizontale, de 20 chevaux, à détente variable avec ou sans condensation, est un chef-d'œuvre de mécanique, comme la maison Farcot, de Saint-Ouen, sait les faire.

Je ne conseillerai jamais à qui que ce soit, en tannerie, une machine verticale, à cause de son peu de stabilité. Les tanneries sont presque toujours établies sur le bord des rivières où le sol tourbeux ou vaseux n'offre aucune solidité. La réunion de l'outillage bruyant qui s'y trouve produit des trépidations continuelles qui amènent ou peuvent amener la rupture des pièces essentielles.

La transmission s'opère au moyen d'une roue dentée, qui sert de volant : elle est soigneusement grillagée de peur d'accidents.

A droite du moteur, on entre dans une vaste salle dallée où deux pompes et une presse à tanner sont installées, sans confusion.

Du côté de la machine les deux pompes, au côté opposé la presse.

A part les deux premiers instruments, auxquels je vais revenir plus bas, on pourrait donner à cet atelier spécial le nom de force motrice ; car c'est là où une matière humide, encombrante, est transformée instantanément en un excellent combustible, qui devra lui-même, dans un instant, créer le mouvement et la vie et suppléer à toutes les exigences de l'industrie.

Autrefois, et dans bien des tanneries encore, on conduisait à grands frais la tannée sur de vastes surfaces, où il fallait attendre qu'il plût au soleil de les sécher.

Aujourd'hui, le soleil évaporateur, c'est une presse énergique qui supprime à la fois charrois et dépenses de toutes sortes, en enlevant au résidu ligneux l'excès d'humidité.

J'ai examiné ce précieux outil avec toute l'attention qu'il mérite, et reste convaincu qu'il doit satisfaire toutes les exigences de ses acquéreurs.

Le chauffeur sert lui-même la presse et a l'air presque inoccupé, tant les dispositions adoptées sont bien entendues et entraînent peu de déplacement.

Le générateur occupe l'extrémité ouest de cette série d'ateliers.

Il est de 40 chevaux, à deux bouilleurs horizontaux, et timbré à 6 atmosphères.

Cette résistance est extrêmement avantageuse, à cause de l'économie énorme qui en résulte. — Inutile d'expliquer que plus la tension est grande, plus l'élasticité de la vapeur est considérable (1), et il n'est besoin, pour réaliser cette différence d'effets, que du combustible nécessaire pour élever la température de 152° à 150°.

En avant de la chaudière, se projette l'appareil spécial à brûler la tannée. Il est construit en briques et relié solidement au gros œuvre du fourneau.

Le combustible est jeté par grandes masses dans une espèce de trémie, située sur la partie supérieure, et de là arrive successivement sur la grille sans qu'il soit nécessaire

---

(1) A 5 atmosphères la pression exercée sur le piston du moteur est de 5 kilogrammes par centimètre carré et de 6 kilogrammes à 6 atmosphères, où 1/6 en plus.

d'ouvrir et de fermer constamment les portes du fourneau.

Ces anciennes manœuvres avaient l'inconvénient d'introduire l'air extérieur, entre la partie inférieure à chauffer, qu'il refroidit, et la surface incandescente. Le calorique dégagé de la tannée sèche, brûlée dans cet appareil, est si considérable, qu'il vitrifie les cendres qu'on retire par plaquettes consistantes. La cendre des tannées se compose principalement de silice et de potasse. Et, si la température est suffisamment élevée, il y a combinaison entre la silice et la potasse, qui forment alors une silicate de potasse ou matière vitrifiée.

Avant de quitter cette première partie de l'usine, je vais, pour l'intelligence des opérations du tannage, donner une description des deux pompes dont j'ai parlé plus haut.

L'une, à l'eau, est destinée à alimenter un grand bassin qui domine l'usine et n'offre rien d'intéressant ; mais le flotteur, qui a partout mission d'indiquer le débrayage et la mise en marche, se charge, ici, de cette ennuyeuse besogne. Par des poulies de renvoi, ce flotteur agit sur un déclic et aussitôt la machine fonctionne ou s'arrête, suivant la position occupée par le flotteur.

La pompe à jus est munie, à sa partie inférieure, d'un robinet à deux eaux. Elle communique ainsi avec deux tuyaux aspirateurs, de telle sorte que l'ouvrier, chargé de distribuer les jus, n'a qu'un robinet à tourner pour puiser à volonté dans l'une des deux citernes creusées à une grande profondeur. Des canaux souterrains amènent les jus de la basserie dans l'une d'elles ; l'autre reçoit celui des fosses à jus.

La pompe élève le liquide au premier étage, où il s'accumule dans un grand cylindre en cuivre rouge, d'au moins 2,000 litres, qui sert ainsi de station intermédiaire entre le départ et l'arrivée du jus.

Le tuyau de la pompe communique à la partie supérieure ; l'écoulement est à la base.

Un tube indicateur, un robinet à air et un flotteur, en tout semblable au précédent, complètent cet appareil.

Ce nouvel instrument n'est pas sans originalité, et plus d'un de mes confrères cherche, en ce moment, comme je l'ai fait moi-même, à s'expliquer son utilité? Eh bien! c'est tout simplement un régulateur établi pour l'écoulement des eaux aspirées, car la veine liquide, au lieu de perdre sa vitesse d'écoulement en frottements inévitables sur la paroi des tuyaux, est chassée avec force par la pression puissante de la colonne.

Il donne en outre, au moyen des robinets d'arrivée, un filet aussi petit que l'on veut sans avoir à s'occuper en quoi que ce soit de la pompe. Le flotteur le commande ou l'arrête d'une manière invariable.

De cette façon, les refaisages sont alimentés aussi bien que les fosses, et l'on n'a pas le spectacle affligeant d'ouvriers occupés à remplir des baquets, à côté d'une machine presque inoccupée.

# DE LA VACHE LISSÉE

## DU TRAVAIL DE RIVIÈRE

Que de choses à dire sur cette partie intéressante de la tannerie ! On se figure (et cela n'est que trop vrai, dans bien des endroits) que l'atelier où s'exécute ce travail est nécessairement une vilaine baraque, plantée sur un cours d'eau, ouverte à tous les vents, où les immondices et les infiniment petits pullulent ; une espèce de cloaque enfin, mal ou pas pavé, rempli d'eaux croupissantes, qui exhalent constamment des gaz ammoniacaux ou de l'acide sulfhydrique.

Comme il y a loin de ceux-là à celui-ci. C'est une pièce proprette, bien entretenue, bien pavée, plus longue que large et se divisant, dans le sens de la longueur, en deux parties distinctes : une supérieure, où se placent les chevalets, inclinée sur un canal collecteur ; l'autre, servant de trottoir en pente opposée, sur le même canal, de telle sorte que les saletés ne s'écoulent dans la rivière que fort loin de l'atelier.

L'outillage mécanique se trouve au fond du travail, c'est-à-dire du côté des pelains.

Voici quels sont ces outils :

Un tonneau purgeur, que nous connaissons tous ; un foulon et... je ne sais vraiment si je dois me hasarder à tout dire ? C'est une rebrousseuse, bien mal placée, en vérité, pour le lissage, mais joliment appropriée au travail que je décrirai plus loin.

Je dois ajouter que chacun de ces outils est muni d'une sonnerie électrique, de sorte que le chef d'atelier n'a pas à se préoccuper de l'arrêt ou de la reprise du mouvement. Le fluide mystérieux l'avertit.

Une cloison divise cette pièce des pelains. Les peaux en poil y sont traitées comme partout et mises à l'eau à leur arrivée. Ramenées à leur état premier, si elles sont sèches, dessalées (1) ou simplement lavées des immondices de l'abattoir.

La peau sèche, disais-je, doit subir un traitement spécial. Je vais donc décrire, en peu de mots, comment on y procède.

D'abord, qu'est-ce qu'une peau sèche?

C'est un tissu dont les membranes sont contractées par une longue dessiccation.

Il ne s'agit alors que de leur restituer l'eau évaporée. Mais deux causes principales s'opposent, entre toutes, à cette hydratation :

1º Les matières grasses ;
2º Le rétrécissement des cellules.

On ne peut donc faire pénétrer l'eau intérieurement qu'en saponifiant l'enduit gras, soit par les confits ou autre moyen, et à l'aide d'une température propice ;

Ou mieux, comme cela se pratique ici, par un effort mécanique qui évite, d'un seul coup, les cruelles méprises des eaux putrides et une manipulation coûteuse.

Donc, après une première trempe, les peaux sèches sont placées, à tour de rôle, sous le foulon, assez pour les abat-

---

(1) Il est d'usage dans certaines usines de donner un coup de fer.

Pourquoi?

Dans cette tannerie on les laisse telles et c'est bien; car le sel (chlorure de sodium) ne doit jamais former, s'il en reste en contact avec la chaux, qu'un chlorure de calcium, soluble dans l'eau; voilà qui explique les différences de blancheur obtenues à trempe égale avec du salé ou du frais.

tre, pas trop, afin de ménager la résistance des parois cellulaires. Cela fait, et après une deuxième immersion, la rebrousseuse vient prêter un concours inattendu, merveilleux. La peau en poil, jusqu'ici toujours rebelle à l'humidité, est traitée comme du lissé, et le résultat est tellement extraordinaire, le changement si subit, que la peau est ramenée d'un seul coup à son premier état (1).

De la rivière, qui coule sous la porte des pelains, on retire les cuirs pour les plonger méthodiquement dans plusieurs laits de chaux, et je vais expliquer comment je conçois cette opération.

Le poil qu'il s'agit d'extraire sort d'une petite excavation qui a reçu le nom de follicule : c'est une sorte de cul-de-sac, en forme de dé à coudre, qui se prolonge au-dessous du derme.

C'est au-dessous de ce canal que le poil prend naissance, sur une espèce de renflement ou de bouton arrondi, qui a reçu le nom de bulbe, destiné sans doute à nourrir le poil qui s'y trouve implanté.

Pour arracher le poil, disais-je, il suffit donc de détruire cette base par une opération chimique : la saponification par la chaux.

Bien des substances, qu'il serait trop long d'énumérer ici, rempliraient ce but, mais je doute fort qu'on puisse réussir à remplacer une matière abondante et à bon marché comme la chaux. Tous les tanneurs savent, du reste, qu'il est facile d'activer l'épilage en mélangeant une dissolution de carbonate de soude (cristaux de soude) au lait de chaux. Il se forme du carbonate de chaux qui se précipite au fond du pelain et une liqueur de soude caustique. L'ébourrage s'effectue bien plus rapidement.

---

(1) Le mérite de cette nouvelle application de la Marguerite revient à M. Courcelles de Mondoubleau.
C'est également sur ses indications que le travail de rivière, en cours de description, a été construit.

Les pelains, au nombre de trois, sont symétriquement placés dans une vaste pièce bien bétonnée; ses pentes, ménagées, dirigent les eaux exprimées des piles de peaux vers le pelain le plus près.

Les murs de cette pièce sont très-épais, les ouvertures rares, et cette nécessité s'explique facilement.

Pour aider la combinaison de la graisse avec la chaux, il faut de la chaleur et de l'humidité. Les murailles épaisses ont le double avantage d'empêcher l'abaissement de la température et la dessiccation l'été.

La multiplicité des pelains rend l'opération méthodique en ce que la peau passe successivement du bain faible au bain concentré. Le premier commence le gonflement et facilite ainsi le caustique dans la poche dont j'ai parlé, et, finalement, sur le bulbe où le poil est emprisonné.

On juge, au bout de 4, 6 ou 8 jours, au plus, si l'ébourrage est praticable.

Cette manipulation, si simple, si facile à comprendre, est pourtant, en bien des pays, mal exécutée.

Conçoit-on, par exemple, la prolongation du séjour sur les pelains, si cela n'est pas rigoureusement nécessaire.

Cette négligence amène la formation du carbonate de chaux, difficile à extraire; puis, le contact du jus change ce sel en tannate de chaux d'une couleur rouge, bien connue en tannerie. Aussi disais-je plus haut, en parlant des ouvertures : l'air et la lumière doivent être épargnés dans de justes limites, à cause de cette efficacité chimique entre l'acide carbonique de l'air (1) et la chaux hydratée (2).

De cette démonstration il découle qu'au travail de rivière on pourrait poser la loi suivante :

---

(1) L'air contient environ les 0,0004 de son volume de gaz acide carbonique.

(2) La chaux absorbe un équivalent d'acide carbonique.

La peau, en tant qu'elle contient de la chaux, doit rigoureusement être mise à l'abri de l'air.

Une expérience curieuse, pour laquelle il ne faut qu'une simple loupe, démontre ce phénomène d'une manière élégante.

Voici comment on procède :

Vous coupez, sur une peau fraîchement ébourrée, une petite surface épidermique. Après quelques instants d'exposition à l'air, examinez : vous verrez alors des myriades de petits cristaux se former sous vos yeux.

En pratique, il s'agit précisément d'éviter cette création. Comment s'expliquer alors les bains de chaux en plein air ? Cependant il y en a... même en France.

Les peaux prêtes à subir l'ébourrage sont portées dans l'atelier de rivière, et jetées, par deux ou trois, dans l'auge du foulon (1). (On se rappelle que ces machines se trouvent à côté des pelains.) Le travail commence aussitôt le chargement opéré, les peaux, roulées constamment, finissent par présenter successivement toutes leurs faces à l'outil travailleur. Le poil est enlevé presque en totalité. On retire les peaux pour les jeter à l'eau immédiatement, puis, une nouvelle opération commence. L'ouvrier, chargé de la surveillance, passe au chevalet toutes les pièces ébourrées, achève ainsi au couteau les surfaces restées rebelles au foulon et termine les extrémités.

La bourre n'est guère utile qu'à confectionner un riche engrais, car elle est tellement feutrée, que le lavage le plus énergique n'en tirerait pas parti.

Ainsi établi, le foulon rend d'immenses services à la tannerie et allège l'ouvrier d'un travail pénible. C'est en même temps une énorme économie.

L'épilage achevé, les ouvriers trancheurs commencent la

---

(1) C'est le foulon employé par les fabricants de couvertures.

façon que nous connaissons tous, et qui consiste à enlever les parties charnues du noyau, en ménageant les extrémités. C'est un travail de la plus grande importance, car l'appât du gain pousse l'ouvrier, presque malgré lui, à sabrer la peau, au grand détriment du patron et de la consommation. A côté d'un ouvrier intelligent, consciencieux, qui connaît les endroits à découvrir ou à ménager, se trouve un vilain drôle qui taille sans discernement pour gagner davantage. Celui-ci entraîne celui-là; au bout d'un certain temps, l'atelier se compose de gens qui sapent l'édifice, à tant par peau, au lieu de le couronner.

Dans cette tannerie, pour obvier à ce coulage, le patron paye largement, mais il est entendu qu'aucune coudrée ne sera mise à l'eau avant une inspection rigoureuse où les mauvais ouvriers sont mis à l'amende. Chaque ouvrier marque sur le fesson droit un numéro d'ordre correspondant à son chevalet. De sorte que toute méprise devient impossible.

Après le tranchage, vient se placer tout naturellement un des problèmes les plus intéressants en tannerie.

La mise à l'eau, le séjour à l'eau, les trempes enfin.

Lorsqu'on songe à toutes les billevesées débitées chaque jour sur les propriétés plus ou moins miraculeuses de certaines rivières, il y a de quoi rire. Mais à côté de l'hilarité provoquée par ces récits d'un autre âge, il y a un triste revers... c'est de penser que les conteurs sont de bonne foi. De sorte que Démocrite et Héraclite trouveraient de quoi se satisfaire.

Il y a des gens qui croient le plus sérieusement du monde que l'eau de la rivière de C, par exemple, est meilleure pour les cuirs ici que là.

En raison de cette prétendue différence dans la qualité de l'eau, Pierre veut vendre ses cuirs bien plus cher que ceux de Paul, et pourquoi pas? il demeure à vingt-cinq pas de son voisin.

A part la qualité chimique des eaux, que révèle l'analyse,

et à laquelle il n'y a rien à faire en pratique, le tanneur ne doit s'occuper que de remédier aux différences physiques, et voilà tout.

Essayons donc de démontrer cette proposition :

D'abord, que se propose-t-on par la mise à l'eau ? L'extraction de la chaux abattra la peau, dit-on, pour faciliter la purge.

Or, on sait que l'eau peut dissoudre, de chaux, les 0,0014 de son poids et moitié à la température de 100° centigrades; il en résulte que l'eau dissout la chaux en raison de la température, et le séjour doit être calculé sur cette base. Il est facile de concevoir également, qu'une eau tranquille aura une action bien moins active que l'eau vive; car, dans le premier cas, le milieu, se saturant petit à petit de chaux dissoute, devient sans action. Dans le deuxième, l'eau renouvelée constamment conserve ses propriétés dissolvantes, facilitées, d'ailleurs, par le courant, qui provoque une agitation extrêmement utile.

L'eau froide des fontaines exigera un séjour prolongé; l'eau tiède, un travail prompt. Le tanneur placé en amont d'une chute éprouvera nécessairement plus de difficultés que son confrère d'aval.

L'eau agitée, dissolvant une plus grande quantité d'air, devient moins dense; on dit : elle est plus molle.

Le travail de rivière doit donc se concilier avec toutes ces exigences, d'ordres physique et mécanique, et repousser toute idée tendant à attribuer des vertus à celle-ci plutôt qu'à celle-là, quand il ne dépend que du tanneur de les lui rendre.

Bien des fabricants attribuent à la trempe le pouvoir de soustraire une certaine quantité de gélatine aux peaux ainsi traitées. C'est, je crois, une erreur; si cette perte a lieu, elle sera infinitésimale; c'est du moins ce que prouve l'expérience suivante :

Dans un bassin, contenant environ 2,000 litres d'eau pure

à 12° centigrades, on place 20 vaches, *dites de bande*, pendant 62 heures, après quoi on les retire. Si la gélatine des peaux est soluble dans l'eau pure à cette température, il ne faut pas aller la chercher ailleurs, elle le sera nécessairement dans le bassin. Or, en prenant de cette eau préalablement filtrée, dont on met une certaine quantité dans une éprouvette, on ne remarque aucun précipité après introduction d'une solution de tannin. Il n'y a donc pas eu diminution du tissu gélatineux. D'ailleurs, sans aller aussi loin, pourquoi admettre une altération des parties intérieures, si vous jugez l'épiderme sain ?

Cette perte n'est à craindre que dans le cas d'échauffure primitive, par un commencement de fermentation putride. Oh! alors, le poids du tanné obtenu démontre éloquemment l'influence de l'eau sur les endroits putréfiés.

Après cet essai théorique, que j'ai cru nécessaire de développer pour l'intelligence des opérations qui vont suivre, je continue mon récit :

Les peaux tranchées (vaches dites de bande, par exemple), sont mises à l'eau, et le lendemain passées au tonneau au porteur, où elles restent une heure environ, à raison de 15 tours par minute. Le tonneau peut contenir trois ou quatre vaches; sa hauteur est de $2^m50$ sur 1 mètre de large. Il est garni intérieurement de pierres et de tampons de bois alternés de trous percés sur sa circonférence. Un jet d'eau traverse l'axe et lave continuellement les peaux pendant la rotation (1). Au bout du temps voulu, le chargement est re-

---

(1) Les trous du tonneau sont nécessaires, non-seulement pour l'écoulement des eaux, mais encore pour prévenir l'échauffement.

Dans un tonneau fermé hermétiquement, on remarque, au bout de quelques instants, une élévation de température très-considérable, due aux frottements multipliés des corps solides contre les molécules de l'air, ce qui aide puissamment en corroierie pour la mise en huile, mais dont on doit éviter l'effet désastreux en rivière.

tiré, mis à l'eau, remplacé et ainsi de suite. En utilisant le tonneau purgeur, dans cette usine, on n'a pas en vue une purge complète, mais bien de faciliter la trempe. Le courant du ruisseau, dont on dispose, étant insuffisant, son action mécanique est ainsi suppléée :

La coudrée séjourne deux autres nuits (l'eau à 12° ou 14° prise pour base). Après quoi, les ouvriers spéciaux, dits cœurceurs, s'emparent de ces peaux, et promènent vigoureusement la pierre sur les parties qui l'exigent en ménageant celles où cela est nécessaire.

Le choix de cette pierre, appelée cœurce, est de la plus haute importance pour le lissé. On doit prendre de préférence à toute autre, celle imitant la pierre des faucheurs, et rejeter la forme ronde ; car le chevalet étant cylindrique et la pierre ronde, il en résulterait une égalité de pression sur tout le parcours de l'outil, puisque la surface du chevalet et l'arête de la cœurce coïncideraient dans toute leur étendue.

Pour bien saisir la différence énorme du travail produit dans le cas qui nous occupe,

Supposez une cœurce de $0^m40^c$ de longueur, et l'effort de l'ouvrier égal à 20 kil.

Avec la *cœurce ronde* nous obtiendrons une pression de 500 grammes par centimètre de largeur, sur le chemin parcouru.

Les pierres convexes, au contraire, ne touchant sur le cylindre qu'environ 5 centimètres à chaque va-et-vient (l'effort restant le même), la pression obtenue sera égale à 4 kil., ou 8 fois plus considérable.

Après cela, il est facile de conclure en faveur du dernier mode, car si le travail est moins grand, il est irréprochable.

La peau cœurcée est rincée à la rivière ; puis, un coup de fer sur chair et sur fleur termine cette série de manipulations appelées *travail de rivière*, sans la bonne exécution duquel il ne faut pas espérer de résultat satisfaisant ; car comment remédier aux ravages occasionnés par un séjour prolongé dans la chaux? Que faire à une peau tranchée trop profondément? et comment substituer la blancheur à cette fleur rouge des cuirs contenant du tannate de chaux insoluble?

Une surveillance incessante, une organisation intelligente peuvent seules assurer cette *clef* de la bonne fabrication.

La coudrée étant ainsi prête pour le tannage, il ne reste plus, avant d'encuver, qu'à régler son poids.

On prend ordinairement 500 kil. de peaux en tripes, sans s'occuper en quoi que ce soit du nombre de pièces.

S'il en était autrement, ce serait confier le succès au hasard, et il arriverait certainement d'obtenir des cuves plus ou moins réussies, suivant le poids de gélatine introduite.

Cette manipulation, presque insignifiante, indique au tanneur les bonnes ou mauvaises acquisitions en donnant le prix de revient exact de la peau nettoyée.

Qu'importe, en effet, que les vaches de bande coûtent bon marché si le prix de revient est cher? On ne produit pas du tanné avec la chair, le poil, le crâne, les cornes et les oreilles; on fait du cuir avec la peau débarrassée de cette charge élastique. Il est intéressant de voir qu'en hiver la vache de bande perd 24, 25, 26 et jusqu'à 28 pour cent, tandis qu'en été la diminution tombe à 17 et 18 pour cent. Dans ces conditions, la peau étrangère salée gagne jusqu'à 2, 3 et 4 pour cent.

La coudrée est alors chargée dans le wagon d'un petit chemin de fer, tracé du travail à la passerie située, comme on sait, dans le sous-sol de l'aile opposée.

J'oubliais, en quittant cet atelier, de mentionner deux petites machines, très-occupées autrefois au lavage des bourres, avant l'établissement du foulon.

La première n'est que la réduction d'une coudreuse ovale; elle est double, et l'agitateur (roue à aubes) se meut dans celle intérieure, dont les parois, cuivre ou zinc, sont percées d'une grande quantité de trous. Le liquide peut donc s'échapper à volonté par une bouche de fond, en retenant la bourre prisonnière. Un robinet amène sous le faux fond l'eau du condenseur de la machine ainsi utilisée. Elle se déverse à la partie supérieure.

La deuxième laveuse, dont les résultats sont infiniment supérieurs, se compose toujours d'une caisse double, comme ci-dessus ; mais avec cette différence que c'est un parallélogramme à angles arrondis.

Au milieu, un arbre courbé dans toute la largeur du bassin fait mouvoir un peigne laveur dans un plan vertical ; c'est-à-dire que le mouvement de l'ouvrier est imité en tout point.

Le premier de ces appareils lave et ne remédie pas au feutrage.

Le deuxième ne laisse rien à désirer.

# DE LA VACHE LISSÉE

## DU TANNAGE

La peau en poil, après avoir été préparée comme je l'ai décrit, un peu longuement peut-être, est arrivée à ce degré de pureté que nous lui connaissons. C'est alors un tissu de cellules remplies de gélatine, dont l'affinité chimique pour le tannin va faire l'objet de cette étude.

En effectuant cette combinaison avec tous les soins qu'elle exige, le produit obtenu aura toute l'élasticité, l'imperméabilité désirables. Ce sera enfin du tannate de gélatine, du cuir presque imputrescible.

Lorsqu'il sera sec, l'œil vous donnera sa composition suivant la couleur.

Le rouge foncé, très-foncé, indiquera une peau contenant beaucoup de chaux; la couleur noisette, point ou presque pas, suivant son intensité.

Un cuir dont la chaux a complétement disparu doit donner la *blancheur*.

Une vache blanche dont le séjour à l'eau a nécessairement relâché, distendu les parois, sera plus molle que celle foncée, la trempe ayant été plus réduite; mais le marteau compresseur a justement été inventé pour rendre le cuir plus dense, c'est-à-dire plus lourd sous le même volume.

Enfin, s'il était nécessaire d'indiquer un moyen donnant la preuve d'un tannage complet, je dirais qu'un morceau de cuir tanné jeté dans l'eau bouillante, ne doit donner, après une ébullition prolongée, aucune trace de végétation. Tels sont les principaux caractères du cuir tanné livré à la consommation par les bonnes tanneries de France.

Maintenant, **avant d'aborder** le tannage de la coudrée que nous avons rendu à la passerie, il est utile d'entrer dans quelques détails pour l'intelligence de ce qui va suivre.

Je veux dire que pour arriver à un bon tannage, en restant dans les limites de l'économie imposée au tanneur, deux choses sont nécessaires :

Un tan bien traité et des jus.

Je m'occuperai tout d'abord de la fabrication du premier, pour continuer par les jus.

### DES ÉCORCES

L'écorce du chêne est la matière la plus en usage, et les forêts environnantes en fournissent une grande quantité.

Avant la construction de l'usine, les marchands de bois récoltaient cette source de profits avec une déplorable incurie, et ne livraient par suite qu'une partie du tannin. Le taillis était abattu à 10 ou 15 centimètres du sol pour être écorcé, et la partie la plus riche était laissée avec la souche. Les tuyaux extraits gisaient par tas, *très-étendus sur une faible épaisseur*, de sorte que ce qui échappait à l'humidité du sol était lavé à chaque ondée du printemps. Pour ajouter à toutes ces pertes, le tanneur voyait avec tristesse les bottes posées verticalement, le pied dans la boue, le sommet à la pluie, attendant la réception. Petit à petit ces fâcheuses habitudes disparurent en face des exigences raisonnables de l'acheteur, et aujourd'hui, entassées au fur et à mesure de l'écorçage par groupes d'au moins 800 à 1,000 kil , les écorces sont reçues aussi bonnes qu'il est raisonnable de l'espérer. Aux tuyaux coupés à 2 mètres de longueur, on a substitué ceux à 1m 30, et cela pour faciliter la circulation de l'air qui doit opérer la dessiccation des tas. L'écorce ne repose plus à terre simplement, mais bien sur trois ou quatre baliveaux placés horizontalement, à la façon des lambourdes. Enfin, à l'épaisseur ridicule de 30 à 40 centimètres, on a substitué celle de 1m à 1m 30. Il découle tout naturellement de ces heureuses modifications, que les surfaces exposées étant en raison inverse du volume, les chances d'altération sont considérablement amoindries.

Je dois ajouter que le mode de réception est des plus conciliants pour les parties contractantes. Le tanneur va au bois juger si la sèche est complète, et non pour prendre livraison; le vendeur expédie les voitures. Aussitôt arrivées elles passent sur une bascule et reviennent après le déchargement. La différence des deux pesées représente alors exactement le poids livré, sans qu'il y ait matière à contestation.

Le magasin aux écorces est situé au midi de la tannerie, à une distance calculée pour une complète isolation en cas d'incendie. On économise ainsi, chaque année, une partie de prime d'assurance calculée à bien meilleur compte vu la diminution des risques. Cette construction a la forme d'un grand parallélogramme divisé, en deux parties égales, par une aire où deux hachoirs sont installés et mis en mouvement par un câble de transmission.

Les écorces, aussitôt déchargées, sont converties en écorçons et montées sur un plancher au sommet du magasin, par deux chaînes à godets qui desservent chaque outil. De là, il ne reste plus qu'à les ébouler de chaque côté. Ainsi récoltée, l'écorce donne une poudre beaucoup plus blanche, plus riche que celle obtenue par les moyens ordinaires, ce qu'il est facile de comprendre, puisque l'oxygénation est en partie évitée et naturellement la végétation des cryptogames qui se développent et vivent aux dépens de la matière organique.

Mais ne serait-ce que pour l'économie seule du logement, que le tanneur ne devrait pas hésiter un instant devant son adoption. Il faut, tôt ou tard, réduire en écorçons. Pourquoi tarder? la dépense sera exactement la même.

L'écorce ainsi réduite est amenée au fur et à mesure des besoins dans l'atelier de pulvérisation par un petit chemin de fer; puis élevée, par un monte-sacs, au premier étage. Une porte pratiquée de ce côté en permet l'accès et évite un encombrement de la cour intérieure.

Les machines se composent d'un triturateur, une noix et des pilons.

La noix est placée à la partie inférieure des planches; le triturateur au-dessus (c'est-à-dire au premier) et à proximité de celle-ci pour faciliter l'introduction du bois, si c'est nécessaire. Mais, depuis longtemps, cela ne se pratique plus à cause de l'action du tannin humide sur la fonte; on se contente donc de l'employer tel.

Quant aux pilons, inutile d'ajouter que leur installation solide exige le rez-de-chaussée.

Ces trois machines sont suffisamment connues en tannerie pour qu'une description spéciale soit au moins inutile; je me bornerai donc à quelques observations particulières.

Ainsi la machine à triturer était pourvue primitivement d'un chariot mécanique, mis en mouvement par l'outil même, au moyen d'une roue à dentures héliçoïdes. Cette disposition a été reconnue vicieuse dans son ensemble, principalement en ce que l'ouvrier devant saisir le moment juste du retour pour engager sa bûche, le manque et perd son temps. La pédale est donc revenue avec tous les honneurs dus à sa simplicité.

La noix ressemble à toutes les noix, extérieurement du moins, mais elle a cependant reçu un heureux perfectionnement. Avant cette visite, je n'avais jamais vu de noix autres que celles dont les cannelures et couteaux sont venus à la fonte; celle-ci offre cette particularité qu'ils sont formés d'autant de pièces mobiles en acier, ajustées après coup. Au lieu d'être dans la nécessité d'avoir en réserve de doubles noix, etc., il n'y a que deux ou trois jeux de couteaux. Les premiers, dont l'affutage est usé, sont remplacés par d'autres toujours prêts pour cette éventualité. Je sais bien que le démontage est toujours chose fort ennuyeuse, mais il est assurément beaucoup moins long que le retaillage et puis, à cause même de ces lenteurs, on recule cette opération et l'on n'y arrive que lorsque l'on ne peut plus faire autrement.

Or, que se passe-t-il depuis le moment où la noix ne coupe plus, jusqu'à celui où ne pouvant plus marcher on se trouve dans la nécessité d'un arrêt?

Les cannelures et couteaux travailleurs n'ont d'effet que par leurs arêtes. Lorsqu'elles sont vives, le rendement est au maximun, c'est-à-dire qu'on obtient le minimun du frottement; mais au fur et à mesure que les angles s'arrondissent, le travail diminue et le moment où la noix prend au moteur le plus de force correspond justement à celui où elle produit le moins et fait la plus mauvaise besogne, car le frottement donne lieu à un grand dégagement de chaleur qui altère et modifie la partie active des écorces.

Les couteaux aciérés remédient en partie à ces défauts en ce que le métal étant plus résistant dure longtemps en bon état et que son remplacement, facilité par la mobilité de ses parties, ne fait pas appréhender autant une réparation.

La noix, installée dans ces conditions de solidité et d'économie, donne du tan d'excellente qualité et différentes grosseurs qui suffit dans bien des fabriques; mais ici, pour des raisons développées plus tard, on en passe la plus forte partie sous les pilons. Ceux-ci, bien connus en tannerie, servent à réduire le tan en poudre impalpable; il n'y aurait donc pas à s'y arrêter un seul instant si leur mouvement ne laissait à désirer. Je ne sais pourquoi dans nombre d'usines, le défaut que je vais signaler persiste malgré l'avis des mécaniciens.

Une pile exige, pour être mue, une force assez grande. Lorsqu'elle n'est pas commandée directement par le moteur hydraulique ou à vapeur et qu'il y a nécessité d'avoir recours à une courroie, il est rationnel d'augmenter le plus possible le diamètre des poulies, la résistance tangentielle croissant avec lui. Si la poulie attaquée ou de commande est étroite et d'un petit diamètre, il y a glissement au moment même de l'effort, ce qui est cause d'un allongement, d'une détérioration rapide des courroies et d'une énorme perte dans la force transmise par le moteur. J'ai cru utile de faire cette incursion dans le domaine de la mécanique pure, car signaler le mal n'est-ce pas par cela même y apporter remède ?

Ainsi, dans cet atelier, que j'ai nommé de pulvérisation, il y a donc du tan de deux grosseurs à la noix ; de la poudre au pilon et du bois de chêne ou de châtaigner, haché par le triturateur. Chaque sorte soigneusement placée dans autant de larges casiers en maçonnerie bitumée pour le bassinage. Nous allons voir, en décrivant le tannage proprement dit, l'application de ces différentes sortes de tan et donner les raisons de leur emploi préféré.

J'ai dit précédemment que la basserie ou passerie était située dans le sous-sol de l'aile opposée au travail de rivière et nous avons vu la coudrée y pénétrer par un petit chemin ferré. Cette grande pièce est divisée, dans sa longueur, par une allée large de 3 mètres, bordée de caniveaux pour égoutter les eaux de lavage.

A droite et à gauche sont les cuves disposées symétriquement et toutes construites en briques et ciment (1) sur le même modèle. Elles ont 1 mètre de profondeur sur 2

---

(1) En décrivant les fosses à jus ou filtres, nous indiquerons la construction économique des fosses et cuves, et leur prix de revient.

de diamètre, mais la moitié seulement de la hauteur dépasse le sol, ce qui est infiniment plus gracieux et plus commode pour le service. J'ajouterai, de plus, que chaque cuve est munie d'un couvercle en chêne bien ajusté et d'une bonde-fond pour le vidage.

A l'extrémité de la passerie, du côté de la machine, sont établis deux ovales disposés comme les cuves et faits des mêmes matériaux.

Leur longueur est de 4 mètres sur 3 mètres 70; hauteur 1 mètre. Au milieu est solidement bâti un massif en maçonnerie, également ovale, couronné d'une plate-forme en bois, de sorte que la pose des coussinets est des plus faciles.

La partie vide circulaire reçoit le jus et deux roues à aubes, tournant en sens contraire, les mettent en mouvement.

Ces deux coudreuses sont également munies à leur base d'un tuyau d'échappement pour renouveler les jus; ils s'écoulent, ainsi que ceux des cuves, dans un canal collecteur, passant sous le milieu de l'allée, à une profondeur calculée à cet effet.

Les jus neufs arrivent dans l'atelier par un tuyau de cuivre scellé à la muraille, et les tubulures, fermées d'un simple bouchon de liége, servent de distributeurs.

Ces robinets économiques sont assurément grossiers et moins riches que ceux en usage, c'est-à-dire les véritables robinets; mais ils sont en revanche moins coûteux, d'un emploi plus commode et d'une durée presque indéfinie.

Lorsqu'il s'agit d'édifier une tannerie, le fournisseur ne manque pas de chercher toutes les occasions de poser sa robinetterie; il en invente même, pour grossir ses bénéfices: mais les eaux contiennent toujours une certaine quantité de sable d'une extrême ténuité, et il arrive que la vitesse imprimée à la veine produit un véritable frottement qui use, amène des fuites et met hors de service ces ustensiles coûteux.

Les bouchons, ou tout simplement une tige en bois garnie d'un cuir se moulant dans le tuyau, donnent une fermeture qui ne laisse rien à désirer.

Il convient donc de n'user de robinets que lorsqu'il est impossible de faire autrement, c'est-à-dire quand il s'agit d'opposer de la résistance à une grande pression.

Pour la confection des tuyaux, le cuivre doit toujours être préféré au zinc, au fer blanc et au plomb.

Le zinc est promptement rongé par les jus.

Le fer blanc ne résiste qu'à cause de l'étamage, car le plus petit défaut établissant un contact avec le fer, on conçoit qu'il s'ensuive une rapide détérioration.

Reste le plomb, dont la malléabilité se prête si bien aux courbures : mais un parallèle du prix de revient démontre que l'avantage est au cuivre dont la durée compense largement l'excès de dépense.

En effet, sur 1 mètre de longueur et 40 millimètres de diamètre,

Le plomb pèse 8 kil., à 60 fr. . . . . . . 4 80
Le cuivre pèse 1 kil. 728, à 300 fr. . . . 5 20

Différence . . . . . . 1 60 par mètre

On comprendra maintenant que la préférence accordée au cuivre est suffisamment justifiée, puisqu'il suffit d'une plus-value de 1 fr. 60 pour l'obtenir.

Telles sont les principales installations de la basserie.

## DES JUS ET DU MONTAGE EN CUVES

Pour commencer le travail, un ouvrier lève la bonde du filtre n° 4 (1) contenant le jus le plus faible ; celui-ci s'écoule dans un canal souterrain et va remplir la citerne spéciale indiquée précédemment. La pompe est alors mise en marche, et, deux heures après, l'ovale est prêt à recevoir la coudrée. Deux ouvriers exécutent ce travail après avoir communiqué le mouvement aux roues à aubes qui entraînent la masse liquide.

Cette agitation continuelle met les peaux successivement en contact avec le tannin faible, et après deux heures de rotation, l'action chimique apparaît sous une teinte légère.

Dans cette première phase du tannage, la peau, en raison de son affinité, s'est donc appropriée une certaine quantité de tannin, et, cela étant, il est facile d'en tirer cette déduction, que le liquide en a perdu la même proportion. En un mot, l'une s'enrichit au détriment de l'autre, et c'est justement à quoi il faut remédier, car un jus faible ne doit pas succéder à un jus plus fort, mais bien le précéder.

Ce qu'il faut s'efforcer d'obtenir, c'est la pénétration des tissus par un acide faible qui irrite, gonfle les cellules, en distendant les membranes et non le contact d'un jus fort qui imperméalise les surfaces en les saturant.

Après une heure d'arrêt, le mouvement recommence, et aussitôt qu'il est bien établi on introduit 75 kil. de bois. Le mélange effectué, on arrête de nouveau et ainsi de suite, jusqu'au soir ; mais avant de quitter l'atelier, 75 kil. sont encore ajoutés. Le lendemain, on tourne, de deux heures

---

(1) Au centre de la cour de l'usine sont établis 4 filtres ou fosses à jus contenant des eaux de différente force. — Plus loin, lorsqu'il s'agira du travail de cour, nous donnerons leur description.

en deux heures, sept ou huit minutes seulement. A neuf heures, les peaux sont retirées, le jus, la tannée envoyés sur les mauvaises fosses, et une nouvelle opération commence...

Pendant la mise en couleur, les ouvriers ont levé une cuve dite de première, dont le jus est plus riche que le précédent, ce qui indique tout naturellement que la coudrée doit y passer. On y encuve donc, ayant soin d'agiter énergiquement pour mélanger les tranches liquides d'une densité différente.

Le lendemain, les cuirs entrent dans une cuve de seconde, de sorte que le quatrième jour, la coudrée a déjà parcouru trois jus de plus en plus fort.

A mesure que les cuves sont levées, les eaux et les tannées, si faibles qu'elles soient, sont dirigées sur les filtres.

Bien des fabricants négligent de le faire et rejettent le tout ; cela ne s'explique pas. Serait-ce donc parce que ces eaux, ces tannées, sont faibles? Mais elles contiennent bien plus de tannin que l'eau pure et 10, 20, 30 kil. d'écorce sont bien vite économisés. Objectera-t-on que les peaux ont été lavées d'une quantité de chaux infinitésimale, répandue sur fleur et chair, et que cela suffit pour nuire? Voilà qui ne serait pas réfléchir à ce fait que l'insolubilité du tannate de chaux donne à cet égard une garantie solide de son inefficacité.

Il est donc avantageux d'utiliser les mauvais jus et d'épuiser, par déplacement, les tannées que l'on dédaigne si souvent.

La cuve destinée à devenir de première, reçoit du jus correspondant au filtre n° 3, et 30 kil. de gros tan en encuvant.

Le deuxième jour, on lève, en laissant quinze ou vingt minutes sur l'échelle et l'on rabat ensuite avec 30 autres kil.; le troisième jour, semblable manipulation : ce qui élève la poudre dépensée en première cuve à environ 90 kil. Le couvercle ajusté, et un repos de trois à cinq jours suit et termine.

La cuve neuve de seconde est emplie avec le jus des filtres n° 3 et n° 2, mélangé en quantité égale. Ceci fait, on lève la cuve de première qu'on laisse égoutter au moins vingt minutes; puis, on l'amène dans celle-ci avec 50 kil. de tan.

Le lendemain, on lève et rabat avec 100 kil., ayant eu soin de bouller après l'égouttage porté à une heure.

Un repos de huit à dix jours complète le cuvage.

En récapitulant cette série de manipulations, justement nommées *Montage en cuves*, nous voyons la peau introduite à l'ovale dans un jus extrêmement faible et par l'agitation se colorer légèrement, sous l'influence de celui-ci; puis, l'addition du bois, qui abandonne son tannin extrêmement vite, vient restituer, enrichir même le milieu que la combinaison chimique tend à réduire. — La coudrée continue de *monter*, en franchissant les jus des première et deuxième cuves, et arrive sans transition, presque insensiblement, au jus neuf de première.

Le tan, introduit en trois fois, répète ce qui s'est passé à l'ovale, et rend l'action uniforme.

L'égouttage gradué facilite l'absorption. Il fait, en petit, ce que nous nous figurons d'une éponge placée dans une semblable condition. Il est clair que l'eau exprimée, par le poids de sa masse, sera restituée lors de l'immersion.

Pendant le repos de trois à cinq jours, calculé sur la température, le jus se soutient, et il est important de mettre en seconde avant que la cuve ne retombe, afin d'assurer le succès du gonflement. On arrive ainsi au jus neuf de deuxième cuve qui gagne encore par deux additions successives de gros tan.

Arrivée là, et pendant les huit ou dix jours auxquels on l'abandonne, la peau acquiert une résistance que viendra compléter le refaisage.

Pour rendre le cuvage méthodique, le gros tan doit être exclusivement employé, car il est facile de concevoir que plus la division de l'écorce est parfaite, plus aussi les surfaces mouillées sont considérables, et partant la dissolution rapide.

Le gros tan, au contraire, offrant une grande résistance au dissolvant, ne laisse échapper son tannin que petit à petit. Il en résulte, comme je l'ai déjà écrit, que tout passage brusque est évité, et l'on n'a pas à craindre ces crispations de la fleur qu'on remarque trop souvent.

Avant de quitter le souterrain qui sert de passerie, il convient, je crois, de répondre à cette question que nos lecteurs se sont sans doute posée :

Pourquoi une cave a-t-elle été choisie de préférence à tout autre appartement ?

Nous savons tous que, si une cuve contenant de l'eau, du tan et de la peau, est exposée à l'air, elle est dès lors soumise à l'influence de ce milieu, c'est-à-dire que la chaleur en modifiera journellement les phases ; il en résultera donc tous les inconvénients inhérents aux extrêmes :

Lorsque, l'été, les rayons d'un soleil brûlant viendront darder sur le mélange, la dissolution de l'écorce s'effectuera promptement, et la peau absorbera vite ; puis une nuit glaciale arrêtera le tout.

Le lendemain, ce sera l'orage surprenant des jus affaiblis et les changeant en acide lactique à la faveur des ferments.

Et que dire des mouvements atmosphériques qui agitent les jus, l'imprègnent d'oxygène, et transforment le tannin en acide gallique qui ne tanne pas.

Ne serait-ce pas le cas de dire du tannin :

Il s'est envolé !

Comment s'étonner maintenant que certains fabricants soigneux tannent à meilleur compte que d'autres, lorsqu'il est vrai qu'une dissolution d'écorce exposée à l'air se change complétement en tout autre chose que du tannin ?

Souvent on se figure que tout est pour le mieux dans les meilleures fabriques, et pour se tranquilliser des inquiétudes causées par une fabrication coûteuse et un inventaire encadré d'un zéro, cette réflexion arrivera à point :

« Après tout, j'ai un bon outillage, j'épuise mes tannées, j'utilise mes jus : donc je dépense le moins. » Mais c'est compter sans les déperditions, et l'on peut dire *à priori* : que toute tannerie où il se fait, à l'air, de grands mouvements de jus, dépense énormément d'écorce, et augmente conséquemment son prix de revient.

---

### DES FOSSES A JUS

Mes lecteurs se souviennent qu'à cause de la disposition même de l'usine, la cour affecte la forme d'un parallélogramme. Or, si l'on conçoit, tracées dans cette figure, deux diagonales, le point d'intersection déterminera juste l'emplacement des fosses à jus.

Quatre carrés d'égale grandeur, occupés par des fosses, les entourent, et sont séparés les uns des autres par de larges allées de service.

Fosses à jus et fosses sont situées dans un même plan horizontal, à 1 mètre au-dessus du sol, et cela pour rendre la construction moins coûteuse. La présence de l'eau, qui constamment vient inonder les travaux, est ainsi évitée ; puis les mouvements de terrain sont considérablement amoindris.

En décrivant (malheureusement sans figures) l'établissement des filtres, j'aurai du même coup montré comment on arrive à construire les fosses, cuves et bassins de toute espèce, au meilleur marché possible.

Le centre de la cour a été choisi parce qu'il se trouve à égale distance des quatre groupes des fosses. Il n'y a donc pas de travail perdu dans le transport des tannées.

Le niveau de 1 mètre, adopté pour la hauteur au-dessus du sol, a également diminué la profondeur de la citerne où les jus doivent s'épancher.

Enfin, la forme ronde a prévalu, car à part cette puissante considération que l'épuisement est égal dans toutes les parties d'un cylindre, ou mieux d'un cône, la dépense première est diminuée considérablement.

Dans un carré, il faut doubler, tripler l'épaisseur des murailles pour vaincre la poussée, et à la vidange on remarque que les angles sont à peine lavés.

Chaque filtre a 3 mètres de diamètre et 12 mètres de hauteur, ce qui donne une capacité d'environ 12,500 litres.

Ces quelques explications préliminaires bien comprises, commençons la construction.

Un carré d'environ 6 mètres de côté est déblayé, le sol nivelé à la pelle, et le centre de chaque fosse indiqué par des piquets, sans s'occuper si le sol est ou non consistant. L'ouvrier trace ensuite le diamètre intérieur au cordeau, et répand sur le contour du ciment romain, gâché avec un tiers de sable maigre. De cette façon, la circonférence est indiquée, de même que cette légère fondation assure le maintien du premier rang; car en répétant le premier tracé sur le ciment, il ne reste plus qu'à briqueter le premier tronçon.

Les briques employées ont $0^m20$ de hauteur sur $0^m10$ de largeur, et $0^m05$ d'épaisseur.

Elles sont posées de champ, comme les douves d'un tonneau, et liées entre elles par du ciment pur, délayé très-clair et en petite quantité, absolument de la même manière qu'un plâtrier pour élever une cloison. Les briques sont si rapprochées qu'il n'y a presque pas de joints; il suffit de gratter ceux-ci à la truelle pour assurer leur perfection.

Cette manière de poser la brique doit être sévèrement surveillée; les maçons, presque tous peu soigneux, ont une tendance pour les gros joints. Il arrive, s'il s'agit d'une fosse, que les taches sont plus fréquentes, et en tous cas la destruction plus rapide ; car nous savons tous que les calcaires sont rongés par le tan.

Le cylindre est donc commencé, sa forme dessinée ; mais ce premier rang n'est pas solide, puisqu'il ne tient que par la cohésion du ciment. On y remédie en plaçant deux cercles en feuillard, de 45 millimètres sur 2 d'épaisseur, l'un à la base, l'autre à la partie supérieure ; de façon à comprendre et cercler en même temps le deuxième rang, et ainsi de suite pour toute la cuve, ce qui fait un cercle de plus que de rangs.

Il est très-commode de confectionner soi-même les cercles. La mesure prise avec une ficelle est portée sur le fer pour le couper de longueur; puis, on applique le feuillard sur le rang pour marquer au burin la place des rivets.

Ceux-ci sont placés au nombre de deux et le cercle est prêt.

Un ciseau à froid, un petit poinçon, voilà tout l'outillage.

Avant de continuer le briquetage de la cuve, il est nécessaire d'établir le fond, car l'approche des matériaux se fait bien plus facilement. Cette construction est la plus importante de ce travail : il ne faut donc rien négliger pour sa bonne exécution. Mais je ferai observer, avant de continuer, que la méthode en cours de description n'est applicable que dans un terrain excédant le niveau des eaux ; car si ce niveau effleurait le sol, le fond d'une fosse aurait à supporter une poussée de bas en haut égale au poids d'une colonne d'eau d'un mètre multiplié par la base, soit, en chiffres ronds, au moins 6,000 kilogrammes ! On voit par ces considérations physiques que, pour vaincre cette énorme pression, un béton serait de toute nécessité.

Mais ici le terrain n'est pas submergé, il est seulement humide et tourbeux, ce qui fait que pendant la pose du premier rang, le maçon a fortement piétiné le sol.

On le nivelle donc à nouveau et une couche de sable comble les inégalités.

C'est alors qu'on répand sur cette aire une épaisseur d'environ 1 centimètre de ciment, délayé très-liquide avec un tiers de sable.

Le lendemain, la prise est complète et l'ouvrier pave au ciment pur.

Si, par une économie mal entendue, on omettait cet enduit préparatoire, il y aurait gros à parier que la fosse fuirait; car, avec la meilleure volonté, l'attention la plus soutenue, un maçon ne peut répondre qu'il n'y a pas une brique lézardée ou un joint sans ciment, et un seul de ces inconvénients suffit pour entraîner la perte de la cuve; tandis que la surface qui supporte ce pavage oppose son imperméabilité à toutes les fuites.

Avant de terminer le pavage, il faut placer sur le bord, à côté du centre des quatre cuves, un morceau de bois de chêne percé d'un trou conique d'environ 4 centimètres de diamètre. Cette petite planche a les mêmes dimensions qu'une brique; elle s'appuie sur un petit canal pour la vidange.

Le fond est alors complétement achevé, et l'ouvrier continue le briquetage comme je l'ai décrit précédemment. Il ne reste plus qu'à renduire extérieurement, et la cuve est prête à recevoir l'eau.

Telle est la solidité d'une semblable construction, qu'à peine le maçon retiré, elle supporte sans danger la pression énorme de 12,500 kilogrammes. Au bout de quelques instants, l'eau qui pénètre par la porosité des briques apparaît comme une légère rosée; mais la prise du ciment hydraulique continue sous cette influence, et l'imperméabilité est complète au bout de quelques jours.

Comme on le voit, bâtir une fosse à bon marché est chose des plus faciles; mais il est bon néanmoins de prendre certaines précautions contre certaines éventualités.

Par exemple, si l'on bâtit en été, par une chaleur torride, une dessiccation rapide est à redouter ; elle peut même compromettre les enduits de telle sorte qu'il faille les remplacer. Des paillassons posés à temps évitent ces désagréments jusqu'à ce que la cuve soit pleine.

Il est également indispensable d'employer du sable dans les enduits, car le ciment romain, qui contient une grande proportion d'argile, éprouve un retrait à la dessiccation. De là des fissures et des fuites. Le sable y remédie et ajoute à la solidité des mortiers en augmentant le silicate de chaux formé.

Je terminerai en recommandant surtout de n'employer que des briques bien cuites, à surfaces rugueuses, et de rejeter toutes celles qui ont éprouvé un commencement de vitrification.

D'après ces données, voici ce qu'il entre de matériaux dans une semblable fosse, et le prix de revient (1) :

10 rangs de briques,
80 briques au rang, — 800
Fond. . . . . . . . . . 350
Casse . briques défectueuses, 50

Total . . . . 1200 à 4 fr. 48 fr. » »
11 cercles, 99 kil, à 33 0/0. . . . . . 32 65
Ciment, 450 kil., à 5 fr. 50. . . . . 24 75
Sable. . . . . . . . . . . . . 2 75
Main-d'œuvre . . . . . . . . . . 20 » »

Total. . . . . . 128 fr. 15
En ajoutant 1/10ᵉ pour éventualités, fouilles, etc., etc. . . . . . . . . . . 12 80

Total . . . . . 140 95

---

(1) Le lecteur comprendra que la dépense variera suivant les localités et en raison de la matière employée.

Ainsi donc, le prix de revient d'une fosse de 3 mètres de diamètre sur 2 mètres de hauteur, cubant 14 mètres 142, aura coûté, au maximum, 140 fr. 95 c., c'est-à-dire 1 fr. l'hectolitre.

D'après ces données, une fosse ordinaire, mesurant 2 mètres 33 centimètres sur 2 mètres, et cubant 8 mètres 50, coûtera 85 fr.

Une cuve de passerie, de 2 mètres sur 1 mètre, cubant 3 mètres 150, coûtera 31 fr. 50.

On remarquera dans le devis ci-dessus que le fer entre pour 32 fr. 65 c., soit environ le quart de la dépense. Mais comme l'on sait que les cercles ne jouent ici qu'un rôle protecteur contre la poussée des liquides, on pourra donc supprimer cette dépense, sans inconvénient, chaque fois que les terrains permettront d'y enfoncer des fosses.

On fera bien, dans ce cas, de fouler soigneusement de l'argile autour des parois.

Est-il nécessaire maintenant d'insister pour démontrer toute la supériorité des fosses en briques sur les devancières, construites en bois ?

Durée indéfinie;

Réduction d'au moins 50 0/0 sur la dépense;

Voilà qui vaut mieux, ce me semble, qu'un long plaidoyer.

Quatre fosses ainsi construites forment ce que l'on appelle des fosses à jus, ou mieux des appareils à déplacement.

L'espace vide entre ces bassins est occupé par un petit réservoir de maçonnerie doublé d'un panier en cuivre, percé d'une multitude de petits trous.

C'est vers ce récipient que vont se déverser les jus, lorsqu'un ouvrier vient à soulever les bondes de vidange. Les tannées entraînées avec le courant sont retenues, et ne vont pas ainsi déranger ainsi inutilement le jeu de la pompe.

**Lorsqu'au** bout d'un certain temps le cylindre de cuivre

s'encombre, il ne reste qu'à l'extraire pour le replacer après un nettoyage.

Expliquons maintenant par quels moyens on est arrivé à faire fonctionner cet appareil d'une façon continue et méthodique.

Autrefois, et cela se voit encore dans bien des tanneries, dans une fosse à jus où le plus rarement des fosses inoccupées, on amenait les tannées à épuiser ; alors, une pompe, quelquefois même des seaux, déversaient l'eau nécessaire ; par endosmose et exosmose cette eau devenait du jus.

Cela fait, la pompe appelée portative, sans doute par dérision, était apportée par deux forts manœuvres, et installée dans une grande cheminée. Alors, pendant de longues heures et avec bien des soupirs, le jus obtenu de la première macération passait dans la deuxième fosse, et ainsi de suite jusqu'à complet épuisement. De sorte qu'en supposant quatre fosses et les nommant n° 1, n° 2, n° 3, n° 4, il était indispensable, pour remplir le n° 4, d'exécuter la manœuvre suivante, d'une simplicité par trop primitive :

Remplir le n° 1 ;

Passer celui-ci dans le n° 2, le n° 3 et le n° 4.

La cuve de tête, la bonne cuve, se trouvait ainsi pleine, mais les trois autres étaient vides ; il fallait donc recommencer pour le n° 3 ; puis pour le n° 2, et enfin remplir la première pour la quatrième fois.

En un mot, en attribuant 14 mètres cubes pour la capacité moyenne, on voit qu'il fallait pour laver méthodiquement les résidus, pomper dix fois le volume ou 140 mètres cubes ! !

Aujourd'hui, on obtient le même résultat, en transvasant quatre fois seulement, soit 56, au lieu de 140 ! ! ! et le contact de l'air est ainsi évité dans les mêmes proportions.

Nous ne savons malheureusement pas à quel fabricant revient l'honneur d'un perfectionnement dont l'urgence se démontre par l'empressement que tous les tanneurs mettent à l'adopter. Mais le principe sur lequel il repose est connu depuis longtemps sous le nom de vases communiquants.

Voici l'énoncé de cette loi :

« Lorsque plusieurs vases, d'une forme quelconque, communiquent entre eux, il y a équilibre chaque fois que les surfaces libres du liquide sont situées dans un même plan horizontal. »

Ainsi donc, en mettant quatre bassins en communication par des tubes, on réduit du même coup les manipulations dans le rapport de 5 : 14, ou mieux en chiffres : on produit pour cinq francs, ce qui en coûtait quinze.

Mettons alors ces données en pratique, et continuons l'installation des filtres.

Un faux plancher, placé sur des briques isolées, favorise la filtration et empêche les tannées de tomber sur le véritable fond. On le confectionne de madriers grossièrement dressés, en sorte que les vides, ainsi produits, suffisent au passage du jus.

C'est de la partie inférieure de ce plancher que part un tuyau de cuivre de 50 millimètres, se terminant par un angle droit de 15 centimètres du bord de la fosse suivante, et traversant ainsi deux parois.

Les quatre bassins, munis d'un tube semblable, sont alors communiquants de bas en haut.

Pour déterminer le point le plus favorable à la pose du tuyau de déversement, on suppose le centre du plan, occupé par les constructions, coupé à angle droit par deux lignes droites. L'endroit cherché est précisément celui des lignes formant tangente aux circonférences.

Enfin, le bec d'écoulement est légèrement évasé pour recevoir un gros liége avec lequel on supprime ou établit à volonté tout le système.

La simplicité de cette méthode, son bon marché, et, par-dessus tout, l'épuisement des tannées, par des déplacements successifs, voilà qui assure et qui assurera toujours l'accès de cet appareil dans toutes les tanneries.

Notre industrie n'est d'ailleurs pas la seule à s'en servir, il y a longtemps que la distillerie l'applique avec succès pour l'extraction du sucre des cossettes, et M. Champenois, en introduisant ses cuviers macérateurs, identiques aux nôtres, a peut-être été cause involontairement de leur accès dans nos fabriques. Il n'était nécessaire, pour amener ce progrès, qu'après une visite chez M. Champenois, un observateur se posât cette simple question :

Qu'arriverait-il si les cossettes étaient de la tannée? De là à une solution, il n'y avait qu'un pas.

Nous avons vu, en parlant du cuvage, de quelle importance sont les jus gradués ; or, ces filtres donnent ces différences de densité, sans aucune attention, et, pour ainsi dire, malgré soi.

L'aréomètre est et devient inutile, car si l'on imagine les fosses pleines de tannées et la communication rompue entre le n° 1 et le n° 4, les jus se classeront en suivant l'écoulement.

Je ne puis laisser passer, en parlant de l'aréomètre, l'occasion qui m'est offerte de dire ce que je pense de l'inutilité bien constatée de ce petit appareil.

Malgré son nom prétentieux, le *Pèse-tannin* n'a de valeur, à mes yeux, que celle des 1 ou 2 francs qu'on le paye ordinairement et de mérite que celui de tromper trois fois sur quatre les gens confiants qui s'en servent.

L'aréomètre n'est vrai, dans ses indications, que lorsque l'expérimentateur tient un compte rigoureux et de la limpidité du milieu et de la température.

Supposez, en effet, celui-ci plongé dans un jus, préalablement filtré, à une température de 10° centigrades, il marquera 4, 6 ou 8 ; mais le résultat sera tout différent si l'expérience est répétée à midi, c'est-à-dire que le jus sera trouvé moins riche que le matin même.

Le contraire arrivera s'il n'est pas filtré ; enfin, pour terminer cette incursion : prenez du jus fort ayant perdu tout son tannin par une longue exposition à l'air, et l'instrument trompeur trouvera dans cette liqueur du tannin qui n'en est plus.

Les fosses à jus dans une fabrique bien installée, dispensent de cet appareil, et la marche du jus, poussée de molécule faible à molécule forte, excite toujours l'admiration.

On voit, en effet, que, sans aucun effort, le n° 1 s'emplit graduellement, jusqu'au point d'affleurement du tuyau de communication, et, aussitôt, du jus tout fait s'écoule vers le n° 2. L'eau arrivant continuellement, celui-ci s'emplit pour s'épancher sur le n° 3, et ainsi de suite, jusqu'à ce que la dernière fosse soit complétement pleine ; le niveau est alors partout le même, et l'eau cesse d'arriver.

Ainsi donc, le quatrième filtre contient un liquide déplacé trois fois, car la fosse n° 1, dite mauvaise, a reçu quatre fois sa capacité d'eau pure ; tout se passe donc avec méthode.

La fosse n° 1 épuisée, on l'isole du n° 2 par un bouchon, puis on la vide et la remplit de tannée neuve. La communication rétablie entre celle-ci et le n° 4, l'eau coule à nouveau sur le n° 2, qui devient ainsi mauvaise cuve, et reprend sa marche jusqu'au n° 1, devenu cuve de tête, etc.

Les bondes d'écoulement, situées sur la partie des filtres la plus rapprochée du centre commun, sont protégées par des cheminées en bois, dont la coupe est un trapèze, ou, plus simplement, un triangle. En tous cas, des entailles à rainure sont pratiquées dans les planches et forment ainsi des fenêtres garnies de toiles métalliques en laiton. Les jus passent facilement par les ouvertures et la tannée reste prisonnière.

## DU TRAVAIL DE COUR

Les quatre grands carrés de fosses, dont j'ai indiqué la disposition, se prêtent admirablement à ces travaux de la tannerie qui terminent l'œuvre chimique.

Chaque carré contient neuf fosses, de 2m50 de diamètre sur 2 mètres de profondeur, construites exactement de la même façon que les filtres.

Elles sont disposées sur trois rangs, et le tiers est réservé aux refaisages.

Celles choisies pour ce genre de cuvage sont les plus rapprochées des fosses à jus.

Elles possèdent un faux-plancher, une cheminée de garantie et une bonde; en sorte qu'il n'y a qu'à lever celle-ci pour que le jus tombe dans un canal latéral le dirigeant aux citernes.

Près de ces fosses, c'est-à-dire dans l'argile même, se trouve un poteau, soigneusement carbonisé, qui étaie et maintient un tuyau d'arrivée pour les jus.

Ces quatre tuyaux sont munis chacun d'un robinet. Ils se bifurquent de la conduite principale, émanant elle même du cylindre-réservoir, établi au premier étage avec les pompes.

Le chef d'équipe, sur les fosses, n'a donc point à se préoccuper de l'arrivée des jus, puisqu'il lui suffit de choisir dans les fosses à jus celle nécessaire, pour qu'immédiatement, sans aucune manœuvre, le jus arrive comme par enchantement.

A chaque robinet s'adapte un tuyau de toile dont les courbes se prêtent si bien aux exigences du service.

Les tuyaux dont je parle ne sont pas de ceux dits imperméables, dont les qualités ne conviennent que lorsqu'il s'agit de contenir une veine sous une puissante pression:

les pompes à incendie, par exemple Mais là n'est point le cas; d'ailleurs, ils sont coûteux, raides aux courbures d'un petit diamètre, et se cassent au bout de quelques semaines.

Je n'entends désigner ici que des boyaux fabriqués par la première couturière venue, avec de longues bandes de toile. Le tuyau est formé et il ne reste plus qu'à coudre tronçon à tronçon pour obtenir la longueur voulue.

Le prix de revient est d'une modicité qui défie toute concurrence.

Il n'y a pas, en les confectionnant, à se préoccuper de l'imperméabilité; car nous avons, en tannerie, nos jus qui imperméabilisent tout aussi bien que les huiles, rendues siccatives par une ébullition prolongée, au contact de la litharge (oxyde de plomb).

Il suffit de choisir cette variété de toile, au tissu serré, appelée treillis dans le commerce, et l'on obtient, au bout de quelques jours, un conducteur de jus dont les services multipliés sont inappréciables.

Ce serait le cas de s'occuper, ou plutôt de se demander pourquoi la toile est rendue imperméable par une solution de tannin, et d'étudier quel rôle mystérieux joue cette substance dans ces tuyaux capillaires, dont les spires forment la trame et du papier et de nos meilleurs vêtements? Mais cela est tellement étranger à cette étude que je laisse là cette réflexion, sauf à la reprendre plus tard sous une autre forme.

Il ne me reste plus qu'à parler d'un outil bien modeste en apparence, dont les ouvriers se servent avec succès pour mouvoir les tannées.

Il est si simple, cet instrument, que je suis presque embarrassé et honteux de le décrire. Mais, puisque j'ai entrepris la lourde tâche de faire voir cette usine telle qu'elle est, je n'omettrai rien. D'ailleurs, il serait bien impossible de continuer le travail sans emprunter ses services.

Tous les tanneurs se servent, pour mouvoir les tannées, soit des fosses sur le terre-plein ou des fosses épuisées dans le wagon, d'outils propres à cet usage ; ce sont généralement des pelles ou des fourches en fer à quatre ou cinq dents. Or, ici, on ne se sert ni de pelles, ni de fourches en fer, et cependant les ouvriers ne meuvent pas le résidu ligneux avec les doigts.

L'outil en question est tout simplement une fourche en bois, toute en bois.

Il se compose d'un fût en orme, de 5 centimètres sur 6 d'équarrissage et long de 40 ; sur ce bois sont percés à 5 centimètres les uns des autres des trous qui reçoivent des dents de chêne longues de 40 centimètres. Leur grosseur mesure 2 centimètres. Il n'y a plus qu'à fixer à cette espèce de peigne (suivant un angle d'ouverture de 160°), un manche en bois blanc de 70 centimètres, et l'outil est terminé. Il pèse 1 kilog. 500.

On ne saurait croire quel avantage énorme il y a à se servir de cette nouvelle fourche.

Il a fallu qu'un ouvrier mis aux pièces, pour la vidange des fosses, l'inventât, pour que si frêle construction fût adoptée d'emblée, car nul doute que les ouvriers n'eussent ri du maître assez téméraire pour proposer semblable outillage. Mais l'inventeur est un ouvrier intelligent qui s'appelle Delié.

Cet homme réfléchissait, en accomplissant sa tâche journalière, à un moyen d'augmenter son salaire sans rien demander au patron.

Il se dit : Mon travail se compose invariablement d'un poids donné qu'il me faut soulever à une certaine heure. Le produit de ma journée est le même poids, multiplié par le nombre d'efforts. Si je pouvais donc diminuer le poids de ma fourche et augmenter d'autant celui de la tannée, le problème serait résolu.

Comme conséquence de ces réflexions, il fit faire une

fourche plus légère, la sienne pesait 3 kilogrammes ; mais cela fut aux dépens de la solidité. Enfin, après maints essais, il s'avisa de construire celle en bois, et le problème fut résolu. En effet, la différence est juste de 1 kilog. 500, ou la moitié ; il peut donc, sans fatiguer plus, soulever l'équivalent.

Or, comme un ouvrier, sans trop se presser, donne dix efforts à la minute, il produit donc dix fois 1 kilog. 500, ou 15 kilog.; ce qui donne par heure 900 kilog. environ et par journée de dix heures 9,000 kilog. de plus.

Il est facile de voir, en suivant ces chiffres, que je n'exagère rien, et qu'avec cette simple substitution, notre inventeur est arrivé sans se dépêcher beaucoup, à doubler ses journées : ce qui n'était que la juste récompense de ses calculs intelligents.

Combien d'inventions, aujourd'hui, de superbes machines, qui brillent comme fini de construction et dont le résultat clair, certain, est d'augmenter un capital, qui s'use, sans donner à leurs propriétaires un maravédis comme compensation !

Maintenant que l'outillage si simple de cet atelier en plein air est décrit, occupons-nous des peaux que nous avons laissées en deuxième cuve reposer dix jours.

· Les coudrées se composant invariablement de 500 kilog. de tripe (18 ou 20 vaches de bande, ou 22 à 24 saladeros) et les fosses et refaisages contenant de 100 à 120 pièces, il faut conséquemment cinq cuves pour les remplir. Partant, le séjour en deuxième cuve variera de huit à douze jours.

Ceci expliqué, cinq cuvées sont immédiatement lavées, puis transportées après l'égouttage sur la fosse à refaisage. Elles sont tassées là, pliées en deux, fleur sur fleur, dans le sens de leur longueur, le ventre tourné vers le bord de la fosse.

Le boyau est dirigé vers la cheminée, le robinet ouvert et le jus, pris dans le filtre n° 2, arrive aussitôt.

Il est essentiel de laisser arriver environ 50 centimètres de jus avant l'introduction des cuirs ; alors les ouvriers, procédant, comme tous les tanneurs le savent, lancent une peau et la saupoudrent de tan à la noix ; puis une deuxième, en tournant comme pour coucher, etc., etc., jusqu'à complet emplissage.

La poussée entre dans le refaisage à raison de 250 kilog. par coudrée.

Examinons maintenant ce qui se passe dans cette fosse, et d'abord, qu'est-ce qu'un refaisage ?

### DES REFAISAGES

Un refaisage n'est qu'un relais, une station, entre la cuve et le tannage en fosse.

On ne saurait mieux expliquer son utilité qu'en le supposant supprimé.

Admettons donc, pour un instant, cette hypothèse du'un tanneur passant ses peaux de la cuve à la fosse, et l'on comprendra sans peine que la pression énorme que celles-ci supportent en fosse aura pour effet inévitable de détruire ce que le montage en cuve donne avec tant de soins et de peines.

Les peaux sortiront complétement aplaties, car l'épaisseur, produite par le gonflement des cellules aura disparu. Elles deviendront enfin absolument dans le même état que les peaux étaient avant la première cuve.

Cela se conçoit aisément si l'on considère que, sortant des bassements, la résistance des parois cellulaires n'est pour ainsi dire que superficielle. Le refaisage a donc cette attribution spéciale de donner la force nécessaire pour équilibrer la pression produite par la fosse et empêcher qu'elle n'altère la fleur en y imprimant, en creux, le relief des granules du tan.

La conservation du gonflement est tellement importante que pour ne rien sacrifier au hasard on considère ici ce premier refaisage tout simplement comme une bonne troisième cuve, où l'abondance du jus permet aux peaux de flotter à l'aise. Pour éviter même toute compression accidentelle, un couvercle est soigneusement adapté, puis chargé d'un monticule de tannée.

Au bout de quelques jours, lorsque la fermentation tannique est dans tout son effet, la température s'élève, et de l'acide carbonique se dégage. A ce gaz se joint l'air, chassé globule à globule du tan où il était emprisonné. Cet afflux gazeux se trouve arrêté dans les plis de la peau, et forme çà et là de nombreuses poches.

La réunion de ces efforts provoque dans la fosse un mouvement ascensionnel Mais, lorsque par une température favorable la dilatation vient encore en augmenter la puissance, le déplacement du liquide est si considérable que le contenu du refaisage est totalement soulevé.

Il est donc de toute nécessité de la maintenir par un poids suffisant.

Le refaisage reste dans cet état pendant quinze jours, après quoi la fosse est découverte. Il ne reste plus qu'à soulever la bonde et le liquide s'écoule dans le canal commun. Les peaux sont facilement retirées, l'ouvrier n'étant plus inondé par le jus.

Avec ce système bien connu, les pertes de jus sont évitées et les tannées égouttées vont compléter leur épuisement sur les filtres.

On commence le deuxième et dernier refaisage en tout semblable au premier, quant aux manipulations, mais un peu différent pour le dosage.

Le jus est formé, en volume égal, des filtres numéros 1 et

2, et la poudre introduite à raison de 300 kil. par coudrée ; mais, au lieu de laisser arriver 50 centimètres de jus avant l'introduction des premières peaux, on le limite de telle sorte qu'il soit juste suffisant pour enfoncer les peaux et rien de plus.

Ainsi rempli, ce refaisage est plus compact que le précédent, les peaux y supportent déjà un certain poids, c'est, enfin, un acheminement vers la première fosse.

Au bout de trois ou quatre semaines le refaisage est levé comme le premier. Toutes les peaux sont rondes, relativement fermes ; les parties creuses, les ventres sont tannés et l'ensemble complétement pénétré. La fleur surtout est d'un bel aspect, l'on pressent au toucher qu'elle peut impunément affronter le tannage en fosses.

Il est donc incontestable et incontesté, je crois, que le refaisage est une excellente façon ; que c'est bien là où les peaux puisent la vigueur nécessaire pour mener à bonne fin leur achèvement. Eh bien ! malgré l'immense avantage que l'on retire de son application, il est encore des fabricants qui le négligent.

Ils acceptent et conservent précieusement la dénomination, mais procèdent en le supprimant.

On appelle ce système mettre en refaisage à sec.

Je demandais un jour à un tanneur, qui use de cette méthode, quelle était la différence du refaisage à sec à la fosse ?

Il me répondit que dans le premier les plis étaient peu soignés, la poudre moins abondante, le séjour diminué, etc., etc.

Que conclure de cette réponse, sinon qu'un refaisage à sec est un couchage mal fait, où les peaux jeûnent en attendant mieux ?

Il conviendrait donc, dans les tanneries où ce système est en pratique, de rayer définitivement le mot refaisage : ce serait au moins avoir le courage de son opinion.

Le temps utile au séjour en deuxième refaisage est maintenant écoulé. Les peaux sont retirées et mises en pile, à proximité d'une cuve pleine de jus. La chair et la fleur lavées, il ne reste plus qu'à les ranger sur le bord de la fosse qui doit les recevoir.

---

### DU COUCHAGE EN FOSSE

Il est bien inutile, je crois, de décrire ce que l'on appelle ; *coucher en fosse*. Tous les tanneurs savent que le talent d'un ouvrier, chargé de cette délicate besogne, consiste surtout à bien reconnaître les parties épaisses et rebelles au tannage et celles minces ou spongieuses. De ce coup d'œil, de cette appréciation résulte l'économie ou la dépense justifiée.

La fosse s'emplit donc, peu à peu, en conservant une parfaite horizontalité, et aussitôt la première moitié complétée on abreuve sans plus tarder. Cet usage est certainement négligé dans nombre de tanneries, mais cela vient faute de réflexion. Si les tanneurs en question se figuraient une fosse couchée, vue sans parois, ils ne manqueraient pas de critiquer cet oubli déplorable. Ne serait-il pas clair et évident pour tous, que les peaux de la base supporteraient le poids de la partie supérieure ? Dès lors, il faut bien admettre également qu'elles sont soumises à l'action énergique d'une presse qui imprime la fleur, resserre les tissus et fait, en somme, tout autre chose que favoriser le tannage.— D'un autre côté, comme l'on sait que tout corps plongé dans un liquide perd un poids égal au poids du volume d'eau déplacé, cette première introduction du jus aura donc pour résultat immédiat de diminuer la compression et d'atténuer ses fâcheux effets. Mais, pour abreuver, une difficulté se présente : le jus inonde la fosse et ne pénètre pas ou peu, à cause de la compacité de la masse à humecter. Cet inconvénient disparaît si la fosse est munie de trois cheminées. Leur juxtaposition défectueuse laisse filtrer le jus, celui-ci pénètre peu à peu et il suffit de changer de temps à autre pour abreuver régulièrement.

Lorsque la fosse est pleine, ces espaces laissés libres rendent encore service, car avant de lever la fosse, le jus est soutiré par une petite pompe à main : cela évite la perte des bons jus, qui imprègnent les tannées, pendant le charroi aux fosses à jus.

Aussitôt terminé, le couchage est couvert d'une couche épaisse de tannée. Cette enveloppe, mauvaise conductrice de la chaleur, prévient l'évaporation en été et les rigueurs du froid en hiver.

On laisse ensuite reposer 75 ou 90 jours ; temps suffisant pour une première fosse.

J'omettais jusqu'à présent et à dessein de parler du choix de la poudre ; les opinions, à ce sujet, sont bien divisées et tous, cela va sans dire, nous avons d'excellentes raisons à notre disposition.

Puisqu'il en est ainsi, développons les nôtres, si modestes qu'elles soient.

En première fosse la poudre est formée de tan à la noix passée sous les pilons, rejetant absolument celle à la noix proprement dite.

La deuxième fosse est couchée avec de la poudre plus fine encore ; en voici les raisons :

Si je couchais avec du gros tan (noix ou autre) je logerais par cela même beaucoup moins de peaux et le jus introduit deviendrait plus abondant. Ce qui revient à dire que dans une même fosse, remplie de poudre fine, il y a plus de cuirs et partant un plus grand poids de tan, humecté avec moins de jus. Mais alors, qui contestera que le jus formé dans ces conditions n'est pas infiniment plus concentré ? et si nous admettons que les peaux gisent, avec une égale nourriture, dans un milieu plus saturé de tannin, il en découlera forcément cette conclusion :

Que le tannage en fosse est plus économique et plus prompt au tan fin qu'avec toute autre poudre. C'est ce que nous nous proposions de démontrer.

La deuxième fosse se traite exactement comme la première, avec cette différence que la peau ayant acquis la résistance du véritable cuir, il devient indifférent d'abreuver après complet remplissage.

Le séjour est de trois à quatre mois, et le tannage est terminé. Le tannin a complété son œuvre mystérieuse.

Lorsque la corroierie viendra extraire les cuirs pour leur donner ce coup d'œil exigé des consommateurs, elle les trouvera blancs de fleur et pleins dans toutes leurs parties.

Le cuir sera ce qu'il doit être : imputrescible et imperméable. Plus tard, le corroyeur ajoutera à ces qualités celles non moins précieuses de la résistance et de l'élasticité.

# DE LA VACHE LISSÉE

## LA CORROIERIE

Nous vivons à une époque où les esprits sont tellement tendus vers le progrès, si préoccupés d'innovations, qu'il devient presque impossible de décrire une fabrication, voire même une machine, sans avoir à signaler quelque nouveauté survenue dans le temps même employé à écrire.

Cela est vrai pour toutes les industries, et, Dieu merci, la nôtre ne fait plus exception.

Bon gré malgré, cette vieille tannerie si routinière, si tenace, si glorieuse de son passé, reconnaît enfin qu'il lui reste quelque chose à apprendre.

Elle écoute maintenant, avec une attention qui égale les dédains d'autrefois, les données scientifiques acquises si péniblement. Ah! il le faut reconnaître, le malheur rend industrieux; car, si les bénéfices étaient encore faciles, peut-être n'accepterait-on pas aussi aisément les innovations des économistes; mais, le bon vieux temps n'est plus qu'une légende; il faut en prendre son parti; les gros gains ont disparu et la tannerie seule reste, cherchant son salut dans la solution de ce redoutable problème :

Acheter cher et vendre relativement à bon marché.

Elle voit, disais-je, clairement aujourd'hui que pour chevaucher sans trop de désavantage dans l'arène industrielle où nous ne savions que patauger, il lui faut à tout prix :

Créer, en partie, l'outillage mécanique ;
Réaliser des économies sur la matière brute ;
Produire beaucoup ;
Diminuer les pertes d'intérêts ;
Réduire les frais généraux ;
Et, enfin, le faut il dire ? restaurer un capital, hélas! bien délabré.

Voilà de quoi répondre aux mauvais plaisants qui prétendent que la tannerie est une sinécure.

La corroierie n'était pas la partie la moins vulnérable de l'art du tanneur ; aussi la force musculaire de l'ouvrier cède-t-elle petit à petit devant la machine-outil, et bientôt arrivera le jour où il sera vrai de dire :

Il n'y a plus de corroyeurs.

Le mouvement qui nous entraîne dans ce sens est si rapide que mes notes prises au début de cette publication deviennent surannées, et je ne leur vois plus d'utilité que pour servir de parallèle.

---

## DU LISSAGE EN GÉNÉRAL

D'abord, qu'est-ce que le lissage ?

Le lissage a pour but de nettoyer les cuirs des chairs et tannées qui les souillent; rendre à la fleur son aspect primitif en faisant disparaître les rugosités, et enfin de resserrer les tissus dilatés par le tannage.

Dans ce travail, le cuir est pris de telle façon que les parties distendues sont rentrées les unes dans les autres, de sorte à obtenir une surface parfaitement plane.

Lorsque les cuirs, couchés pour la première fois, ont suffisamment séjourné pour compléter leur tannage, les ouvriers corroyeurs s'apprêtent à les extraire. Ils découvrent la fosse et placent ensuite horizontalement sur le bord un bâti muni d'un rouleau en bois. Cet instrument affecte la forme d'une échelle, dont l'un des bouts serait terminé d'un rouleau en guise de barre. Il est extrêmement avantageux pour lever les cuirs d'une fosse. Le cuir amené à la partie supérieure, glisse sur le rouleau et ne détériore pas la maçonnerie; d'un autre côté, le travail est considérablement réduit par l'absence de tout frottement. En un mot, avec le concours de ce simple assemblage, trois ouvriers éprouvent moins de peine que s'ils ne l'avaient pas.

Voici le dessin de ce rouleau :

ROULEAU POUR L'EXTRACTION DES CUIRS EN FOSSE

Fig. 1

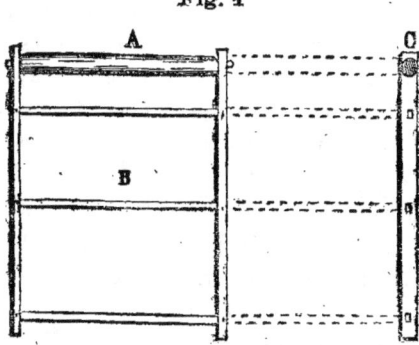

A. Rouleau. — B. Bâti. — C. Coupe dudit bâti.
Échantillon du bois, 6 c. sur 10 c/m.
Échelle 2 centim. pour mètre.

---

Les corroyeurs calculent, suivant la sèche et leurs besoins journaliers, le nombre de pièces à porter au séchoir, ils les tassent pliées en deux, chair sur chair, dans le sens de leur longueur, à leur proximité.

Le contre-maître, ou mieux le maître lui-même, est appelé pour les couper.

Lorsque je dis : le maître, ce n'est pas sans intention, car cette petite besogne est des plus intéressantes pour lui et l'acheteur.

Au coup de serpette, il juge si les travaux précédents étaient bien ordonnés. Une raie blanche, doublée de noir dans la coupe, démontre une graduation différente des jus; les deux surfaces, saisies par un jus trop riche, ont été pour ainsi dire imperméabilisées, et la liqueur tannante n'ayant plus d'accès sur les parties intérieures, les a laissées telles qu'elles resteront toujours.

Voyez ces peaux à couleur ondulée, comme elles reprochent au coucheur sa mauvaise répartition. Cet homme a répandu la poudre sans se demander quel était le but à atteindre; peut-être même sans connaître les surfaces à nourrir fortement ou à ménager. D'ailleurs, n'ayant pas de couteau pour s'assurer de temps en temps de l'état des peaux à recoucher, il a fait ce que font en tous pays les ouvriers à la journée, en *coulant* le temps et le tan, il a *coulé* le maître.

Le maître qui accomplit ce travail, disais-je, a l'immense avantage de faire un choix rigoureux des peaux bien tannées d'avec celles laissant à désirer. Celles-ci retournent en troisième fosse compléter leur tannage.

Il est clair que si les vachers étaient juges du choix, toute la fosse serait pour le mieux; c'est-à-dire que, redoutant les peaux de trois fosses, ils éviteraient le mal en supprimant radicalement la cause.

Dans nombre de tanneries encore, pour couper la vache en deux côtés égaux, on l'étend, la fleur en l'air, sur la tannée de la cour ou sur la table de l'atelier. Deux hommes porteurs d'une longue règle l'appliquent en maintenant les deux extrémités suivant les points extrêmes où la ligne droite doit passer. Le troisième ouvrier porteur de la serpette arrive alors avec toute la lenteur désirable, et finit tant bien que mal par opérer la section indiquée.

Toutes ces manœuvres répétées ne laissent pas de prendre des heures qui trouveraient certainement un emploi plus utile, plus rémunérateur.

Un observateur dont j'ignore le nom et la demeure, fit sans doute cette réflexion avant moi, puisqu'il inventa tout exprès un chevalet à cet usage. La figure 2, ci dessous, en rendra la construction des plus faciles.

### CHEVALET POUR LA FENTE DES CUIRS

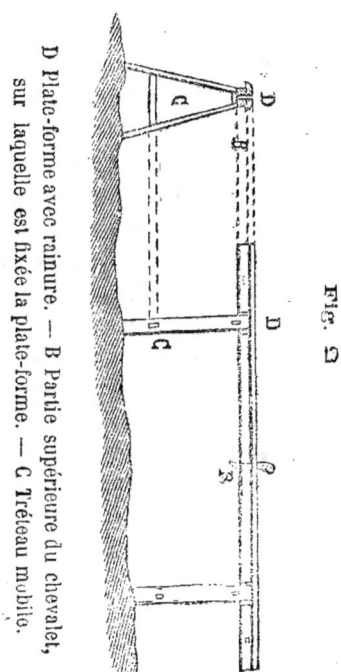

Fig. 2

D Plate-forme avec rainure. — B Partie supérieure du chevalet, sur laquelle est fixée la plate-forme. — C Tréteau mobile.

La coupe indique que la partie supérieure B est formée de deux semelles laissant entre elles un espace suffisant pour le passage de la lame.

Sur ces semelles est clouée une plate-forme convexe D, également de deux morceaux, et faisant saillie de 5 à 6 centimètres de chaque côté. — Ceci, tout simplement pour donner plus de stabilité à la peau, en augmentant les points d'appui.

Le plus souvent les deux tréteaux porteurs sont mobiles, pour rendre le transport plus facile. — Dans ce cas, deux petites languettes sont fixées sur les côtés des semelles, et rendent ainsi tout va-et-vient impossible.

Comprend-on maintenant le jeu de ce modeste instrument? Deux ouvriers s'emparent d'une vache et la lancent sur la plate-forme, et le troisième ouvrier n'a plus qu'à promener son couteau de tête en queue, sans s'occuper autrement de la ligne droite tracée par la rainure.

La coupe ne laisse absolument rien à désirer, et les tannées n'obstruent jamais les passages du couteau, car la rainure s'étend de bas en haut.

Au fur et à mesure de leur séparation, les côtés sont marqués d'un même chiffre dans le voisinage de la queue, afin d'appareiller sans embarras.

On monte ensuite les cuirs ainsi coupés aux séchoirs, situés, on se le rappelle, dans les combles de la partie gauche de l'usine.

Le plus grand soin doit présider à cette sèche que l'on nomme essorage, et qui précède la corroierie.

# DE LA VACHE LISSÉE

## DE L'ESSORAGE ET DU SÉCHAGE

Il est facile de comprendre que si la peau était immédiatement travaillée sortant de la fosse, les fibres constitutives céderaient avec trop de facilité sous l'outil, et reprendraient par cela même leur position primitive après son passage.

A un autre point de vue, une sèche en croûte présente, pour les fabricants du lissé, d'immenses inconvénients ; car, lorsque la peau est tirée de la fosse, il est incontestable qu'un certain poids de tannin est engagé à l'état libre dans les mailles du réseau intérieur. Or, il importe de conserver ce tannin pour le vendre avec la peau elle-même. Le tanneur qui ne fait qu'essorer, a cet avantage et ce profit ; il resserre au travail les cellules élargies, il ferme ces petites bouches béantes, qui ne demandent qu'à laisser sortir des grammes et des kilogrammes. Au terme du métier, il évite le plus possible de faire *cracher le plomb* de son cuir.

Par contre, les artisans de la sèche sont obligés d'en revenir à cette humidité indispensable au lissage, et l'immersion à laquelle il faut alors recourir diminue le rendement que l'on pouvait espérer.

De tout temps, cependant, l'humble observateur de nos campagnes savait que ces différences sont également sensibles sur les fourrages de la vallée qui se mouillent par l'orage ; ils s'expriment alors sur la densité, en disant :

Le foin ne *plombera* pas cette année !

Eh bien! je dis que ce qui est applicable au végétal, à l'écorce, ne l'est pas moins au cuir tanné, et mes inductions et déductions ne tendent qu'à établir qu'il est d'une mauvaise fabrication de laver du cuir complétement tanné ?

L'hiver, avec ses variations de température, vient encore ajouter à ces mille et une difficultés qui, chaque jour, mettent l'homme le plus soigneux en défaut.

Par la gelée surprenant les cuirs encore tout mouillés, les surfaces extérieures, conséquemment les plus exposées au refroidissement, voient les gouttelettes d'eau dont elles sont imprégnées se rider de petites aiguilles microscopiques qui, s'enchevêtrant en mille formes bizarres, augmentent considérablement le volume primitif. Peu à peu, la température baissant toujours, la cristallisation continue de l'extérieur à l'intérieur; elle déchire, de ses côtés anguleux et tranchants, les parois qui s'opposent à l'augmentation de volume et produit un gonflement anormal que facilite le bris des cellules.

Rien de tous ces désordres ne se manifeste à l'œil tout d'abord, si la peau humide éclate ou se fend sous la force prodigieuse de ces légions de cristaux.

Le cuir, grâce à son expansibilité, semble se prêter à cette dilatation; mais, lorsque survient le dégel, la main du corroyeur sent que cette fermeté caractéristique a en partie disparu; la glace fondue dissout le tannin qu'elle entraîne au dehors, laissant vide la place qu'elle occupait.

De là cette perte du poids, de là aussi cette expression : le cuir gelé *tombe* au travail.

Mais si la gelée a des dangers, les temps humides et bas ne laissent pas non plus que d'avoir leurs inconvénients pour la sèche en croûte.

On remarque, en effet, dans la saison pluvieuse et pendant les orages de l'été, que la chair du lissé se macule, au fur et à mesure de la sèche, de grandes taches du plus beau noir.

En vain le sécheur s'efforce-t-il de nettoyer sa table, à chaque bande collée ; le noir se réfugie dans les rainures. Presse-t-on la sèche du lissé par tous les moyens possibles, le mal s'atténue, mais ne disparaît pas. Pour détruire l'effet, il faut attaquer la cause. Examinons donc à quoi tiennent ces chairs noircies et quelle en est l'origine.

Les végétations cryptogamiques paraissent être la source de cette désagréable coloration des chairs.

Les sporules des champignons microscopiques demeurent en effet et se soutiennent dans l'air avec les globules d'eau que nous appelons le *brouillard*, et ces embryons des végétaux trouvent sur les cuirs tout ce qui est nécessaire à leur développement.

Ils ont la chaleur humide et une matière animale toute imprégnée de détritus organiques ; il ne faut rien de plus pour que, sans que l'on s'en doute, la chair des cuirs ne se couvre d'immenses forêts de ces végétaux en miniature.

Le même phénomène se présente l'été dans des conditions un peu différentes. — Il tient à l'état électrique de l'air.

Tous nous avons pu voir qu'avant un commencement d'orage une quantité considérable d'une fine poussière flotte dans l'atmosphère.

Cette poussière, comme les brumes de l'automne, contient tout un monde d'infiniment petits : trachées de plantes, débris textiles, particules des charbons de cheminées d'usines, etc., etc., dansent et s'agitent, pêle-mêle, avec d'autres corpuscules que la science appelle des *ferments*.

Or, sous l'influence de l'orage, tous ces petits corps sont électrisés de la même manière et par conséquent se repoussent.

Ils s'élèvent en tourbillons à une grande hauteur et là se divisent à l'infini. Mais dès les premières gouttes de pluie la tension vient à cesser et aussitôt la poussière se précipite et disparaît.

Les objets exposés à l'air reçoivent donc dans cette circonstance une partie de ces graines de plantes, de ces ferments qui ne demandent qu'à se développer dans le milieu où leur affinité les conduit. Telle est la cause de ces végétations que nous voyons sur nos cuves sous la forme de follicules blanches, telle est celles du chanci, des moisissures, que l'on prend à tort pour des générations spontanées et qui en réalité ne sont que les conséquences des lois de la reproduction.

Quelques lecteurs pourraient croire que je développe et m'étends trop sur cette question de pure physiologie, alors que je traite de corroierie, et, cependant, il ne nous est pas indifférent de savoir que ces petits êtres desquels nous ne nous occupons que fort peu ne vivent qu'à nos dépens.

En tannerie, ils *tournent* ou *graissent* les jus qui nous coûtent si cher. Là, les moisissures envahissent les cuirs à la sèche. L'acide tannique disparaît dans la fermentation, et le champignon vit en altérant le cuir tanné.

Telle est la cause des taches noires dont je parlais en commençant ; en conjurer les effets est chose facile à faire. Il suffit de nettoyer, par un buttage, les cuirs sortant de la fosse, et de presser la sèche par tous les moyens dont on peut disposer.

# DE LA VACHE LISSÉE

## DU REBROUSSAGE ET DU BUTTAGE

Avant de lisser, le corroyeur procède au rebroussage. Cette façon s'exécute à la main, sur une table solidement établie, qui servira aussi plus tard à coller et à retenir.

Il n'est pas indifférent d'indiquer une des meilleures manières de la construire. Les madriers qui la composent sont du hêtre parfaitement sain. Ils ont 8 à 9 centimètres d'épaisseur. On pourrait certainement leur donner une épaisseur bien moindre, mais ce serait une économie mal entendue, car les surfaces des joints étant par cela même considérablement diminuées, la solidité disparaît

Ces joints n'ont pas de rainures, un simple dressage suffit. Quatre forts boulons traversant de part en part, font un assemblage qui ne laisse rien à désirer, si on a eu soin d'imbiber les côtés, en contact, de suif très-chaud; le serrage produit alors une fermeture hermétique et l'eau, ne pouvant pénétrer, la pourriture est évitée.

Il est bien entendu que la tête des boulons, du côté de l'ouvrier, est noyée dans le bois et même recouverte de petites plaques de cuivre pointées du même métal.

La table ainsi construite a les dimensions suivantes, pour suffire à tous les besoins : longueur, 3$^m$40, largeur, 1$^m$40.

Trois solides tréteaux la supportent : 0$^m$63 de hauteur.

Cette hauteur calculée suivant la taille de l'ouvrier doit être suffisante pour utiliser la plus grande somme de force musculaire.

Enfin, avant de se servir de la table, il est également d'une bonne précaution de l'imbiber à chaud et à plusieurs reprises d'huile de lin, qui préserve le bois des atteintes de l'humidité.

Je disais, plus haut, que la peau devait être rebroussée et j'évite de décrire une façon dont le labeur est si connu.

Qui de nous n'a remué et promené cet énorme bois cannelé, sur la peau rebelle à nos efforts? Cette besogne est en elle-même si rebutante, tellement au-dessus de nos forces que la tannerie a accueilli par une immense adhésion l'outil mécanique que nous connaissons tous.

Examinons donc, sans la décrire, à quoi sert cette marguerite et comment il a été possible de la remplacer.

Si l'ouvrier se contentait de prendre une peau toute butée pour la coller immédiatement, qu'arriverait-il? Il est évident que pour faire disparaître les plis, poches et rugosités, il faut vaincre son élasticité. Celle-ci doit céder pour que le cuir s'étende dans certaines parties, s'accroisse et se rétrécisse dans celles trop distendues. Or, la cœurce ou l'étire qui n'agit que par un frottement relativement faible est évidemment impuissante et le cuir qui cède au passage de l'outil revient tout aussitôt comme un ressort que rien ne sollicite.

La denture de la marguerite au contraire ne glisse pas, elle grippe, saisit la fleur à la manière d'une pince pour l'allonger. La peau pliée chair sur chair, sous son poids, s'étend considérablement, car la fleur affecte alors une courbe circonscrite par rapport à la chair; elle devient unie et les endroits rebelles ou nerveux sont vaincus et prêts à la mise au vent.

Mais, comme je le disais, ce résultat ne s'acquiert qu'au prix des plus grandes peines; il faut que l'ouvrier arrose le cuir de ses sueurs sans obtenir autre chose qu'une préparation ; mince résultat pour tant d'efforts.

Aujourd'hui ce travail se fait par une machine qui copie le manége du rebrousseur et lui enlève un boulet rivé au bras depuis tant d'années ; à ce point de vue cela est bien digne de notre admiration ; mais à côté du tanneur philanthrope, il y a l'homme de finance. Les temps obligent et la rebrousseuse ne suffit plus parce que l'économie, en somme, est dérisoire, ou plutôt il n'y a pas d'économie.

Je suis le premier à reconnaître l'excellence du travail ; je dis que la peau est mieux préparée au lissage et je ne nie pas le moins du monde qu'une machine supprimant des ouvriers n'ait toujours un immense avantage, mais je maintiens mon assertion première en ce qui touche le prix de revient.

Le capital représentatif de la machine, l'usure, les réparations, la force dépensée et la solde des deux manœuvres qui y sont attachés établissent un prix de revient peu différent de l'ancien rebroussage.

Il me semble, en y réfléchissant, qu'il y a mieux à faire pour la corroierie et je trouve qu'une machine à butter, savamment construite, pourrait du même coup nettoyer la chair et appeler ce qu'on appelle le *prêtant* du cuir. Il suffirait pour résoudre le problème, que l'outil de la butteuse nettoie en arrachant les chairs, au lieu de butter en les rasant.

Une semblable machine n'est certainement pas indigne des recherches de nos intelligents constructeurs ; elle rendrait d'immenses services, puisque, donnant du même coup deux façons, elle diminuerait les fatigues de l'ouvrier en rémunérant le propriétaire (1).

---

(1) Depuis que cet article a été écrit, on sait que plusieurs machines ont été faites donnant le résultat que réclamait l'auteur de ce travail. — C. V.

# DE LA VACHE LISSÉE

## DU LISSAGE PROPREMENT DIT

La vache ainsi préparée, par la marguerite et le buttage, on donne la façon de la chair, qui précède immédiatement le lissage proprement dit. Ce travail doit être fait avec tout le soin possible; car, au lieu de cette chair blanche et unie qui plaît tant à l'acheteur, elle serait terne, sillonnée de rides et plucheuse.

Un buttage modéré est une condition de bonne réussite. S'il était trop énergique, il aurait pour effet de jeter aux ordures le tannin pulvérulent répandu sur le cuir; tandis qu'en le modérant, il reste plus de poids et le coup d'œil est aussi plus beau.

Le cuir est donc étendu sur la table, la chair en l'air, et l'on commence, au moyen d'une brosse de chiendent, par enlever la tannée qui peut encore rester adhérente.

Ce brossage énergique divise également les chairs déjà effilochées et les prépare à recevoir l'eau du bouchon. Celui-ci est formé tout simplement d'un tampon de toile de chanvre et sert à imbiber la chair et délayer le tannin attaché à ses filaments; il se forme alors une sorte de bouillie blanche assez semblable à de la pâte à papier. Mais, comme dans cet état l'extrémité supérieure des chairs resterait droite, l'ouvrier a soin de les coucher toutes dans le même sens, en promenant son bouchon dans le sens longitudinal. Dans beaucoup de tanneries, pour terminer, on répète, avec une bonne brosse, le manége du bouchon; puis, après une aspersion d'eau, la peau est retournée, la fleur en l'air, et le côté du dos placé suivant le bord de la table; alors vient ce que l'on est convenu d'appeler la *mise au vent*.

La façon de chair, telle que je viens de la décrire, est certainement la plus simple de toutes. Malgré cela, bien des tanneurs ne s'en contentent pas, et cherchent dans des complications douteuses ce qui doit venir tout naturellement.

Ainsi, quelques-uns trouvent très-bon de mélanger à l'eau pure du bouchon de la farine de seigle, de la dextrine ou autre substance amylacée, et ajoutent, comme les lingères, du bleu, complémentaire du blanc. Mais, je le répète, cette complication du travail n'a rien d'indispensable, et le mieux est de s'abstenir.

D'autres tanneurs, dont l'esprit est fécond en expédients et peu scrupuleux sur les moyens, veulent trouver dans le lissé plus de rendement qu'il n'est raisonnable d'en espérer pour cela; ils vont consulter un pharmacien, ou tout autre droguiste, et en rapportent une liste de substances susceptibles d'être absorbées par le cuir. Quelques essais en petit indiquent bientôt les plus convenables à l'usage. Si quelques lecteurs me taxaient d'exagération, ils seraient convaincus par l'exemple suivant :

Un négociant acheta, l'année dernière, plusieurs parties de vaches lissées; et, à l'arrivée, il les plaça dans un magasin légèrement humide.

Quelques jours après, un acheteur s'étant présenté, il descendit pour visiter sa marchandise. Quelle ne fût pas sa surprise, lorsqu'en arrivant aux vingt-sept dernières vaches, il vit qu'elles étaient toutes collées les unes aux autres et formaient une masse homogène. En les décollant, on voyait répandu, sur chair et sur fleur, de grandes efflorescences cristallines, et ces productions étaient si abondantes que l'on pouvait aisément en recueillir un certain poids en les raclant au couteau.

Ne sachant que faire, le marchand prit le parti de faire relisser. Les taches disparurent et le cuir reprit son aspect primitif ; mais, au bout de quelques jours, le même phénomène se renouvela, absolument comme la première fois. C'est alors que je reçus un échantillon avec prière de rechercher quel était la substance introduite. Je le fis avec un empressement qu'excitait ma curiosité.

L'efflorescence, répandue sur l'échantillon, n'avait pas de forme cristalline bien prononcée ; elle était blanche et d'une saveur sucrée, ce qui me donna à penser que j'avais affaire à un sel de plomb. Je réfléchis à la solubilité de l'acétate, et, m'arrêtant à cette idée, je le lavai avec du sulfure de potasse et j'obtins immédiatement la couleur noire du sulfure.

Ainsi, il me fut bien démontré, par cette expérience, que le corroyeur avait imbibé son cuir d'une solution d'acétate de plomb. Il avait trouvé le moyen illicite de faire rapporter un poids énorme en trompant sur la nature de la marchandise vendue. Pourquoi n'a-t-il pas réfléchi que cet artifice était récompensé de quelques mois de prison en police correctionnelle ?

Il est fâcheux d'avoir, en traitant la corroierie, de semblables révélations à faire. Mais que serait-ce s'il fallait courir le domaine du cuir en poil ? Comme il serait curieux d'apprendre qu'en vendant du cuir de pays salé à repeser, *au prix d'achat*, il y a moyen de gagner beaucoup d'argent. Voilà de ces tours inexplicables ! Et cependant ?

Mais là n'est pas mon sujet.

## DE LA MISE AU VENT

La mise au vent se fait avec la cœurce ou l'étire; mais la cœurce doit être préférée s'il s'agit d'une fleur très-développée en cuve. Son frottement est plus doux; il risque moins d'érailler la fleur. Dans le va-et-vient de l'outil, les protubérances sont abattues, le cuir s'étend encore et peu à peu la fleur devient unie, de rugueuse qu'elle était.

Arrivé aux extrémités, l'ouvrier repousse les manchettes de cuir dans les endroits creux et arrive ainsi à donner à la bande l'aspect d'une surface plane comme la table elle-même.

La difficulté à vaincre par l'ouvrier n'est pas précisément de faire adhérer le cuir au bois de la table, car on peut y arriver par bien des moyens différents; elle gît principalement en ce qu'il faut économiser l'eau de la mise au vent et la réduire aux dernières limites. Certainement que coller une bande sans eau n'est pas facile, puisque ce corps sert de véhicule aux bulles d'air qu'il s'agit d'expulser, mais il faut limiter son emploi à cette nécessité et surtout ne pas l'employer pour chasser cette boue blanchâtre dont la base est formée de tannin non combiné.

Lorsque la vache est dans cet état, on donne un dernier coup d'étire, qui *serre mieux* encore que la cœurce. Enfin, avant d'enlever la bande, on jette quelques gouttes d'eau, que l'on essuie d'un linge sec et propre. Une baguette est ensuite placée de queue en patte de derrière, et la bande est suspendue aux solives de l'atelier.

La pièce qui occupe tout le premier étage de l'usine, suffit parfaitement à cette première sèche. Elle est même préférée à celle du séchoir supérieur, en ce que la dessiccation, plus lente l'été, est à l'abri des rigueurs de l'hiver.

Lorsque cette saison des gelées et des brouillards menace

la fabrication, un système de chauffage et de ventilation vient prêter son concours. Comme il est intéressant, au double point de vue de l'hygiène et de l'économie, de vulgariser les meilleurs systèmes de chauffage, je donnerai dans un article spécial une coupe de cet atelier. Cela permettra au lecteur de mieux saisir.

La bande sèche donc avec lenteur, sans cependant subir un arrêt favorable au développement des moisissures ; mais ayant été suspendue toute humide, la tête en bas, la patte du devant tend à prendre une direction verticale qui déforme le cuir rentré précédemment. Enfin le grain remonte peu à peu et l'ensemble s'ondule légèrement.

## DU RETENAGE

C'est alors que l'ouvrier remet à nouveau sur la table pour terminer le lissage. On appelle cette dernière façon *retenir* ; c'est-à-dire que, saisissant le cuir au moment où la plus grande partie de l'eau est évaporée, il finit de polir la fleur qui, cette fois, ne se relève plus et garde le glacé et le poli que l'étire lui imprime.

Dans cet état, la bande est enlevée de nouveau et portée à l'étage supérieur, où s'achève la dessiccation (1).

E. BAUDIN fils,
*Tanneur à* BROU (Eure-et-Loir).

---

(1) M. Baudin fils va publier très-prochainement dans la *Halle aux Cuirs* les divers travaux qui restent à décrire pour terminer ce travail, que les circonstances douloureuses que nous venons de traverser ont forcément interrompu. — C. V.

# DU REVERDISSAGE DES PEAUX ÉTRANGÈRES

## SÈCHES ET SALÉES

### POUR MOLLETERIE ET CUIR FORT

---

Nous avons promis de parler des divers procédés connus et de la meilleure manière de faire reverdir les diverses sortes de cuirs secs étrangers.

Il convient, tout d'abord, de signaler les différents modes usités dans les tanneries que nous avons été à même de visiter, afin que nos lecteurs puissent juger combien il y a d'améliorations à apporter dans une industrie aussi importante que la tannerie.

Peu partisan de changements radicaux, nous nous bornons à démontrer qu'il existe, toutefois, des moyens d'économie qu'il est facile d'adopter dans la main-d'œuvre, pour ce qui touche le gros cuir ; nous parlerons ensuite des différentes vachettes destinées à l'empeigne, et dont la plupart sont détournées de cet emploi par la seule raison qu'elles n'ont pas été convenablement ramenées à leur état primitif, (c'est ce que nous appelons faire reverdir ou revenir).

En effet, n'est-il pas regrettable de voir que chez deux voisins, par exemple, des peaux sèches de Calcutta sont traitées de façons si différentes que chez l'un elles réussissent, et que chez l'autre elles sont complétement manquées. Comment! avec des marchandises de la même provenance, de la même sorte, ayant été payées le même prix, sortant de la même partie, ayant fait route ensemble, l'un trouve son affaire, tandis que l'autre y trouve la ruine! Et un pareil état de choses ne changerait pas? Espérons donc que la vérité se fera jour, et qu'en s'en donnant la peine, tous ceux qui voudront faire revenir le Calcutta réussiront, avec du soin, bien entendu.

### DE L'EAU COURANTE ET DU COUP DE FER

Parmi les différentes manières de faire reverdir les gros cuirs, nous avons remarqué, dans une tannerie, des Buenos-Ayres étendus au large, un à un, dans une petite rivière, le poil en l'air, les deux pattes de derrière accrochées à deux piquets fichés en terre. On espérait sans doute ainsi les laisser revenir par le courant de l'eau et ensuite à l'aide d'un coup de fer.

Cette manière nous paraît peu praticable, parce que, d'un côté, la fleur se trouve souvent altérée, sinon mangée par le courant de l'eau, avant que le cuir ne soit suffisamment revenu; il résulte de là une avarie que l'on attribue le plus souvent à la sèche du cuir. D'un autre côté, les coups de fer, tout en coûtant fort cher de main-d'œuvre, détruisent et creusent le nerf, qui est la principale propriété du cuir fort et la garantie de sa bonté et de sa solidité.

### DU FOULON A DAMES ET DU TONNEAU A CHEVILLES

Nous avons aussi vu, et cela très-souvent, faire revenir les Buenos-Ayres au moyen de foulons, soit à dames en pleine eau, soit au tonneau à chevilles et fermé, soit à la bigorne, pour les faire ensuite passer à l'échauffe au feu, afin d'arriver à les dépoiler.

Le foulon à dames a le défaut d'assommer le nerf et de lui donner une apparence de reverdissage que, dans le fond, il n'a pas, ce qui fait que le cuir reste presque toujours sinon étique, du moins plat, et ne prend que très-difficilement sa nourriture.

### DU FOULAGE A TONNEAU FERMÉ ET A LA BIGORNE

Le foulon à tonneau fermé présente un inconvénient très-grave : l'eau, ne pouvant se renouveler assez vite, finit par se corrompre et par engendrer de la piqûre.

Le foulage à la bigorne a le désavantage de coûter fort cher, tout en tuant les hommes, et de ne fouler que les extrémités du cuir. Le nerf étant trop dur, l'ouvrier se garde bien d'y toucher. Cette façon ne peut donc avoir pour résultat que de beaucoup creuser les flancs.

### DE L'ÉCHAUFFAGE AU FEU

Quant à l'échauffe au feu, voilà un système que nous n'approuvons pas et que nous allons combattre autant par l'observation pratique que par le raisonnement. En effet, cette manière d'échauffer occasionne le plus souvent la perte du cuir sec. Une échauffe bien conduite et bien comprise surtout, doit non-seulement faire dépoiler le cuir, mais encore en accélérer la trempe d'une manière égale, le faire reverdir et le ramener à son état primitif, sans aucun autre travail que la grande propreté.

Les moyens d'échauffer que nous allons proposer et soumettre à nos lecteurs, tout en étant plus commodes, présentent une économie que nous laisserons à tous le soin d'apprécier, puisque nous supprimons la main-d'œuvre, non seulement du foulage et du coup de fer, mais encore celle non moins coûteuse du décrassage ou passement, qui nuit toujours au cuir; car décrasser le cuir, une fois qu'il est dans les jus, c'est entraver sa marche, c'est le faire tomber pour ne plus se monter, c'est, en un mot, s'exposer à le voir rester plat et grainé.

Plus loin, nous parlerons des résultats comparatifs et nous donnerons des explications qui justifieront nos observations.

---

### DE LA MISE EN POUTÉE ET DE L'EMPLOI DE LA CHAUX VIVE

Nous avons aussi vu très-fréquemment mettre la vachette en poutée après l'égraminage, c'est-à-dire que l'on a appliqué sur la chair une couche de chaux vive, et qu'on l'a ensuite reployée, comme cela se pratique pour le mouton, puisqu'on l'a laissée en pile pendant un certain laps de temps.

Ce moyen ne peut donner des résultats satisfaisants, attendu que la chaux, appliquée d'une manière très-précipitée et trop violente, dénature complétement la peau, la creuse, tout en la laissant étique, de façon qu'arrivée à la corroierie elle convient à peine pour l'usage de la première et pour les chaussures de foires, ou, pour mieux dire, pour être vendue lissée à un prix trois fois moindre de celui qu'elle obtiendrait facilement dans une bonne condition de travail de tannerie.

### DE LA MISE EN POUTÉE ET DE L'EMPLOI DU SANG

Une autre manière d'opérer que nous ne désapprouvons pas complétement et qui approche beaucoup du moyen qui précède, mais que nous ne rencontrons que très-rarement, en raison peut-être de la difficulté de se procurer du sang, consiste à appliquer sur la chair de la vachette une couche de sang au lieu de chaux vive, toujours après l'égraminage. Ce moyen produit un bon effet et ramène parfaitement la peau, mais il est très-dangereux ; il faut qu'il soit pratiqué par des ouvriers aussi soigneux qu'intelligents, car nous avons remarqué des peaux de Java à l'état parfaitement sain qui commençaient à se piquer le quatrième jour de pile.

### DE L'EMPLOI DE L'EAU SALÉE

Voici encore un moyen qui nous a paru très-convenable en ce qui touche la conservation de la fleur et qui ramène parfaitement le cuir, mais il est très-long et très-coûteux par le travail : c'est le reverdissage au moyen de l'eau salée; il consiste à égraminer entièrement le Calcutta, à bien le rincer, pour le mettre ensuite dans de l'eau à laquelle on a joint une addition de 10 kil. de sel sur 100 litres d'eau, et le laiser mijoter en le relevant de temps en temps pour le rabattre dans la même eau, après quelques heures de pile, pour en égaliser la trempe.

Ce moyen, quoique lent et dispendieux, ne peut que produire un résultat satisfaisant sous bien des rapports. La façon de traiter la fleur laisse cependant à désirer ; nous en parlerons plus tard d'une manière générale.

### DE LA TREMPE, DE L'ÉGRAMINAGE ET DE LA PILE

Encore un usage qui a aussi le défaut d'être lent et coûteux par la main-d'œuvre, mais qui est généralement pratiqué dans les bonnes tanneries, où l'on ne fait de la vachette que pour son détail. On égramine complétement les peaux après quelques jours de trempe, en les laissant revenir autant par la pile que par la trempe, et en suivant chaque jour ce travail, afin de retoucher les peaux qui paraissent peu disposées à revenir, et en mettant au plain celles qui le sont suffisamment. Encore ne parvient-on à sauver la fleur que grâce à une extrême propreté. Ce moyen n'a que le défaut d'être lent ; car il demande en moyenne de quarante à quarante-cinq jours pour obtenir un résultat satisfaisant. C'est ce que nous chercherons à modifier, et nous pensons trouver une économie qui peut varier de trente à trente-cinq jours. De plus, non-seulement nous économiserons du temps, mais encore de la main-d'œuvre, et nous arriverons à pouvoir conduire de front une certaine quantité de peaux qui toutes arriveront en même temps au même degré de trempe et de reverdissage.

Puisque nous avons déjà fait ressortir les risques que présentaient les différents usages en pratique pour le gros cuir, nous allons passer en revue ceux généralement employés pour le reverdissage des diverses sortes de vachettes, et nos lecteurs verront combien ils sont en désaccord entre eux sur ce point.

Notons bien que les vachettes de Java, de Calcutta, de Pondichéry, d'Alexandrie, de Bombay et autres sortes, toutes à l'état sain, bien entendu, ont une fleur qui, sans contredit, résiste plus que celle du cuir d'Europe.

Nous ne parlons ici que de sortes convenables ; nous n'avons certes pas la prétention de préconiser l'emploi de la vachette achetée comme avariée, et destinée le plus souvent à faire de la colle.

### DES CONFITS OU RAMOLLISSAGE

Beaucoup de tanneurs emploient pour la trempe une eau croupie, connue sous le nom de *confit* ou *ramollissage ;*

cette eau date souvent de plusieurs années, et n'est renouvelée que d'une manière presque insensible; c'est-à-dire que, chaque fois que l'on s'en sert, on y ajoute quelques seaux d'une eau plus fraîche, mais tout au plus ce qu'il en faut pour combler le vide qu'a pu occasionner la trempe. Ils laissent donc pendant quelques jours la vachette dans ce milieu de corruption, puis ils l'examinent, et la remettent ensuite dans la même eau pour l'y laisser ainsi jusqu'à ce que la peau soit parfaitement *ramollie*.

Il n'y a pas deux manières de voir : ce moyen est bon ou il ne l'est pas. Que cherche-t-on pour obtenir de la belle empeigne? De la souplesse, une belle fleur et surtout du poids?

Pour la souplesse, il est impossible d'en obtenir par ce moyen, attendu que ce qui y contribue le plus c'est la trempe. Or, comme cette eau croupie engendre presque immédiatement de la décomposition, elle ne permet pas de laisser la peau arriver à un degré voulu de trempe, ce qui fait qu'elle reste dure et étique.

Quant à la fleur, on comprendra facilement qu'elle n'ait pu résister à la corruption, par conséquent pas de fleur. Partant de là, comment voulez-vous obtenir du poids? la vache étique et sans fleur n'a jamais qu'une qualité médiocre.

Un autre moyen, celui-ci, par exemple, qui est très-connu, c'est le foulon à dames. Nous dirons pour la vachette à peu près ce que nous disions pour le cuir fort : la peau est assommée, elle est à peu près douce, mais elle n'est jamais *revenue;* encore si on avait le soin de s'occuper de la fleur, si on la disposait, si on l'aidait à revenir ! Mais aussitôt l'arrivée du foulon, on la met dans un plain vif; elle marche ainsi jusqu'au passement où elle semble toujours être *revenue;* ce n'est qu'en la levant de fosse que l'on commence à la voir plate, avec sa fleur il est vrai, mais une fleur crispée; et, à la corroierie, vous êtes tout étonné de ne savoir à quel emploi la destiner, car il ne faut pas perdre de vue que la vachette est en corroierie ce qu'elle était au moment de la mettre au plain ; c'est-à-dire qu'une fois dans la chaux, si la peau n'est pas revenue, il ne faut plus compter sur le travail de rivière pour la ramener.

Le foulon à tonneau et à chevilles, nous le répétons, engendre de la piqûre. Il est vrai que le mouvement de rotation fait échauffer le cuir de façon à l'ouvrir, et que l'on parvient à le ramener même bien doux, mais il faut renoncer à la fleur ; ce moyen ne peut donc convenir, puisqu'il ne présente que des résultats tout à fait imparfaits du côté de la fleur.

### DE L'EMPLOI DE L'ORPIN

Avant d'indiquer le mode de reverdissage auquel nous devons nous arrêter, il nous reste encore à parler de l'emploi de l'acide sulfarsénieux, acide vulgairement connu sous le nom d'*orpin* ou *orpiment* (cet acide s'obtient en faisant passer un courant d'acide sulphydrique à travers une dissolution d'acide arsénieux ; l'acide sulfarsénieux se précipite alors sous la forme d'une matière floconneuse d'un jaune clair).

La proportion de l'orpin doit être de 4 parties et 96 parties de chaux en dissolution ; le tout bien combiné forme une matière compacte qui en rend l'emploi facile.

La vachette, une fois suffisamment trempée et égraminée, est mise en poutée, comme nous l'avons précédemment indiqué, par l'emploi du sang. Ce mode, généralement usité par la mégisserie, mérite d'être pris en considération ; car, tout en ramenant la peau à son état presque primitif, il lui donne une souplesse parfaite, il est expéditif et très-peu dispendieux ; mais il nécessite de grandes précautions.

## DU REVERDISSAGE DE LA VACHETTE PAR L'ÉCHAUFFE NATURELLE.

La façon que nous préférons et qui n'est pas de notre invention (car nous ne parlons toujours que de ce que nous avons vu) est, à notre avis, celle à laquelle nous nous arrêterons, parce qu'elle présente des garanties sérieuses, et que des expériences toutes récentes nous l'ont encore démontrée : c'est le reverdissage à l'échauffe naturelle, c'est à-dire l'échauffe sans feu ni vapeur.

Nous entendons par échauffe un caveau d'environ 4 mètres de long sur 2$^m$50 de large, et sur une hauteur de 2 mètres, couvert d'une voûte écrasée ; cette construction, pour produire l'effet qu'on attend d'elle, doit être en bonne maçonnerie et, autant qu'on le peut, au sous-sol, en ayant le soin de placer son entrée de façon à ce qu'elle soit à l'abri de l'air ; la porte, de 60 centimètres de hauteur sur 60 centimètres de largeur, doit être forte et en bois blanc, hermétiquement fermée par trois verrous dans des chambranles solides, afin d'éviter qu'elle ne se déjette par l'humidité ou la fermentation. Cette échauffe doit contenir des perches placées dans la largeur, et par intervalles de 60 centimètres à la hauteur de 1$^m$80 environ. Il importe que nos dimensions soient à peu près gardées, car si l'échauffe était par trop grande, elle ne produirait plus le même effet. Pour le cuir fort, il serait bon d'en avoir deux plutôt qu'une trop grande.

Il faut mettre la vachette dans une eau aussi propre que possible, la laisser bien tremper, l'égraminer après quatre jours de trempe, la rincer bien proprement, la laisser égoutter en la plaçant l'une sur l'autre, pliée en deux, le poil en dehors, les dos sur les dos ; la pendre ensuite sur les perches de l'échauffe, la culée d'un côté et la tête de l'autre : on peut en mettre plusieurs les unes sur les autres, fermer la porte, la calfeutrer de manière à empêcher l'air d'y pénétrer ; la laisser ainsi jusqu'à ce que l'odeur de l'échauffe se soit bien prononcée et ait provoqué l'état voisin du dépoilage (ce qui indique l'effet de l'échauffe, c'est une forte buée qui se forme sous le poil et qui tombe au moment de la fermentation), la sortir, lui donner un coup de fer sur les parties les plus dures et la remettre à l'eau pour lui donner quelques jours de trempe ; lui donner ensuite sur le poil une façon avec la cœurce, afin d'aider la fleur à revenir avant de la mettre au plain. — Voilà toute l'opération.

Quelque étrange que paraisse cette façon sur le poil, nous la recommandons d'une manière toute particulière ; car il ne suffit pas, pour faire revenir une vachette, de ne s'occuper que de la chair, il faut tâcher d'éviter ce qui se produit le plus souvent, surtout sur le Java et le Calcutta, où l'on remarque sur la fleur des parties qui restent toutes crispées, et que pas plus la marguerite que l'étire ne peuvent effacer en corroierie ; ceci provient de ce qu'une fleur qui était toute prête à revenir n'a pas été cultivée, et qu'au lieu de chercher à faciliter son développement par une légère façon, on l'a arrêté et saisi en la mettant dans un plain souvent trop vif ; nous ne saurions trop le répéter, il ne faut pas, en général, de plains trop vifs à la vachette, ce genre de peaux doit se conduire graduellement et toujours dans des plains modérés ; ainsi donc, l'emploi de plains déjà affaiblis par la peau fraîche nous paraît le moyen le plus sûr pour sa réussite.

Car une peau sèche saisie par la chaux peut se comparer à une fleur que l'on sortirait d'une serre chaude pour l'exposer à une température froide, on arrêterait son développement, et vous la verriez immédiatement se ratatiner, se resserrer, pour ne jamais plus s'épanouir. La comparaison est un peu hasardée, mais elle est juste.

Quant aux grosses peaux étrangères, provenances de la Plata ou autres, sèches, écrues ou salées sèches, nous recommandons sérieusement l'échauffe, parce que, nous le répétons, ce système d'échauffe n'a pas seulement la propriété de faciliter le dépoilage, mais encore de donner à la peau sèche de provenance étrangère tout le développement dont elle a besoin.

L'échauffe, comme nous l'entendons, règle et accélère la trempe, ouvre les pores du cuir et le ramène à un état voisin des frais de boucherie, et, pour la molleterie, il suffit d'un léger coup de fer sur la chair au sortir de l'échauffe pour étendre les plis avant de la mettre au plain, toujours en débutant par un plain déjà affaibli.

## DU REVERDISSAGE DES BUENOS-AYRES SECS ET SALÉS POUR LE CUIR FORT

Il ne nous reste plus maintenant qu'à parler du cuir fort, et il demeure bien entendu que nous ne nous occuperons que de cuirs étrangers.

Commençons par le cuir sec. Parlons du Buenos-Ayres, par exemple, puisqu'il est le plus connu. Que cherche-t-on dans un cuir Buenos-Ayres ? Une pâte de cuir qui trempe facilement et surtout d'une façon régulière; il est bien reconnu que le cuir qui reste constamment en pleine eau revient moins facilement que celui qui est alterné par la trempe et par la pile! Or, qu'est-ce donc que la pile par rapport à l'échauffe naturelle? La pile n'est ni plus ni moins qu'une échauffe lente dans l'intérieur et tellement lente, que pour lui donner le temps de produire son effet d'une manière efficace, on expose ses bordages à l'avarie, ce qui fait que souvent, pour sauver les dos et les extrémités, que l'air perd en peu de temps, on renonce à un reverdissage complet de la peau résultat toujours fâcheux d'une trempe irrégulière ; et, en effet, que doit-on chercher dans le reverdissage d'un cuir ? — A conduire de front les parties les plus nerveuses avec les extrémités, et sauver autant qu'on le peut les parties d'un cuir qui auraient été mouillées et resséchées pendant le trajet. Eh bien ! nous croyons que le meilleur moyen est de hâter l'opération pour obtenir un reverdissage complet dans un délai de sept à huit jours

D'un autre côté, on rencontre souvent des eaux douces amorties et vicieuses, qui ne laissent pas le temps au cuir sec de revenir complétement, à moins de condamner la fleur qui se trouve perdue avant que l'eau n'ait eu le temps de pénétrer dans le nerf du cuir.

En pareille occurrence, l'échauffe seule peut remédier à cet inconvénient, et, au besoin, il suffirait de vingt-quatre heures de pleine eau pour arriver à un résultat satisfaisant, et voici comment, des expériences nous l'ont démontré : une pleine eau de vingt-quatre heures ; bien laver les chairs et rincer convenablement le poil pour détruire tous corps étrangers, afin d'éviter la piqûre ; laisser égoutter en pile pendant quatre ou cinq heures ; mettre à l'échauffe, comme nous l'avons indiqué, les arroser d'eau fraîche avec un arrosoir de jardin garni de sa boule, les remettre à l'échauffe après qu'ils se sont égouttés en pile.

Il suffit de trois arrosages pour ramener des cuirs d'une sèche des plus vieilles, les remettre ensuite à l'échauffe jusqu'à ce qu'ils soient en état de se dépoiler un peu difficilement; les dépoiler en se servant de cendres, de préférence au sable, parce que le sable éraille la fleur, tandis que la cendre la raffermit et l'entretient ; les trancher après les avoir rincés, les remettre en pleine eau, les décrasser et les raser, ce qui se fait beaucoup plus facilement que dans les jus, et n'arrête pas la marche graduelle que doit suivre le cuir en passement.

Ce que nous venons d'expliquer ne doit s'appliquer qu'aux eaux qui ne permettent pas d'obtenir une trempe convenable, car nous recommandons au contraire une trempe soignée où le cuir doit être à l'aise et souvent remué, afin de le tremper le plus au large possible ; mais dans tous les cas, quelque facile que soit cette trempe, il ne faut jamais plus de quatre jours en temps ordinaire, et cinq ou six jours par les plus grands froids, mais alors l'arrosage devient inutile ; on n'a donc plus qu'à attendre le dépoilage à l'échauffe qui demande de quatre à six jours suivant la saison.

Quant aux cuirs salés étrangers, il suffit d'une trempe convenable, puis, de sortir les cuirs de la première eau afin de ne pas les laisser dans le sel, en prenant la précaution de les bien rincer pour les remettre dans une eau nouvelle, et suivre tout simplement la marche indiquée pour le cuir sec.

Voilà ce qui se pratique dans les pays où la tannerie jouit d'une réputation bien méritée.

ÉDOUARD GÉRARD.

## A propos des articles précédents concernant le Reverdissage des peaux étrangères sèches et salées.

Monsieur Charles Vincent,

Les divers systèmes de reverdissage des peaux sèches ou salées sèches, de provenances étrangères, sont présentés et développés avec beaucoup de clarté. Celui recommandé spécialement pour les vachettes Calcutta, Java, etc., est certainement celui qui donne les meilleurs résultats.

Mais je ne saurais approuver ceux indiqués pour les cuirs, bœufs ou vaches, provenant de l'Amérique du Sud, qu'ils soient secs ou salés secs ou même simplement salés, car ces derniers demandent aussi une certaine préparation avant leur mise en travail.

L'emploi des moyens mécaniques tels que foulons, tonneaux à chevilles, est blâmé et absolument condamné.

Evidemment, si le tanneur, sans aucune préparation, met son cuir sec sous un foulon, ce cuir sera assommé, sa fleur cassée et son reverdissage ne sera qu'apparent.

Si vous vous servez aussi d'un tonneau à chevilles, fermé, semblable à ceux qui sont employés dans la corroierie, votre tonneau n'aura pas été une demi-heure en mouvement que vous pourrez déjà reconnaître sur les cuirs qui y auraient été renfermés, un commencement de piqûres, et si vous les laissiez plus longtemps, ils se décomposeraient entièrement.

Tout ceci est parfaitement exact ; mais s'ensuit-il que ces moyens, très-économiques comme temps et main-d'œuvre, doivent être abandonnés ? Une longue expérience me permet d'affirmer le contraire, car il est très-facile de remédier aux très graves inconvénients signalés plus haut.

Pour le succès du travail, tel que je vais le décrire, je suppose que le tanneur a à sa disposition un tonneau à chevilles et un foulon.

On peut arriver au même résultat avec l'un ou l'autre de ces outils ; pourtant, je dois dire que le travail est plus lent, moins sûr et demande par conséquent beaucoup plus de précautions.

Le tonneau dont je me sers ne doit pas être fermé, mais présenter autant de vides que de pleins ; c'est-à-dire, avoir autant de trous qu'il y a de chevilles. Vous ménagez, dans l'axe de ce tonneau, le passage d'un tuyau de plomb ou de cuivre, dont l'extrémité, venant effleurer l'intérieur, est recouverte d'une large pomme d'arrosoir très-aplatie.

Ce tuyau est adapté à un bassin surélevé au moins de 5 à 6 mètres, de manière que la pesanteur soit assez forte pour donner à l'eau sortant de ce tuyau une très-grande force d'impulsion. Ce jet vient se briser contre la pomme d'arrosoir, qui le divise en filets si minces qu'il produit dans l'intérieur un véritable brouillard.

Votre tonneau ainsi disposé, vous le chargez de 3, 4 ou 5 cuirs, suivant la force dont vous disposez ; vous le mettez en marche, vous ouvrez le robinet dont vous avez armé le tuyau de prise d'eau.

Après une marche de trois quarts d'heure, vous pouvez arrêter votre tonneau, vos cuirs seront déjà assez assouplis pour vous permettre de les mettre en pile ; vous les laissez ainsi jusqu'au lendemain.

Vous recommencez la même opération deux autres fois en mettant le même intervalle.

Vous aurez, à de très-rares exceptions près, des cuirs parfaitement revenus ; c'est alors que je me sers du foulon.

Vous jetez vos cuirs dans votre foulon, que vous mettez en marche, et, peu de temps après, vous voyez vos cuirs se dépouiller de leur poil. Il suffit alors d'un simple décrassage pour rendre votre cuir tout à fait propre et susceptible d'entrer en basserie après son écharnage.

Je n'ai pas besoin de faire observer que tous les cuirs ne se comportent pas exactement de la même manière ; quoique subissant les mêmes opérations, ils n'arrivent pas tous ensemble au même point ; certains exigent que les mêmes opérations soient répétées plusieurs fois ; le fabricant, à mesure qu'il en rencontre, doit les mettre de côté et les réunir. Mais il devra les surveiller avec beaucoup d'attention; ces avaries sont à craindre, la fermentation s'établit plus vite dans les parties nerveuses que dans les autres non nerveuses. C'est un écueil, je le reconnais, mais il est encore beaucoup moindre que dans les autres procédés. Et le fabricant, quand il se sera bien rendu compte des résultats de ces différentes opérations, pourra toujours l'éviter en modifiant ces opérations selon la nature du cuir et les conditions de température dans lesquelles il se trouve. Ces observations peuvent s'appliquer à la fabrication du cuir en général ; le fabricant doit s'attacher à reconnaître la nature du cuir qu'il a à travailler et modifier sa fabrication. Sans cette attention constante, il arrive que le tanneur qui, pour certaines provenances, offre au commerce des produits irréprochables, pour certaines autres échoue complétement; c'est, il faut bien le dire, que le métier de tanneur, à l'encontre des idées acceptées autrefois, est bien difficile et demande une intelligence et des connaissances qui n'étaient pas alors reconnues nécessaires.

On ne saurait trop le répéter : si l'argent est la base indispensable pour celui qui veut faire de la tannerie, des connaissances spéciales sont au moins aussi nécessaires. Du reste, il suffit de considérer ce qui se passe dans cette industrie depuis trente ans, pour reconnaître la vérité de ces observations.

En effet, l'importance de quelques fabriques tend chaque

jour à augmenter, et cela au détriment des petites tanneries qui, au contraire, diminuent de nombre peu à peu et disparaîtraient sans doute, dans un temps plus ou moins rapproché, si leurs propriétaires s'enfermaient aveuglément dans les habitudes du passé. Ceux-là seuls résisteront qui s'efforceront de suivre le mouvement qui se manifeste énergiquement et qui tend de plus en plus à se rendre compte des phénomènes qui s'opèrent en tannerie, et à faire un emploi intelligent des moyens divers que la mécanique offre à notre industrie.

Alp. Landron.

# DES ÉCORCES

## I

### COUP D'ŒIL GÉNÉRAL SUR LA QUESTION DES ÉCORCES

La tannerie se préoccupe, de plus en plus, de la difficulté de se procurer des écorces à des prix raisonnables, et chacun de se demander d'où vient cette pénurie.

Ne suffirait-il pas de se reporter à une vingtaine d'années pour en trouver la cause ? A cette époque, et jusque vers 1855, il y avait toujours abondance ; aussi les prix restaient-ils toujours à peu près les mêmes ; s'il survenait une petite variation dans les cours, c'était une baisse, et les tanneurs ne s'en plaignaient jamais.

Dans certains pays, les prix étaient tellement descendus que les détenteurs des coupes y trouvaient à peine leur façon ; mais ils faisaient de l'écorce parce que, dans les pays boisés, chaque village avait son personnel dressé à ce genre de travail.

Mais qu'est-il arrivé ? Le déboisement avec toutes ses conséquences.

Une grande partie des forêts à défricher étaient divisées en dix-huit ou vingt lots destinés à être coupés tous les ans. Celles moins importantes formaient quatre ou cinq ans, ou, par cinquième, tous les quatre ans. Aussi, chaque année, était-on assuré d'avoir à peu près la même quantité d'écorces, qui de 1835 à 1855 se trouvait encore augmentée d'écorces plus jeunes provenant de défrichements.

Un pareil état de choses se prolongeant, amena nécessairement une baisse, ce qui fit qu'une grande partie des adjudicataires de coupes appartenant à l'État, et des maîtres de forges, ne voulurent plus écorcer.

Que se passe-t-il aujourd'hui ? La tannerie française, devenue de jour en jour plus importante, est privée de toutes les écorces que lui ont successivement enlevées les déboisements opérés de 1835 à 1855 ; encore ne se ressent-elle fortement que de ceux de 1835 à 1845, puisque ce qui a été défriché de 1845 à 1855 ne serait pas d'âge à être écorcé.

La pénurie, suivant toutes probabilités, pourrait donc encore aller croissant jusqu'en 1875, et quand même les détenteurs de toutes les coupes se décideraient à écorcer (ce qui est peu probable, car ils ne le feront qu'autant qu'ils y trouveront des avantages certains), les écorces resteront relativement chères.

En présence d'une telle situation, ne serait-il pas utile d'étudier les diverses économies qu'on pourrait apporter dans l'exploitation de cette denrée, dont les prix élevés inspirent plus que jamais de sérieuses réflexions ?

L'écorce, c'est du moins notre avis, doit être considérée non sous le rapport du volume, mais sous celui des propriétés tannantes qu'elle renferme ; propriétés trop souvent inconnues de ceux qui les exploitent.

C'est une de ces matières dont le rendement n'est pas assez apprécié, et dont le commerce prête à trop d'abus. N'est-il pas déplorable, en effet, de voir que le tan obtenu de l'écorce d'arbres abattus l'hiver, et dont le bois a servi à faire des échalas, des lattes de plâtriers, voire même des merrains et des douves, de l'écorce d'équarrissage en un mot, séjourne, en outre, de trois à quatre mois dans les coupes, quelquefois même un an, comme cela se pratique assez souvent. Quelle est donc la propriété de ce volume que l'on vend sous la dénomination de tan, et qui contient autant de bois que de mauvaise écorce, si ce n'est celle de ruiner le tanneur qui l'emploie. Voilà un premier fait signalé.

Arrivons maintenant aux écorces abandonnées par le tanneur dans les coupes, et dont le mauvais conditionnement fait le plus souvent l'objet d'un procès qui traîne toujours en longueur et qui, perdu ou gagné, ne rend pas à l'écorce la qualité qu'elle a perdue, puisque le tanneur ne lui reconnaît souvent pas même la valeur de la mouture ; cette écorce est alors offerte à certains marchands de tan, qui en font un volume, encore du tan, toujours du tan, et Dieu sait ce qu'il vaut.

En présence de ces explications, qui jusqu'à présent ne s'appliquent qu'aux écorces battues et moulues, nous laissons à la tannerie le soin de qualifier ce genre d'industrie.

Ces choses-là paraissent bien fortes à dire, et sont surtout pénibles à signaler ; mais la vérité n'est pas faite pour être cachée ; cependant, comme elle n'est pas toujours bonne à dire, nous nous arrêtons là, et nous allons examiner, sous un autre point de vue, les améliorations qu'il y aurait à apporter dans l'exploitation des écorces.

Dans bien des contrées on remarque que les écorces séjournent longtemps dans les coupes et sont ainsi exposées aux intempéries de la saison ; elles absorbent la rosée du matin, reçoivent la pluie de la journée, et, quelques heures après, supportent l'ardeur du soleil. Il faut que le tanneur se pénètre bien de cette idée que la récolte exposée longtemps à ces diverses actions de la pluie et de la chaleur, perd ainsi une grande partie de ses propriétés tannantes.

Aussi ferons-nous remarquer que mille bottes, rentrées dans de telles conditions, peuvent bien ne pas contenir plus de tannin que sept ou huit cents bottes rentrées avec intelligence et soin.

Voilà donc, à bien compter, une économie de 25 0/0,

soit un quart qu'il serait facile d'apporter en voulant bien s'en donner la peine ; nous en aurons bien d'autres encore à signaler dans notre revue, tant sur l'exploitation des coupes, que sur l'emmagasinage et surtout sur la mouture.

Car il ne suffit pas que le tanneur cherche à extraire tout le tannin que contient l'écorce au moment de l'employer, il faut qu'il cherche à recueillir celui qu'elle contient au moment de la séve, et c'est là surtout que beaucoup de personnes sont en désaccord ; quant à nous, notre conviction est qu'où il n'y a pas de séve, il n'y a pas de tannin. — Nous y reviendrons dans le prochain article.

A. L.

## CONSIDÉRATIONS GÉNÉRALES SUR LES ÉCORCES

L'article qui précède, publié le 15 janvier 1864, motiva les réflexions suivantes, auxquelles, le *châtaignier* aidant, le temps a donné raison, en ce qui concerne la pénurie d'écorces tant redoutée par notre collaborateur A. L., pénurie qui ne s'est point manifestée, fort heureusement.

Nous avons commencé, dans notre dernier numéro, un travail, continué dans le présent journal et que nous publierons tel qu'il nous sera communiqué, ayant pour règle invariable de laisser à toutes les opinions le droit de se manifester.

Deux choses nous ont frappé dans le premier article. La première, c'est la cherté *relative* annoncée comme devant durer jusqu'en 1875. Le raisonnement de notre correspondant paraît juste au premier abord, en effet, les défrichements ont eu pour résultat de priver la tannerie d'une quantité importante d'écorces, à cela notre réponse est simple et nous la croyons péremptoire. — La voici :

Si l'on a défriché beaucoup, ce qui naturellement fait un vide dans la production des écorces, en revanche les prix élevés des écorces décideront beaucoup de marchands de bois à écorcer là où ils n'écorçaient pas, et il y aura par ce fait une compensation sérieuse qui ne nous permet pas de croire à la pénurie annoncée par notre correspondant.

La seconde chose énoncée paraît très-utile et très-digne d'attention de la part de la tannerie. Elle touche au point le plus important de cette matière première.

Elle veut entourer l'écorçage d'économies sérieuses.

En effet, qu'achète le tanneur lorsqu'il passe un marché d'écorces? Est-ce le bois? Est-ce le tannin? Evidemment, c'est le tannin.

Donc, ce qu'il importe, aujourd'hui surtout que la valeur de l'écorce employée pour le tannage d'une peau se rapproche singulièrement du prix de cette peau, c'est tout naturellement que le rendement du tannin contenu dans l'écorce soit préparé de façon à ne point amener de déception.

Dans l'écorce, on peut le dire hardiment, ce n'est pas la quantité qui importe le plus, c'est la qualité. Car si, sous un petit volume, on peut obtenir une grande quantité de tannin, on trouvera les économies suivantes :

Economie de main-d'œuvre ;

Economie de transport ;

Economie de loyer ;

Economie de force motrice pour la mouture.

Il n'y a donc rien de plus important à étudier que cette question de la sauvegarde et de la déperdition du tannin contenu dans l'écorce.

C'est pourquoi nous recommandons tout particulièrement l'étude des articles que nous publions sous ce titre générique: *Des Ecorces*.

Il va sans dire que nous donnerons place à toutes les observations que pourront suggérer les réflexions publiées par *la Halle aux Cuirs,* car si cet adage : *Du choc des idées naît la lumière !* est vieux, il n'en est pas moins rationnel.

Autrefois, les bénéfices de la tannerie étaient larges, le fabricant de cuirs trouvait de grandes facilités à se procurer des écorces à sa portée et à bon marché. L'écorce, alors, n'entrait dans les frais de fabrication que pour une partie assez peu importante ; il était donc dans les habitudes de la tannerie de traiter avec assez d'indifférence ce produit abondant et peu coûteux.

La tannerie était jadis, en grande partie, entre les mains d'un grand nombre de propriétaires-cultivateurs, s'occupant un peu plus sérieusement, si l'on peut s'exprimer ainsi, des autres travaux que de celui de la production du cuir. Depuis déjà un assez grand nombre d'années, la tannerie a pris un développement remarquable et elle est devenue une des branches les plus importantes de notre industrie nationale.

Les marchés étrangers appelèrent à eux non-seulement notre corroierie qui s'était fait remarquer par son élégance, sa beauté et surtout sa solidité, mais encore la chaussure française qui fut bientôt adoptée dans tous les grands centres du monde, et il fallut bien, pour ces fournitures colossales, de nombreuses fabriques de cuirs. Peu à peu, les tanneries de province prirent un développement considérable, et, comme il arrive toujours, quand une industrie donne des bénéfices sérieux, la concurrence grandit et de vastes fabriques de cuirs se montèrent sur plusieurs points de la France. Alors les bénéfices se restreignirent, et ces grands établissements amenèrent peu à peu une lutte dans les achats et firent hausser les matières premières ; de plus il advint ceci : c'est que les grandes maisons, dans leurs luttes, amoindrirent peu à peu les bénéfices de la tannerie. Les petites fabriques durent suivre ce mouvement sous peine de ne point vendre, et voilà comment il se fait aujourd'hui que les tanneries, grandes et petites, ne peuvent plus traiter aussi légèrement la question des matières premières, et pourquoi les économies concernant l'écorce ne sauraient laisser indifférent le plus petit tanneur comme le plus grand.

C'est pourquoi, enfin, il nous paraît très-important de signaler ces économies à nos lecteurs.

CHARLES VINCENT.

# DES ÉCORCES

## II

### DE L'AGE DES COUPES. — DE LA SÈVE

La séve a deux époques bien distinctes :

La première, au commencement du printemps, la deuxième, vers le mois d'août.

La première est la plus abondante; aussi en profite-t-on pour écorcer, surtout en France où l'exploitation des forêts est soumise à des règlements qui déterminent l'époque fixe où doit être débarrassée la coupe.

Dans d'autres pays, il y a des coupes destinées exclusivement aux charbonnages ; là, on écorce à la seconde séve. Les écorces de cette provenance ont une qualité bien supérieure, d'abord parce que ces bois ne contiennent que du taillis, et que la pousse n'a pas été obstruée par la haute futaie, qui, tout en absorbant une partie de la séve, gêne par son ombrage la poussée du taillis : aussi ces écorces sont-elles récoltées avec le plus grand soin pour être destinées à la tannerie du cuir fort.

Avant d'aller plus loin, établissons des données certaines.

Portons les coupes à vingt ans (moyenne en France) et divisons-les en cinq catégories : la souille, le taillis, le baliveau, les modernes, les anciens ; ces deux dernières sont particulièrement désignées sous le nom de *haute futaie*.

La souille n'a pas d'âge ; elle naît, elle meurt, mais elle est un agent destructeur de la séve.

Le taillis est coupé à l'âge de vingt ans, à l'exception de quelques beaux pieds qu'on laisse devenir baliveaux vingt ans après.

Le baliveau a donc quarante ans à la coupe suivante; c'est ce que nous appelons *deux âges* ou *double âge*.

Les modernes ont soixante et quatre-vingts ans, soit trois ou quatre âges, et font partie de la haute futaie avec les anciens qui ont souvent plus de deux siècles.

Ainsi donc ces centenaires, ces octogénaires sont sortis des mêmes racines que le taillis et la souille, et tous se disputent leur part de séve au renouvellement de chaque saison.

La première séve profite plus particulièrement au développement de la feuille, la seconde, au contraire, profite presque exclusivement à celui de l'arbre, soit du bois et de l'écorce.

Le taillis a donc reçu pendant vingt ans la séve d'automne et celle du printemps; il convient d'exploiter au moment de la séve et avant la pousse des feuilles. En effet, prenons un morceau d'écorce avant la séve, et comparons-le avec un morceau d'écorce du même arbre pendant la séve, et nous verrons que le volume de celui-ci est d'un quart plus considérable que le volume de l'autre.

Il ne faut donc pas perdre de vue que la séve recueillie au moment de l'écorçage donne à elle seule autant de tannin à l'écorce que la première séve pendant les dix-neuf années précédentes, car celles-ci ont fait de l'écorce, et la vingtième, prise à temps, doit à elle seule donner à l'écorce toute sa nourriture : nous la prenons au détriment des feuilles que nous ne laissons pas pousser.

Sur ce point, nous ne sommes peut-être pas d'accord avec beaucoup de tanneurs qui prétendent que la feuillaison ne détruit en rien la propriété de l'écorce. A notre avis, c'est une grande erreur.

Car la séve qui s'échappe dans les feuilles est complétement perdue, et cette séve n'est autre chose que du tannin qu'on doit conserver en écorçant quelques jours plus tôt.

Même après l'écorçage, cette séve se volatilise facilement au contact de l'air; aussi y a-t-il quelques précautions à prendre. Nous allons les indiquer.

# DES ÉCORCES

## III

### DE L'AGENCEMENT DES COUPES

Parlons d'abord de l'agencement des coupes.

Il est bon de profiter des gelées pour saigner la partie destinée à être exploitée. Voici comment nous entendons pratiquer ces saignées; relever soigneusement les fossés et établir à l'aide de la charrue ou de la bêche des rigoles dans différents sens pour faciliter l'écoulement des eaux, afin de pouvoir profiter des premiers jours de mars pour nettoyer et aérer la coupe.

Aérer la coupe est, à notre avis, une des opérations de laquelle dépend beaucoup le développement de la séve; car c'est débarrasser le taillis de cet agent destructeur que nous appelons la souille; c'est chez elle que la séve pénètre d'abord, et en effet, cela doit facilement se comprendre, car cette souille, qui est issue des mêmes racines que tous les arbres qui composent la coupe, est généralement en pleine séve quand on commence les travaux de l'écorçage.

Cette séve ne se produit qu'au détriment du taillis, voilà donc du tannin qui ne profite à personne.

Maintenant couper cette souille au moment de la végétation, n'est-ce pas contrarier la séve dans sa naissance et par cela même entraver son développement de façon à rendre encore l'écorçage plus laborieux?

N'est-ce point assez déjà que d'avoir à nous mettre en garde contre les mauvais temps qui viennent provoquer des répercussions de séve au point d'arrêter d'un seul coup tout le travail de l'écorçage ?

Après s'être débarrassé de la souille qui servira plus tard, pourquoi donc ne pas abattre aussi les arbres de haute futaie avant la végétation, de façon à donner de l'air au taillis et ensuite à empêcher que ces arbres, qui absorbent une grande partie de la séve, ne viennent à bourgeonner avant l'abattage? N'est-il pas préférable de laisser profiter le taillis et le baliveau de toute la richesse de la séve ?

Car, dans un bois, chaque racine n'a qu'un arbre à nourrir, toutes ces racines sont restées les mêmes, nourricières en même temps des taillis, baliveaux, modernes et anciens ; elles alimentent de séve depuis des siècles toutes ces générations d'arbres, et quand l'un d'eux est coupé, la séve qui lui était destinée se répartit entre ceux qui restent debout et vient faciliter pour autant l'écorçage.

Ce travail fait à temps et malheureusement trop souvent oublié, a le double avantage de procurer des fagots, et menus fagots provenant de la souille, que nous destinons aux besoins du travail, et surtout à l'organisation des séchoirs pendant la récolte de l'écorce; car, quelles que soient les précautions prises pour assainir le terrain, il est toujours humide; il convient donc de disposer ces fagots de façon à faciliter la sèche prompte et vive de l'écorce, et d'empêcher que la patte (ou le gros bout) ne soit perdue par la trop grande humidité ou qu'elle ne soit, comme cela arrive le plus souvent, cassée pour rester enfoncée en terre ; et il ne faut pas perdre de vue que cette partie de l'écorce est la plus riche en tannin.

Tout ce travail profite à l'entrepreneur de la coupe, puisque d'un côté toute la besogne peut marcher de front, et que, de l'autre, l'écorce vient ajouter considérablement au rendement de la coupe, ce qui parfait le plus souvent son premier versement, et permet d'entretenir un personnel dans le bois, de façon à attaquer carrément le travail de l'écorçage aussitôt que la végétation le permet.

Ce travail, dont beaucoup de personnes s'exagèrent la difficulté, est plus simple qu'on ne se le figure généralement et il ne dépend le plus souvent que d'une bonne administration pour arriver à bien et à temps.

Le personnel est facile à composer, car il est pris dans les deux sexes et dans tous les âges, depuis l'enfant de onze ans jusqu'au vieillard. Ainsi deux hommes peuvent occuper avec eux dix femmes ou enfants; filles ou garçons, et ces enfants ont encore bien plus d'aptitude que des hommes faits à ce genre de travail qui, du reste, est peu fatigant.

C'est généralement du 25 avril au 5 mai que part la séve, elle est toujours provoquée par une température douce d'une durée d'au moins huit jours; ses effets ne se font pas sentir d'une façon régulière dans une coupe dont le terrain se trouve le plus souvent accidenté.

Il convient donc de commencer son travail du côté le mieux exposé, en divisant la coupe en chantiers, afin d'éviter l'encombrement de travailleurs sur le même point.

Chaque chantier doit être composé d'au moins **quatre bûcherons**, qui s'aident dans bien des circonstances où il est nécessaire d'employer beaucoup de forces.

Ces quatre hommes, occupés exclusivement à couper du bois, peuvent utiliser vingt femmes et enfants; les plus forts à écorcer, les plus faibles à amasser l'écorce et à soigner la sèche.

En multipliant les chantiers suivant l'importance de la coupe, on arrivera facilement à être maître de la besogne.

Du reste, que cherchons-nous ? Nous voulons avant tout écorcer la première séve et, sans nous occuper d'autres travaux, nous voulons tout abattre avant l'éclosion des feuilles.

Voilà bien des femmes et bien des enfants, nous dira-t-on, où prendrez-vous tout ce monde-là ?

Dans les villages les plus voisins et au moyen d'une journée en rapport avec les services qu'ils sont appelés à vous rendre, vous serez assuré de retrouver le même personnel tous les ans, à la même époque; et au moyen d'une prime par chantier pour celui des enfants qui se sera montré le plus soigneux dans son ouvrage. Cette prime, ne fût-elle que de cinq francs pour la durée du travail, sera suffisante ; et vous serez tout étonné du résultat obtenu dans un aussi bref délai.

Par cette organisation, tout marche de front, l'abattage, l'écorçage, sans rien perdre; et le point essentiel, la sèche, car l'écorce placée debout sur les menus fagots et appuyée soit à des perches destinées à cet usage, soit aux arbres de haute futaie et à leur branchage, trouve là infailliblement une sèche aussi prompte qu'avantageuse pour les propriétés qu'elle contient et qu'il est urgent de conserver.

Dans une coupe bien agencée, on rencontre toujours les éléments nécessaires pour servir de séchoir à l'écorce.

L'abattage terminé, les quatre hommes peuvent immédiatement, si le temps le permet, se livrer au bottelage de l'écorce qui aura été faite la première, pour ainsi continuer sans interruption ; et là, comme pendant l'écorçage, il y a de quoi occuper tous ces petits travailleurs selon leurs forces, les plus faibles à ramasser les ételles (ou éclats), pendant que les plus forts posent et ajustent l'écorce sur les chevalets.

Nous ne reconnaissons, sous aucun prétexte, la nécessité de laisser l'écorce séjourner plus longtemps dans la coupe; elle est suffisamment sèche puisqu'elle est cassante et, si huit ou dix jours après elle reprend de la souplesse, il ne faut pas en conclure qu'elle n'est pas sèche : elle jette son feu, et comme toutes les denrées possibles elle est en fermentation, et c'est dans ce moment surtout qu'il faut bien se garder de la contrarier.

Laissez donc cette fermentation se produire, car c'est en ce moment que la séve se constitue en tannin. Ceci est tellement raisonné par un de nos praticiens dont le nom fait autorité dans la tannerie française, M. Sterlingue, qu'il n'a pas craint de faire la dépense d'un matériel considérable qu'il fait transporter dans les coupes pour hacher ses écorces et les rentrer avant cette fermentation; il est bien évident qu'en agissant ainsi, ce savant industriel a voulu dans un bref délai soustraire ses écorces à l'action de l'air.

A. L.

# DES ÉCORCES

### DE L'INFLUENCE DE LA SÉVE SUR LE TANNIN

A la suite des articles de notre collaborateur A. L., nous avons reçu de M. Baudin, tanneur à Brou, les articles suivants, que nous avons nous-même fait suivre de quelques lignes reproduites également plus loin.

Monsieur Charles Vincent,

J'ai lu attentivement les deux articles publiés dans la *Halle aux Cuirs*, ayant trait aux écorces ; le deuxième, surtout, me paraît important.

Quel rôle la nature a-t-elle assigné à la séve, dans la production du tannin ? s'est demandé notre correspondant, et son deuxième article contient tout ou partie de sa réponse.

C'est là, en effet, un problème difficile, périlleux et dont la solution peut donner lieu à bien des discussions où les idées se choquent sans faire jaillir la lumière, contrairement à cet adage si ancien !

Loin de moi la prétention d'y répondre plus savamment qu'un autre ; j'apporte au trésor commun un résultat obtenu et c'est tout.

Je me demande pourtant de quelle utilité peuvent être des idées émises, des opinions avancées, lorsqu'il s'agit de prouver si la séve est utile ou non à la production du tannin ? L'observation la plus attentive sur les phénomènes de la végétation laissera toujours les tanneurs en discussion ; le printemps verra monter la séve, apportant avec elle son tribut ordinaire de nourriture ; l'arbre se couvrira de feuilles et les tanneurs groupés sous son ombrage s'en iront... comme devant.

Un seul moyen doit donc nous venir en aide, lorsqu'il s'agit du secret des combinaisons, et ce moyen... c'est la *chimie*. Elle seule éclairera la tannerie, et de la multiplicité des expériences, découleront des données nouvelles et aussi une nouvelle manière d'envisager les choses.

Ne discutez pas en matière chimique ! analysez ou faites analyser, et le résultat terminera toute discussion.

C'est ainsi que, cet hiver, je voulus me rendre un compte exact de la valeur comparative des écorces prises *en sève* et de celles enlevées en ce moment sur l'arbre.

Je me faisais ces réflexions :

La sève n'agit-elle point simplement (son rôle principal mis de côté) comme moyen mécanique facilitant l'écorçage, par l'imbibition des tissus adhérant au bois, sans y provoquer la formation du tannin ? et dans l'affirmative : pelages printaniers ou d'hiver doivent être également bons ; puisque, dans un cas, il y a présence de la sève qui ne contient pas de tannin (1), et que dans l'autre elle n'y est pas. D'ailleurs, en admettant que la sève provoque la formation du tannin, elle ne doit pas empêcher sa présence l'hiver suivant. Donc, en écorçant l'hiver, je perdrai un vingtième, et c'est du bois de vingt ans ; mais aussi j'aurai trouvé un moyen de ravir aux propriétaires, entêtés ou empêchés, une grande quantité d'écorce.

C'est à la suite de ces réflexions que je résolus de procéder par expérimentation chimique.

Vous allez sans doute, monsieur le rédacteur, jeter les hauts cris, dire que tous les tanneurs ne peuvent pas faire des expériences, que c'est du domaine de la chimie... etc. C'est faire de la chimie sans le savoir, monsieur, car votre

---

(1) Résultant des analyses de M. Biot (partie botanique).

serviteur n'est pas plus chimiste que ses confrères, ou, pour mieux dire, il l'est autant qu'eux ; puisque le tannage est une opération chimique.

Voici donc comment je manipulai :

Dans deux terrines d'égale grandeur, je mis un même volume d'eau (suffisant pour submerger l'écorce), et dans chacun d'eux 100 grammes de l'écorce à analyser.

D'un autre côté, je pesai exactement deux morceaux de peau en tripes (vache ou veau) de chacun 100 grammes, les plaçant un instant entre deux buvards pour éliminer l'excès d'eau et les plongeant ensuite dans chaque terrine, je laissai la combinaison s'opérer pendant huit ou dix jours.

Au bout de ce temps, je les ai retirés et pesés à nouveau, ayant soin de faire agir les buvards de la même manière que la première fois.

Il est clair que l'excès de poids trouvé pour chaque morceau de peau est bien le tannin contenu dans l'écorce de chaque terrine.

Cet essai sur les tannins réussit infailliblement, mais en ayant soin de couvrir hermétiquement les terrines renfermant les trois substances : *eau, tan* et *gélatine.*

Cette précaution est indispensable, et son application en grand d'un intérêt capital.

Je vais essayer d'en développer ici les raisons :

En laissant une solution de tannin non couverte, l'oxygène de l'air agit sur le liquide, et transforme peu à peu l'*acide tannique* qui tanne, en *acide gallique* qui ne tanne pas.

Il faut donc éviter, autant que possible, le contact de l'air dans l'opération du tannage, comme dans cet essai, car il détruit, sans profit, ce qui doit être utilisé.

Ce que j'avance est tellement vrai, qu'en versant dans une cuve du jus préparé avec soin, on peut, en l'agitant, détruire ses propriétés tannantes au bout de quelque temps.

Que sera devenu le tannin de cette cuve, puisque le

tannage ne l'a pas utilisé ? L'air seul a donc aidé au développement de certains ferments, et produit un nouveau composé qui nécessite une dépense plus grande de fabrication.

On ne saurait donc apporter trop de soins dans les manipulations des jus, et celui qui dépensera le moins de poudre sera certainement le tanneur qui manipulera le moins, et qui, par cela même, préservera ses jus du contact de l'air qui est si pernicieux.

Je ne prétends pas, pour cela, protester contre le lavage des tannées, parce qu'elles nécessitent un mouvement de jus. Ces épuisements peuvent se pratiquer dans de bonnes conditions en plaçant les bassins récepteurs avec soin et opérant l'envoi des jus en tuyaux parfaitement clos et non dans des auges, comme on le voit si souvent.

Une autre cause de déperdition, non moins digne d'intérêt, et sur laquelle j'appelle l'attention des hommes sérieux, est l'examen de l'eau qui doit servir aux travaux des cuves et fosses.

L'acide tannique est, comme tous les acides, susceptible d'attaquer les bases, pour former des sels.

Quelle est la base que nous rencontrons le plus souvent dans nos eaux de fontaines ou de puits ? N'est-ce pas la chaux ? Or, chaque fois qu'il y a présence de la chaux dans l'eau, il y a perte; car les tannins l'attaquent aux dépens du cuir.

Voici comment M. Payen s'exprime en parlant d'un appareil :

... « Il conserverait au tannin des écorces ses propriétés, que l'action de l'air ou les eaux calcaires ou séléniteuses leur font perdre en partie dans les procédés usuels. » (*Chimie industrielle*, tome II.)

Il est facile de s'en convaincre en versant dans une fiole du lait de chaux et du jus ; on aura immédiatement un précipité de tannate de chaux; il est évident alors que si, dans le même vase, j'avais mis aussi de la peau, elle n'aurait profité en aucune manière du tannin, et que la chaux seule l'aurait absorbé.

C'est ce qui se passe en grand dans nos opérations manufacturières, et c'est aussi la cause d'une fabrication longue et coûteuse chez les uns, facile et peu dispendieuse en d'autres pays.

A ce sujet, un tanneur me disait l'autre jour :

« Je suis établi dans de mauvaises conditions ; je travaille de rivière chez moi, mais ma tannerie est à 12 kilomètres d'ici, et cette division de mon établissement est nécessaire; car, en tannant ici, je suis loin d'obtenir, avec la même quantité de tan, le même rapport que là-bas. »

Voilà donc, à n'en pas douter, un tanneur victime des eaux calcaires ou séléniteuses et à qui ses observations ont démontré l'urgence d'un éloignement. Mais combien de tanneurs en sont aussi victimes sans s'en douter, et paient ainsi, chaque année, un lourd tribut aux affinités chimiques !

Ces observations semblent me démontrer ceci : que deux tanneurs, placés à une certaine distance, travaillant de la même manière, dont les achats sont faits aux mêmes conditions, peuvent obtenir un prix de revient bien différent ; en un mot, l'un peut gagner, lorsque l'autre aura son bénéfice absorbé par l'impureté de ses eaux.

Qu'adviendrait-il donc si la même fabrique ajoutait encore à cette perte celle produite par le contact de l'air ? Fosses à jus mal disposées, bassins découverts, tuyaux à air libre, et tout ce barbotage qui fait, de la plupart de nos fabriques, de véritables brasseries.

Je laisse aux routiniers la liberté d'en rire, aux hommes sérieux et dévoués le soin d'y réfléchir, et je reviens à mon sujet.

L'emploi de l'eau pure et l'absence de l'air m'assurent donc le succès de l'expérience; en voici le résultat :

100 grammes de peau dans l'écorce verte donnent : 106 grammes, ou 6 0/0,—100 grammes de peau dans l'écorce de taillis 115, ou 15 0/0.

Mais comme, dans un cas, j'ai opéré sur l'écorce verte et sachant qu'elle perd 36 0/0 à la dessiccation, je rétablis la balance en ajoutant 2,16 aux chiffres de l'opération précédente.

J'aurai, alors, pour résultat définitif :
100 gr., écorces d'hiver,   8 gr. 16 pour 0/0.
100 gr.    »    de taillis,  15 gr.   pour 0/0.

Ainsi, l'écorce qui, au moment de peler, contenait 10 0/0 de tannin, n'en contient plus que 8 l'hiver suivant. Cet écart entre 15 et 8 0/0 prouve donc clairement que la séve est indispensable à la formation du tannin, et démontre aussi qu'en son absence il existe encore. La différence sert donc probablement à nourrir le végétal.

Combien donc sont à plaindre ceux qui achètent pour leur fabrication les tans du commerce dans lesquels on ne craint pas d'ajouter l'écorce de vieux chênes, enlevée en magasin à l'aide d'une lourde cognée !

Si le taillis d'hiver est pauvre, que seront des centenaires dans la même saison ! On peut dire alors que la richesse est en raison inverse du volume.

C'est cependant avec ces moyens frauduleux que le commerce des tans vient lutter aux achats avec la tannerie, et lui offrir sur place la solution de ce problème industriel :

Faire fortune en achetant cher et en vendant à bon marché.

BAUDIN fils,
*Tanneur, à Brou.*

## RÉFLEXIONS SUR LA LETTRE BAUDIN

L'article qui précède contient une étude sur la qualité des eaux. En cela, nous ne nions ni n'affirmons point la vérité de son dire ; il nous paraît même donner de bonnes raisons qui méritent d'être prises au sérieux par les fabricants de cuirs.

Pour les écorces, malgré l'opinion émise par l'illustre savant, M. Biot, nous constatons que, des expériences mêmes de M. Baudin, il résulterait, comme le pense notre collaborateur A. L., que la séve contient du tannin.

M. Biot peut cependant avoir eu raison, et nous sommes tenté de croire que ce savant illustre ne s'est pas prononcé à la légère lorsqu'il a dit : La séve ne contient pas de tannin. Mais autre chose est de contenir en soi le tannin ou d'en provoquer la formation par sa présence dans les tissus de l'écorce. Ainsi, la gélatine de la peau n'est pas du cuir ; mais, combinée avec le tannin, elle produit le cuir.

Toujours est-il que M. Baudin reconnaît que l'écorce de taillis ( et il désigne évidemment ainsi l'écorce obtenue pendant la séve), contient 15 $^o/_o$ de tannin, alors que la même quantité d'écorce, qu'il désigne sous le nom d'écorce d'hiver, n'en contient que 8 $^o/_o$.

N'est-ce pas pour cela que M. Baudin s'écrie avec raison : les écorces qui résultent des divers travaux opérés par les professions qui emploient généralement les gros chênes, écorces revendues aux marchands de tan et moulues par eux, avec l'écorce de taillis, donnent une perte considérable.

Notre collaborateur A. L. a donc eu raison de s'efforcer de rechercher les meilleurs moyens d'arriver à l'écorçage du taillis et du baliveau, juste au moment où la séve est en pleine activité, et d'indiquer aux marchands de bois et aux acheteurs d'écorces sur pied, non-seulement les moyens de laisser à l'écorce la plus grande partie de séve possible, mais encore de ne point la laisser courir inutilement dans la souille et dans la haute futaie, destinée à être abattue.

Donc, le but auquel tendent nos articles sur les écorces est complexe :

1° Ne pas laisser la séve nourrir les parasites qui entourent l'arbre ;

2° Ne pas la laisser non plus profiter aux chênes de haute futaie, qui sont abattus habituellement après l'écorçage, alors qu'ils devraient l'être avant ;

3° Et fournir aux tanneurs les meilleurs moyens d'emmagasinage pour éviter, soit par l'action parfois dangereuse de l'air, de la pluie et du soleil, la déperdition du tannin.

CHARLES VINCENT

## DE L'EMMAGASINAGE DES ÉCORCES

Dans quelques contrées, heureusement de plus en plus rares, on ne se pénètre pas assez du soin à apporter dans l'emmagasinage.

C'est pourquoi nous devons, sans craindre de nous répéter, donner ici quelques conseils qui ont jadis rendu des services à plus d'un de nos lecteurs.

Les cours, toujours élevés de cette matière première, rendent nos renseignements plus utiles encore.

« Quelques tanneurs regardent la manière de rentrer les écorces comme une question bien secondaire. Aussi voit-on l'écorce empilée, et simplement abritée le plus souvent d'un toit de tuiles creuses, de chaumes ou de planches, laissant les quatre faces exposées aux intempéries, et passant ainsi la saison des brouillards et des pluies. Si les tanneurs, qui sont dans le cas que nous venons de citer, voulaient bien se donner la peine de comparer les extrémités exposées à la pluie et aux brouillards avec le centre de la pile, ils remarqueraient une différence de blancheur : nous parlons de cette blancheur qui dénote une qualité bien conservée; ils y rencontreraient en même temps un parfum qu'ils ne peuvent retrouver dans les autres parties en raison de ce qu'elles ont dû souffrir par l'air, la pluie et le brouillard.

» Nous avons vu aussi, et cela trop souvent, dans les campagnes et surtout chez les cultivateurs qui veulent es garder, par spéculation, des écorces rentrées dans les greniers donnant au-dessus des étables. Elles absorbent alors, une partie de l'année, la vapeur du bétail, surtout celle de la race bovine, qui détruit complétement, et en très-peu de temps, les propriétés de l'écorce. Aussi ces spéculateurs ont-ils bien le soin de faire battre, pour vendre leur tan, aux époques où les approvisionnements de certains tanneurs sont épuisés.

» Si, dans bien des contrées, nous avons remarqué tant d'indifférence à l'endroit de la conservation des écorces, nous avons été à même, dans bien d'autres localités, d'apprécier le grand cas que l'on faisait de cette besogne, par les soins minutieux que l'on apporte dans la manière d'emmagasiner; et, comme nous le disions des tanneries de cuirs forts, nous remarquons généralement que les tanneries qui fournissent les produits les plus réputés sont celles où cette opération se fait le plus scrupuleusement.

» Nous connaissons des tanneurs qui vont jusqu'à hacher les écorces, à la réception, pour les enfermer hermétiquement dans des magasins bien disposés, afin qu'elles se conservent, jusqu'au moment de la mouture, dans l'état de fraîcheur où elles étaient au moment de la rentrée ; ce qui prouve une fois de plus la portée de nos observations : car il est bien évident qu'en agissant ainsi, les tanneurs ont parfaitement étudié cette matière, qui est la base fondamentale de la tannerie.

» Nous devons ajouter aussi que, tout en applaudissant à cette mesure de précaution (qui ne nous paraît pas fort dispendieuse), nous reconnaissons qu'elle serait impraticable dans quelques pays, soit en raison de l'emplacement, soit aussi en raison du manque de bras et même de hachoirs.

» Il nous semble que la manière la plus convenable, la plus économique, serait d'avoir des magasins au rez-de-chaussée, bien fermés, en ayant la précaution d'éviter l'humidité du sol en le recouvrant, soit de fagots, de perches ou de planches ; ou, à l'étage, quand on peut se procurer des greniers, en ayant le soin d'éviter le contact de la tuile. L'écorce, ainsi rentrée, peut facilement se conserver deux années, sans que sa qualité puisse le moins du monde en souffrir.

» Pour terminer, nous dirons qu'il dépend du plus ou moins de soins apportés à l'emmagasinage pour faire varier de 20 à 25 % au moins la qualité des écorces. »

## RÉSUMÉ

Dans un livre comme celui-ci, il vaut mieux se répéter que manquer de clarté.

On peut donc, à propos de cette question capitale de l'écorce et de sa rentrée, se résumer ainsi :

L'écorce, une fois enlevée des baliveaux, doit être placée sur des supports faits de bois et de branchages qui isolent l'écorce de l'humidité de la terre, c'est-à-dire du sol, d'environ 30 à 40 centimètres.

Les écorces doivent être posées sur ces supports, en hauteur, mais inclinées, et cette inclinaison doit être autant que possible présentée au midi, puisqu'il s'agit de les sécher. Pour que cette sèche soit activée le plus possible, il faut que l'air et le soleil y pénètrent facilement et il ne faut pas que les écorces soient placées en tas trop épais.

Aussitôt que les écorces sont séchées, il faut les lier et les enlever promptement. L'usage des bâches tend à se multiplier, et cette précaution est excellente, car le tannin coûte beaucoup plus cher qu'on ne le croit généralement : il faut de grandes quantités d'écorces pour produire une petite quantité de tannin.

Il faut rentrer alors les écorces sèches dans un bâtiment clos, et, lorsque la sécheresse en est assurée, les hacher en écorçons ; de cette façon, on entassera sous un volume beaucoup moins gros une plus grande quantité d'écorces.

M. Sterlingue a fait une expérience sur 50,000 kil. d'écorces provenant des mêmes coupes. Moitié a été rentrée sous hangar et moitié sous bâtiment clos. Au bout d'un an, les écorces ont été analysées. Les écorces hachées avaient perdu de 2 à 3 % de tannin, les autres, de 16 à 20 %.

On a constaté que, suivant les intempéries des saisons, l'écorce exposée à l'action de l'air pouvait perdre jusqu'à 25 % de sa puissance tannante. Rien n'est donc plus sérieux que cette question de bon emmagasinement des écorces.

Pour rentrer des écorces en bottes ou hachées, il ne faut pas se contenter de les placer dans une grange fermée, il faut encore que le sol ne soit pas un sol nu et terreux. On paralyse l'humidité naturelle du sol en ayant le soin de le recouvrir de 12 à 15 centimètres de tannée usée et séchée.

Nous sommes revenu sur l'emmagasinage des écorces, malgré les excellents travaux qui précèdent, parce que nous avons la certitude que c'est là une question capitale pour l'industrie des cuirs, et nous espérons que nos lecteurs nous pardonneront cette répétition que quelques lecteurs trouveront peut-être surabondante, sinon inutile.

CHARLES VINCENT

# DE LA GAROUILLE

### SA FABRICATION ET LE COMMERCE DONT ELLE EST L'OBJET

La fabrication de la garouille est ainsi nommée, parce que l'on se sert, pour le tannage des cuirs, de l'écorce extraite de la racine d'un chêne nain, qui porte, dans nos contrées, le nom de garouille.

Ce chêne nain, autrefois très-abondant dans le sud-est du département de l'Aude, dans les Pyrénées-Orientales et dans la plaine de la *Crau* (Bouches-du-Rhône), est presque entièrement disparu de ces contrées, soit par suite des défrichements, soit par la dent meurtrière des bêtes ovines, soit trop souvent aussi par suite de coupables dévastateurs. Il a fallu se pourvoir ailleurs, et les fabricants du Midi de la France ont encouragé son exploitation en Afrique. Or, ce chêne, nommé kermès, se trouve en grande abondance dans les terrains qui environnent Oran, Mostaganem et d'autres parties de l'Afrique française.

Ces écorces, provenant de terres vierges, chauffées par un soleil ardent, ont une vigueur extraordinaire, double au moins de celle des écorces de branches, et communiquent aux cuirs une fermeté remarquable et une bonté que ne surpasse pas même le cuir à la jusée; elles lui donnent aussi une couleur acajou, qui est préférée à la couleur noirâtre qu'avaient les cuirs tannés à la garouille de nos contrées. La moyenne de leur prix est 14 et 15 fr. les 100 kil. rendus à Cette, Lanouvelle ou Port-Vendres. L'an passé, à pareille époque, elles coûtaient 17 à 18 fr. les 100 kil. Cette année (1867), elles ne coûtent que 12 à 13 fr. les 100 kil.; l'invasion de sauterelles ayant laissé les bras inoccupés, on s'est livré, plus que jamais, à l'exploitation des écorces.

La fabrication du cuir de garouille rend de grands services à la population agricole d'une douzaine de départements du Midi de la France, très-montueux, très-rocailleux, dans lesquels une chaussure excellente, et d'un prix relativement peu élevé, est indispensable. Le cuir de garouille, tout aussi ferme, tout aussi imperméable que le cuir à la jusée, est un peu moins lourd et se vend habituellement, en état parfait de sèche, 60 à 70 cent. de moins par kilog. Le grand marché de Beaucaire met tous les ans en communication les producteurs et les consommateurs; sa nature forcée et son odeur un peu forte l'ont fait bannir des approvisionnements de l'armée. Il est vrai de dire que les fabricants peu ambitieux, satisfaits de leur situation et écoulant rapidement leurs produits dans de raisonnables limites, n'ont pas senti la nécessité de faire appel à la justice des divers gouvernements qui se sont succédé en France depuis la première Révolution. Sous le premier Empire, et surtout avant lui, alors que le cuir étant fort rare, les maîtres cordonniers des régiments se pourvoyaient comme ils l'entendaient, de même lors de la guerre de Crimée, et l'administration fermait les yeux, les choses n'en allaient pas plus mal.

La fabrication du cuir à la garouille occupe dans plusieurs villes du Midi, telles que Perpignan, Narbonne, Béziers, Pézenas, Nîmes, Castelnaudary, Toulouse, Graulhet, Tarn, etc , environ 800 ouvriers. Le prix de la journée varie de 2 fr. 50 à 3 fr. suivant les localités. Les fabriques sont généralement grandes, bien aérées, les ouvriers sont vigoureux, bien portants, et restent dans les mêmes fabriques jusqu'à un âge fort avancé. Le chômage est inconnu. La classe ouvrière, paternellement traitée, n'a que deux fois, depuis le commencement du siècle, songé à former une coalition pour augmentation du prix de la journée, coalition dissoute aussi vite que formée par la condescendance des patrons.

Le mode du tannage des cuirs de garouille n'a rien de particulier, les cuirs, après être passés à la chaux, et après avoir été ébourrés, subissent quatre façons après écharnage, et sont ensuite mis en cuve avec un mélange d'écorces et d'eau ; ils restent en cuve trois ou quatre mois, et sont, dans cet intervalle, changés deux ou trois fois d'écorces, puis ils sont couchés en fosse après avoir été butés ; ils y restent habituellement un an.

Ces divers travaux font revenir chaque cuir à environ 5 francs de main-d'œuvre ; il faut en moyenne 50 kil. d'écorces par cuir fort et petit. On fabrique en garouille des cuirs extrêmement minces, quoique toujours pour semelles, et des cuirs très-forts, depuis le poids de 11 à 12 kil. le cuir jusqu'à 28 et 30 kil. et même, par exception, au-dessus. Le rendement des cuirs tannés est d'environ les 2/3 du poids frais pour les cuirs forts et d'un peu plus de la moitié pour les vaches.

Les fabricants qui se respectent tiennent essentiellement à livrer les produits de leurs fabriques dans un état complet de sèche ; et le temps où un fabricant pouvait dire : le mot sec à fond n'est pas français, est heureusement loin de nous.

En ce qui me concerne, j'ai tant que j'ai pu poussé à ce résultat ; c'est plus moral, le fabricant et l'acheteur marchent sur un terrain solide et aplani.

Je ne vous parlerai pas du plus ou moins de mérite de cette fabrication, cela importe peu à la rédaction de votre journal, et vous le saurez quand vous voudrez. J'ai tenu, pour vous être agréable, à vous donner un aperçu de la fabrication des cuirs à la garouille aussi exacte que possible. Je vous dirai seulement, en terminant, que Perpignan et Béziers sont les plus grands centres de fabrication, et que ces deux villes occupent à elles seules trois cents ouvriers. La fabrication de Nîmes s'est fortement développée en vingt ans: les fils de deux fabricants, qui autrefois à eux deux n'occupaient pas dix ouvriers, en occupent cinquante. Celle de Narbonne a plutôt baissé qu'augmenté.

Les vaches seraient trop roides et cassantes, si on n'avait le soin de mêler à l'écorce d'Afrique un quart à peu près de l'écorce de branches. C'est une observation qu'il est important de ne pas oublier.

G. D.

# DU TANNAGE AU CHATAIGNIER

Lyon-Vaise, 18 janvier 1867

Monsieur Charles Vincent,

Vous avez dernièrement entretenu vos nombreux lecteurs du tannage au bois de châtaignier ; je ne suis pas l'auteur de cette découverte ; néanmoins, bien des tanneurs, sachant que depuis 1864 j'ai fait avec cette matière de nombreux essais, m'écrivent pour me demander des renseignements concernant son emploi et les résultats que j'en ai obtenus.

Les explications à donner, pour qu'elles soient complètes, sont longues, et les écrire à chacun me nécessiterait beaucoup de travail ; désireux cependant de faire preuve de bonne obligeance envers tous mes amis et confrères, j'ai pensé que le moyen le plus simple de répondre à ces lettres, qui toutes m'adressent les mêmes questions, était de vous prier de vouloir bien insérer dans la *Halle aux Cuirs* la notice suivante : c'est la relation exacte de mes essais et de mes remarques ; cela renseignera non-seulement ceux qui m'ont écrit, mais encore bien des fabricants qui ont entendu parler de cette nouvelle matière tannante, et qui, sans en avoir fait l'essai, sans même en connaître les résultats, la jugent, la condamnent et la repoussent, par cette seule raison que toutes les découvertes et tous les procédés proposés jusqu'à ce jour n'ont amené en général que de mauvais résultats, et très-souvent la ruine de ceux qui les ont appliqués.

Je dirai d'abord que ce mode de tannage n'est pas un procédé ; c'est tout simplement la substitution d'une matière à une autre, c'est toujours du tan, mais du tan fait avec du bois de châtaignier au lieu d'être fait avec de l'écorce de chêne, s'employant exactement de la même manière en égale quantité, et produisant les mêmes effets dans le même laps de temps. Ceci bien posé, permettez que je fasse connaître l'historique de cette découverte.

Tout le monde sait que pour obtenir des noirs en teinture on fait usage de tannin. Un honorable industriel de Lyon, M. Michel, teinturier en soie, reconnut le premier que le bois de châtaignier en contenait en abondance ; il en fit admettre l'emploi pour la teinture en remplacement de la noix de galle ; cette découverte rendit pendant plus de quarante ans d'importants services à cette industrie ; elle valut à son auteur la décoration de la Légion d'honneur.

Aujourd'hui les nouveaux progrès obtenus en teinture ont fait abandonner cette matière ; c'est ce qui fit rechercher à M. Michel un autre emploi au châtaignier ; ayant reconnu que ce tannin avait une parfaite analogie avec celui de l'écorce de chêne, il en conclut qu'il devait pouvoir le remplacer en tannerie pour le tannage des cuirs.

Il commença par des expériences de laboratoire, qui toutes ne firent que confirmer et affirmer son idée première ; puis succédèrent des essais pratiques faits dans une tannerie ; elles commencèrent en 1860, après la prise, par M. Michel, d'un brevet lui garantissant la propriété de sa découverte. De 1860 à 1864 on fabriqua des cuirs qui prouvèrent incontestablement que le bois de châtaignier tannait ; seulement l'appréciation des acheteurs était très-divisée, concernant leurs qualités apparentes. Il ne suffit pas toujours, vous le savez, de bien tanner ; il est certaines conditions essentielles qui ne doivent pas être négligées ; puis il faut flatter le coup d'œil de l'acheteur, autant par la beauté et l'égalité de la nuance que par un bon tannage ; c'est précisément ce coup d'œil qui manquait aux cuirs qu'on avait tannés.

Néanmoins, il ressortait pour moi un fait positif et concluant, c'est que le bois de châtaignier tannait, la nuance marbrée de la fleur, la couleur ardoisée de la coupe, tout cela pouvait très-bien provenir d'une cause indépendante du bois. La chose, à mes yeux, valait la peine d'être examinée, étudiée, puisque le but principal était atteint, c'est-à-dire que l'on tannait.

Je fus trouver M. Michel, c'était en 1864, je le priai de vouloir bien m'autoriser à faire dans ma tannerie des essais avec le bois de châtaignier, ce qu'il m'accorda avec une aménité dont je ne saurais trop le remercier. Pour faire des essais d'une certaine importance, je dus commencer par m'outiller ; j'ai toujours considéré comme de l'argent bien placé celui dépensé en outillage ; je fis monter successivement plusieurs machines à découper ; aucune ne répondit à mes désirs ; les unes découpaient mal, d'autres pas assez ; je me décidai à en faire construire une suivant mes données ; j'eus le bonheur de réussir complètement ; cette découpeuse débite 10,000 kilogrammes de bois en dix heures de travail ; l'homme le moins exercé peut la faire fonctionner, il ne court aucun danger. Le seul soin que réclame cette machine est de lui présenter un bout de la bûche en la supportant par l'autre extrémité ; elle est alors repoussée contre le disque découpeur par un chariot marchant mécaniquement ; cette machine a donné lieu à la prise d'un brevet dont j'ai abandonné le bénéfice de l'exploitation à mon mécanicien. Une fois outillé, j'organise un train de basserie mené au bois, marchant comparativement avec un autre, mené à l'écorce ; je pus ainsi me faire une opinion très-précise de la différence résultant des deux opérations, j'obtins par ma basserie conduite au bois des cuirs plus blancs et plus régulièrement montés ; mais je leur trouvai plus de roideur, et ils étaient moins avancés en tannage que ceux menés à l'écorce. Ils me produisaient exactement l'effet de cuirs jusés sortant de basserie qui, on le sait, sont montés dans des jus où l'on met de l'écorce coupée à 5 ou 10 centimètres de longueur ; je dus rechercher la cause de ces effets qui n'étaient pas convenables pour faire de la vache lissée.

Il faut dire que j'avais opéré suivant le mode déjà employé et d'après les avis de M. Michel, qui me recommandait de me servir pour les bassements de bois non moulu, c'est-à-dire tel qu'on l'obtient à la découpeuse, en copeaux de 1 à 2 millimètres d'épaisseur. M. Michel, dans son rapport à l'Académie impériale de Lyon, du 17 janvier 1865, prétend que pour le tannage au bois de châtaignier il faut abréger le séjour en basserie, par cette raison que le tannin du bois étant plus pur que celui de l'écorce de chêne, les bains sont plus rapidement épuisés par les peaux ; de là, il conclut que l'on peut gagner deux mois pour le tannage d'un gros cuir. Je repousse complétement cette appréciation ; c'est, selon moi, une grave erreur de M. Michel ou du moins de ceux qui l'ont renseigné, car n'oublions pas que M. Michel n'est pas tanneur, c'est l'homme de science qui observe, c'est l'inventeur qui découvre ; mais, quant aux effets produits, aux résultats obtenus, il a dû s'en rapporter nécessairement aux hommes pratiques qui ont fait les essais. Il est très-vrai que le tannin du bois est plus pur que celui de l'écorce ; c'est un point que tout tanneur reconnaîtra très-promptement ; mais il faut rechercher ailleurs la cause de l'affaiblissement des bains.

J'ai dit que j'avais opéré suivant le mode adopté dans les essais faits de 1860 à 1864 et mis dans mes cuves du bois en copeaux ; c'est précisément dans l'emploi de ces copeaux que je crus reconnaître la cause de l'affaiblissement de mes bains et aussi celle de la roideur de mes cuirs ; je vais essayer de le prouver. Les pores du bois sont beaucoup plus serrés que ceux de l'écorce ; le tannin a donc plus de difficultés à s'en dégager, surtout quand les copeaux ont une certaine épaisseur, d'où il doit résulter que l'absorption par les cuirs du tannin est plus rapide que son dégagement du bois ; de là affaiblissement des bains, perte considérable de tannin, qui reste emprisonné dans les filaments du bois sans avoir eu le temps de se dissoudre, bois que l'on jette sans l'avoir utilement employé. J'ai laissé un morceau de châtaignier, de 2 à 3 centimètres d'épaisseur, trois mois dans l'eau, et, à sa sortie, j'ai retrouvé à l'intérieur de ce bois le tannin presque en aussi grande abondance qu'avant ; une remarque à peu près semblable avait été faite par M. Michel. Je trouve, dans son Rapport à l'Académie, le passage suivant :

« Une fois coupé et divisé en bûches d'une certaine
» grosseur, le bois peut être abandonné à toutes les in-
» tempéries ; la pluie, sans doute, dissout le tannin con-
» tenu dans les couches les plus superficielles, mais l'al-
» tération n'est jamais profonde. J'ai pu laisser du bois
» de châtaignier en bûches séjourner tout un hiver sur
» le sol et le retrouver au printemps aussi riche en tan-
» nin qu'il l'était au moment de la coupe. »

Le dire de M. Michel concorde parfaitement avec le jugement que je porte concernant l'emploi des copeaux dans les cuves. Je fis donc remplacer ces copeaux épais par du bois moulu, et j'obtins alors des résultats bien différents ; mes cuirs furent alors ce que je devais désirer, plus beaux même que ceux sortant de ma basserie à l'écorce.

Un fait très-important, c'est que je ne me suis jamais aperçu d'avoir un bassement tourné dans ma basserie conduite au bois, j'attribue ceci à la pureté du tannin que contient le bois ; les accidents dont je parle, on le sait, arrivent dans toutes les tanneries, et ont le plus souvent pour cause l'emploi de tan provenant d'écorces ayant subi un certain degré d'avarie ; c'est surtout dans la fabrication du cuir jusé que ces accidents arrivent le plus souvent et causent de graves préjudices.

J'ai voulu présenter, à l'Exposition de Paris 1867, des cuirs jusés tannés au bois ; ne faisant pas ordinairement ce genre de marchandises, il m'a fallu, pour en faire seulement quelques-uns, organiser un train de basserie ; aucun tanneur n'ignore les difficultés qu'on éprouve à réussir les premiers cuirs que l'on mène dans un train nouvellement formé ; néanmoins, on jugera des résultats que j'attribue à la pureté du tannin que donne le bois de châtaignier.

J'arrive à la seconde opération du tannage des cuirs : le refaisage. Les uns le font à sec, d'autres à grande eau. Je n'ai point à rechercher ici laquelle des deux méthodes est la préférable ; mais je répéterai ce que j'ai déjà dit, à savoir qu'il faut se servir du bois exactement comme on se sert de l'écorce, sans rien changer au mode de fabrication adopté. La seule chose nécessaire à bien observer c'est d'employer *aussi pesant de bois sec que d'écorce*. Je souligne cette observation parce que le volume du bois étant à poids égal plus considérable que celui de l'écorce, il arriverait, en ne se basant pas sur le poids, mais seulement sur le nombre des corbeilles à employer par cuir, que l'on utiliserait bien moins pesant de bois que l'on n'aurait, en réalité, employé d'écorce ; naturellement, plus le bois est moulu gros, plus il fait volume.

Sortant du refaisage, les cuirs sont ce qu'ils doivent être : blancs et portants ; bien entendu qu'une peau de mauvaise nature ne sera rendue ni ronde, ni nerveuse ; mais je prétends qu'il n'est pas un tanneur qui ne sera surpris de la beauté des cuirs sortant du refaisage fait au bois.

Me voici au couchage en fosse. De toutes les opérations

de la tannerie, celle-ci est bien certainement la plus simple ; si un cuir a été bien mené jusque-là, inévitablement avec de la bonne écorce et de bons coucheurs en fosses, on est certain d'avoir de beaux et bons cuirs. Il n'en fût pas ainsi de ceux que j'avais couchés au bois ; lorsque je les fis retourner, je leur trouvai le même défaut déjà signalé pour ceux qu'on avait tannés primitivement au bois de châtaignier ; la fleur était marbrée et le grain de la coupe couleur gris d'ardoise ; je leur trouvai aussi une roideur qui n'existait pas dans les cuirs tannés à l'écorce. Je ne sus d'abord à quoi attribuer ces divers phénomènes résultant de l'emploi du bois dans la fosse ; je crus ce résultat produit par la nature même du tannin de bois, et dès lors l'usage, pour moi, de cette matière me sembla être chose jugée et défavorablement. Heureusement, j'avais une sixaine de fosses ainsi couchées, et je remarquai que si à toutes l'effet était bien à peu près le même, il ne l'était cependant qu'à des degrés différents. Je remarquai, en outre, que l'eau que l'on trouve sur les cuirs, en les levant de fosse, au lieu d'être jaune comme celle qui séjourne sur les cuirs couchés à l'écorce, était d'un jaune verdâtre, puis une fois reposée, cette eau devenait noire ; la nuance différait à chaque fosse que je faisais lever ; j'en eus même une dont l'eau resta à peu près jaune. De celle-là, les cuirs étaient moins marbrés, la couleur de coupe moins grise. Ces divers résultats, au lieu de m'éclairer, n'auraient fait sans doute que m'embrouiller davantage, sans une circonstance, de peu de valeur apparente, qui me mit enfin sur la voie, et me fit trouver la cause unique des effets pénibles qui s'étaient produits.

Voici la circonstance en question : — Mon moulin à écorce qui me servait également à moudre mon bois commençait à avoir besoin d'être retaillé : on y faisait passer du bois et il en sortait gris presque couleur de cendre. Je m'étais bien déjà aperçu qu'une fois le bois moulu il n'avait plus sa couleur jaune primitive, mais je n'y avais ajouté aucune importance. Cette fois, le mauvais état de mon moulin, rendant la mouture plus difficile, me faisait le bois encore plus gris que d'ordinaire ; puis ceci arrivant au moment où on levait des cuirs couchés au bois, j'y fis un peu plus d'attention, et j'en vins à supposer que, de ce que je voyais, pouvait peut être bien provenir la cause des imperfections que je trouvais à mes cuirs. Quand le bois est vert, l'acide tannique se trouve dans les pores à l'état liquide ; le moulin, qui est en fonte, en est humecté ; il résulte, de cette opération à l'état humide, la formation immédiate d'un tannate de fer qui s'imprègne au bois : de là cette teinte grise qu'il prend, de là aussi ces nuances marbrées, plus ou moins apparentes sur les cuirs, suivant le degré d'humidité du bois lorsqu'il passe dans les dents du moulin. Les cuirs qui étaient le moins marbrés avaient, sans nul doute, été couchés avec du bois à peu près sec. C'était là, en effet, l'unique cause de ces médiocres résultats.

J'avais encore suivi les errements pratiqués de 1860 à 1864 ; je m'étais aussi conformé à la notice de M. Michel, qui, sur ce sujet, se contentait de dire :

« Le bois doit être découpé et mis en poudre au moment
» de l'emploi, parce que contenant beaucoup d'humidité, il
» pourrait s'échauffer et moisir, ce qui amènerait une pro-
» fonde altération dans le tannin. »

Selon M. Michel, le bois pourrait donc être employé vert ; je dois supposer que dans ses expériences de laboratoire il ne s'était servi que de bois sec, ses effets n'avaient pu se produire, c'était du reste aux hommes pratiques de s'apercevoir de ces accidents et d'y remédier. Je me mis à employer du bois sec ou du moins suffisamment sec pour qu'à la mouture le tannate de fer ne pût plus se former, ce qui est facile à reconnaître : car le bois doit sortir du moulin aussi jaune que quand il y est entré. Je crus toutes les difficultés vaincues et m'attendais à voir des cuirs parfaits ; il n'en fut rien encore : je n'avais plus, il est vrai, cette couleur marbrée très-souvent d'un jaune verdâtre, je n'avais plus cette coupe grise ; mais j'avais encore un peu de cette roideur dont j'ai déjà parlé ; puis, il faut bien le dire, je trouvais qu'au lieu d'accélérer le tannage, il était plus lent, mes cuirs sortant de première poudre étaient moins avancés que ceux couchés à l'écorce. En levant ces cuirs, j'avais dans la fosse une quantité d'eau si grande que j'étais obligé à chaque instant de la faire sortir pour que les ouvriers pussent continuer leur travail, je supposais que ceci devait contribuer non-seulement à rendre les cuirs roides, mais encore à en retarder le tannage ; j'avais remarqué, ainsi que je l'ai dit, que plus le bois était moulu gros plus naturellement il faisait de volume, il en était résulté que pour abreuver une fosse de cuirs couchés au bois, il m'avait fallu un tiers de plus d'eau que pour ceux couchés à l'écorce ; la concentration du tannin avait donc été moins grande, et sa pénétration dans les pores du cuir moins rapide. C'est alors que je fis réduire mon bois plus fin, et tous ces inconvénients disparurent, *j'obtins alors des cuirs tels que la consommation les désire*.

A l'Exposition prochaine, j'aurai des marchandises tannées au bois de châtaignier ; là, des fabricants plus expérimentés que moi pourront, après un examen sérieux des résultats obtenus, se prononcer sur la valeur de cette importante découverte du tannage au bois de châtaignier.

Quant à l'économie et aux avantages qui peuvent en résulter pour le tanneur, ce n'est pas à moi à l'examiner, n'étant pas, je le répète, l'inventeur de ce mode de tannage. Le seul but de cette trop longue lettre n'a été que de répondre aux nombreuses questions qui me sont journellement adressées par mes honorables confrères, de faire connaître les différentes modifications que les remarques journalières m'ont fait apporter à l'emploi de cette matière, d'éviter à chacun les déboires que j'ai éprouvés par des opérations faites dans de mauvaises conditions, ce qui m'a occasionné deux ans d'essais et de recherches. C'est du reste l'histoire de toutes les découvertes : de l'idée première à l'application il y a loin ; ce sont les hommes de science qui découvrent, c'est ensuite aux hommes pratiques à réaliser et à perfectionner par l'application.

Je me résume en engageant les tanneurs qui emploieront du châtaignier de continuer leur même système de fabrication sans y rien changer ; de se servir du bois sec, de bien observer que le poids employé soit toujours égal à celui qu'ils emploieraient en écorces, en faisant, bien entendu, la part de l'humidité que peut encore contenir le bois, de ne jamais se baser sur le volume du bois qui est toujours plus considérable, et de le réduire aussi fin que possible.

MM. Koch et Compagnie, cessionnaires du brevet de M. Michel, ont établi à Lyon une usine pour le triturage du bois de châtaignier, ils obtiennent une mouture d'une grande perfection, j'en recommande l'emploi aux tanneurs qui feront des essais avant de s'outiller.

J'aurais voulu en terminant adresser des félicitations à M. Michel, l'inventeur du tannage au châtaignier, mais je laisse cet honneur à une plume plus capable et plus exercée que la mienne ; dans un temps peu éloigné on lui rendra certainement justice sur l'opportunité du bienfait et sur l'importance de sa découverte.

Agréez, Monsieur Charles Vincent, l'assurance de ma parfaite considération.

J. ALÉGATIÈRE fils,
*Tanneur à Lyon.*

## QUELQUES RÉFLEXIONS SUR L'EMPLOI DU CHATAIGNIER

A l'Expositon de 1867, M. Alégatière avait envoyé des cuirs magnifiquement tannés, ce qui n'étonnait personne, mais rien qu'avec l'aide du châtaignier, ce qui étonnait tout le monde. On s'attendait à ce que cet exposant obtiendrait comme tanneur, d'une part, et, de l'autre, comme premier employant d'une matière nouvelle, une médaille d'or. Cette prévision fut déçue, il est vrai ; mais M. Alégatière obtint une première médaille d'argent, ce qui, dans cette spécialité, est déjà une haute distinction.

Il est vrai que M. Alégatière n'avait encore montré aucun de ses produits dans une exposition, et que les membres du jury, on le sait, ne se décident que très-difficilement, pour ainsi dire jamais, — et c'est un grand tort, selon nous, — à donner une première récompense aux personnes qui n'ont pas exposé précédemment, et n'ont pu par conséquent recevoir de médaille.

Dans le groupe n° 5, classe 41, le châtaignier, comme produit tannant, fut exposé à côté des écorces habituellement employées pour la fabrication des cuirs. Là, on apprécia ses qualités diverses, et il fut décerné à ce produit une médaille d'argent.

Depuis cette époque, le châtaignier est entré dans la consommation habituelle de la tannerie française ; on en expédie même en Belgique et en Italie. Dans ce dernier pays, la maison Koch et C$^e$, de Lyon, a même établi une succursale. L'opinion que nous avons pu recueillir personnellement des principaux tanneurs employant le châtaignier est celle-ci : le châtaignier est d'un emploi excellent pour le tannage complet des grosses peaux, soit pour le lissé, soit pour le cuir fort. Le gonflement de la peau se fait mieux et plus facilement qu'avec l'écorce, et lorsqu'on en fait usage, il faut absolument supprimer l'emploi de l'acide dans les bassements. Le gros cuir tanné au châtaignier a, en outre, deux avantages : il est plus ferme et donne plus de rendement. Par contre, on lui reproche de donner au cuir une couleur un peu grisâtre. Les tanneurs auxquels ce reproche était fait se sont décidés à employer, dans la dernière poudre ou les deux dernières poudres, le bois mélangé d'écorces de chêne.

Pour la petite peau dite *de molleterie*, c'est-à-dire pour tout ce qui doit porter de l'huile au corroyage, l'emploi du châtaignier ne doit se faire que mélangé avec de l'écorce, et la plupart des tanneurs, pour cette fabrication, n'emploient le bois de châtaignier que pour les bassements, mais alors sans mélange d'écorce.

Nous n'avons pas d'autres réflexions à faire sur ce produit, si ce n'est que sa présence sur le marché a eu pour résultat d'arrêter la hausse toujours croissante des écorces, et que la tannerie a donc un intérêt double à en propager l'emploi.

CHARLES VINCENT.

# LE CUIR FORT DE GIVET

Le cuir fort de Givet. — Sa réputation. — Sa qualité. — Son classement. — L'eau de la *Houille* et les Ecorces. — Le travail de rivière. — Le bassage. — Le tannage en fosse. — La sèche. — Les cours. — La vente.

Cher monsieur Charles Vincent,

Il vous serait agréable, me dites-vous, d'avoir quelques renseignements sur le travail du cuir fort de Givet. Bien que depuis 1864 j'aie abandonné la fabrication pour m'établir commissionnaire à Paris, je ne crois pas que mes anciens confrères de Givet aient assez changé leur travail pour que la marche de l'ancien tannage de Givet ait été modifiée sensiblement.

La réputation acquise au cuir de Givet est justement méritée, non-seulement sous le rapport du tannage, qui ne laisse rien à désirer, sous celui de la couleur du cuir et sous celui de la fermeté naturelle sans le secours du battage, que par les beaux choix livrés à la clientèle. Les maisons de Givet, en effet, s'attachent spécialement, au Havre et à Anvers, à n'acheter que les plus beaux lots en Buenos-Ayres et Monte-Video saladeros, et ne travaillent, pour ainsi dire, que du cuir étranger. Le prix de leur cuir fort est toujours de 0 fr. 20 à 0 fr. 40 au kilogramme plus élevé que celui de la fabrication ordinaire ; mais cette différence est plus apparente que réelle, en raison du poids relatif, de la condition de sèche et surtout du choix sévère apporté dans le classement des cuirs, qui se divisent en 1er, 2e et 3e choix, et varient de prix de 0 fr. 20 au kilog.

---

### CLASSEMENT

Le 1er choix irréprochable ne contient que des cuirs bien faits, ronds et dossés, sans fortes têtes, dont la marque est petite et bien placée, sans coutelures.

Le 2e choix, moins sévère, admet quelques cuirs à deux marques, quelques coutelures légères, quelques cuirs un peu plus plats et à têtes un peu plus fortes.

Le 3e choix, les cuirs coutelés à trois marques, les taureaux et cuirs plats.

Puis viennent les cuirs inférieurs, cuirs maigres échauffés, par trop coutelés, qui sont vendus suivant leur valeur et sans classement : ce sont des écarts.

La couleur du cuir de Givet et sa fermeté sont dues tant à l'eau de la petite rivière appelée *la Houille* qu'à l'emploi d'écorces de tout premier choix que fournissent les environs de Givet et les bords de la Meuse.

Quant à la fabrication par elle-même, qui a lieu de septembre en mai, elle renferme trois phases bien distinctes :

Le travail de rivière, le bassage, le tannage en fosse.

---

### LE TRAVAIL DE RIVIÈRE

Le travail de rivière, beaucoup plus long que dans les autres centres de fabrication de cuirs forts, dure de quinze à vingt jours par suite de la dureté de l'eau. Le cuir en poil, mis à l'eau, est suivi avec un soin tout particulier; chaque jour, il est lavé, reçoit un coup de fer ou deux pendant la période du détrempage, puis enfin, lorsque les poils commencent un peu à lâcher, il est mis à l'échauffe, appelée dans le pays *pendoir*, où il reste de trois à cinq jours, jusqu'à ce que la fermentation naturelle amène l'épilage facile.

Le cuir dépoilé est remis à l'eau, et passe entre les mains de l'écharneur qui, avec un soin tout particulier, laisse les têtes et écharne le cuir qui alors reçoit un nouveau travail de rivière où, par plusieurs coups de fer, appelés par les ouvriers *strichage*, il acquiert la souplesse et la malléabilité voulues pour être alors mis en bassement.

## LA BASSERIE

Pour composer le bassement, on se sert des jusées provenant, comme il sera dit plus loin, des écorces ayant servi à recoucher en 2ᵉ écorce et en 3ᵉ, et mises en réserve. Elles sont mises dans une proportion voulue et reconnue au pèse-tannin, ou plus simplement à la dégustation, avec de l'eau ordinaire, qui les dépouille de toute la matière tannante et acidifiée.

Le cuir est donc mis d'abord dans un bassement très-faible, où il reste vingt-quatre heures, pendant lesquelles on le lève deux ou trois fois, pour que toutes les parties soient bien en contact avec le bassement, ensuite il passe successivement dans cinq jus de plus en plus forts, puis, le cuir étant assez monté, on le recouche en fosse. Quelquefois, pour les cuirs mal revenus, on donne un refaisage, mais c'est rare. Je crois qu'aucune maison de Givet ne monte ses cuirs avec de l'acide, la jusée suffit toujours, et c'est une des causes de la bonne qualité des cuirs de Givet Arrivé à ce point, le cuir n'a plus besoin que du tannage de la fosse.

## LE TANNAGE EN FOSSE

Le cuir est alors recouché en première écorce, où il reçoit une couche d'écorces dont la moyenne est de 40 à 45 kilog. pour un cuir de 27 à 30 kilog. en poil; l'écorce employée est moulue à la meule et aussi fine que possible, de manière à ce qu'elle ne laisse aucune empreinte sur le cuir. Au bout de neuf à dix mois, les cuirs sont relevés de la fosse, balayés et remis en 2$^e$ écorce, où ils séjournent de six à huit mois; la quantité d'écorces employées est alors de 35 kilogrammes environ. On les recouche encore en 3$^e$ écorce avec environ 30 ou 35 kilogrammes d'écorces, et, pour ce dernier travail, on emploie l'écorce qu'on juge la meilleure et de toute première qualité, attendu que lorsqu'on lève les cuirs au bout de trois à quatre mois pour les sécher, cette écorce, qui a séjourné sur les cuirs, est recueillie avec soin, on la remet dans une fosse, où, par couche, on l'emballe en la pressant avec les pieds, et, lorsque la fosse est pleine, on l'abreuve d'eau ordinaire. Pendant son séjour dans cette fosse, l'écorce s'acidifie et devient propre à faire le jus, et s'appelle alors jusée; elle s'emploie pour les bassements, comme il est dit plus haut.

---

## LA SÈCHE

Le cuir se trouve alors fabriqué et est séché sur perche, suivant les procédés d'usage. Autrefois le cuir de Givet était livré sans autre apprêt à la clientèle, et sa fermeté était telle qu'il n'avait pas besoin du battage qui est venu lui faire concurrence en donnant aux autres fabrications une fermeté relative et un coup d'œil que les cuirs de Givet avaient seuls et naturellement.

Aujourd'hui, comme tous les tanneurs de cuirs forts, Givet

bat son cuir au marteau Bérendorf, seulement le cuir est laissé dans son entier et s'expédie par balles de cinq et six peaux. Deux époques sont spécialement adoptées pour les sèches : septembre à novembre et mars à mai.

### LES COURS

C'est à ce moment que les cours s'établissent, et ils subsistent généralement pendant la période des six mois, attendu que les tanneurs vendent à livrer pendant ces périodes.

Le prix est généralement uniforme dans toutes les maisons, et les concessions qui sont faites sont presque toujours compensées par un choix moins sévère.

### LA VENTE

La place de Paris voit rarement des cuirs de 1$^{er}$ choix en cuirs de Givet, tout est livré à la clientèle du Nord et de la Lorraine, et ce qui est expédié à la commission est le plus souvent de 2$^e$ et 3$^e$ choix et même des cuirs inférieurs.

Je crois, mon cher monsieur Ch. Vincent, qu'avec ces renseignements, j'aurai rempli le but que vous vous proposez. Je désire qu'ils vous suffisent pour composer votre article sur le cuir de Givet. Je reste à votre disposition pour ce qui pourrait vous manquer (1).

Recevez mon cher monsieur, l'assurance de ma considération distinguée.

Ch. DEBRAUX,
*Commissionnaire en cuirs.*

---

(1) Il va sans dire que l'article est tout écrit et que je n'ai qu'une chose à faire : le publier.     C. V.

# DE LA TIGE

## QUELQUES RÉFLEXIONS SUR LE TANNAGE DES VEAUX DESTINÉS A CETTE SPÉCIALITÉ

En attendant le travail complet sur la tige, promis par notre collaborateur Réné, et qui paraîtra dans notre deuxième volume sur la tannerie, nous croyons devoir donner place ici aux quelques réflexions suivantes.

Lorsqu'un fabricant de tiges est tanneur, il doit donner très-peu de chaux à ses veaux ; il ne doit point y ménager les façons du travail de rivière, car ces façons développent la surface du cuir. Il doit les cuver avec soin sans trop les gonfler ; trois cuves de huit jours chacune suffisent. Il ne doit point les mettre en potée, il doit les mettre de suite en refaisage sur fleur : un refaisage à sec, avec du tan de première qualité très-fin ; il ne doit pas charger ce refaisage pour l'abreuver, pour éviter de fosser les veaux de fleur ; il doit abreuver ce refaisage avec du jus de sa fosse n° 2, et les laisser trente jours au plus, car ce temps suffit pour user cette poudre légère ; en les laissant plus longtemps, ils languiraient et n'avanceraient pas en fabrication.

Au bout de ce temps, il doit les lever, les faire rincer avec soin, les mettre égoutter, puis les faire butter légèrement sur le chevalet de rivière. Cette façon a pour but de resserrer la fibrine, et de donner du développement à la peau ; il doit les recoucher en fosse pliés en deux pour conserver la blancheur et la souplesse de la fleur. Deux mois de séjour sont suffisants ; car, recouchés avec du tan fin, les veaux ont épuisé tout le tannin. Donc, un plus long séjour serait inutile.

Il est bon de leur donner une deuxième poudre sur le côté opposé ; cette poudre doit être légère, et les peaux doivent être recouchées bien serrées ; on abreuve ensuite cette fosse avec du bon jus, et l'on a le soin de bien la charger pour qu'elle ne remonte pas. Cette façon est donnée pour mûrir la fibrine, pour resserrer et garnir toutes les parties poreuses ; en un mot, pour en faire une chose solide qui puisse conserver sa force et recevoir une quantité de dégras suffisante pour que la tige se maintienne toujours souple, même après un long séjour en magasin.

Si les veaux destinés à faire des tiges n'étaient pas suffisamment tannés, ils donneraient des produits qui, sortant de la main des finisseurs, pourraient paraître de belle qualité ; mais, au bout de quelques semaines de magasin, ces marchandises changeraient de couleur, la fleur se roidirait, se marbrerait et présenterait le plus vilain coup d'œil aux yeux de l'acheteur, la qualité y perdrait également ; car il faut, avant tout, pour faire de belles et bonnes tiges, que les veaux soient bien tannés ; cinq à six mois suffisent pour tanner des veaux destinés à cette fabrication.

Le tout est de ne pas les négliger, et de ne pas croire qu'un long séjour tanne sans nouvelle application de tan.

J'ai eu des veaux que je donnais à tanner à façon, que mon façonnier gardait neuf à dix mois ! Au bout de ce temps, il me les livrait ; ces veaux étaient tannés, *mais tannés de misère!* Ils avaient langui en cuve, en refaisage, en fosse ; la qualité, la quantité de tan qu'ils avaient absorbés avaient été trop faible pour un aussi long séjour en travail. J'y avais perdu de gros intérêts, et ces veaux, loin d'être propices à la fabrication de la tige, ne me donnaient que de la perte. La fibrine n'ayant pas été suffisamment nourrie après son développement, sa transformation trop lente lui avai enlevé sa qualité première ; au dérayage, la coupe en était grossière; au blanchissage, elle était chanvreuse, et au finissage, il fallait employer une masse de colle pour arriver à la présenter convenablement aux yeux de l'acheteur. J'aime à signaler ces inconvénients à mes lecteurs et à ceux surtout qui voudraient tenter la fabrication de la tige.

Le tannage doit en être prompt; il faut employer beaucoup d'écorce. Courtepée tannait ses veaux, abat de Paris, en quatre et cinq mois, pas plus; mais aussi quelle diligence il y mettait ! et quels résultats couronnaient son œuvre ! Il employait les plus belles qualités de tan du Nivernais et ne l'épargnait pas. Sa fortune, son aptitude lui permettaient tout cela.

Comme corroyeur, ne tannant que très-peu de veaux, fabriquant beaucoup de tiges, j'étais obligé d'acheter des veaux tannés soit en croûte, soit secs d'huile ou bien sur le bord de la fosse; j'étais sans cesse aux prises avec des difficultés nouvelles, et cependant toutes mes tiges finies présentaient la même fabrication.

J'ai eu l'occasion parfois de corroyer pour tiges des veaux qui étaient trop tannés, surtout dans les veaux abat de Paris, malgré tous mes soins et toute ma rhétorique, je n'arrivais que difficilement à faire des marchandises passables. Pourquoi ? Parce qu'un trop long séjour en fosse en avait trop mûri, trop resserré la fibrine et surtout la fleur; ces veaux résistaient au travail de la corroierie, ils restaient durs; je les faisais rebrousser et crépir, la croupe au dérayage était comme de l'acier; au mettage au vent ils ne s'écrasaient pas sous la cœurse et ne se développaient pas au cambrage; ils résistaient à la mécanique ou à la main de l'ouvrier. On les nourrissait davantage, le dégras restait dessus et ne les adoucissait pas; puis venait le blanchissage, le fil du couteau ressautait dessus; au tirage au liége, on avait toutes les peines du monde à les grainer; le finissage marchait bien, mais la tige restait dure et cassante. Ces veaux étaient en tout la contre-partie de mes veaux tannés à façon ; en face de ces deux difficultés, un tanneur doit prendre le juste milieu, et le système de Courtepée, décrit sommairement plus haut, doit, à ses yeux et pour sa gouverne, prévaloir sur tous.

Réné.

# DU CIRAGE DES VEAUX

### DU NOIR LÉGER DE RÉSINE — DE L'EMPLOI DE CE NOIR POUR LE VERNIS

Il a été reconnu, depuis longues années, par les véritables corroyeurs, que le noir léger provenant de la résine était de beaucoup supérieur à d'autres noirs, qui souvent se vendent un tiers et même moitié moins que le noir de résine.

Employé pour le veau ciré, conjointement avec l'huile de morue claire et pure, et non avec des huiles de lin qui percent la peau, on obtient un cirage net, presque sans crasse, qui garnit bien les chairs et les prépare à recevoir la colle; car il faut bien remarquer que l'huile de morue pure est siccative, et ne pénètre pas au travers des pores de la peau comme l'huile de lin. L'huile de morue employée avec le bon noir léger de résine additionné de bon suif pur, fondu au creton et non aux acides, donne aux chairs un brillant noir et se glace admirablement sur la peau; il ne roule pas sous la glace, comme les autres noirs employés en plus grande quantité, pour tâcher, *mais en vain*, d'obtenir les mêmes résultats.

Malgré l'opinion exprimée ci-dessus et que nous respectons, nous savons que bon nombre de fabricants n'emploient que de l'huile de lin. A eux de se rendre compte.

A ces observations de notre collaborateur Réné, en ce qui concerne les veaux cirés, nous devons joindre ceux d'un fabricant de cuirs vernis :

Ce qui a valu au noir Bouju sa haute réputation, c'est sa pureté. L'Académie des sciences a honoré cet industriel d'une des médailles dont elle est si avare, et elle a bien fait; car les commerces qui prêtent au mélange ont de la peine dans tous les pays, et même dans le nôtre, à ne pas céder à la tentation.

Le noir pur de résine possède un brillant, naturel d'ailleurs à tous les produits résineux, et conserve à la peau la souplesse si nécessaire à sa qualité. Le fabricant-exportateur surtout devra s'assurer de recevoir des noirs sans mélanges, s'il ne veut pas s'exposer à des accidents.

Les mélanges employés dans les noirs de qualité secondaire enlèvent, en vieillissant, leur brillant aux vernis qu'ils attaquent le plus souvent.

D'ailleurs, le bon marché dans ces sortes de marchandises est bien plus apparent que réel : le kilogramme de noir léger pur produit un volume d'un tiers plus considérable qu'un kilogramme de noir mélangé.

Il nous reste à dire que le noir pur se reconnaît à sa couleur, qui est d'un noir grisâtre, — lequel se fonce au contact de la moindre humidité — et à son absence complète d'odeur.

C. H.

# DE L'EMPLOI DU CARBONATE DE SOUDE

## DANS LES PELAINS

Suivant le désir que l'on nous a exprimé, nous donnons ci-dessous les renseignements relatifs à l'emploi du carbonate de soude dans les pelains.

C'est M. Félix Boutet qui a proposé ce système, et les indications qu'il a données n'ont guère été modifiées par les tanneurs. On garde la série de pelains existants jusqu'à présent : le pelain neuf devenant deuxième pelain et le deuxième pelain devenant le pelain mort.

Dans le *pelain neuf*, on met par 1,000 kilogrammes de peaux vertes :

    Carbonate de soude. . . . . . . .   20 kilog.
    Chaux vive . . . . . . . . . . .   15 —
    Eau . . . . . . . . . . . . . . .   500 litres

La chaux vive a dû être préalablement éteinte par arrosement.

Lorsque le carbonate de soude est ajouté, il faut fortement brosser le bain avec un manche en bois ou les pinces en fer dont on se sert.

Les peaux restent un jour dans le pelain mort, un jour dans le deuxième pelain et un jour dans le pelain neuf. Au bout de ce temps, il faut les porter au travail de rivière et ne pas les empiler en berge; cela ne vaut rien.

Bien des tanneurs n'ont pas réussi à cause de cette dernière circonstance.

Il va de soi que, de cette façon, tous les trois jours il faut un pelain neuf.

Pour le cheval et le veau, on observera les mêmes quantités respectives de matières par 1,000 kilog. de peaux vertes, en augmentant toutefois la quantité d'eau.

Le travail du chevalet, avec les peaux passées à la soude, est beaucoup plus facile que pour celles passées à la chaux.

*N. B.* — Le pelain mort se vend pour engrais le double de ce que se vend le pelain mort à la chaux seule.

# CHAMOISERIE

Paris, décembre 1871.

Monsieur Charles Vincent,

Je suis très-flatté de votre bonne lettre, monsieur, où vous me demandez des renseignements sur la fabrication des cuirs et peaux d'abord, du travail, triage et dégraissage des laines, pelures et mères ensuite.

J'apprécie votre bonne volonté, qui est une qualité rare; en conséquence, j'y veux mettre de la réciprocité. C'est peut-être téméraire à moi d'essayer d'ajouter une petite pierre à votre édifice; ma main serait mieux placée sur des peaux à chamoiser, à mégisser, à tanner, à fourrer, à maroquiner, à parcheminer, ou dans un bain à dégraisser les laines, que sur le papier. Les outils à travailler ces marchandises me sembleraient plus légers qu'une plume. Mais vous saurez au besoin retailler la mienne, et je ne m'en blesserai point, n'étant pas compagnon pour bâtir ces monuments-là.

*Alea jacta est,* comme disaient les anciens. Oui, *le sort en est jeté,* et je vais commencer par vous parler un peu de la chamoiserie.

La chamoiserie a bien changé, surtout depuis les quelque soixante ans que l'on ne porte plus de culottes de peau et tant d'autres choses où l'étoffe a si mal remplacé la peau souple et solide du fin chamoiseur (1).

On ne connaissait pas la scie pour la peau; alors on ne faisait pas deux bonnes peaux avec une. En ce temps-là, on chamoisait beaucoup plus de moutons qu'aujourd'hui, quoique cette moitié de peau sciée (chair) ne soit, pour ainsi dire, bonne qu'à chamoiser; on ne fait presque plus de cette sauvagine: Cerfs, Chevreuils, Elans, Rennes, etc., qui fournissaient de si excellents dégras, et aussi très-peu de buffles et de veaux.

D'autres matières ont remplacé les veaux rémaillés pour les bretelles et la sellerie.

Où sont ces magnifiques veaux bronzés à la brosse ou à la trempe, si estimés jadis sous les noms de *castors*, *veaux-lacs gris*, etc. On en fait bien quelque peu encore pour le sud du monde. Mais si peu !

De même pour les moutons à fleurs, et où excellaient les Astier, les Troyens (de l'Aube et non de la Grèce), qui étaient les étoiles de ce genre, comme le sont, pour les rémaillés moutons, agneaux et chevreaux, les fabricants de Milhau et de Niort. Aujourd'hui, on ne fabrique plus guère que des chairs; c'est bien plus facile à habiller que les veaux et moutons à fleurs, où il y avait plus de science à déployer. En effet, les chairs n'ont besoin que d'un léger travail de rivière, que peu ou point de confits; on les met ensuite au foulon, alternant ce foulage de la mise au vent (à l'air) et en huile par degrés, bien pondérés jusqu'à la

---

(1) Je ne vous dirai rien ici des peaux en laines (j'aurai l'occasion d'en parler assez à la mégisserie pour gants, et surtout à la mégisserie-laines, etc., etc.), parce que, généralement, les chamoiseurs n'achètent que des peaux sans laine, appelées *cuirots*, *cuirets*, *surpleins*, *en caillettes*, *en tripes*, *en nerfs*, *en chairs*, et quand tout tout cela est séché : *merluches* diverses, etc.

faiblesse, pour la continuer à la sortie jusqu'à l'étuve et à l'échauffe. Pour finir de chamoiser ces chairs, il y a néanmoins bien des écueils à éviter dans toutes ces façons... surtout pour toutes celles qui possèdent leurs fleurs! Ce foulage est un travail de *tête* et de soins extraordinaires de jour et de nuit, sans compter les bras et les jambes ; car si vos peaux sont vitrées, c'est ici l'inverse du vélin, elles sont manquées, et, peaux et dégras, tout *est perdu* sans ressource aucune !... C'est à la sortie du foulon que l'on met tremper ces peaux remplies d'huile de morue, de baleine ou de sardine, cette dernière aidant à favoriser l'échauffement-finissage, mises en tas brûlantes, tas qu'il faut changer de place chaque fois que les peaux sont prêtes à brûler!... Là, on se bat les mains par le trop de chaleur, c'est par l'effet inverse qui avait lieu lorsque l'on pelait en toisons avalies aux greniers, sur des claies, par 15 *degrés de froid*. Pour le rémaillage, c'est-à-dire enlever l'arrière-fleur sur des peaux choisies, propres aux plus beaux ouvrages ; ensuite on les dégraisse pour en retirer le dégras, dont la première qualité s'appelle *moellon*. Ce moellon est extrait avec une huile quelconque jetée avec ces peaux dans de l'eau extrêmement chaude; mais ces peaux sont tordues de suite à la bille droite en fer (torse à gras) ; voilà ce qui constitue le seul vrai et excellent dégras, d'autant meilleur que la qualité de l'huile ajoutée est bonne. Le reste du dégras se retire aux bains alcalisés, surtout à l'aide de la potasse rouge d'Amérique; il faut séparer ensuite cette eau du dégras par le vitriol, que l'on fait évaporer par l'ébullition en remuant constamment jusqu'à disparition complète de l'eau ; sans cette agitation, il ne resterait rien dans la chaudière !... Le vrai dégras ne se fait pas autrement, et il est très-difficile à connaître à la vue ; il en est ainsi d'ailleurs de tout ce qui est liquide. Le rémaillage sur fleur est très-difficile, il faut de l'œil et une main sûre; mais sur chair, ainsi que l'ouverture, c'est le *Pater asini*.

Quelle différence avec cette fabrication des veaux castors et autres, teints à la brosse et à sept couches! Passer sept fois cette brosse, tout en conservant la fleur blanche comme du lait, tandis que la chair ne sera jamais ni assez noire, ni assez douce... Cette teinture spéciale et compliquée est presque un secret. Saluons, en passant, cette phalange de praticiens dont il reste très-peu, hélas !

Enfin, voilà ce que l'on chamoise le plus aujourd'hui ; ce sont moutons, agneaux, chevreaux, cuirs Buenos-Ayres, choisis pour buffles (ce n'est jamais du buffle), cerfs, chevreuils d'été, rennes, élans, chamois, chèvres, veaux, etc. J'ai vanté les porte-drapeaux, c'est-à-dire nos maîtres en fabrication des veaux castors à la brosse ; — notre drapeau à nous, c'est le tablier qui anoblit : les Milhautins et les Niortais le portent aussi haut pour les rémaillés; ils sont uniques ! Gloire donc à ces blanchers-chamoiseurs qui ont fondé le veau de Milhau, dit *de Bordeaux !* ce sont les Pierre Guy frères, Carrière-Dupont, Corneillan, Saltet, Aldebert et d'autres.

Il y a diverses choses qui ont nui à l'emploi des moutons chamoisés. D'abord un essai fait sans succès; mais il est à recommencer : c'est l'emploi du mouton chamoisé sur lequel on faisait des impressions comme sur les tissus pour meubles, carrosserie et habillements d'intérieur. C'est ensuite le délaissement de la *culotte,* qui presque toujours était en mouton chamoisé. Ensuite l'usage presque éteint des poches, des chemises de nuit des caleçons aussi très-commodes et agréables et surtout très-chauds, puisqu'on ne peut les porter par les temps doux, usage qui s'est perdu parce que l'on ne sait pas assez que tout cela se nettoie absolument comme du linge, avec des eaux moins chaudes; qu'il suffit de les faire tremper, après nettoyage et tout mouillés, dans une eau chaude où l'on aura délayé environ six jaunes d'œufs; après cela, de les étirer avec précaution aux trois quarts séchés. C'est ce qui remplace ce que les chamoiseurs appellent *de l'humeur*, ce qu'ils font eux-mêmes sans jaunes d'œufs. A propos des jaunes d'œufs et plutôt des blancs, je vous en reparlerai à la mégisserie pour gants, où ils jouent deux rôles très-opposés.

Ces quelques lignes sur la chamoiserie n'ont qu'un but, celui de vous être agréable. Je vais préparer pour votre second volume quelques études sur la *parcheminerie*, — la *pelleterie*, — la *fourrure*, — la *maroquinerie*, — la *hongroierie*, — la *mégisserie pour gants et pelades et agneaux à fourrures*, — *peaux à tapis et housses*, — *mégisserie* avec toutes les laines, triage et dégraissage de *toutes* les *mères laines*. Voilà ce que je vous promets et ce que vous aurez si Dieu me prête vie.

F. P. OUVRÉ.
*Commissionnaire en laines et peaux.*

# DE L'OUTILLAGE MÉCANIQUE

On trouvera, dans le cours de cet ouvrage, des appréciations pratiques sur l'emploi des machines qui tendent à se populariser dans l'industrie des cuirs et des peaux. Dans la liste qui complète ce volume, on verra également des *dessins* ou tout au moins une énumération des machines généralement employées.

Notre second volume sera plus complet en ce qui concerne cet outillage, nos documents, hélas ! partis en fumée, auront pu alors être reconstitués. Néanmoins, nous avons voulu citer ici le nom d'un homme qui honore l'industrie dont il fait partie, autant par son caractère et son intelligence de fabricant que par la manière généreuse dont il a offert à ses confrères les inventions qu'il a mises en pratique.

Nous lui avons, à cet effet, demandé une lettre publiée dans la *Halle aux Cuirs*, et que nous sommes heureux de reproduire ici :

« Nogent-le-Rotrou, le 6 juillet 1871.

« Cher monsieur Charles Vincent,

« Vous m'avez demandé quelques renseignements sur les innovations que j'ai faites, je me fais un plaisir de vous les donner.

« La première dont je me suis occupé était la fabrication du cuir de Hongrie. J'étais arrivé à fabriquer ce cuir avec moitié et presque deux tiers d'économie de main-d'œuvre :

cela consistait à faire le travail des aluns, opéré d'ordinaire par des hommes qui pétrissaient les peaux avec leurs pieds en les changeant de place et renouvelant leurs eaux chaudes deux ou trois fois, à l'aide d'un *système de balanceuses* aujourd'hui généralement mis en pratique. Il y avait aussi le travail de baguette et le mettage en suif; le travail de baguette consistait à rompre le cuir pour l'ouvrir à mesure qu'il séchait afin de le préparer à recevoir le suif, travail qui se renouvelait deux ou trois fois et que j'ai remplacé aujourd'hui par un *tonneau à chevilles*. Venait ensuite le mettage en suif qui se faisait dans un petit appartement que nous nommons étuve, qui se compose d'un poêle, d'une chaudière à suif et d'une table pour les graisser. Ce travail est excessivement pénible; le manque de renouvellement d'air, la chaleur et l'odeur du suif font qu'il arrive très-souvent que les hommes tombent sans connaissance ou souffrent de très-violents maux de tête. J'étais arrivé à faire faire ce travail par la machine à vapeur chauffée avec l'échappement : un double tonneau avec des lames, dans lequel les cuirs et le suif tournaient au moyen d'un tuyau et d'une clef qui mettaient l'échappement de vapeur en communication avec le tourillon du double tonneau qui permettait de chauffer ce tonneau dans une pièce ordinaire et au degré que l'on avait besoin. Je me servais également de l'échappement à vapeur pour chauffer la chaudière à suif dans une double chaudière, et renvoyer cette même chaleur sous une table en tôle qui était murée tout autour de manière à conserver la chaleur pour chauffer la table. Les cuirs qui avaient été pétris avec le suif et en avaient absorbé la quantité qu'ils avaient pu prendre se collaient sur cette même table et le trop de suif qu'ils n'avaient pas absorbé s'en allait en collant le cuir. J'arrivai donc, par ce moyen-là, à avoir le cuir aussi propre que par le moyen ordinaire, bien qu'il ait absorbé très-souvent beaucoup plus de suif. Un homme parvient ainsi à faire de tous points quinze à vingt cuirs par jour, il y a deux tiers d'économie, plus de rapport et un travail moins fatigant. C'est ainsi que j'ai pratiqué tant que je me suis occupé de la fabrication de ces sortes de cuirs.

« La seconde recherche que j'ai faite était dans la scie pour refendre les peaux en tripes, c'est-à-dire non tannées. Il y avait, avant le mariage des deux scies que j'ai réalisé, deux scies bien distinctes, la scie à mouton dite scie anglaise, la scie pour refendre le bœuf, qui avait été faite par M. Plummer, de Pont-Audemer, scie que j'avais vue fonctionner chez M. Soyer, et qui consistait en un gros tambour ou cylindre qui était très-coûteux et une pièce difficile à établir. Lorsque l'on commençait à fendre la peau, on la mettait sur ce gros cylindre et les cuirs étaient obligés de marcher carrément, entraînés par ce cylindre, sans pouvoir déplacer les parties qui ont besoin de l'être, et souvent plus vite les unes que les autres. La scie anglaise avait encore un autre inconvénient, c'était d'avoir deux parties ajustées l'une sur l'autre pour soutenir la peau durant le sciage.

« Pour la peau de mouton, qui est un peu grasse et très-élastique, on arrivait à pouvoir la refendre ; mais, pour la peau de bœuf, de veau et de cheval, on ne pouvait pas s'en servir. Il y avait un autre petit désagrément : celui de ne voir la peau sciée que quand elle était refendue ; si une peau se présentait mal, l'ouvrier ne pouvait donc que difficilement vaincre la difficulté. J'ai donc cru qu'il y avait quelque chose à faire dans ces deux scies : c'est-à-dire prendre ce qu'il y avait de bon dans l'une et dans l'autre, les rendre moins coûteuses, plus faciles et refendre plus régulièrement. C'est ce que j'ai obtenu en prenant : 1° dans la grosse scie le clavier et la disposition pour voir refendre; 2° dans la scie à mouton son petit cylindre, qui permet de déplacer la peau dans les endroits où elle peut en avoir besoin, c'est-à-dire, en un mot, d'avoir la faculté de la déplacer à volonté ; et je suis arrivé, par ce composé des deux scies, à faire une scie dont le prix revient à meilleur marché que l'ancienne scie à gros cylindre, d'avoir le travail bien plus facile et la refente bien plus correcte, et donnant une plus value, sur la fleur et la croûte, d'au moins 5 à 10 fr. par peau. Les scies Martin n'ont été faites qu'environ deux ans après.

« La troisième recherche que j'ai faite concernait la machine à travailler de rivière ; aujourd'hui les tanneurs qui s'en servent en sont très-satisfaits, trouvent deux tiers d'économie de main-d'œuvre, et ont de la marchandise travaillée plus régulièrement. Le cylindre à hélice ou vis sans fin, qui est la pièce principale, m'a été emprunté par ceux qui ont fait depuis des machines pour la peau de mouton.

« La quatrième recherche que je suis en train de faire, c'est pour la fabrication de la tannerie ; mon but est de la rendre plus facile et d'en chercher l'économie, ce que je me propose d'obtenir par la machine à travailler de rivière : par l'aile de moulin, par la machine à chipper, par les balanceuses pour le coudrage des cuirs, avec renouvellement de jus ; enfin, puisqu'il est reconnu que nous tannons plus promptement en été qu'en hiver, par un moyen de mettre mes refaisages et mes cuves à coucher en communication avec la chaleur, en faisant passer, sous chacune d'elles, une voûte en briques, chauffée par les débris de tannée ou bois. Le tout est à l'état de projet, dont la réussite est très-probable, mon mécanicien étant en train d'en finir le montage.

« Voilà, mon cher monsieur Vincent, les recherches que j'ai faites depuis une vingtaine d'années, avec la satisfaction d'avoir réussi et d'avoir pu être utile à mes très-honorables confrères.

« Si vous aviez besoin de dates pour fixer les époques de ces innovations, je crois que vous les trouveriez dans les brevets que j'ai pris et dont votre *Journal de la Tannerie*, a dû faire mention en leur temps.

« Comme je vous l'ai dit, je n'ai jamais vendu de brevet, ni fait contribuer personne à mon profit pour toutes ces innovations; seulement, ce que je ne dois pas vous dissimuler et que je réclame, c'est que l'on connaisse au moins le nom de la personne qui en est l'auteur et à qui l'on doit ces améliorations.

« Agréez, monsieur, les salutations bien sincères de la part de votre très-humble et tout dévoué de bonne amitié,

« LEPELLEY. »

# MACHINES A QUADRILLER

Paris, 25 avril 1870.

Monsieur Charles Vincent,

Voici la saison où l'on va faire des croupons quadrillés pour les bottes de chasse ; je profite donc de ce moment pour vous indiquer un moyen bien simple pour obtenir un quadrillage parfait, bien régulier, que beaucoup de corroyeurs ne connaissent pas ; je l'ai indiqué déjà à plusieurs de mes clients et tous en sont enchantés.

Jusqu'à présent, on fabriquait, tant bien que mal, avec une paumelle, mais on n'arrivait jamais à un quadrillage qui se suivait et aujourd'hui on ne trouve plus beaucoup d'ouvriers qui sachent bien se servir de cet outil. Ensuite on a l'étire ou une roulette qu'on pousse à force des poignets sur le cuir qui est étalé sur une table ; mais il arrive que l'ouvrier, malgré toute l'attention qu'il apporte à faire le travail, pousse son outil en zigzag et forme des lignes qui ne sont pas droites ; aussi plusieurs maisons qui font une spécialité de ce genre de travail font quadriller leurs croupons sur un tambour mécanique. Mais tout le monde ne peut pas avoir cette machine, premièrement parce qu'elle prend trop de place et ensuite parce qu'elle coûte trop (1,200 fr.) pour le corroyeur qui ne fait pas de grandes quantités de ces croupons.

Pour arriver à produire un travail aussi bien fait qu'avec la machine, le corroyeur n'a qu'à coller son croupon avec de la colle de pâte sur un marbre ; ensuite prendre une règle bien droite qu'il fixera sur le cuir et après le marbre avec deux valets en fer ou deux petites presses de menuiserie; cela fait il n'a qu'à glisser avec son étire, qui doit être parfaitement bien faite, le long de cette règle, et lorsqu'il aura bien produit les raies de la largeur de l'étire en travers le croupon, il doit porter avec soin sa règle plus loin et répéter cette façon d'opérer, jusqu'à ce qu'il ait rayé tout son croupon.

Après cette opération, il n'a qu'à décoller son croupon pour le recoller sur sa longueur en travers le marbre avec une glace (pour ne pas effacer les raies existantes) et recommencer à faire le même travail sur l'autre sens; suivant la façon de placer la règle on peut produire un carré carré ou un carré en losange.

Si vous jugez que cette idée puisse être d'une certaine utilité pour la corroierie, je vous autorise à reproduire la présente lettre dans un de vos prochains numéros.

Recevez, monsieur, mes salutations bien sincères,

GEORGES LUTZ,<br/>*Fabricant d'outils pour tanneurs et corroyeurs.*

# AGRICULTURE ET TANNERIE

## Une Tondeuse nouvelle

### LA RAPIDE

POUR LES CHEVAUX, LES BESTIAUX ET TOUS LES ANIMAUX A POIL

A propos d'un compte rendu fait par un journal spécial d'agriculture sur ce nouvel outil, nous disions, dans notre numéro du 3 juillet : « Cette tondeuse française, qui se nomme *la Rapide*, est merveilleuse, et donne des résultats dont l'agriculteur et le tanneur profiteront. »

On aurait pu ajouter que tous les propriétaires d'animaux, ceux-là même qui ne sont ni agriculteurs ni tanneurs, voudront aussi avoir chez eux cet outil, qui intéresse tant l'agriculture,

Il intéresse d'abord, parce que si les chevaux y sont nombreusement employés, l'expérience a démontré que les bestiaux, lorsqu'ils sont tondus avec soin, profitent mieux, et prennent plus promptement de la chair et de la force ; que la peau a des tissus plus serrés et fournit un meilleur cuir.

Quant aux chevaux, pour lesquels est faite plus spécialement encore cette tondeuse, on conçoit que l'impossibilité où elle est de faire la moindre écorchure à l'animal soit une chose précieuse. En cela le tanneur est tout autant intéressé que l'agriculteur.

L'outil est un peigne en acier fin, sur lequel se promènent deux lames à quatre tranchants, qui abattent le poil avec une facilité et une douceur incroyables.

MM. Bétis et Espinasse, de la rue Beautreillis, 11, sont les dépositaires, à Paris, de cette nouvelle tondeuse; mais espérons que bientôt *la Rapide* se trouvera chez tous les marchands quincailliers, selliers et couteliers de la France, et que son usage va se généraliser.

Pour nous, qui avons eu en mains cette tondeuse et qui l'avons essayée, nous dirons simplement que jamais nous n'avons rien vu de plus simple ni de plus pratique, et qu'il est impossible que même le propriétaire d'un seul cheval soit privé d'un outil qui lui permet de le tondre en deux heures.

Ajoutons que cette tondeuse n'a besoin d'aucune réparation. Ce point est essentiel : car, jusqu'à présent, les tondeuses mises dans le commerce avaient cet inconvénient de ne pouvoir se réparer qu'à Paris.

L'agriculture et la tannerie ont trouvé là un instrument que nous ne pourrions trop recommander, et nos lecteurs savent combien nous sommes sobre de ces sortes de recommandations.

A ces lignes écrites en 1870, nous pouvons ajouter que ce remarquable outil, déjà si apprécié lors de son apparition dans le commerce, a subi des améliorations que la pratique a suggérées. Le réglage des lames demandait une certaine intelligence des outils pour être employé avec succès. Aujourd'hui, on n'a plus même à s'occuper de ce réglage, il suffit de placer les lames au hasard, pour qu'elles se trouvent réglées et qu'elles coupent le poil le plus souple comme le plus dur.

Il faut propager cette tondeuse, qui n'a rien de commun avec tout ce qu'on a inventé jusqu'ici dans ce genre, et qui dépasse toutes celles connues comme coupe et comme facilité dans l'emploi. Nous avons mis *la Rapide* dans les mains d'un homme qui n'avait jamais tondu un cheval, et, en quelques heures, la toilette de l'animal était faite sans entailles et sans fatigue.

Les inventeurs, nous a-t-on dit, s'occupent de préparer des tondeuses pour la tonte du mouton. Puissent ces lignes être un encouragement dans cette excellente idée, qui pourra rendre service à la mégisserie comme déjà, en ce qui concerne les races chevaline et bovine, ils ont servi l'agriculteur et indirectement le fabricant de cuirs.

CHARLES VINCENT.

# DÉCRET CONCERNANT LES TANNERIES

### FORMALITÉS A REMPLIR POUR ÉTABLIR UNE TANNERIE EN FRANCE

Aux termes du décret du 15 octobre 1810 et de l'ordonnance du 14 janvier 1815, les tanneries sont, à cause de la mauvaise odeur qu'elles répandent autour d'elles, rangées dans la deuxième classe des établissements dangereux, insalubres ou incommodes.

Cette classe comprend, on le sait, les établissements dont l'éloignement des habitations n'est pas rigoureusement nécessaire, mais dont il importe néanmoins de ne permettre la formation qu'après avoir acquis la certitude que les opérations qu'on y pratique sont exécutées de manière à ne pas incommoder les propriétaires du voisinage, ni à leur causer du dommage.

Pour les établissements de cette catégorie, les formalités à remplir auprès de l'administration sont spécifiées par l'article 7 ainsi conçu du décret du 15 octobre 1810 :

« L'entrepreneur adressera d'abord sa demande au sous-préfet de son arrondissement, qui la transmettra au maire de la commune dans laquelle on projette de former l'établissement, en le chargeant de procéder à des informations *de commodo et incommodo*. Ces informations terminées, le sous-préfet prendra, sur le tout, un arrêté qu'il transmettra au préfet. Celui-ci statuera, sauf le recours au conseil d'Etat par toutes les parties intéressées. S'il y a opposition, il y sera statué par le conseil de préfecture, sauf le recours au conseil d'Etat. »

Comme on le voit, l'établissement d'une tannerie doit être précédé d'une enquête *commodo et incommodo ;* mais l'opposition qui sera faite dans cette enquête par les parties intéressées ne mettrait pas obstacle à ce que le préfet autorisât l'établissement projeté.

Il est maître de statuer comme bon lui semble, sauf le recours ouvert contre sa décision.

Il peut, en autorisant l'établissement, imposer à l'entrepreneur l'adoption de mesures destinées à protéger les habitations voisines. Ainsi, une tannerie établie au faubourg de l'Houmeau, près Angoulême, a été autorisée sous les conditions suivantes : 1° que les fosses de réserve seraient placées sous un hangar dont la devanture serait fermée par des châssis vitrés ; 2° que le fabricant ne pourrait jeter ou faire écouler dans le ruisseau qui borde sa propriété, ni les eaux qui auraient servi à la préparation des peaux, ni les eaux de lavage provenant des fosses, ni résidus, ni immondices quelconques ; 3° que lesdites eaux, immondices et résidus seraient emportés hors de l'établissement, dans des tonneaux fermés ou jetés dans des puits d'absorption placés à une distance convenable du ruisseau précité et des propriétés voisines.

Mais pour que des mesures spéciales puissent être prescrites par le préfet, il faut, d'une part, qu'elles soient imposées à l'entrepreneur de la tannerie, et non aux propriétaires des habitations voisines ; d'autre part qu'elles soient d'une exécution assez facile pour ne pas rendre illusoire le bénéfice de l'autorisation accordée.

Nous devons, en terminant, faire une observation importante.

L'autorisation administrative est toujours donnée sous réserve des droits des tiers. Elle n'empêche donc pas les parties qui se prétendraient lésées de se plaindre du préjudice causé par le voisinage de la tannerie, et d'obtenir devant les tribunaux la réparation de ce préjudice, alors même que les mesures spéciales auraient été imposées à l'entrepreneur dans l'intérêt des parties plaignantes.

Mais c'est à celui qui réclame une indemnité à établir le dommage, et, tant qu'il n'a pas fait sa preuve, le maître de la tannerie ne lui doit rien.

Victor Emion,
*Avocat à la Cour impériale.*

# DES EXPOSITIONS FUTURES

### ET DU MODE A ADOPTER POUR LES RÉCOMPENSES

On annonce une exposition universelle à Lyon. A ce grand concours, d'autres succéderont sans nul doute; aussi n'est-il pas inopportun de reproduire ici les réflexions que nous ont suggérées, en 1867, les difficultés en face desquelles s'est trouvé le jury chargé de distribuer les récompenses accordées aux industriels qui ont pris part à cette exhibition. L'admission, à ce concours sans précédent, était déjà chose si difficile, que l'on a pu considérer comme une distinction sérieuse l'honneur d'en avoir fait partie. On conçoit alors avec quelle ardeur chacun a dû discuter ses droits aux récompenses ! Si, dans l'industrie des cuirs et des peaux, les récriminations n'ont pas été très-vives, de justes réclamations ont été néanmoins faites ; mais cela résultant de la force même des choses et non du jury, nous croyons devoir, en jetant un regard sur les critiques inspirées par le passé, essayer d'éviter que dans l'avenir les mêmes faits regrettables ne se reproduisent.

En agissant ainsi, nous espérons servir autant les expositions que les exposants.

Nous avons eu plus d'une fois l'honneur d'être nommé membre du jury d'expositions industrielles et nous avons constaté que, malgré l'impartialité la plus grande, avec les idées adoptées jusqu'ici pour la distribution des récompenses, on ne pourrait éviter de *légitimes* mécontentements.

Ces faits regrettables tiennent surtout à deux causes :

La première : — *L'organisation défectueuse des classements*. Avec cette organisation, il n'était pas rare de voir une *seule* récompense disputée par *cinq* ou *six* branches *distinctes* d'une industrie, ce qui ne pouvait manquer de donner lieu à de justes récriminations.

La seconde : — *L'absence d'un programme expliquant clairement ce qui doit motiver la récompense*.

D'où il résulte que tel juré est disposé à récompenser les gros chiffres d'affaires, que tel autre, au contraire, ne donnera de médailles qu'à la très-belle fabrication, pendant qu'un troisième juré ne voudra voir de mérite que dans le bon marché de l'objet fabriqué. Par les mêmes raisons diverses, les exposants croiront avoir un droit supérieur à leurs collègues. Et, de ce chaos, ce n'est pas la lumière qui peut naître.

C'est du reste ce qui ressortira, nous l'espérons du moins, des articles suivants écrits sous l'impression même de la distribution des récompenses, dans un concours où toutes les intelligences industrielles et spéciales des deux mondes étaient incontestablement réunies.

## DES RÉCOMPENSES

### ACCORDÉES

## A L'EXPOSITION UNIVERSELLE DE 1867

### I

Nous abordons aujourd'hui un sujet très-délicat, celui des récompenses accordées par le jury.

Il s'est élevé de tous les côtés des clameurs grandes et des récriminations de toute nature contre les opérations du jury de 1867.

Nous ne venons pas y mêler notre voix ; d'ailleurs, dans l'industrie des cuirs et des peaux, si tout ne s'est point passé non plus à la satisfaction unanime, il faut reconnaître que les plaintes n'ont pas eu le caractère violent qu'elles ont pris dans d'autres classes.

Il est évident que le système d'après lequel on a procédé est défectueux et demande de nombreuses modifications. On s'est plaint aussi que dans beaucoup de classes les connaissances spéciales de MM. les membres du jury faisaient défaut. Dans notre classe des cuirs et des peaux, si la petite peau était, et de beaucoup, plus représentée que la grosse, puisque sur quatre jurés un seul est fabricant de gros cuirs, nous devons dire que, du moins en dehors de leurs aptitudes spéciales, les relations habituelles de ces messieurs touchent à toutes les branches de notre industrie.

Ce qui est ressorti d'incontestable des plaintes générales qui s'élèvent journellement contre les récompenses de l'Exposition actuelle, c'est que le temps accordé à messieurs les membres du jury, pour voir utilement et étudier sérieusement les produits, a été incontestablement trop court. Dans beaucoup de spécialités, les jurés ont eu à peine le temps de voir ; comment ont-ils pu juger ?

Et cela pour aboutir à quoi ? à donner des récompenses le 1er juillet 1867, c'est-à-dire trois mois trop tôt. En effet, les récompenses données, l'animation de l'Exposition devait forcément diminuer, et cela est manifeste aujourd'hui.

Tant que les médailles n'ont pas été distribuées, beaucoup d'exposants allaient presque journellement au Champ de Mars. Depuis, il en est qui n'y sont pas retournés.

Il n'y avait donc aucune utilité à hâter le travail des jurés, tandis qu'il y avait, au contraire, des dangers sérieux à agir comme on l'a fait précipitamment ; dangers qui se sont suffisamment révélés, pour que nous ne venions pas énumérer des faits toujours pénibles à rappeler. D'ailleurs, l'étude que nous commençons aujourd'hui sur cette question a pour but d'empêcher qu'à l'avenir de pareilles erreurs se renouvellent, et de prémunir notre industrie contre les expositions futures où l'on grouperait encore, comme on l'a fait ici, des industries si diverses dans une seule et même classe.

Ne l'oublions pas, c'est là le danger réel ; c'est dans le classement mal entendu, fait en dehors des règles qui régissent les autres classes, bien qu'en apparence on ait suivi la même loi pour tous ; c'est là, nous le répétons, la principale cause de tous les déboires.

Expliquons-nous : on accorde un certain nombre de récompenses à chaque classe pour être distribuées suivant les notes du jury ; or, le jury de la classe 46 devait distribuer ses récompenses non à *une seule industrie*, mais à *huit industries diverses*, n'ayant pas plus de rapport entre elles que la fabrication du calicot n'en a avec la fabrication de la soie.

De là, des déconvenues bizarres, et qui semblent monstrueuses : des médailles d'argent accordées à d'excellents fabricants, mais qui auraient trouvé dans une médaille de bronze une récompense très-suffisante (ce qu'ils déclarent eux-mêmes), lorsque des médailles de bronze sont accordées à des maisons de premier ordre comme production, fabrication et chiffre d'affaires !

Quel rapport y a-t-il entre la fabrication du parchemin et la corroierie ? — Quel rapport y a-t il entre la hongroierie et le cuir verni ? — Quelle analogie peut-on établir entre la mégisserie et le cuir à œuvre ? — Qui oserait mettre en parallèle les peaux de chèvre et de mouton maroquinées et les cuirs forts ? — Qui ? — Personne !

Et cependant des fabrications si diverses sont appelées à être jugées par un même jury et destinées à concourir pour les mêmes récompenses !

Le jury avait si bien compris la défectuosité de ce classement que (tout le monde le sait, nous pouvons donc le dire sans indiscrétion), il avait porté pour la croix de la Légion d'honneur :

Une maison pour le cuir verni ;
Une maison pour la maroquinerie ;
Une maison pour le gros cuir et la corroierie.

C'est ainsi que, pour les distinctions suprêmes, la force des choses avait amené le jury à faire déjà une division plus sérieuse.

Cette confusion dans le classement est la cause de toutes les erreurs. C'est pourquoi à l'avenir les fabricants de cuirs et de peaux devront demander à concourir *séparément* et *spécialement par industrie*, sinon ils devront refuser ; car toutes les expositions faites comme les précédentes seront pour les industriels exposants une source nouvelle de déceptions.

Pourquoi ne pas faire comme dans le groupe IV, où nous voyons les fils divisés en cinq classes distinctes :

Classe 27. — Fils et tissus de coton ;
— 28. — Fils et tissus de lin et de chanvre ;
— 29. — Fils et tissus de laine peignée ;
— 30. — Fils et tissus de laine cardée ;
— 31. — Fils et tissus de soie.

Cinq classes, bien que tout cela ne soit que du fil ! Il faudrait donc, selon nous, que les cuirs et les peaux soient au moins divisés :

En 1° Cuirs tannés pour semelles et cuirs à œuvre destinés au corroyage ;

2° Cuirs corroyés pour chaussures, sellerie et machines ; peaux hongroyées ;

3° Cuirs vernis, noirs et de couleur ;

4° Peaux de chèvre et de mouton maroquinées, pour chaussures, reliures, meubles et objets de maroquinerie ;

5° Peaux mégissées, pour chaussures et gants ; peaux chamoisées et parchemin.

Nous n'avons pas voulu multiplier les classes, sans cela

nous aurions classé la parcheminerie et la hongroierie séparément. Mais nous avons voulu présenter une chose acceptable.

Ce point là accepté, le plus fort serait fait. Cependant, bien que par cette réforme le plus grand des inconvénients qui s'est révélé disparaisse, il est encore d'autres points essentiels à étudier et à modifier pour rendre incontestablement utiles les expositions futures.

## II

Nous croyons avoir suffisamment démontré, pour n'avoir pas besoin d'y revenir aujourd'hui, la nécessité, dans les expositions à venir, de classer à part les spécialités diverses dont se compose l'industrie des cuirs et des peaux, et de faire concourir entre elles seulement chaque spécialité. Mais les raisons se pressent sous notre plume, et elles nous paraissent si concluantes que nous croyons utile de les mettre sous les yeux de nos lecteurs ; ne faut-il pas que les erreurs du passé deviennent l'enseignement de l'avenir ?

La classification actuelle est arbitraire ; elle a eu pour inconvénient grave de rendre le travail du jury très-difficile et, nous pouvons le dire, de lui ôter de ce caractère sérieux qui est indispensable dans les luttes pacifiques du genre de celle qui nous occupe.

Chaque journal spécial, selon nous, doit donner des avis sérieux sur ce qui se passe dans l'industrie qu'il représente, et il ne faut plus que des faits comme ceux que signale ce matin le journal *le Temps* puissent se représenter.

Voici ce fait :

« Parmi les protestations qu'ont soulevées les décisions du jury de l'Exposition, on nous en signale une qui est tout à fait significative, car on ne peut la rejeter sur l'amour-propre blessé.

« Le jury de la 36ᵉ classe n'avait accordé qu'une récompense de second ordre à M. Sordoillet (ancienne maison Jacquemin), fabricant d'acier poli, pendant qu'un autre exposant en obtenait une d'un ordre plus élevé. Tous les fabricants de cette industrie, jugeant la décision erronée, se sont réunis et ont décerné, en commun, à M. Sordoillet une médaille en vermeil, avec un brevet ainsi conçu :

A Sordoillet (ancienne maison Jacquemin)

Les fabricants de bijoux d'acier réunis.

Hommage rendu par les soussignés au promoteur de la bijouterie d'acier poli.

(*Suivent les signatures*).

L'industrie des cuirs et des peaux n'a-t-elle pas fait jadis une démarche en corps auprès de M. Cunin-Gridaine, alors ministre du commerce et de l'industrie, pour que la croix fût accordée à un fabricant de maroquins ! Démarche d'ailleurs couronnée de succès.

Et, puisque nous parlons de *croix*, pense-t-on, par exemple, qu'il n'y eût eu qu'une croix pour notre industrie des cuirs et des peaux, si l'on eût fait comprendre que sous cette simple dénomination : *Cuirs et peaux*, il y avait, en réalité, cinq ou six industries spéciales, importantes et d'utilité première ? Non, évidemment. Le jury qui demandait trois croix, et qui se croyait modeste, les eût obtenues, si au lieu d'avoir à récompenser une seule classe on en eût eu cinq, ou tout au moins trois à satisfaire.

« Vous êtes trop ambitieux, a t-on répondu ; comment vous voulez trois croix pour votre seule classe ? Une seule suffira ! » Et voilà déjà un des effets de ce classement.

Il résulte de toutes ces observations que plus on multiplie

les classes, — en se tenant bien entendu dans le droit et la raison, — plus on augmente les chances de récompenses.

Voici maintenant une autre considération qui a bien son importance, et qui, selon nous, prime encore celle des récompenses. Si, au lieu d'une classe, l'*industrie des cuirs et des peaux* en avait eu trois — c'est cinq au moins qu'il faudrait, mais contentons-nous des trois dont nous avons parlé dans le précédent numéro, — elle eût certainement compté un tiers en plus d'exposants. En effet, en mélangeant toutes les spécialités en une *seule*, les comités qui obtenaient cinq et six admissions par grand centre, avaient l'air d'obtenir beaucoup, alors qu'en réalité ils obtenaient peu.

On eût d'ailleurs compris qu'il fallait que chacune de ces classes eût un nombre sérieux d'exposants pour qu'il y ait lutte, et, dans certains cas, cette lutte n'a pas été sérieuse faute de combattants.

Et quelle émulation ! quelle énergie dans les moyens d'action chacun déploierait lorsque l'on saurait que l'on entre sérieusement en lutte avec un confrère, c'est-à-dire produit contre produit, les similaires en face les uns des autres ! Voilà le plus chaud stimulant pour arriver à rendre vraiment utiles les concours industriels.

Mais ce qu'il faut encore et avant tout faire connaître, le jour où l'on fera appel à des exposants, c'est un programme très-clair, très-net *de ce qui doit motiver les récompenses.* Quelles sont les conditions à remplir pour être distingué et regardé comme méritant ? Voilà des questions auxquelles il faut répondre franchement et sans ambiguïté pour ne plus laisser de prétexte à des préférences souvent incompréhensibles.

Ce programme va fournir le sujet de notre dernier article.

## III

Que fallait-il faire pour mériter une récompense à l'Exposition universelle de 1867 ?

Voilà certainement une question à laquelle beaucoup de membres du jury seraient fort embarrassés de répondre.

En effet, si l'on récompense seulement le produit exposé, vous trouverez dans toutes les classes des marchandises de toutes sortes admirablement travaillées et qui ont à peine été mentionnées.

Il est bien évident que, dans beaucoup de cas, bien faire par exception, n'est pas une chose absolument difficile. Chez les uns, le travail surpayé d'ouvriers exceptionnels; chez les autres, le choix de marchandises toutes spéciales préparées à l'avance et mises de côté pour attendre un concours ; chez d'autres, enfin, des marchandises achetées ailleurs et exposées effrontément comme venant d'eux; voilà des cas qui peuvent se présenter et qui n'ont pu manquer de faire réfléchir le jury lorsqu'il s'agit tout simplement de récompenser les produits mis sous ses yeux.

Cependant, hâtons-nous de le dire, ce qui est très-facile dans d'autres industries que la nôtre, l'est moins dans la fabrication des cuirs. Mais nous n'avons pas voulu rapetisser une question générale à des proportions trop spéciales.

Récompense-t-on, au contraire, les gros chiffres d'affaires ?

Mais, en ce cas encore, dans beaucoup de classes, des maisons de premier ordre, non-seulement comme affaires, mais encore comme fabrication, n'ont eu que des médailles de bronze.

Récompense-t-on les fabricants qui ont mis en pratique les moyens mécaniques ?

Récompense-t-on avant tout les innovateurs ?

Récompense-t-on ceux qui, partis d'une condition médiocre, ont su se conquérir un rang distingué dans leur industrie ?

Récompense-t-on de préférence le fabricant qui livre à la consommation française, à celui qui, au contraire, va faire flotter au loin le drapeau commercial de la France?

Récompense-t-on le fabricant qui vend le plus cher, par la raison qu'il ne livre que des marchandises de choix, ou toutes les préférences du jury seront-elles pour ceux-là qui arrivent à fournir des produits à très-bas prix sans s'inquiéter de la qualité?

Le côté artistique de chaque profession doit-il être plutôt l'objet d'une récompense que son côté purement mercantile?

Doit-on tenir compte des difficultés que les fabricants de la province ont à se procurer des ouvriers d'élite, ou ne doit-on voir que les résultats obtenus?

Doit-on enfin accepter dans ces sortes d'expositions les personnes qui ne fabriquent point? Il semble impossible que l'*acheteur*, quels que soient d'ailleurs son goût et son mérite, vienne concourir au même titre que le *créateur*. Et c'est cependant ce qui s'est fait dans plus d'une spécialité.

Voilà, ce nous semble, des questions qui méritent d'être étudiées, et, dans tous les cas, qui doivent être clairement débattues lorsqu'il s'agit d'appeler des concurrents à une exposition publique.

Nous croyons que les conditions d'un concours universel ne doivent pas être les mêmes que pour une exposition locale; mais encore faut-il connaître, pour concourir utilement, les causes du succès. Pour bien faire une chose, la première des conditions c'est de savoir ce que l'on a à faire, et malheureusement les exposants, cette fois, n'ont pas su et ne savent pas encore au juste *ce qui* a été récompensé!

Il est encore d'autres questions qui ne manquent pas de gravité. Il en est une cependant par laquelle nous voulons terminer ce petit travail, parce que nous croyons que de la façon dont on la résoudra peut dépendre le succès des expositions à venir.

Nous croyons qu'il serait juste que dans les expositions

prochaines, toutes les personnes qui ont obtenu des premières récompenses : croix ou médailles d'or, ne soient admises que *hors concours*. Il y a pour cela diverses raisons, dont la moins importante est celle de priver un certain nombre d'exposants de récompenses méritées.

Ainsi, par exemple, dans la classe 46, où, tout le monde le reconnaît, toutes les médailles d'or ont été bien distribuées. Sur quinze médailles d'or accordées à l'industrie des cuirs et peaux, neuf médailles ont été données à des exposants français et étrangers qui avaient déjà reçu cette récompense et dont plusieurs même, à la suite, avaient été nommés chevaliers de la Légion d'honneur.

*Neuf, et peut-être dix médailles d'or sur quinze!* C'est autant de moins pour d'autres exposants non moins dignes, sans aucun doute; car, entre les premières médailles d'argent et les dernières médailles d'or, il nous est permis de penser que la différence est peu sensible.

Une autre raison qui milite également en faveur de ces mises hors concours, c'est la situation perplexe où sont placés les membres du jury, qui, craignant de faire déchoir du rang qu'elles ont conquis les maisons déjà médaillées, ne croient pas pouvoir leur refuser une médaille d'or par le seul fait qu'elles en ont eu une précédemment.

Il résulte fatalement de cette façon de récompenser, que ceux qui arrivent, une fois les premières places occupées par d'autres, eussent-ils tous les talents, toutes les aptitudes et toutes les richesses commerciales et industrielles en main, n'en sont pas moins classés au second rang.

C'est à peine si, au premier rang, une place sera faite de temps en temps, honorables exceptions venant juste à point pour constituer cette règle injuste qui veut que les récompensés d'hier soient fatalement les récompensés de demain.

CHARLES VINCENT.

## TANNAGE RAPIDE ET RATIONNEL

Le 26 février 1870, nous avons publié, dans le journal *la Halle aux Cuirs*, une lettre de M. Benoit, dans laquelle on annonçait un mode de tannage nouveau sous ce titre : *Tannage rapide et rationnel*.

L'inventeur (qui n'est pas M. Benoit) a pris ce titre, parce qu'avec son procédé, on tanne vite sans faire un autre emploi que celui du tannin, parce qu'ensuite, pour le mettre en usage avec succès, il suffit d'être tanneur, et enfin, parce que toutes les tanneries actuelles outillées mécaniquement ou non peuvent en faire l'application immédiate.

Mis en garde par nos propres appréhensions qui, nous l'avouons, ne sont que très-peu favorables aux procédés accélérés, nous nous assurâmes que l'inventeur était bien véritablement un tanneur. Nous fûmes bien obligé de reconnaître que nous avions affaire à un homme très-compétent, fils de tanneur et tanneur lui-même, s'occupant depuis plus de vingt années d'un tannage rapide, ayant pour base les éléments de l'ancien système.

Cet inventeur, non-seulement n'emploie pas d'acide, mais, où la tannerie ordinaire croit devoir s'en servir quelquefois, pour le montage des peaux, il le supprime.

De plus, ce praticien a acquis des connaissances chimiques qui lui ont permis de discuter la question du tannage avec un professeur distingué, M. Buran, qui, jusqu'à sa mort, s'est occupé, avec M. Payen, de l'Institut, et quelques autres savants, des études de la chimie appliquée à l'industrie.

Un questionnaire, soumis par notre inventeur à M. Buran, a passé sous nos yeux. Cette note manuscrite, émanée de la main même du savant professeur, est assez curieuse pour être reproduite ici ; elle prouvera avec quelle sollicitude et quelle intelligence de la question notre tanneur-inventeur a procédé dans ses laborieuses recherches.

---

*Questions sur le tannage soumises par l'inventeur à M. Buran, ingénieur-chimiste, chevalier de la Légion d'honneur, très-connu dans le monde scientifique, suivies des réponses de ce dernier.*

$1^{re}$ question. — Le tannage a pour but de convertir la peau en cuir ou tannate de gélatine.

Les uns prétendent que la combinaison se fait seulement avec la gélatine; d'autres veulent que la combinaison se fasse avec la gélatine et la fibrine, et nullement avec l'albumine.

D'autres, enfin, assurent que le tannin et l'extractif se combinent avec l'albumine, la fibrine et la gélatine.

D'après cela, on demande si la combinaison a lieu *avec tous les principes constituants* de la peau, ou bien si c'est seulement avec l'un ou plusieurs d'entre eux ?

Réponse : — *Avec tous les principes constituants.*

$2^e$ question. — D'après certains chimistes, on soutient que l'albumine est inattaquable par le tannin et coagulable par la chaleur, ou les écorces arrivées à la fermentation ou très-fortement acides; que c'est l'obstacle réel à la pénétration du tannin qui retarde ainsi l'opération du tannage.

Réponse : — *Sans influence.*

$3^e$ question. — D'après cela, on demande : 1° si, par la décomposition de la matière tannante, les écorces arrivant à la fermentation ou très-fortement acides, il y a lieu d'admettre que cet acide empêche la pénétration du tannin. Pourrait-on empêcher les écorces de devenir acides ?

2º En soumettant les écorces, avec de l'eau, à l'action du calorique, dans une chaudière à feu nu et à air libre, deviendraient-elles acides en se décomposant ?

Réponse : — *Non.*

4ᵉ question. — L'action du calorique à feu nu et à air libre donnant un produit très-coloré, et par conséquent considéré comme nuisible à la beauté des cuirs, pourrait-on vaincre cet obstacle et par quels moyens ?

Réponse : — *C'est une propriété inhérente à la matière et non un obstacle.*

5ᵉ question. — Est-il vrai que la chaleur détruit le tannin ou l'altère ?

Réponse : — *Quand il s'agit de chaleur humide, non.*

6ᵉ question. — Si on mettait dans un alambic des écorces de chêne pulvérisées avec de l'eau, et si l'on chauffait jusqu'à ce que la distillation soit opérée, le liquide, contenu dans la cucurbite (on nomme ainsi en chimie le vase dans lequel on met les substances que l'on veut distiller), contiendrait-il du tannin ayant les mêmes propriétés que celui que l'on obtient en faisant macérer du tan à froid à la manière ordinaire ?

Réponse : — *Oui.*

7ᵉ question. — Serait-il moins coloré que celui qu'on pourrait obtenir en faisant cuire du tan et de l'eau dans une chaudière à feu nu et à air libre ?

Réponse : — *Un peu moins.*

8ᵉ question. — Aurait-il les mêmes propriétés, le même effet sur les peaux ?

Réponse : — *Oui.*

9° question. — Est-on d'avis que l'albumine des peaux est coagulable par les écorces arrivées à la fermentation ou très-fortement acides ?

Réponse : — *Oui.*

10° question. — Dans le cas affirmatif, serait-ce là un obstacle réel à la pénétration du tannin dans les pores de la peau, ou cela ne ferait-il que retarder l'opération du tannage ?

Réponse : — *Cela peut retarder l'opération, mais non l'empêcher.*

11° question. — D'après un autre savant, les jus contenant de l'acide ou des jus acides font sortir la graisse qui est renfermée dans l'intérieur des peaux à la surface, et rend ainsi la combinaison des peaux avec l'acide tannique plus difficile.

Cela est-il vrai ?

Réponse : — *Oui.*

12° question. — D'après certains auteurs, l'acide acétique produit des fermentations de tan et réagit sur la fibrine, la ramollit et la change, en partie, en gelée transparente se combinant avec le tannin. Outre cela, cet acide, dont la peau reste plus ou moins imbibée, précipite la solution de tannin, et en fixe ainsi une plus grande quantité dans le cuir.

Cela est-il vrai ?

Réponse : — *C'est une théorie que je ne me charge pas de garantir.*

13° question. — D'après les uns, l'emploi de l'acide acétique et de la mélasse indigène dans la composition des jus de tan accélère le tannage. D'autres soutiennent que les acides, comme les alcalis employés avec les matières animales, les altèrent.

Cela est-il vrai?
Réponse : — *Oui.*

14ᵉ question. — Il existe des industriels qui soutiennent que les chlorydrates métalliques solubles (le chlorydrate de zinc surtout) ont la propriété de se combiner avec la fibrine et l'albumine en les portant à 35 degrés de concentration et en les employant avec les jus du tan.

Peut-on admettre ce moyen?

Réponse : — *Oui. On pourrait y ajouter le chlorydrate de manganèse.*

15ᵉ question. — Les sels de protoxyde et de péroxyde de mercure, que l'on dit précipiter abondamment la gélatine, seraient-ils d'un emploi avantageux dans le tannage?

Les cuirs seraient-ils de bonne qualité ?

Réponse : — *Non, sous aucun rapport.*

16ᵉ question. — Existe-t-il des agents solubles et surtout économiques pour activer le tannage des peaux ?

Réponse : — *Oui, le chlorydrate double de zinc et de manganèse surtout.*

17ᵉ question. — D'après Calvert, les extraits tannifères peuvent se conserver avec la créosote de goudron de houille, qui se compose en grande partie d'acide carbonique (phénilique).

Réponse : — *C'est vrai, mais la créosote du bois est préférable.*

18ᵉ question. — On prétend qu'un extrait de sumac mélangé, il y a plus d'un an, avec quelques centièmes de cet acide, est aussi intact qu'à cette époque?

Réponse : — *C'est naturel.*

19ᵉ question. — D'après cela, pourrait-on espérer l'application avec succès de ce produit, de telle sorte que l'on puisse empêcher les dissolutions de tan de s'aigrir?

Réponse : — *Cela peut s'opérer soit avec la créosote de bois, soit même avec de l'huile de goudron de houille.*

20ᵉ question. — N'est-on pas d'avis que huit ou dix jours suffisent pour que les liqueurs tannantes s'identifient.

Réponse : — *Cela dépend de la température.*

21ᵉ question. — D'après les uns, le tannin se détruit en présence de l'air par sa transformation en acide gallique.
Cela est-il vrai ?

Réponse : — *Oui, mais le phénomène se produit lentement.*

22ᵉ question. — Dans le cas affirmatif, quels seraient les moyens à employer pour empêcher cet effet?

Réponse : — *La créosote de bois ou l'huile de goudron.*

23ᵉ question. — Le tannin et l'extractif ne sont jamais séparés l'un de l'autre, et ils agissent ensemble pour convertir la peau en cuir,
Cela est-il vrai ?

Réponse : — *Oui.*

24ᵉ question. — Si l'on admet que l'extractif est nécessaire dans l'opération du tannage, on doit admettre que l'extractif, pour produire son effet, doit se décomposer.

Réponse : — *Ce n'est pas une conséquence nécessaire.*

Ici s'arrêtent, non les questions de l'inventeur, mais les réponses de M. Buran. Et, quoi qu'il en soit du procédé, il n'est pas sans intérêt pour nos lecteurs de connaître l'opinion d'un homme aussi spécial que l'était M. Buran.

Enfin, pour donner une idée à nos lecteurs des connaissances spéciales de cet inventeur, nous le priâmes (sous le nom de M. Benoit) de vouloir bien publier, dans la *Halle aux Cuirs*, ses réflexions sur les principaux brevets pris en France, ce qu'il fit dans quelques articles que nous croyons bon de reproduire dans ce livre, puisqu'ils peuvent être comme les notes qui précèdent, dans tous les cas, fort utiles à nos lecteurs.

### DES INVENTIONS CONCERNANT LE TANNAGE

1. — Les procédés par l'emploi du sucre ou de la mélasse à air libre ou à vases clos, ont été promptement abandonnés par leurs auteurs, vu les dépenses nécessitées par les matières sucrées d'une part, et par la cherté des appareils, de l'autre. D'ailleurs, la mélasse et le sucre pénétraient bien dans les peaux, mais sans *s'y combiner*, comme l'eau, par exemple, entre dans une éponge et en sort à la première pression qu'on lui fait subir. L'exemple que je donne ici, pour mieux me faire comprendre, est naturellement exagéré, car le cuir en cuve n'est point aussi ouvert qu'une éponge, et la mélasse n'est point aussi fluide que l'eau.

2. — Les divers procédés basés sur l'emploi d'ingrédients que l'on mélangeait au tannin pour activer ou augmenter sa puissance, — ainsi des sulfates d'alumine, du carbonate de soude, du sulfate de magnésie, des chlorures métalliques, et notamment des chlorures de zinc, — et qui produisaient l'effet opposé. Ces solutions exerçaient, en effet, une influence fâcheuse sur le tannin d'abord, parce qu'à leur contact le tannin se *précipite* et perd de beaucoup ses qualités tannantes, et sur les peaux ensuite, car ces peaux étaient attaquées par les acides contenus dans les substances minérales et métalliques en question, acides que la dissolution desdites matières dans le liquide rendait libres. Or, l effet de

ces acides a toujours pour conséquence d'attaquer plus ou moins le tissu des peaux.

3. — Le tannage par le vide. — C'est-à-dire obtenu à l'aide d'une machine pneumatique. M. Knoderer, de Strasbourg, qui certainement était loin d'être un ignorant en tannerie, a voulu utiliser ce moyen, et ce n'est qu'au prix de dépenses considérables qu'il est parvenu à installer cet outillage qui, on le sait, pour une cause ou pour une autre, a abouti à une cessation complète de son système, dont partie, assure-t-on, est employée avec succès en Allemagne.

Mais les dépenses de cet outillage, son entretien, seraient des raisons suffisantes pour abandonner ce procédé, en admettant, qu'il puisse être appliqué sur une vaste échelle, c'est-à-dire manufacturièrement.

4. — Certains chercheurs ont aussi voulu utiliser les liquides riches en carbone, tels que l'oxyde méthyle (esprit de bois), la térébenthine, etc. Mais tous ces liquides coûtent trop cher, ce qui en rend l'application en grand impossible.

En outre, plusieurs de ces agents prédisposent effectivement la peau à recevoir vivement le tannin et même à s'en pénétrer, c'est-à-dire à se tanner promptement. Mais il reste acquis aux expérimentateurs que les peaux tannées par ces divers procédés sont spongieuses et naturellement légères; cela produit ainsi le contraire du but qu'un bon fabricant cherche à atteindre.

5. — Il est un système qui a donné pendant quelque temps des espérances sérieuses de succès. C'est le moyen consistant à faire le vide des jus dans les *fosses à cuirs*. On remplaçait les jus ordinaires par des solutions plus concentrées. On a dû y renoncer cependant en raison de la dépense de main-d'œuvre occasionnée par ce moyen et aussi par suite de l'inconvénient résultant du tassement des cuirs

En effet, à mesure que l'on retirait le liquide de la fosse, il se produisait un affaissement des cuirs, et cela à un tel degré, que les dernières peaux placées au fond de la cuve se trouvaient pressées de telle façon qu'elles n'étaient plus à l'état de gonflement nécessaire pour se combiner utilement avec le tannin.

6. — Le système des tonneaux mis en mouvement a aussi eu ses admirateurs. Il est vrai que ces tonneaux, s'ils n'étaient pas d'une dépense aussi considérable, pourraient servir à préparer les cuirs au tannage; mais quant à la pensée de les tanner entièrement de cette façon, il a fallu y renoncer. Dans ces appareils, les peaux soumises aussi longtemps à ce mouvement finissaient par se creuser. Elles se *malaxaient* et perdaient à jamais leur fermeté primitive.

7. — Le chauffage des cuves, au moyen de tuyaux serpentins établis au fond d'une fosse à double fond, a dû être encore abandonné, non-seulement par les dépenses qu'il nécessite, mais surtout parce qu'il produit des cuirs légers, peu serrés et d'une couleur tout à fait défavorable à la vente.

8. — Le tannage par l'emploi des huiles lourdes, 2 p. 100 en première écorce et 3 p. 100 lorsque les cuirs sont plus avancés. Couchage en fosse comme à l'ordinaire, en excluant l'emploi de l'huile de goudron dans les fosses afin d'ôter l'odeur aux cuirs. Ce procédé a été abandonné par suite de la dépense d'abord; ensuite il produisait un cuir mou et d'une mauvaise odeur. (Breveté 31 mai 1863.) Il n'avait d'ailleurs aucun effet rapide.

9. — Tannage par l'écorce de bouleau et par la suie. Mis en application en 1864 dans la Moselle, ce procédé a été abandonné. En admettant que les produits tannés par ce procédé eussent été acceptés par le commerce, ils ne pouvaient

être susceptibles d'une application en grand, car l'on ne peut se procurer des quantités d'écorces de bouleaux et des quantités de suie.

10. — Tannage par le foulon, par l'emploi du cachou, de l'alun, le sumac et l'essence de térébenthine. Ce procédé a donné sur le marché de Paris des résultats qui s'annonçaient par les plus belles espérances, et l'on a cru, à un moment donné, qu'on avait tout à fait résolu la grande question ; mais le manque de poids et les défauts d'uniformité de la couleur, n'ont pas encouragé les auteurs de ce procédé, qui n'a réussi, du reste, que sur les veaux et non sur les cuirs à semelles. Quant aux cuirs forts, l'on n'a jamais tenté de l'appliquer ; on sait, du reste, que l'usage du foulon, de l'alun, du sumac et de l'essence de térébenthine sont des obstacles insurmontables pour fabriquer le cuir fort.

11. — Tannage par l'emploi d'un appareil résistant à la pression de 40 atmosphères. Il est facile de comprendre l'impossibilité pratique de cet appareil très-coûteux, et dont le prix en exclut l'emploi en grand, en même temps qu'il produit des cuirs légers, dont les fibres sont altérées par la pression.

12. — Tannage par l'URÉE. En 1853, il a été pris un brevet d'invention en employant 5 kilog. d'urée dans 500 litres d'eau et 1,000 kilog. de cuir. On ajoutait de l'urée chaque fois que l'on changeait l'eau. On a employé l'urée pour ébourrer les peaux. Ce singulier procédé n'a pas trouvé d'admirateurs.

13. — Tannage par les sels de fer. Il a été pris plusieurs brevets, en 1853 et 1855, pour tanner les cuirs par l'emploi du sulfate de sesquioxyde de fer, le lactate, l'azote, le carbonate dissous dans l'acide carbonique, l'acétate, le perchlorure de fer, et la présence, dans les dissolututions, d'un

ou plusieurs oxydes, ou d'un ou plusieurs sels dont les oxydes sont capables de remplacer l'oxyde de fer dans le sel ferrique, l'oxyde de fer se combinant avec la matière animale.

Par économie, on amenait, dans la liqueur tannante, le sel de protoxyde à l'état de peroxyde, etc.

Ce tannage ne coûtait que 5 francs par cuir et s'effectuait en un mois; mais le cuir était d'un poids excessif et spongieux tout à la fois, et cela à un tel degré, que l'on ne pouvait faire usage de la chaussure. Un établissement de ce genre a été formé à Chêne, canton de Genève (Suisse); les résultats n'ont abouti qu'à un désastre.

14. — Tannage par l'emploi d'appareils de rotation. En 1845, un tanneur d'Édimbourg a pris une patente anglaise pour un appareil en forme de tambour, autour duquel il pressait les peaux les unes contre les autres.

Le tambour tournait sur son axe horizontal. Les peaux, qui étaient en dessous, plongeaient dans le liquide, tandis que celles qui étaient hors du liquide se pressaient les unes contre les autres. On prétendait que cette opération facilitait considérablement l'action de la liqueur. On conçoit les frais de main-d'œuvre et de mouvement d'un matériel de ce genre, qui, s'il a donné quelques résultats, n'était nullement applicable en grand.

15. — Le tannage par l'emploi de l'alun à base de potasse. On a prétendu que l'alun était un auxiliaire puissant pour accélérer le tannage des cuirs, et que ce sulfate d'alumine et de potasse donnait lieu à un cuir d'une qualité exceptionnellement bonne; mais l'acide sulfurique, devenu libre, a prouvé, par son influence sur les peaux, non-seulement qu'il ne précipitait pas la gélatine, mais encore qu'il produisait un cuir qui se détériorait rapidement par l'usage.

Tous les cuirs qui nous arrivent sur le marché de Paris,

et pour lesquels on a employé comme auxiliaire l'alun, sont faciles à reconnaître, et ce système de tannage est abandonné dès qu'on en a vérifié les conséquences, car ce cuir est spongieux et hygrométrique.

Le même inventeur a eu l'idée d'employer les solutions alcooliques et le savon, avant le tannage, ce qui augmentait considérablement les frais de fabrication ; on conçoit, dès-lors, les motifs qui ont fait renoncer à ce procédé.

16. — En 1854, il a été pris un brevet d'invention pour un tannage ayant pour objet d'arroser les peaux alternativement avec des liquides tannants de diverses natures ; les peaux, après avoir été suspendues à des crochets, étaient soumises alternativement à un bain de tannin ; ensuite à des bains d'acétate d'alumine et de pyrolignite d'alumine ; on fixait les peaux sur des cadres placés verticalement dans les fosses à tanner, on augmentait chaque jour la densité du liquide et la cessation de l'absorption des liquides indiquait la complète tannaison. Ce procédé a donné des résultats complétement satisfaisants, comme accélération, mais il a dû être abandonné en raison du manque de poids et de fermeté.

17. — En 1853, il a été pris un brevet, en Amérique, importé depuis en France ; il consistait dans un mélange de tannin provenant d'avenalède, dividivi, sulfate de soude, sulfate de magnésie, sulfate d'alumine, carbonate de soude, acide borique et ammoniaque liquide, dissous séparément dans l'eau chaude, provenant de décoction de jusée. On couchait les cuirs en fosse à la manière ordinaire, et on abreuvait avec le liquide de ladite composition et de la bonne jusée. On prétendait aussi que cette composition accélérait beaucoup l'opération du tannage ; on prétendait encore que le borax ou acide borique avait un effet très-

avantageux. Ce procédé n'a pas été suivi, et l'on a dû y renoncer par les difficultés d'application ; et les produits étaient loin d'avoir les qualités voulues pour le commerce.

18. — En 1863, il a été pris un brevet pour la conservation des peaux fraîches par l'emploi du deuto-carbone, produit extrait de la houille ; l'on prétendait aussi que les cuirs ainsi conservés se tannaient rapidement. Jusqu'à présent le commerce de Paris n'a pas pu apprécier l'efficacité de ce moyen, et jusqu'ici il n'a été à la connaissance d'aucun fabricant que ce procédé ait été mis en pratique.

19. — En 1859, il a été pris dans les États de New-York un brevet d'invention pour un procédé de tannage au moyen de l'électricité. L'inventeur a même pris un brevet d'importation en France, espérant sans doute obtenir un immense profit de sa découverte. On sait que ce procédé n'a produit aucun résultat.

20. — Un autre procédé qui s'annonçait sous les plus brillants auspices, et qui a été breveté en 1860, avait pour objet l'emploi du tannin, simultanément avec les liquides salins pour déterminer le gonflement ; il faisait aussi usage de miel de glycérine, sucre de raisin, salpêtre, sel, alun, sel de Glauber ; on se servait de ces divers ingrédients avant et après le tannage. Des renseignements, récemment pris, nous ont donné la certitude que ce procédé n'avait reçu aucune application pratique en France, et l'on ignore encore si l'inventeur en a tiré parti.

21. — Un autre procédé, qui date de la même année, consiste dans l'emploi du perchlorure de fer neutre. On sait que les sels de fer n'ont jamais produit des résultats avantageux.

22. — Un autre système a aussi été breveté la même année pour procédé de tannage par la force centrifuge. Jusqu'ici il n'a pas été à la connaissance de l'industrie des cuirs que ce procédé ait abouti à un résultat.

23. — Même année, procédé de tannage qui soumettait les peaux à une dissolution de chromate de potasse, afin de donner plus d'affinité pour le tannin. Ce procédé a été expérimenté par une des premières maisons de Paris qui n'a pas cru devoir y donner suite.

24. — En 1856, il a été pris une patente anglaise, brevetée en France la même année, pour une méthode de tannage par l'emploi de cuves rondes ou carrées renfermant l'air et résistant à une pression d'environ 50 kil. par 2 centimètres carrés. On employait la pompe pneumatique douce pour forcer la pénétration du tannin dans les peaux.

Ce mode d'opérer, n'étant pas applicable en grand, a été abandonné.

25. — En 1858, il a été pris un brevet d'invention en France pour l'application d'une chaîne sans fin faisant mouvoir des tambours qui font plonger les peaux soumises au tannin et les en font ressortir alternativement dans le but d'accélérer l'opération du tannage. On sait que ce moyen est l'invention de deux tanneurs expérimentés de Paris, qui, après s'être rendu compte de la dépense comparée aux bénéfices qui pouvaient en résulter, ont jugé à propos d'y renoncer, et leur brevet est tombé dans le domaine public.

26. — En 1854, il a été pris un brevet en France pour le procédé suivant, dont partie est appliquée dans plusieurs tanneries.

Après les manipulations qui suivent le débourrage, on

soumet les peaux à un bain colorant composé et appliqué comme suit :

On verse de l'eau bouillante sur des graines de Beblab ou Nebneh réduites en poudre fine; on décante la liqueur et on l'étend d'eau froide de manière à la ramener à 1/10 de l'aréomètre.

Les peaux sont suspendues douze heures dans cette liqueur, le bain est porté ensuite à 2/10, puis, vingt-quatre heures après, il est porté à 4/10.

Après cette opération, les peaux sont retirées et lavées à l'eau fraîche.

La couleur ci-dessus est fixée en passant à plusieurs reprises les peaux dans un mordant, soit acétate, sulfate, ou pyrolignite d'alumine dont le bain doit marquer 2° à l'aréomètre Beaumé jusqu'à ce qu'elles aient pris une teinte uniforme. Les peaux sont retirées et rincées à grande eau et débarrassées de toutes les matières qui ne sont pas combinées avec elles.

Une série de cuves pour extraire le tannin est placée dans une salle chauffée à 15 et 20 degrés centigrades, pour régler en tout temps la marche de l'opération. Un appareil à filtrer le tannin, afin de retenir la farine de tan en suspension dans les jus, est disposé de manière à retirer la farine de tan des jus pour éviter la fermentation.

Les peaux fixées sur des cadres sont placées verticalement dans les fosses à tanner et y sont maintenues à 6/10 de l'aréomètre Beaumé pendant trois ou quatre jours; on remplace journellement les degrés absorbés, après quoi on porte le bain à 8/10, puis on le maintient ainsi de nouveau pendant trois ou quatre jours, jusqu'à ce que l'absorption soit complète ou presque arrêtée.

La cessation de l'absorption indique la complète tannaison.

27. — En 1853, il a été pris en France un brevet d'invention pour emploi dans le tannage des cuirs de la noix, dési-

gnée dans la flore indienne sous le nom de karak-kaïlou, dans la proportion d'une partie de cette dernière et de deux parties de tan. On sait les difficultés de se procurer des quantités de cette substance, et cela suffit pour expliquer l'insuccès.

28. — En 1861, il a été pris un brevet d'invention en France pour l'emploi dans le tannage de l'imystène et du molybdène, considérés comme auxiliaires puissants.

On sait que ce procédé coûteux n'a pas trouvé d'admirateurs.

29. — En 1863, il a été pris en France un brevet d'invention pour un procédé de tannage par les sels organométalliques: sels de fer, de cuivre, de zinc et de plomb.

On lessivait le tan en contact avec ces matières.

On sait les inconvénients résultant de l'emploi des sels dans le tannage.

30. — Un autre procédé inventé à Marseille et breveté en France en 1863, consiste à faire une bouillie de tan; on emploie 4 à 5 kil. de tan par cuir, on rince les cuirs à l'eau claire, ensuite on les met en contact avec une solution de perchlorure de fer; l'inventeur affirme obtenir des cuirs souples et rapidement tannés. L'observation faite plus haut s'adresse également ici.

31. — En 1865, il a été pris un brevet d'invention en France, pour perfectionnement dans le tannage des peaux. L'inventeur enlève la chaux au moyen de l'acide sulfurique étendu d'eau, dans laquelle il plonge les peaux, ensuite il fait un autre bain d'oxymuriate de soude, de chlorure de calcium, etc., qui détruit les traces d'acide sulfurique, il plonge les peaux qui sont ainsi préservées de l'effet de l'acide sulfurique. Les peaux ainsi purgées se tannent plus rapidement.

32. — Même année, il a été breveté en France un appareil pour maintenir une pression constante dans les cuves pour le tannage des cuirs ; on attribuait à cet appareil l'effet de déterminer un tannage plus rapide.

33. — Dans la même année, on a fait breveter en France un système de préparation des cuirs, dit néo-prompt-tannage, consistant en un appareil semblable à un foulon, en employant simultanément les substances à tanner et celles employées en corroierie. Ce système a produit quelques échantillons qui ont été livrés au commerce; l'on ignore pour quelles causes on a renoncé à l'appliquer.

34. — En 1868, il a été pris en France, par des fabricants de Marseille, un brevet pour l'emploi des produits de la combustion du charbon, coke, etc., mélangé avec la chaux, passant dans des serpentins placés au fond des cuves et se rendant dans les cuves.

Ce système a été mis en application par plusieurs tanneries, et l'on est porté à croire que le temps et l'expérience apporteront à l'industrie des cuirs les moyens de s'assurer s'il y a lieu à l'abandonner ou à le perfectionner, car jusqu'ici l'on n'a pas pu en faire une application sérieuse, c'est-à-dire sur une grande échelle. Ce procédé, breveté en France au nom de Ménard (1863), est l'invention d'un industriel de la Moselle, il consistait principalement : 1° à employer l'écorce en paquets et non plus en poudre comme dans les méthodes ordinaires;

2° à faire usage d'une disposition particulière d'appareils ;

3° à employer l'acide carbonique ou tout autre gaz, soit que le tannage s'opère dans le vide, soit par pression hydrostatique ou par la méthode ancienne ;

4° à opérer sur les peaux déposées dans les fosses par

l'injection de divers gaz combinés avec des courants électriques et galvaniques pour accélérer le tannage ;

5° à placer les peaux dans des solutions calcaires, magnésiennes, alumineuses, siliceuses et ferrugineuses, dans lesquelles on injecte divers gaz combinés à un courant électrique ou galvanique pour former des substances nécessaires au tannage ;

6° à conserver constamment la force de la solution de tannin, quels que soient la température et l'état de l'atmosphère, et prévenir la formation de l'acide gallique par le moyen de l'acide carbonique ;

7° à appliquer l'acide carbonique ou autre composé de carbone pour former des composés chimiques avec les substances minérales indiquées ci-après ;

8° à rendre le cuir plus souple et plus imperméable à l'eau en saponifiant des corps gras par le sulfure de carbonne.

Benoit.

Les circonstances douloureuses que nous avons subies arrêtèrent là ce travail. Mais, tel quel, il est certes suffisant pour donner une idée des connaissances pratiques de son auteur.

Après quelques expériences qui nous amenèrent bien près de la conviction, nous consentîmes à nous occuper sérieusement de cette invention ; mais une fois que nous eûmes en main la certitude que cet inventeur ne pouvait, sous aucun prétexte, *monopoliser* son système, et qu'il fut décidé qu'en cas de réussite complète, toutes les tanneries de France pourraient, moyennant une redevance de tant par peau tannée, ou suivant tout autre mode de perception, devenir cessionnaire des brevets de l'inventeur.

De cette façon, nous étions heureux de nous faire les

propagateurs d'une invention que les fabricants de cuirs de tous pays pourraient expérimenter avant de s'engager.

Nous reviendrons sur cette importante découverte, basée sur la raison et les lois certaines de l'ancien tannage, dans le journal la *Halle aux Cuirs,* et cela très-prochainement. En attendant, ce que nous pouvons dire, c'est qu'un cuir frais de la boucherie de Paris qui avait pesé 65 demi-kil., au poids de queue, y compris naturellement les cornes et la charge, a produit, par un tannage qui n'a demandé que trente-cinq jours en tout, un cuir ferme, compact, d'une coupe très-serrée et du poids de 33 demi-kil.

Ce fait est incontestable, et, d'après l'inventeur, il n'est entré aucune autre matière que du tannin dans ce cuir.

Nous savons, d'autre part, que d'importantes fabriques de cuirs en France et à l'étranger se disposent à mettre en pratique ce système de tannage. On conçoit que nous ne citions pas de noms propres, car longtemps encore on reculera devant l'affirmation de tout procédé accéléré, tant les préventions sont grandes, ayant été justifiées par les nombreux essais restés sans résultats sérieux.

L'inventeur lui-même, à notre connaissance, livre tous les jours des cuirs, et cela depuis longtemps, à la place de Paris, sans dire qu'il les obtient par un autre procédé que le tannage ordinaire.

Nous allons, d'ailleurs, publier très-prochainement, dans la *Halle aux Cuirs,* les études que nous a permis de faire l'inventeur sur son tannage rapide et rationnel. Nos lecteurs jugeront théoriquement, du moins, de ce procédé nouveau, s'ils ne préfèrent en faire l'étude pratique, en s'adressant personnellement à l'inventeur, qui, avant de leur céder une licence, devra leur faire *la preuve incontestée* de la promptitude, de la bonté et de la beauté des produits qu'il obtient.

Charles Vincent.

# A NOS LECTEURS

L'accueil fait à ce volume, par des milliers de souscripteurs, nous décide à en publier un second, qui sera prêt vers la fin de l'année.

Nous ne saurions trop engager nos lecteurs à ne point nous ménager leurs critiques ; nous solliciterons également de leur obligeance les documents de toute sorte qu'ils pourront nous fournir ; notre deuxième série fera son profit du tout.

La partie professionnelle occupera une portion notable de ce second volume ; mais nous serions heureux cependant de faire une part assez large aux renseignements commerciaux de toute nature. C'est sur ce terrain-là que beaucoup de nos lecteurs, grâce à leur expérience, pourront certainement nous être d'un puissant concours.

Nos relations avec l'étranger doivent s'accroître, et les observations sur ce sujet intéressant ne sauraient nous manquer, si tous ceux-là qui le peuvent veulent bien devenir les collaborateurs nominaux ou anonymes de l'œuvre que nous venons d'entreprendre; œuvre qui, malgré ses lacunes et ses imperfections, ne sera pas — du moins c'est notre espoir — sans quelque utilité pour l'industrie et le commerce des Cuirs et des Peaux.

# NOTICE INDUSTRIELLE

## LISTE

### PAR ORDRE ALPHABÉTIQUE

PAGE — DEMI-PAGE — QUART DE PAGE

DE

### FABRICANTS, COMMISSIONNAIRES ET NÉGOCIANTS

NOTABLES

### CONCERNANT L'INDUSTRIE ET LE COMMERCE

DES

## CUIRS ET DES PEAUX

## FRANCE

SUIVIE

D'UN CATALOGUE GÉNÉRAL

POUR PARIS, LES DÉPARTEMENTS ET L'ÉTRANGER

— NOTICE INDUSTRIELLE —

# HALLE AUX CUIRS DE PARIS

ÉTABLISSEMENT MUNICIPAL

## MAGASINS GÉNÉRAUX

### Dits du Quartier St-Marcel

## SALLES DE VENTES PUBLIQUES

### Entrepôt d'Octroi pour toutes Marchandises

SOCIÉTÉ ANONYME AU CAPITAL DE **3,250,000** FRANCS

La **HALLE AUX CUIRS** est un marché public où peuvent être déposées et vendues toutes marchandises. Les Négociants, Fabricants, Commissionnaires ou autres, peuvent y apporter leurs marchandises, qu'ils ont la facilité de vendre eux-mêmes et sans intermédiaires. — Pour toutes les marchandises adressées directement à l'Administration, elle en fait opérer la vente aux conditions d'usage, avec célérité et toute sécurité ; les Commissionnaires qu'elle charge du placement agissent sous sa surveillance. Le poids public, fonctionnant dans l'Etablissement sous le contrôle des Agents de la Ville de Paris, donne aux opérations la sécurité la plus complète pour les Négociants.

**MAGASINS GÉNÉRAUX**, avec entrepôt d'octroi. La Société reçoit toutes les Marchandises, procure aux Négociants des avances et délivre des warrants.

**SALLES DE VENTES PUBLIQUES.**

Les Négociants ont la facilité de faire opérer la vente de leurs marchandises en ventes publiques.

Toutes lettres, expéditions de marchandises et demandes de renseignements quelconques, doivent toujours être adressées au **Directeur de la Halle aux Cuirs, rue de Santeuil, à Paris.**

— NOTICE INDUSTRIELLE —

# MANUFACTURE DE CUIRS

DE

# J. ALÉGATIÈRE Fils

A LYON     A LYON

## MÉDAILLE D'ARGENT

A

l'Exposition Universelle de Paris 1867

Cette Tannerie fondée en 1859 a pris, en quelques années, une importance considérable. — Ses produits sont classés au même rang que les sortes les plus estimées de Paris et de la Touraine.

SPÉCIALITÉ DE CUIRS LISSÉS ET BATTUS EN PEAUX DE PAYS
CUIRS FORTS ET CUIRS EN CROUTE POUR LA FABRICATION DES COURROIES

**Usine à vapeur. Outillage mécanique & Comptoir**

**CHEMIN GORGE-DU-LOUP, 14, A LYON-VAISE**

— NOTICE INDUSTRIELLE —

## USINE DE CHOISY-LE-ROI (Seine)

# BAYVET FRÈRES

### A PARIS

**MAROQUINS, MOUTONS MAROQUINÉS**

Chèvres Chagrinées, Veaux mégissés, Chevreaux

MÉDAILLE D'OR A PARIS 1849 — PRIZE MEDAL A LONDRES 1851

MÉDAILLE D'HONNEUR A PARIS 1855

MÉDAILLES A LONDRES 1862 ET A NEW-YORK 1863

EXPOSITION UNIVERSELLE DE PARIS 1867

## MÉDAILLE D'OR

Cette fabrique, fondée en 1796 par M. FAULER PÈRE, exploitée depuis 1849 par MM. BAYVET FRÈRES, était l'une des plus considérables et des mieux outillées de l'Industrie Européenne. Incendiée en 1870 par l'armée prussienne, elle est en voie de reconstruction, et sur une échelle plus vaste encore que précédemment. Ses produits, classés en première ligne à tous les concours, vont donc pouvoir alimenter à nouveau les grands marchés du monde où leur absence a laissé un vide que la concurrence étrangère a été impuissante à combler.

### Maison à Paris, rue de Turbigo, 13

— NOTICE INDUSTRIELLE —

# NOUVELLE MACHINE A FAÇONNER

(TRAVAIL DE RIVIÈRE)

## A BUTTER ET A LISSER

Système Césaire RENARD

BREVETÉ S. G. D. G.

Breveté en Angleterre — Breveté en Belgique

# BÉRENDORF FILS

### CONSTRUCTEUR

75, Avenue d'Italie, 75

## APPLICATION ET TRAVAIL FACILE

Prix : 1,500 fr.

Cette machine s'applique :

1° Au travail de rivière, cœursage, façons de chair et de fleur ;

2° Au lissage de la vache et du bœuf ; en économisant un tiers de la main-d'œuvre, elle a l'avantage de supprimer, suivant la fabrication, tout ou partie du rebroussage ;

3° A la mise au vent et au retenage du cuir noir et du cuir à courroie, ainsi qu'à la mise au vent de la vache à capote ; l'économie de main-d'œuvre peut être estimée aux deux tiers.

La force nécessaire à la marche de cette machine est d'un tiers de cheval-vapeur ; un homme peut la faire fonctionner au moyen d'une manivelle.

L'emplacement nécessaire à l'installation est de six mètres carrés.

S'adresser, pour plus amples renseignements :

Soit à M. Alphonse **LANDRON**, 69, rue de Maubeuge ;

Soit à M. **BÉRENDORF FILS**, où cette machine est toujours en activité.

## Tannerie, Corroierie, Hongroierie

### FABRIQUE DE BRIDES ET DESSUS DE SABOTS

# CLAVÉ - BERTRAND

## TANNEUR

### A COULOMMIERS (Seine-et-Marne)

---

CETTE MAISON, N'AYANT EXPOSÉ QU'UNE SEULE FOIS, A NÉANMOINS
OBTENU UNE MÉDAILLE D'ARGENT
A L'EXPOSITION UNIVERSELLE DU HAVRE (1868)

---

### USINES A VAPEUR : PLACE DE L'HOTEL-DE-VILLE
Et rue du Triangle

---

### USINE HYDRAULIQUE & COMMERCE DE TAN AU MOULIN TROCHARD

---

Outillage perfectionné pour chaque spécialité :
Cuirs Forts, Vaches lissées, Croupons à semelles, Veaux cirés
Cuirs de Hongrie, Cuirs noirs, Brides à sabots, etc.

---

Marque de Fabrique **C B**, Patrons et Dessins déposés. Se méfier des contrefaçons.

## CUIRS TANNÉS, CORROYÉS, VERNIS & HONGROYÉS

### Ancienne Maison PLUMMER
### Exposition 1844

# E. COÜILLARD et VITET, Succ[rs]

## A PONT-AUDEMER (Eure)

| Mention honorable | Médailles d'Or |
| --- | --- |
| An VI | 1839 – 1844 – 1849 |
| Médailles d'Argent | Médaille d'honneur |
| An IX – 1806 – 1855 | 1855 |

### Médaille d'Or à l'Exposition de 1867.

Cet Etablissement, le plus considérable de France pour la spécialité des cuirs destinés à la SELLERIE, la CARROSSERIE, l'ÉQUIPEMENT MILITAIRE et les CUIRS POUR COURROIES DE MÉCANIQUES, a été fondé à la fin du siècle dernier. — M. PLUMMER, fils du fondateur, a apporté de grands perfectionnements dans son industrie. Dès 1828, il introduisit en France la fabrication des cuirs vernis pour la carrosserie, etc.

MM. E. COÜILLARD et VITET lui ont succédé en 1863, et, sous leur direction, l'établissement s'est maintenu au premier rang industriel. La supériorité de leurs produits leur a valu la médaille d'or à l'Exposition universelle de 1867.

## DÉPOT A PARIS — 122, RUE SAINT-LAZARE

— NOTICE INDUSTRIELLE —

# MANUFACTURE DE CUIRS

DE

## Vve & Fils DABADIE & A. DASTE

## A PAU

(Basses-Pyrénées)

Cette Tannerie-Corroierie, agencée et montée à l'instar des principales fabriques de Paris et de la Touraine, possède un outillage complet. Tout ce que la mécanique a mis à la disposition du vrai praticien, dans l'art du tanneur et du corroyeur, se trouve dans cette Usine dont les produits sont placés au premier rang de notre industrie nationale.

---

### SPÉCIALITÉ

DE CUIRS LISSÉS BATTUS EN BŒUFS ET VACHES
PAYS ET ÉTRANGERS
DE VEAUX BLANCS, NOTAMMENT LES POIDS LOURDS
DE CROUPONS ÉGALISÉS POUR EMPEIGNES ET QUARTIERS

---

Fabrication de Cuirs à Courroies et de Cuirs à Harnais, noirs et blancs.

— NOTICE INDUSTRIELLE —

| USINE DES CORDELIÈRES | USINE DES GOBELINS |
|---|---|
| CUIRS FORTS | VEAUX CIRÉS & TIGES |

# DURAND FRÈRES (A & L)

## 11, RUE MAGNAN

(Anciennement 6 et 8, rue Française)

## PARIS

Cette Maison, la plus importante de France comme Tannerie et Corroierie, a eu pour fondateurs M. **DURAND-CHANCEREL, Père** des possesseurs actuels, et M. **COURTÉPÉE-DUCHESNAY.**

### RÉCOMPENSES OBTENUES

MÉDAILLES D'OR 1839 — 1844 — 1849 A PARIS
MÉDAILLES DE PRIX EN 1851 ET 1862 A LONDRES
TROIS MÉDAILLES DE PREMIÈRE CLASSE 1855 A PARIS
MÉDAILLE D'OR A L'EXPOSITION UNIVERSELLE 1867 A PARIS

Les Cuirs forts de cette Maison sont classés en première marque de Paris.

Les Veaux cirés et Tiges sont connus sous la marque **C D**.

— NOTICE INDUSTRIELLE —

# MACHINE A METTRE AU VENT

DE

## M. FITZHENRY

BREVETÉE S. G. D. G. EN FRANCE ET A L'ÉTRANGER

MACHINE FITZHENRY AU TRAVAIL

    Cette Machine offre, en outre d'une économie très grande sur la main d'œuvre, un travail beaucoup mieux fait. Les outils fonctionnent sur la peau exactement comme avec les bras de l'ouvrier, mais avec plus de force, plus de rapidité et plus de régularité. La table sur laquelle on pose la peau, que la presssion atmosphérique fait tenir en place, peut être mue en toute direction, en courant sur des galets fixes. La machine a été mise à toute épreuve par les tanneurs les plus connus de la France, de l'Amérique et de l'Angleterre.

    Elle est construite dans les meilleures conditions par MM. WARRAL, ELWELL MIDDLETON, ingénieurs-constructeurs.

    POUR COMMANDES ET RENSEIGNEMENTS, ÉCRIRE A
M. LÉON LESAULNIER, tanneur-corroyeur, rue Censier, 31, PARIS.

## MANUFACTURE DE CUIRS POUR SELLERIE

### Peaux de Cochons

# A{sup}D{/sup}. FORTIER-BEAULIEU

MÉDAILLE D'ARGENT PARIS 1849 — PRIZE MEDAL LONDRES
MÉDAILLE DE 2ᵉ CLASSE, PARIS 1855 — MÉDAILLE DE BRONZE, PARIS 1862
MÉDAILLE D'ARGENT A L'EXPOSITION UNIVERSELLE DE PARIS 1867
DIPLOME D'HONNEUR A L'EXPOSITION UNIVERSELLE DU HAVRE 1868

Cette Maison, fondée en 1796 par

Pierre FORTIER-BEAULIEU,

est placée au premier rang dans sa spécialité. Elle fabrique la Peau de Cochon et les Cuirs pour Sellerie.

### EXPORTATION

Usine : **7, Rue de la Lancette, 7, à Bercy**
ET RUE DE CHARENTON, 241

DÉPOT A PARIS, FAUBOURG SAINT-DENIS, 64

— NOTICE INDUSTRIELLE —

# MANUFACTURE DE CUIRS EN TOUS GENRES

## TANNERIE & CORROIERIE

Usine à vapeur

# GÉRARD FRÈRES

Faubourg Sainte-Catherine

NANCY

---

| | |
|---|---|
| OUTILLAGE | SPÉCIALITÉ DE CROUPONS CORROYÉS |
| MÉCANIQUE | VEAUX CIRÉS |
| COMPLET | VACHES LISSÉES, PAYS |
| MARTEAU A BATTRE | CARRÉS LISSÉS, PAYS |
| REBROUSSEUSE | VACHES LISSÉES ÉTRANGÈRES |
| MACHINE A REFENDRE | FLANCS, COLLETS, DEMOISELLES |
| FOULONS-PURGEURS | CROUTES CIRÉES SUR CHAIR |
| AGITATEURS | CHEVAL CORROYÉ |
| PRESSE-TANNÉE | CUIR NOIR |
| MOULIN A ÉCORCES | CUIR A COURROIES |

Marque de Fabrique : **GÉRARD FRÈRES**

COMMISSION — EXPORTATION

DÉPOT A PARIS

— NOTICE INDUSTRIELLE —

# LES FILS DE G. F. HERRENSCHMIDT

### TANNEURS - CORROYEURS

Usines à
- STRASBOURG (Alsace)
- MEUNG-s/-LOIRE (Loiret)
- PARIS, 35, rue des Marais

EXPOSITIONS DE PARIS 1844, 1849, 1867 — MÉDAILLES D'OR

EXPOSITION DE PARIS 1855
MÉDAILLE DE PREMIÈRE CLASSE
ET
CHEVALIER DE LA LÉGION D'HONNEUR

EXPOSITIONS DE LONDRES 1851 ET 1862
PRIZE MEDAL

La Fabrication de cette Maison est la plus complète de France; ses Produits sont connus et estimés sur tous les Marchés du Globe.

Les Usines de ces industriels ont produit pendant longtemps tous les Cuirs nécessaires aux Chaussures et aux Harnachements de l'armée française.

**DÉPOT CENTRAL : A PARIS, 35, RUE DES MARAIS**

— NOTICE INDUSTRIELLE —

# SPÉCIALITÉ

DE

## PEAUX DE CHÈVRES TANNÉES

# Maison E. JULLIEN

A

**MARSEILLE** (Bouches-du-Rhône)

CETTE IMMENSE TANNERIE, — LA PLUS VASTE DU MONDE EN SA SPÉCIALITÉ, — LIVRE A LA CORROIERIE JUSQU'A CINQ MILLE DOUZAINES DE PEAUX DE CHÈVRES TANNÉES PAR SEMAINE.

LA SEULE MAISON AYANT OBTENU POUR CETTE FABRICATION

LA

## MÉDAILLE D'OR

A

L'EXPOSITION UNIVERSELLE DE PARIS 1867

Boulevard National et rue Jullien

# TANNAGE AU BOIS DE CHÂTAIGNIER
## BOIS ET EXTRAIT DE TANNIN

# AIMÉ KOCH & Cⁱᵉ

### USINES A VAPEUR
### A LYON (Rhône), à la SOUTERRAINE (Creuse)

**MÉDAILLE D'ARGENT A L'EXPOSITION UNIVERSELLE 1867**

Pour éviter des frais de transport du bois de Châtaignier à de grandes distances, l'usine de Lyon livre, à la Tannerie, un extrait de tannin de Châtaignier qui donne un tannage complet et un rendement égal à celui obtenu par l'emploi du bois.

Pour conserver à cet extrait toutes ses propriétés tannantes, la concentration s'opère dans des appareils fonctionnant à basse température.

Il a été reconnu par des praticiens, des mieux placés dans la spécialité, que le tannin de Châtaignier offre des avantages sur les autres tannins comme *gonflement*, *rendement* et *fermeté*.

S'adresser au Siége social, Chemin de Gerland, 10, à LYON

— NOTICE INDUSTRIELLE —

## Maison LEGAL, à Chateaubriant

(LOIRE-INFÉRIEURE)

### TANNERIE, CORROIERIE, VEAUX MÉGIS

# MANUFACTURE

### DE CUIRS VERNIS

Et de Chèvres à grain du Levant

**Récompenses honorifiques**

AUX CONCOURS DES DIVERSES EXPOSITIONS

### Douze Médailles

TANT AUX GRANDES EXPOSITIONS DE 1849, 1855 ET 1867 A PARIS
EN 1851 ET 1862 A LONDRES
QU'AUX EXPOSITIONS D'ANGERS, DE BORDEAUX, DE NANTES
DE BAYONNE ET DU HAVRE

---

Cet Etablissement, renommé comme l'un des plus considérables de la région de Bretagne, a été fondé en **1836**, par le Propriétaire actuel

### LEGAL René

On peut dire que la supériorité si souvent constatée par les récompenses ci-dessus, des produits de cette importante maison, explique la recherche et la préférence que lui accorde la généralité des consommateurs.

# USINE DE VERNON
(Eure)

## Maison Frédéric OGERAU

Fondée en 1819

M. F. OGERAU, chevalier de la Légion d'honneur et membre du Conseil général des Manufactures

---

EXPOSITION 1839 — MÉDAILLE D'OR
EXPOSITION DE 1844
MÉDAILLE D'OR ET CHEVALIER DE LA LÉGION D'HONNEUR
EXPOSITION 1849 — MÉDAILLE D'OR
EXPOSITION UNIVERSELLE 1855, FRANCE — MÉDAILLE DE 1re CLASSE
EXPOSITION UNIVERSELLE DE LONDRES, 1862 — MÉDAILLE UNIQUE
EXPOSITION A PORTO (PORTUGAL) 1865 — MÉDAILLE D'HONNEUR
EXPOSITION UNIVERSELLE, FRANCE, 1867 — MÉDAILLE D'OR

---

Les Produits de cette Maison ont été des premiers à prendre rang en France et à l'Etranger parmi les grandes marques de l'industrie des Cuirs; de même que VERNON a été la première usine complète outillée mécaniquement, et en quelque sorte l'usine modèle ayant servi de type aux manufactures modernes de Cuirs en France.

**CUIRS FORTS — VEAUX CIRÉS — CHAMOISERIE**

Dépôt à Paris, rue Baudin, 36
Comptoir à New-York (Etats-Unis)

— NOTICE INDUSTRIELLE —

# AUGUSTE PELTEREAU

A

## CHATEAU-RENAULT

(Indre-et-Loire)

---

## MANUFACTURE DE CUIRS TANNÉS & CORROYÉS

Spécialité de Cuirs jusés — Bœufs et Vaches lissés
Veaux cirés — Cuirs pour courroies, etc, etc.

---

MÉDAILLES A PARIS ET A LONDRES
1849 — 1851 — 1855 — 1862 — 1867

---

CET ÉTABLISSEMENT, FONDÉ EN 1597, EST L'UN DES PLUS ANCIENS ET DES PLUS IMPORTANTS DU PAYS.

IL DOIT, A LA QUALITÉ EXCEPTIONNELLE DE SES PRODUITS, LA FAVEUR DONT ILS JOUISSENT SUR TOUS LES MARCHÉS DE L'EUROPE.

En 1862, à l'Exposition universelle de Londres, la Grande Médaille de première classe lui a été décernée avec une *Mention spéciale* pour la beauté et la qualité de ses Cuirs jusés.

---

Le parfait conditionnement des produits de cette Manufacture en permet le transport dans les contrées les plus éloignées et sous tous les climats.

— NOTICE INDUSTRIELLE —

# MANUFACTURE DE CUIRS
## en tous genres
### DE

# SENDRET FILS

## USINES & MAISONS

A

Metz — St-Julien-lès-Metz
Pagny-s/-Moselle — Paris, Rue de l'Entrepôt, 5

Cette Maison, fondée en 1823, par M. SENDRET PÈRE, fut reprise en 1850 par M. SENDRET FILS, qui, six ans après, créait à Saint-Julien-lès-Metz, une vaste Usine à vapeur, pour la Tannerie et la Corroierie. Grâce à une application complète de tout ce que l'art mécanique a découvert au point de vue de ces deux industries, Saint-Julien-lès-Metz devint, en même temps que le premier établissement de l'Est de la France, une sorte d'Usine-Modèle.

M. SENDRET FILS, voulant conserver intact ses relations avec la France, dont il a toujours été l'un des principaux fournisseurs pour l'armée, vient de créer à nouveau une Usine importante, mue hydrauliquement et à vapeur. Depuis longues années, déjà, il possède, à Paris, un dépôt qui depuis les derniers événements a pris plus d'importance encore que par le passé.

**Les Produits de cette Maison**
MÉDAILLÉS A L'EXPOSITION UNIVERSELLE DE 1867
Sont les Cuirs pour la Sellerie
la Cordonnerie et les Usines — Spécialité de Croupons, Tiges
Cheval corroyé — Veaux cirés et Vaches lissées

## FABRIQUE D'ÉQUIPEMENTS

MAISON D'EXPÉDITION
POUR LA FRANCE ET L'ALGÉRIE, A PAGNY-SUR-MOSELLE (Meurthe)

— NOTICE INDUSTRIELLE —

# L'UNE DES PLUS ANCIENNES CORROIERIES
## DE FRANCE

MAISON

# SERVIN-ASSEGOND Fils

PARIS

Fondée voilà plus d'un siècle et demi par M. ASSEGOND, maître-corroyeur à Paris, cette importante maison, qui n'est jamais sortie des mains de la même famille, a toujours été au premier rang de l'industrie parisienne, pour les diverses spécialités qu'elle fabrique.

FOURNITURES POUR L'ARMÉE ET LA MARINE
CUIRS NOIRS ET VERNIS — CUIRS JAUNES ET BRUNIS
CUIRS POUR POMPES ET POUR LAMPES
SPÉCIALITÉ POUR LA POSE DE LA VACHE À L'EAU

COMMISSION — EXPORTATION

Paris — rue Bellefond, 18 — Paris

## CUIRS TANNÉS, CORROYÉS & VERNIS

# T. SUEUR & FILS

4, Faubourg Montmartre

## PARIS

### EXPOSITIONS DE PARIS

MÉDAILLES D'ARGENT 1839 — 1844 — 1855 — 1867
MÉDAILLES D'OR 1849
MÉDAILLE D'ARGENT A L'EXPOSITION UNIVERSELLE DE 1867

GRANDE MÉDAILLE AUX EXPOSITIONS
DE LONDRES 1851 ET 1862

DIPLOME D'HONNEUR AU HAVRE EN 1868

### IMPORTANTE USINE A MONTREUIL-SOUS-BOIS (SEINE)

Spécialité de Cuirs vernis pour la Carrosserie
Cuirs lissés, Vaches grainées, Chevaux grainés pour Chaussures

## EXPORTATION

— NOTICE INDUSTRIELLE —

## A. SUC, CHAUVIN & C$^{IE}$
### PARIS — Boulevard de la Villette, 50 — PARIS
35 RÉCOMPENSES — PREMIER PRIX — EXPOSITION UNIVERSELLE 1867

Wagons à caisse automatique versant des 4 côtés.    Bascule romaine pour le pesage des bestiaux.

Treuil portatif applicable aux grues et monte-charges.    Bascule romaine toute métallique.

Pont à bascule pour le pesage des véhicules et autres.

Installation complète de *Chemins de fer* pour Usines, Tanneries, Fermes, Abattoirs, etc. — *Plaques tournantes, aiguillages, Changements de voie.* — *Wagon culbutant* à caisse automatique versant des quatre côtés *pour transport de tannée, Charbon*, etc. — *Wagon plate-forme* pour transport des *Peaux*. — Grues fixes et mobiles. — *Treuils portatifs* et autres. — *Monte-charges.* — Transmissions de mouvement. — Bascules fixes et mobiles. — Ponts à bascule pour usines, abattoirs, tanneries, etc.

Voir les Chemins de fer installés à PARIS, chez MM. Picot et Blondin, tanneurs, rue de la Glacière, 15; — à LONGJUMEAU (Seine-et-Oise); chez MM. Gallien et C$^e$, tanneurs; — à SAINT-DENIS (Seine); chez MM. Leven, tanneurs.

## OUTILLAGE MÉCANIQUE

# MAISON TOURIN

### 127, Quai de Valmy

(Quartier du Faubourg Saint-Martin)

### PARIS

## SPÉCIALITÉ DE MACHINES

POUR

### TANNERIE ET CORROIERIE

A

## PRIX RÉDUITS

Cette Maison, fondée voilà douze ans, a porté toutes ses études sur la supériorité de l'outillage mécanique destiné à la Tannerie et à la Corroierie. Son principe a été celui de fabriquer aux meilleures conditions de prix possibles pour obtenir du bon et du solide.

La Maison TOURIN s'est pénétrée de cette idée qu'en vendant à bon marché, elle propagerait l'emploi des machines dans cette industrie. On peut dire qu'elle a été en quelque sorte la première à rendre les prix de l'outillage, soit à la main, soit à la vapeur, abordables pour tous.

Le succès a répondu pleinement à son attente.

On trouve dans cette importante usine, — en dehors des machines dont on va voir plus loin les dessins, — tout ce qui intéresse la spécialité à laquelle elle s'est exclusivement consacrée.

— NOTICE INDUSTRIELLE —

# Maison TOURIN
### 127, Quai de Valmy
### PARIS

MACHINE A METTRE AU VENT — BREVETÉE S. G. D. G.

PRIX AVEC LA TABLE : 1,800 FR.
Garantie
Installation presque nulle.

PRIX AVEC LA TABLE : 1,800 FR.
Garantie
Installation presque nulle.

**Force employée : un cheval. — Par sa simplicité, cette machine est exempte de toute réparation.**

RÉFÉRENCES DE LA MACHINE A METTRE AU VENT

A Paris, chez M. BLANCHARD, faubourg St-Denis, 50; — à Nancy, chez M. LUC ; à Marseille, chez M. SYLVAN ; — à Toulouse, chez M. LASMARTRES

MACHINE A BATTRE LES CUIRS (SYSTÈME BÉRENDORF)

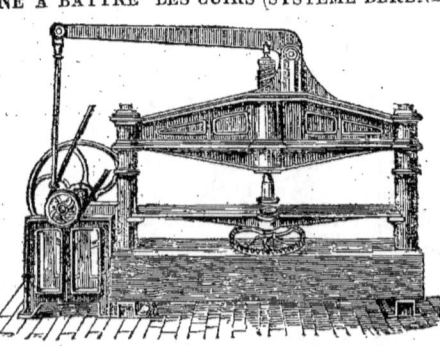

PRIX
2,200 F.
—
GARANTIE
—

PRIX
2,200 F.
—
GARANTIE
—

**Spécialité de Machines à prix réduits pour tanneurs et corroyeurs**

— NOTICE INDUSTRIELLE —

# MAISON TOURIN

127, Quai de Valmy, 127, PARIS

MACHINE A CRÉPIR ET A REBROUSSER — BREVETÉE S. G. D. G.

PRIX
**1,600 F.**
—
GARANTIE

PRIX
**1,600 F.**
—
GARANTIE

**Cette machine fonctionne à la vapeur et n'a besoin (à peine) que d'un cheval de force.**

MACHINE A REFENDRE LES CUIRS (SYSTÈME AMÉRICAIN)

PRIX
**1,300 F.**
—
GARANTIE
—
CHARIOT
A repasser les lames
**700 fr.**

PRIX
**1,300 F.**
—
GARANTIE
—
CHARIOT
A repasser les lames
**700 fr.**

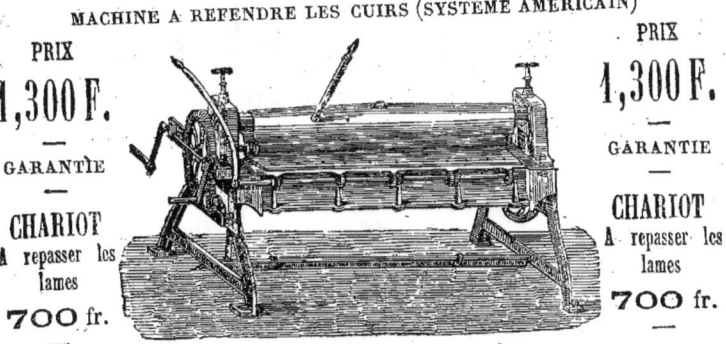

**Cette machine à refendre est à lames fixes et donne 1 m. 60 de coupe.**

(Voir pour les autres machines au Catalogue général, au nom de Tourin).

SPÉCIALITÉ DE MACHINES A PRIX RÉDUITS Pr TANNEURS & CORROYEURS

— NOTICE INDUSTRIELLE —

# JULES ALLAIN

PRÉSIDENT DE LA CHAMBRE SYNDICALE DES CUIRS ET DES PEAUX
ET DE LA CHAMBRE DES TRANSPORTS

Succr de SIMON et PICARD

## Spécialité de Chèvres pr Chaussures

PROPRIÉTAIRE DE LA MARQUE

**LARUE & GAMBON pour l'Exportation**

MÉDAILLES AUX EXPOSITIONS 1855 ET 1867 ET ALTONA EN 1869

MAGASINS & BUREAUX
Rue du Fg-Poissonnière, 159, Paris

---

## MANUFACTURE DE CUIRS
### ÉQUIPEMENT MILITAIRE
#### TANNAGE PUR CHÊNE

# Ch. & J. ARTUR

Ancienne Maison Ve ARTUR

A RENNES (ILLE-ET-VILAINE)

### COMMISSION — EXPORTATION

Spécialité de Cuirs et Croupons lissés. — Croupons, Veaux et Cheval corroyés

**FABRIQUE DE BRIDES A SABOTS**

Cet ancien Etablissement, renommé, a la facilité d'offrir ses produits aux fabricants de Chaussures et aux négociants en Cuirs, à des conditions exceptionnelles pour la qualité, vu qu'il emploie ses Cuirs secondaires pour sa fabrication de Brides à sabots.

— NOTICE INDUSTRIELLE —

# ANCIENNE MAISON BASTIEN & GEORGES

De Metz

# BASTIEN FRÈRES Successeurs

Place St-Antoine

## A PONT-A-MOUSSON (Meurthe)

Commerce de Cuirs en poil et Tannés
Huiles de Poisson et Dégras

ÉTABLISSEMENT DE CORROIERIE — MACHINES DIVERSES
Fonctionnant à la vapeur et travaillant à façon

CUIRS POUR CORDONNERIE ET SELLERIE

# Maison BRISSET Frères

DE

## CHATEAU - RENAULT

(Indre-et-Loire)

FONDÉE PAR LEURS ANCÊTRES EN 1815

MÉDAILLES D'OR

Aux Expositions 1865 — 1867 — 1869

# MANUFACTURE DE CUIRS

SPÉCIALITÉS

CUIRS JUSÉS — LISSÉS — VEAUX BLANCS

## AUX TANNEURS, CORROYEURS, MÉGISSIERS, Mds DE PEAUX EN POIL

# BAUDET Jeune

### 4, Place du Marché-aux-Veaux
### PARIS

AUTEUR DE HUIT BREVETS D'INVENTIONS ET DE PERFECTIONNEMENTS
(s.g.d.g.) SE RATTACHANT A L'INDUSTRIE DES CUIRS ET PEAUX

Honoré des éloges de l'Académie des Sciences, dans sa Séance du 9 janvier 1871

---

**Poudre Insecticide Baudet**, pour la destruction des MITES, ARTES, VERS, etc. (Supériorité incontestable.) Prix, les 100 kilos **90** fr.

**Spyrol-Baudet**, pour préserver du Repoussage, de la Moisissure, tous les CUIRS TANNÉS, CORROYÉS (lissés, cirés, lustrés, etc.), HONGROYÉS ; les peaux MAROQUINÉES, MÉGISSÉES, etc. Pour arrêter instantanément la fermentation au travail de rivière ; conserver les cuirs verts de boucherie sans altération, etc. (Prix de revient insignifiant.) Par 10 kil., prix, **8** fr. le kil. ; par 50 kilos, **7** fr. **50**.

**Jaune d'œuf artificiel Baudet**, pour l'habillage des peaux au travail de la mégisserie et à la teinture de ces peaux ; il offre une économie de 75 p. 100. (Résultats efficaces incontestables.) Prix, 100 kilos, **75** fr.

===

## TANNERIE ET CORROIERIE

(USINE A VAPEUR)

---

# DARRIEUS Frères

### A TOULOUSE (Haute-Garonne)

---

Deux Médailles d'Argent — Une Médaille d'Or.

---

Spécialité de Tiges, Bottillons, Avant-pieds, Cheval
pour Empeignes, Veaux blancs
et cirés, Empeignes pour Galoches, Peausserie.

---

**FOURNITURES MILITAIRES**

— NOTICE INDUSTRIELLE —

# MANUFACTURE DE CHÈVRES CORROYÉES

## CUIRS VERNIS

## VEAUX ET CHEVREAUX MÉGISSÉS POUR CHAUSSURES

MÉDAILLE A L'EXPOSITION UNIVERSELLE DE 1867

# DESCROIX-LEFEBVRE

## PEAUX EN GROS — EXPORTATION

Usine à Gentilly (Seine)

MAISON A PARIS, 60, RUE GRENETA, 60, PARIS

## TANNERIE ET CORROIERIE

FABRIQUE DE BRIDES A SABOTS ET TIGES POUR CHAUSSURES

DE LA

# Maison DORGÉ-HEUZÉ

## COULOMMIERS (Seine-et-Marne)

MÉDAILLE BRONZE AU HAVRE, 1868.
MÉDAILLE 1re CLASSE, ACADÉMIE NATIONALE, 1868.
MÉDAILLE ARGENT 1re CLASSE A BEAUVAIS, 1869.
MÉDAILLE 2e CLASSE, AMSTERDAM, 1869.
SPECIAL HONOURABLE MENTION LONDON, 1870.

Cette Maison, fondée en 1819 par M. DORGÉ-HEUZÉ, a établi depuis 1867 un système d'association entre le Chef et ses Ouvriers dont plusieurs possèdent des récompenses obtenues à diverses Expositions.

— NOTICE INDUSTRIELLE —

# MANUFACTURE DE CUIRS

DE

# DROUET FRÈRES

A

## CAUDEBEC-EN-CAUX

(Seine-Inférieure)

BŒUFS, VACHES, VEAUX INDIGÈNES

CUIRS JUSÉS ET PEAUX ÉTRANGÈRES

---

## MANUFACTURE DE PEAUX CHAMOISÉES

# Ch. & P. DURAND

### PARIS

Rue de l'Entrepôt, 15

## BUFFLES ET CHAMOIS

**Moutons Bruts, Poncés et de couleurs**
**Fleurs tannées et mégissées**

MÉDAILLES A BEAUVAIS 1868
ET A
L'EXPOSITION UNIVERSELLE DE PARIS 1867

HUILES — MOELLONS — DÉGRAS
**FABRIQUE A TRYE-CHATEAU (Oise)**

— NOTICE INDUSTRIELLE —

# MANUFACTURE DE CUIRS
DE
# N. GALLIEN & C$^{IE}$
## LONGJUMEAU (S.-et-O.)

Cette Maison, l'une de nos premières, n'a abordé les Expositions qu'en 1855 et a recueilli de suite les plus hautes récompenses à Londres et à Paris.

PARIS 1855 — MÉDAILLE DEUXIÈME CLASSE
LONDRES 1862 — MÉDAILLE PREMIÈRE CLASSE
MÉDAILLE D'OR A L'EXPOSITION DE PARIS 1867

Fabrication de Cuirs forts très-ancienne, remontant à plus de deux cents ans.
Fabrication de Vaches et Bœufs lissés rivalisant facilement
avec ce qui se fait de mieux en France.

Fabrication de Veaux des plus estimés.

# CUIRS TANNÉS, CORROYÉS ET VERNIS
## POUR SELLERIE, CARROSSERIE ET CHAUSSURES
DE
# GUÉRIN-DELAROCHE
## A PARIS
## FAUBOURG SAINT-MARTIN, 78

MÉDAILLE A L'EXPOSITION UNIVERSELLE DE PARIS EN 1867

Usine aux Lilas-Romainville (Seine)

— NOTICE INDUSTRIELLE —

## FABRIQUE DE CUIRS GAROUILLE
### ET VACHES LISSÉES

# Maison A. JUSTAFRÉ

À

CÉRET (Pyrénées-Orientales)

Grand Entrepôt d'Écorces, Garouille et Chêne-Vert
Sumac Français et Étranger

Talc en Poudre — Blanc impalpable
LE TOUT A DES PRIX MODÉRÉS

### COMMISSION-EXPORTATION

---

## Tannerie fondée en 1741

# EMILE LOTH

À

SARREGUEMINES (Moselle)

| MÉDAILLE D'ARGENT | MÉDAILLE DE VERMEIL |
|:---:|:---:|
| A | A |
| CHAUMONT | BEAUVAIS |
| 1865 | 1869 |

### FABRICATION SPÉCIALE DE CUIRS FORTS

— NOTICE INDUSTRIELLE —

# GEORGES LUTZ

## FABRICANT D'OUTILS
### POUR TANNEURS ET CORROYEURS

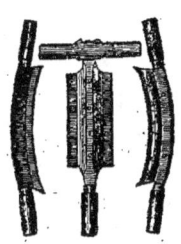

SEULE MÉDAILLE A L'EXPOSITION UNIVERSELLE 1867

Pour la bonne fabrication des outils de Taillanderie et machines pour tanneurs et corroyeurs. — Machines à fendre en croûte et en tripe. — Machines à baisser les têtes de veaux. — Machines à jonctionner. — Machines à cambrer. — Tonneaux à fouler, etc.

Tables, Marbres, Pierres à aiguiser, outils en acier, fer et bois de toute espèce

**Noir léger pour Veaux cirés et vernis — Fabrique à Villejuif**

PARIS, 3, rue Dieu. — USINE A VAPEUR, 25, rue Saint-Hippolyte, PARIS

---

## MANUFACTURE DE CUIRS
### DE
# ÉMILE MOREL

GROS — EXPORTATION

### SURGÈRES
(Charente-Inférieure)

---

## BŒUFS ET VACHES LISSÉS. — VEAUX, CHEVAL LUSTRÉ

---

### EXPORTATION

Grande Spécialité pour Cuirs à Harnais perfectionnés
PAR PROCÉDÉS NOUVEAUX

Outillage spécial produisant 1,300 côtés cuir noir par mois

— NOTICE INDUSTRIELLE —

# MANUFACTURE DE CUIRS
## DE
# PLACIDE PELTEREAU, LE J<sup>NE</sup> FRÈRE
### 1847 — 1863

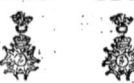

Château-Renault (INDRE-ET-LOIRE)

Mention honorable 1819. — Médailles d'argent 1823-1827. — Médailles d'or 1844-1849. — Médaille de prix à Londres 1851. — Médaille de première classe à Paris 1855. — Médaille de première classe à Londres 1862. — Médaille d'or à l'Exposition universelle de Paris 1867.

Cet établissement, le plus ancien, le plus renommé et le plus important de la localité, transmis de père en fils, successivement et sans interruption, depuis le commencement du XVI<sup>e</sup> siècle, est celui qui a donné l'élan à cette fabrication perfectionnée qui fait rechercher, avec préférence, les produits de Château-Renault sur les grands marchés d'Europe.

Spécialité de *Cuirs jusés*, — *Bœufs et Vaches lissés*, — *Veaux cirés*, — *Cheval lustré*, — *Cuirs pour courroies et Courroies confectionnées*.

---

### FABRIQUE SPÉCIALE D'OUTILS
#### POUR
## TANNERIE, CORROIERIE, MAROQUINERIE ET MÉGISSERIE
# POIRIER ONCLE & NEVEU
BUREAUX — 15, rue de l'Entrepôt — MAGASIN
## PARIS

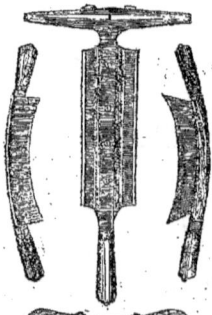

MACHINES A CAMBRER
PERFECTIONNÉES
TAILLANDERIE, MARBRES
PIERRES A AIGUISER, ETC.

NOIR DE FUMÉE (BOUJU)
GARANTI

PURE RÉSINE POUR CUIRS
VERNIS, VEAUX CIRÉS

COMMISSION — EXPORTATION
**Fabrique rue Pascal — Fabrique à La Villette**

— NOTICE INDUSTRIELLE —

## FABRIQUE DE CUIRS DE HONGRIE
### En tous genres

## RICQUE PÈRE & FILS
### A MONTIVILLIERS
(Seine-Inférieure)

---

CUIR DE HONGRIE pour Harnais.

CUIR DE HONGRIE. — Spécialité pour lacet ou couture, égalisé de manière à ne plus produire de déchets.

CUIR DE HONGRIE. — Préparation particulière pour tirants ou lanières pour tissage mécanique. Ce cuir a l'avantage sur le cuir tanné d'être moins pesant, d'avoir plus de durée et d'être d'un prix moins élevé.

---

CETTE MAISON, FONDÉE EN 1840, FABRIQUE AVEC SUCCÈS LES SPÉCIALITÉS DE CUIRS CI-DESSUS ÉNUMÉRÉS QUI LUI ONT VALU DEUX MÉDAILLES, L'UNE A **PARIS** EN 1867, ET L'AUTRE A **FLERS** (Orne).

## Antoine ROQUES Frères
### MÉGISSIERS
### A
### MONTPELLIER (Hérault)

### SPÉCIALITÉ
## PEAUX DE MOUTON DU LANGUEDOC

---

M. H. A L'EXPOSITION DE 1839 ET 1844
M. H. A TOULOUSE, 1858 — MÉDAILLES DE BRONZE A BORDEAUX 1859
ET 1865 — D'OR A MONTPELLIER EN 1860
MÉDAILLE A LONDRES EN 1862 ET MÉDAILLE DE BRONZE A PARIS 1867

---

Basanes huilées — en croûte, sans huile — Façon Veau blanc et quadrillées pour Chaussures — Peaux de Mouton tannées à l'écorce, huilées et en croûte sans huile.

---

**MACHINE A VAPEUR — OUTILLAGE MÉCANIQUE COMPLET**

— NOTICE INDUSTRIELLE —

# MANUFACTURE SPÉCIALE
de
# CUIRS ET COURROIES
Pour Machines et Filatures

## TANNERIES, CORROIERIES

### E. SCELLOS, DOMANGE ET $C^{IE}$

PARIS, Boulevard Voltaire, 74, PARIS

## TANNERIE, CORROIERIE & VERNIS

# C$_H$. SOYER

4, Rue Mayran, Square Montholon

PARIS

MÉDAILLE D'ARGENT EN 1867

Tous Articles de Carrosserie et de Sellerie
Croupons pour Courroies

SPÉCIALITÉ DE VACHES VERNIES A GRAINS POUR CHAUSSURES

— NOTICE INDUSTRIELLE — 369

## TABLIER IMPERMÉABLE DIT LE SAINT-SIMON

BAGEAU, Inventeur

Prix :

**10 FRANCS**

LE TABLIER

SEULE MAISON DE VENTE
H. ROY
20, Rue St Martin, 20
À
PARIS
TABLIERS IMPERMÉABLES LE SAINT-SIMON
MARQUE DÉPOSÉE

Prix :

**10 FRANCS**

LE TABLIER

**Breveté s. g. d. g.**

Ce Tablier, indispensable pour tous les ouvriers qui travaillent à l'eau, est employé avec le plus grand succès dans de nombreuses tanneries, et notamment chez M. DAMITTE, rue Humboldt, 11.

ÉCONOMIE — HYGIÈNE — SANTÉ

**MAISON H. ROY, RUE SAINT-MARTIN, 20, A PARIS**

# TONDEUSE FRANÇAISE
## PERFECTIONNÉE
## LA RAPIDE
### FABRIQUÉE PAR BARIQUAND

POUR

LES CHEVAUX

ET

TOUS LES ANIMAUX

A POIL

POUR

LES CHEVAUX

ET

TOUS LES ANIMAUX

A POIL

Brevetés s. g. d. g. en France et à l'Étranger

Cet outil a subi depuis sa création des améliorations qui rendent son emploi d'une extrême facilité. — PAS DE RÉPARATIONS.
BÉTIS, ESPINASSE et Cⁱᵉ, rue Beautreillis, 11, à Paris. — 20 francs au détail. (Remise d'usage au commerce et à la commission. — (V. page 296).

— NOTICE INDUSTRIELLE —

# VAILLANT Gustave & Gaston

## COMMISSIONNAIRES

### HALLE AUX CUIRS DE PARIS

Rue Santeuil

---

Cuirs tannés et corroyés — Veaux cirés — Peaux de toute sorte — Peausserie — Mégisserie et Ganterie — Laines, Bourres, Tans et Sumacs.
Cuirs de boucherie — Cuirs salés — Peaux de Moutons.
Cuirs secs en poil — Grosses Peaux, Veaux, Chèvres, Chevreaux.

### OPÉRATIONS

Vente à la commission — Achats pour le compte des clients.

### VENTES PUBLIQUES

Réception des Marchandises à la Halle aux Cuirs, — Soins, Expéditions et toutes opérations de Halle et de Transit.

---

## TANNERIE & CORROIERIE

### DE

# STANISLAS VERNIÈRE

à

### ANIANE (Hérault)

Cette Usine, la plus ancienne et la plus importante de la localité, se recommande par des Produits réguliers dont la qualité et la beauté ont été constatées dans les diverses Expositions, par de nombreuses Récompenses :

SIX MÉDAILLES D'OR
UNE DE VERMEIL — TROIS D'ARGENT — UNE DE BRONZE

### SPÉCIALITÉ DE VEAUX CIRÉS POUR L'EXPORTATION

Dépôts à New-York — à Londres
à Constantinople — à Naples et à Livourne

— NOTICE INDUSTRIELLE —

# BAGEAU
Breveté s. g. d. g.

## POUR DIVERS EMPLOIS DE GUTTA-PERCHA

### COLLE POUR SOUDER LES COURROIES DE MÉCANIQUES

Ce produit, employé par les premières Usines de France et de l'Étranger, a subi avec succès les épreuves les plus énergiques et l'a remporté sur toutes les coutures et rivures connues. — Emploi facile. — Adhérence parfaite.

Paris — Rue Bichat, 33 — Paris

---

## TANNERIE ET CORROIERIE
DE
## Guillaume BALEY

### A PORT-LAUNAY, près Chateaulin (Finistère)

Spécialité de Bœufs légers en croûte et lissés
Génisses de Bretagne en croûte et crouponnées
**VEAUX VERNIS**

---

## OUTILS POUR TANNEURS ET CORROYEURS

Ancienne Maison BARTOUT aîné

## BARTOUT FILS, Successeur

### 11, Rue Jean-de-Beauvais — Paris

Maison connue et renommée depuis 35 ans pour sa bonne fabrication des **Bois à cambrer, pour tiges de bottes et de bottines.** — Machines à cambrer perfectionnées. — Outils à l'usage de la Tannerie et de la Corroierie.

**Spécialité de Couteaux et Lames anglaises**
Pierres à aiguiser de toute sorte, Marbres, Tables, etc.
EXPÉDITION ET EXPORTATION

---

## TANNERIE SPÉCIALE de VACHES et MALES LISSÉS

## BAUDIN Père & Fils

### A BROU (Eure-et-Loir)

Cette Maison limite rigoureusement sa vente à ce qu'elle tanne elle-même. La sèche de fond est la seule forme sous laquelle s'opèrent les livraisons.

## MOELLONS DE MOUTONS & DE BUFFLES

## BAUDOUX & DANEL

| DÉGRAS | **CHAMOISEURS** | DÉGRAS |
|---|---|---|
| — | à **VERBERIE** (Oise) | — |
| MOELLONS | Près Compiègne | MOELLONS |

Comptoir à PARIS, boulevard Montparnasse, 138.
Représenté par M. HASTAIN, rue Geoffroy-Lasnier, 30 — PARIS.

---

Maison BECKER-NOEL, de Metz

Transportée au 1er Octobre 1872

à BAR-LE-DUC (Meuse)

## JULES BECKER

**TANNERIE et CORROIERIE en TOUS GENRES**

MÉDAILLÉ A L'EXPOSITION DE METZ EN 1861.

---

## MANUFACTURE DE CUIRS
### DE
## CLÉMENT BELOUIN
### ANGERS

DIX MENTIONS ET MÉDAILLES DE 1838 A 1869

SPÉCIALITÉ : — Veaux cirés — Croupons en huile et cirés — Cheval corroyé — Vaches lissées et battues — Croupons et Cuirs pour l'armée.

---

## DEPOT DE CUIRS

## E. BÉNARD

15 — RUE PALESTRO — 15

(Cour des Bleus)

PARIS

— NOTICE INDUSTRIELLE —

# TANNERIE — ÉCORCES & TANS

## P. BIÉMONT

### ORBAIS-L'ABBAYE (Marne)

Bœufs — Vaches et Veaux en croûte — Gros Bœufs pour Courroies.
Ecorces en bottes et en écorçons — Tans moulus.

---

## TANNERIE - HONGROIERIE - CORROIERIE

## BLANCHARD ET FILS AINÉ

BUREAUX & MAGASINS DE VENTE
Rue du Faubourg-Saint-Denis, 50
PARIS

USINE A GENTILLY (SEINE)

---

Ancienne Maison **BLOT-LECOMTE**

## ÉDOUARD BLOT

### TANNEUR

Rue Saint-Sauveur, à BEAUMONT-LE-ROGER (Eure)

MÉDAILLE D'ARGENT A L'EXPOSITION DE ROUEN 1859

---

Société d'Encouragement — Médaille décernée à M. Bouju

## MAISON BOUJU

Fondée en 1796
Successeur D. CORNIQUET
NOIR DE FUMÉE TRÈS-LÉGER, GARANTI PURE RÉSINE
Pour la Fabrication Spéciale
DES CUIRS VERNIS & VEAUX CIRÉS
Fabrique à La Villette. — Bureaux : 15, rue de l'Entrepôt
PARIS

— NOTICE INDUSTRIELLE —

Ancienne Maison DAMITTE

# A. CAVELLIER

Spécialité de peaux normandes en croûte
Vaches, bœufs et veaux

PEAUX DE TOUTE PROVENANCE EN CROUTE ET LISSÉES

Paris — Rue du Cygne, 15 et 17 — Paris

---

Ancienne Maison DELAVAUD (Edouard)

# R. CHALLE

SUCCESSEUR

NÉGOCIANT EN CUIRS & PEAUX DE TOUTES SORTES

Fournitures de tous les Articles

POUR

SELLIERS — CARROSSIERS — BOURRELIERS — CORDONNIERS, ETC.

---

## MANUFACTURE DE CUIRS

DE

## CHESNAY

A

## MAGNY-EN-VEXIN

(SEINE-ET-OISE)

Spécialité pour le Cuir fort et le Cuir de Hongrie.

---

## TANNERIE ET CORROIERIE

A SARCELLES (SEINE-ET-OISE)

## SPÉCIALITÉ DE CROUPONS EN HUILE

DE

## CHEVILLOT Frères

MÉDAILLES AUX EXPOSITIONS DE PARIS 1855 ET 1867 — LONDRES 1862

DÉPOT A PARIS

Rue Greneta, 44 (anciennement rue Beaurepaire, 4 et 8).

— NOTICE INDUSTRIELLE —

## TANNERIE — CORROIERIE — CHAMOISERIE
### à Orléans

# CHICOINEAU FRÈRES
### FOURNITURES MILITAIRES
#### VEAUX BLANCS ET CIRÉS

6, Rue Greneta, 6 — PARIS

---

### CHAMOISERIE, HUILES ET DÉGRAS
DE

# OCTAVE CORNET
Rue du Lycée, 46, à AMIENS (Somme)

Représenté à PARIS par Albert Pitrais, rue de Turbigo, 76
Présent les dix derniers jours du mois.

---

# Jules FRANÇOIS-DELGUTTE
### A LILLE (Nord)

**COMMERCE DE CUIRS EN GROS :** en Croûte, Corroyés et Vernis.
Fabrique les Cuirs à Cardes, Courroies, Manchons et tous les Cuirs propres à l'industrie.
Cuirs pour Bourrellerie, Sellerie et Cordonnerie.
Fabrique la Tige et la Chaussure et fait l'Équipement militaire.

---

### TANNERIE ET CORROIERIE

# DÉON FILS
A
SENS (Yonne)

SPÉCIALITÉ DE CUIRS NOIRS — VACHES LISSÉES

— NOTICE INDUSTRIELLE —

## MANUFACTURE DE CUIRS
DE
# G. DESACHÉ-BLIN
### TOURS (INDRE-ET-LOIRE)

Cuirs tannés et corroyés de Touraine et Bretagne.
Spécialité de Vaches et Croupons lissés — Veaux cirés — Croupons en huile — Cheval lustré — Cuir noir, ordinaire et échantillonné — Cuirs pour courroies. — **Outillage mécanique perfectionné.**
Les soins apportés aux produits de cette Maison les font rechercher par les consommateurs.

---

## MANUFACTURE DE CUIRS

### DEZAUX-LACOUR, à GUISE (Aisne)

Breveté S. G. D. G. en France, Angleterre, Autriche, Belgique et Italie.
**12 Médailles — 3 M. d'honneur et 3 Diplômes d'honneur**

Cuirs pour Cardes, Cordonnerie et Sellerie. — Veaux blancs et cirés pour Exportation. — Courroies avec jonctions articulées.
**Marguerite circulaire rebrousseuse**, brevetée, ayant obtenu la Première Récompense à l'Exposition de 1867.

---

## FABRIQUE DE CUIRS EN TOUS GENRES
Ancienne Maison Amand **DOMER** Fils

# OCTAVE DOMER, JEUNE
#### SUCCESSEUR
Boulevard Martainville, 2, ROUEN

SPÉCIALITÉ DE CUIRS POUR CARDES ET DE VEAUX POUR FILATURES
Collets et Ventres en croûte et lissés

---

Ancienne Maison Eugène TRESSE

# DULONG-TRESSE Succr
### COMMISSIONNAIRE EN ÉCORCES ET TANS
De toute provenance

FAIT L'EXPORTATION

69, Rue de Buffon, 69, à PARIS

# ERNEST FLOTARD

NOTABLE COMMERÇANT

## COMMISSIONNAIRE EN PEAUX EN TOUS GENRES

**Chevreaux et agneaux** mégissés pour ganterie et chaussure.
**Chèvres et maroquins** de Marseille.
**Moutons sumac** et **articles du Midi**. — **Veaux en poil.**

Paris — Rue Greneta, 43 — Paris

## MANUFACTURE DE CUIRS
DE
# FORTIER-BEAULIEU J<sup>NE</sup>

à Roanne (Loire)

SPÉCIALITÉ DE TIGES DE BOTTES POUR CIVIL ET MILITAIRE — CROUTES CIRÉES, VEAUX ET VACHES

## TANNERIE & CORROIERIE
# FRÉZON & V<sup>ve</sup> THIÉBAUT

Montdidier (Somme)

MÉDAILLE DE VERMEIL 1870 — MÉDAILLE D'ARGENT 1865

**MOULIN à TAN et USINE à vapeur**

CROUPONS pour empeignes, CUIRS NOIRS pour Bourreliers, CROUPONS pour courroies.
VEAUX blancs, VEAUX cirés, DÉPOUILLES en croûtes et lissées

## MANUFACTURE DE CUIRS

# GATIEN FILS

A

# CHATEAU-RENAULT

— Indre-et-Loire —

## MAISON DE COMMISSION

## ÉDOUARD GÉRARD

Cuirs en poil de pays et étrangers — Cuirs de la Boucherie de Paris
Cuirs tannés — Tans et Déchets de Tannerie

Magasins à la Halle aux Cuirs, rue Santeuil

Bureaux et Caisse, 6, rue Guy-de-la-Brosse, 6 — **Paris**

---

## FABRIQUE DE CUIRS
### DE
## J. GODARD-DUBÉ
### A
### CHAUMONT (Haute-Marne)

### USINE A VAPEUR — MÉDAILLE D'OR

Croupons à Courroies — Cuirs noirs — Croupons en huile — Cuirs en poil.

---

## MANUFACTURE DE CUIRS
### DE
## Louis GOSSEZ, à LILLE (Nord)
### Rue des Pyramides, 36

MÉDAILLE GRAND MODULE A L'EXPOSITION UNIVERSELLE DE METZ 1861

CUIRS POUR CARDES, FILATURES — FOURNITURES MILITAIRES

Spécialité pour Tissage mécanique — Manchons p[r] Peignage — Gill-Box, etc.
Spécialité pour Selliers — Courroies et Lanières.

Expéditions pour la France et l'Étranger.

---

## T. GOURDON & Cie

CUIRS TANNÉS, CUIRS EN POIL, HUILES DE POISSON

Fabrique spéciale de Croupons corroyés

Ancienne Maison GIRARD MERLANT

— NANTES —

## TANNERIE DU MOULIN TROCHARD
### ECORCES ET TANS

# E. HENRY
### COULOMMIERS (Seine-et-Marne)

MÉDAILLES D'ARGENT AU HAVRE 1868 — ALTONA 1869
DIPLOME D'EXCELLENCE A AMSTERDAM 1869
**Spécialité de Cuirs forts**
Une des premières marques de la place de Paris

---

### DÉGRAS, HUILES DE POISSON, CIRAGE

### MAISON
# JOIGNAUX-POULAIN
### Paris, rue du Maroc, 13, Paris

### EXPORTATION

---

## CORROIERIE EN TOUS GENRES
# LAPALLIÈRE
### Rue Poterne, 11, à SAINT-LO (Manche)

Médaille au Concours régional de Saint-Lô

Foulage et Refente de cuirs, mus par force hydraulique

**SPÉCIALITÉ DE TIGES EN VACHE ET EN VEAU**

---

## TANNERIE & CORROIERIE
### FABRIQUE SPÉCIALE DE VEAUX POUR VERNIS

# ERNEST LEBAS
Successeur de **BING**

### 32, Rue Poliveau, 32 — PARIS

VEAUX SECS ET DE L'ABAT DE PARIS
TRAVAILLE A FAÇON

— NOTICE INDUSTRIELLE —

## FABRIQUE DE CUIRS

Ancienne Maison E. LEROUX et E.-A. LE BASTARD
SUCCESSEURS

## E. ET A. LE BASTARD
### RENNES (Ille-et-Vilaine)

MENTIONS HONORABLES 1844, 1855, 1852
MÉDAILLES D'ARGENT 1852, 1857, 1858
MÉDAILLES D'OR 1854, 1859, 1861

**CUIRS JUSÉS ÉTRANGERS ET DE PAYS**
Cuirs lissés étrangers — Mâles et Vaches de pays lissés

## MANUFACTURE DE CUIRS
DE
## PAUL LECOINTE
### A SAINT - OMER (Pas-de-Calais)

Cet Etablissement, le plus ancien du Nord de la France, a toujours été renommé pour sa bonne fabrication

Grande fabrication de tiges pour le Civil et pour l'Armée — Veaux cirés — Cheval corroyé — Croupons corroyés
Cuirs Buénos-Ayres tannés et Vaches lissées, etc., etc.

## CUIRS FORTS ÉTRANGERS

## ÉM$^{le}$ LENORMAND

Marque de Fabrique

L

TANNEUR

à SAINT-SAENS

(SEINE-INFÉRIEURE)

MONTEVIDEO

BUENOS-AYRES

SALADEROS

## TANNERIE, CORROIERIE

## Eugène LENOUVEL

DINAN

(Côtes-du-Nord)

# TANNERIE, CORROIERIE, HONGROIERIE

## A. LEROY Aîné

### Rue Eau-de-Robec, 16 et rue St-Hilaire, 65
### ROUEN

EXPOSITION RÉGIONALE, MÉDAILLE DE BRONZE 1859, HAVRE
EXP$^{on}$ MARITIME INTERNATIONALE, MÉDAILLE D'ARGENT 1868, HAVRE

---

## TANNERIE & CORROIERIE
DE
### F. E. MARQUAIRE
A
### LABROQUE, près Schirmeck (Vosges)

Cuirs forts, pays et étrangers — Cuirs lissés — Vaches — Vachettes et Veaux.
Spécialité de Cuirs pour Courroies et Courroies confectionnées.
Cuirs de Hongrie et articles Cuirs pour Filatures, Tissages et Industries.

---

## G. MAUDUIT Fils
### 20, Rue Nationale
### ROUEN

Moellons — Dégras et Huiles

**Chamoiserie à PAVILLY (Seine-Inférieure)**

---

## FABRIQUE GÉNÉRALE DE CUIRS — CORROIERIE
DE
## H$^{te}$ ODELIN
### REIMS (Marne)

MÉDAILLE DE BRONZE PREMIÈRE CLASSE — BORDEAUX 1865
MÉDAILLE D'ARGENT PREMIÈRE CLASSE — CHAUMONT 1865

**Spécialité pour Filatures — Courroies de Transmission**

## FABRIQUE DE CUIRS GAROUILLE
DE
# F. PARAYRE ET COSTE
à CÉRÈT (Pyrénées-Orientales)

**Spécialité de Cuirs tannés extra-forts** (30 à 40 kil.)
POUR COURROIES DE MÉCANIQUES
ÉCORCES DE CHÊNE-VERT

---

CHAMOISERIE, BUFFLES, DÉGRAS, HUILES
DE
# E. PESTRE & FILS JEUNE
à Villiers-sur-Morin (Seine-et-Marne)
PRÈS PARIS

Représentés à Paris par **P. GERBAUT**, rue du Faubourg-Saint-Denis, 174

---

# TANNERIE & CORROIERIE

## PIEDSOCQ Jeune

Au Grand-Montrouge, — **208**, route d'Orléans
Maison de vente à Paris, rue Brantôme, 15

Cuirs brunis, jaunes et noirs pour Sellerie et Articles de voyage
**CUIRS POUR CORDONNERIE**
Tiges — Veaux et Croupons cirés — Croupons en huile, etc.
Achat et Vente de toutes sortes de débris en croûte et autres

---

# POTTIER Jne & BLOT
PARIS, rue de Lourcine, 25

FABRICANTS TAILLANDIERS, SPÉCIAUX A L'USAGE DE LA FABRICATION
DES CUIRS

Fabrique les Outils à l'usage de la fabrication des Cuirs et Peaux, tels que : Couteaux à revers et à lames — Fusils à retourner, petits Fusils, Lunettes, Étires, Coursés, Couteaux de rivières, Faux, Tranchants, Pinces de rivières, Couteaux de chair, Couteaux de fleur, Coursés de rivières, Estrèques, Palissons, Couteaux à raturer, Couteaux et Palissons pour la petite peau.
— Font des envois en Province et à l'Étranger —

— NOTICE INDUSTRIELLE —

# ÉMILE RICHARD
## TANNEUR ET CORROYEUR
## A JOIGNY (Yonne)

### Spécialité de Cuirs noirs et Vaches lissées
CUIRS NOIRS ET JAUNES POUR SELLERIE ET ÉQUIPEMENTS
FABRIQUE DE COURROIES RIVÉES — VEAUX CIRÉS — CROUPONS ET TIGES
GROS ET DÉTAIL — BRIDES A SABOTS

---

# ROBELIN PÈRE ET FILS
## TANNEURS
## A LONGJUMEAU
(SEINE-ET-OISE)

Cuirs forts — Bœufs et Vaches lissés — Veaux.

---

# CORROIERIE DE PEAUX DE CHÈVRES
### EN TOUS GENRES

---

## CYPRIEN ROCHIER
## A LYON (RHONE)
Rue Fénelon, 6, aux Brotteaux.

---

## LAINES, POILS ET BOURRES
# EDWARD STERNER
## PARIS

6, RUE CROULEBARBE, 6, — QUARTIER SAINT-MARCEL

Achète la Bourre de veau et de vache — Poil de chèvre et chevreau
Colle, tant à l'état frais rendu à Paris que sec.

MAISON A DEWSBURY (ANGLETERRE)

— NOTICE INDUSTRIELLE —

## CHAMOISERIE — DÉGRAS
### FABRIQUE
### A ENENCOURT-LEAGE (Oise)

## MAISON SÜNN
### HUILE — MOELLON — DÉGRAS
#### CHAMOIS ET BUFFLE

Maisons à Paris et à Bedburg, près d'Aix-la-Chapelle.

---

### CUIRS, PEAUX, LAINES, BOURRES

## A. WERTHEIM
### 28 — RUE DE TRÉVISE — 28
### PARIS

IMPORTATION — Cuirs et Peaux de fabrication anglaise. — Chèvres, Moutons et Vachettes des Indes.
ACHAT de Laines et Bourres de Vache, Veau, Chèvre, Chevreau, etc., pour l'Exportation.

---

### FABRIQUE DE CUIRS FORTS
### LA PLUS IMPORTANTE DE L'EST DE LA FRANCE

## WETZEL
### A SOCHAUX, près Montbéliard (Doubs)

Tannage de peaux de pays, **toutes de provenance suisse.** — Emploi des écorces de chêne de premier choix.

**Connus sous le nom de cuirs suisses. Ces cuirs forts ont la première marque sur la place de Lyon**

---

### FABRIQUE DE CUIRS A SEMELLES

## ZIMMERMANN
### A SAINT-AVOLD (Lorraine)

#### SPÉCIALITÉ DE CUIRS FORTS EN PEAUX DE PAYS

Vaches lissées et battues de tous poids

# NOTICE INDUSTRIELLE

## ÉTRANGER

suivie

## DU CATALOGUE GÉNÉRAL
Par Ordre Alphabétique et Nationalité

---

# HORSTMANS Frères
## LIÉGE
(BELGIQUE)

---

## FABRIQUE DE CARDES
### POUR FILATURES DE LAINE, COTON, ETC.

---

## FABRIQUE DE COURROIES EN CUIR
POUR TRANSMISSION

---

# BECH-BECK
## TANNERIE & CORROIERIE

Spécialité de fabrication de Vachettes
étrangères pour empeigne
Commerce d'Ecorces à Tan.

GREVENMACHER (Grand-Duché de Luxembourg)

## TANNERIE, CORROIERIE ET VERNISSERIE

### A. BLEYENHEUFT
SUCCESSEUR DE H.-J. FASBENDER
63, Rue des Tanneurs, à BRUXELLES

**Cuirs laqués unis** pour garde-boues et sellettes. — **Vachettes vernies, unies et grainées.** — **Veaux laqués et unis.**
**Cuirs jaunes et brunis** pour Brides, Guides et Etrivières. — **Cuirs noirs** pour harnais. — **Vachettes grasses, noires et jaunes, unies et grainées** pour sacs, bretelles, etc.
Vaches en croûte et lissées. — Cuirs divers pour Equipements militaires.

---

### J. DELARUE Aîné
A BEX (Suisse)

**Commerce de Cuirs divers, peaux de veaux, chèvres, moutons, Chevreaux, etc. — Achats à la Commission**

## TANNERIE ET CORROIERIE

Cuir fort, vache lissée, cuir noir, cuir à courroies, veaux blancs et cirés ou frais de fosse. Travail à façon garanti.
Equipements et harnachements militaires. — Jus et racines d'épine-vinette brute et varlopée.

---

## TANNERIE ET CORROIERIE

Spécialité de CUIRS pour CARDES et pour COURROIES
DE

### Jos. DEWEZ

**FABRIQUE DE COURROIES — MOULIN-VAPEUR A TAN**
**A HERVE (Belgique)**

---

## TANNERIE, CORROIERIE ET MAROQUINERIE

### G^ME FRANCKX
**23, rue de la Querelle, à BRUXELLES**
EXPORTATION

Chèvres et Moutons chagrinés. — Basanes et Cuirs maroquinés et quadrillés
Spécialité de Cuirs à casquettes en tous genres.
**CHEVREAUX MATS ET LISSÉS**

— NOTICE INDUSTRIELLE — 387

# TANNERIE & CORROIERIE
## F. E. J. Van GRINSVEN F$^z$

Cuirs Forts — Cuirs pour Courroies — Croupons — Vaches et Dépouilles en croûte étirées et lissées.

FABRIQUE DE BUFFLETERIES, DÉGRAS, ETC.

**Rue Saint-Georges, à Bois-le-Duc**

( HOLLANDE )

---

## MANUFACTURE DE CUIRS FORTS
DE
### Jean de Jacq$^s$ HAUSER
WÆDENSCHWEIL, près ZURICH
(Suisse)

**SPÉCIALITÉ DE CUIRS TANNÉS EXTRA-FORTS pour Exportation**

DEUX MÉDAILLES DE PREMIÈRE CLASSE — EXPOSITION SUISSE
MÉDAILLE ET MENTION HONORABLE DE LONDRES ET PARIS

---

## A. Théophile HOEBERECHTS

### Tanneur et Corroyeur

**Négociant en HUILES et DÉGRAS**

Rue des Tanneurs, 37, à LIÉGE, (BELGIQUE).

Cuirs de semelles. — Empeignes. — Cheval gris et lustré. — Veaux gris mats et cirés.
Dos pour Cardes. — Cuirs gris et noirs pour Harnais. — Vaches lissées.

---

# LANZA ET MOMBELLO
TANNEURS ET COMMISSIONNAIRES EN CUIRS TANNÉS ET EN POIL

### Rue St-Thomas, 10, à TURIN (Italie)

DÉPOT D'ÉCORCES — HUILES — SUIFS — DÉGRAS — OUTILS
ET DE TOUT LE NÉCESSAIRE

**A LA FABRICATION DES CUIRS ET DES PEAUX**

## TANNERIE ET CORROIERIE INDUSTRIELLES

### Alph. MEEUS et VAN CASTER

SPÉCIALITÉ DE CUIRS A COURROIES

Cuirs Sauvages et Indigènes

BORGERHOUT-LEZ-ANVERS (Belgique).

---

## MANUFACTURE DE CUIRS VERNIS

### E. SCHOVAERS, E. COLLET & C$^{ie}$

De Bruxelles (Belgique)

Vaches et Chevaux vernis à grain pour Voitures et Chaussures; — Cuirs vernis forts pour Sellettes; — Vaches et Chevaux vernis lisses pour Sabots; — Croûtes vernies lisses pour garde-crottes et visières militaires et civiles; — Moutons vernis unis et grainés; — Vaches et Chevaux gras grainés; — Croûte Cirées.

---

## TANNERIE — CORROIERIE — VERNISSERIE

### E. B. VERBOEKHOVEN

#### A BRUXELLES

Vachettes vernies pour Capotes et Chaussures — Cuirs jaunes et vernis pour Sellerie et Carrosserie — Croûtes tannées et vernies — Moutons vernis, unis et grainés — Veaux et Moutons vernis de couleur.

**EXPORTATION**

MÉDAILLES : Expositions de Londres, Paris, Amsterdam et Naples

---

## TANNERIE — CORROIERIE — VERNISSERIE

**Commerce spécial de Cuirs et Peaux en poil.— Huiles et Dégras**

### VERSÉ-SPELMANS

Chaussée d'Etterbeek, 272, à Etterbeek-L.-Bruxelles

COURROIES SOUDÉES ET A ŒILLETS (Système breveté)

### VERSÉ-SPELMANS, Ant. BRICHOT & C$^{ie}$

Rue d'Artois, 39, à Bruxelles

# CATALOGUE GÉNÉRAL

## PARIS

ALLAIN-NIQUET (L.) — Commissionnaire en Cuirs tannés et en Poil.
    Rue Dieu, 10.

ALLAIN (Jules). — Président de la chambre syndicale des Cuirs et des Peaux et de la chambre des transports. — Successeur de Simon et Picard. — Spécialité de Chèvres pour chaussures. — Propriétaire de la marque Larue et Gambon pour l'Exportation.
    Rue du Faubourg-Poissonnière, 159. — (V. page 358).

AUBÉ. — Courtier assermenté près la Bourse de Paris, plus spécialement chargé des ventes concernant la Tannerie et l'industrie des Cuirs et des Peaux.
    Rue Vivienne, 53.

BAGEAU. — Colle pour souder les Courroies de Mécaniques.
    Rue Bichat, 33. — (V. page 371.)

BARTOUT Fils, Successeur. — Ancienne Maison Bartout Aîné. — Spécialité de Bois à cambrer pour tiges de bottes et de bottines. — Spécialité de Couteaux et de Lames anglaises — Pierres — Marbres, etc.
    Rue Saint-Jean-de-Beauvais, 11. — (V. page 371.)

BAUDOUX et DANEL. — Chamoiseur à Verberie (Oise). — Moellons de moutons et dégras de buffles.
    Comptoir-boulevard Montparnasse, 138.
    Représenté par M. Hastain, rue Geoffroy l'Asnier, 20.
    — (V. page 372).

BAYVET Frères. — Manufacture de Maroquins. — Maroquins — Moutons maroquinés — Chèvres chagrinées — Veaux mégissés — Chevreaux. — Usine à Choisy le-Roi (Seine).
    Rue de Turbigo, 13. — (V. page 336.)

BEAUDET ET C$^{ie}$. — Tannerie de toute espèce de Peaux. — Spécialité de Cuirs à semelles — à courroies — Gros veaux de Paris.
>Rue Olivier de Serres, 11.

BÉNARD (E.) — Dépôt de cuirs tannés.
>Rue Palestro, 15, cour des Bleus. — (V. page 372).

BÉRENDORF Fils. — Constructeur de la machine CÉSAIRE-RENARD.
>Avenue d'Italie, 75. (V. page 337.)

BERTRAND. — Commissionnaire en cuirs.
>Rue Dieu, 17.

BLANCHARD et Fils aîné. — Tannerie. — Hongroierie. — Corroierie. — Usine à GENTILLY (Seine).
>Rue du faubourg St-Denis, 50 : — Bureaux et magasins de vente. — (V. page 373.)

BLANCHARD Père. — Mandataire de la vente de la boucherie, abats de Paris. — Magasin à la *Halle aux Cuirs*.
>Rue du Faubourg Saint-Denis, 50.

BOSSIÈRES (G.), DESPORT ET C$^{ie}$. — Commissionnaires en Cuirs tannés et en poil.
>Rue de l'Entrepôt, 7, et rue Magnan, 10, près la rue Dieu.

BOUJU. — Noir de fumée très-léger, pure résine.
>Rue de l'Entrepôt, 15. — Fabrique à la Villette. — (V. page 373.)

BRION Aîné (Veuve). — Tanneur — Spécialité de Vaches à capotes et croûtes. — Sciage à façon de toutes sortes de Peaux en tripes, par un procédé perfectionné.
>Rue Vésale, 3.

BRUNON (H.) et C$^{ie}$. — Négociants-Commissionnaires en Cuirs verts de l'abat de Paris. — Magasin à la Halle aux Cuirs, rue de Santeuil.
>Boulevard Magenta, 18 : — Bureaux.

CAUVAIN (H.) et VARIN-COLIGNON. — *Ancienne maison Valentin.* — Capotes et croûtes. — Scie brevetée s. g. d. g.
>23, Boulevard Arago, et rue Censier, 37.

CHABORD (J. M.) — Maison de commission. — Basanes. — Chamois. Peaux blanches. — Laines. — Peaux de chevreaux et d'agneaux.
>Rue Française, 10.

CHAMEROY (A.) — Cuirs pour sellerie et carrosserie.
>Rue de Bondy, 74. — Cité Riverin, 6.

CHEVILLOT Frères. — Tannerie et corroierie à SARCELLES Seine-et-Oise.) — Spécialité de croupons en huile.
>Dépôt : rue Greneta, 8. — (V. page 374.)

CHICOINEAU Frères. — Tannerie. — Corroierie. — Chamoiserie. — Fournitures militaires. — Veaux blancs et cirés. — Fabrique à Orléans (Loiret).
    Rue Greneta, 6. — (V. page 375.)

COUILLARD (E.) et VITET, Successeur de la Maison Plummer, de Pont-Audemer. — Cuirs pour sellerie, carrosserie, équipement militaire et pour courroies.
Usine à Pont-Audemer (Eure).
    Rue St-Lazare, 122. Dépôt : — (V. page 339.)

COURTOIS (E.) — Cuirs vernis.
    Rue Bergère, 26.

DAMITTE. — Tannerie et corroierie.
    Rue Humboldt, 11.

DEBRAUX (Ch.). — Commissionnaire en Cuirs et Peaux.
    Rue du Cloître-Saint-Jacques, 5.

DELAMARRE (E.). — Commissionnaire en Cuirs.
    Rue Dieu, 14.

DORMITZER et AUB. — Spécialité de Veaux en poil. — Maison à Nuremberg.
    Rue Lafayette, 103.

DUBOSQ (L.). — N. C. — Commissionnaire en Peaux de toute espèce.
    Rue Tiquetonne, 15.

DULONG-TRESSE. — Commissionnaire en Ecorces et Tans.
    Rue Buffon, 69. — (V. page 376.)

DURAND (Alphonse). — Receveur de Cuirs en poil de la Boucherie de Paris.
    Rue Montmartre, 166.

DURAND (Ch. et P.). — Buffles et Chamois. — Moutons bruts, poncés et de couleurs. — Fleurs tannées et mégissées. — Huiles. — Moellons. — Dégras. — Fabrique à Trye-Chateau.
    Rue de l'Entrepôt, 15. — (V. page 362.)
    Duval, représentant, à Paris, de MM. C. et P. Durand.

DURAND-JOURNET et Cie. — Commissionnaires en Cuirs et Peaux tannés. — Fabrique de buffles et dégras. — Tannerie à Beausseré (Oise).
    Rue de l'Entrepôt, 20.

DURAND Frères (A. et L.). — Successeurs de Courtépée-Duchesnay et de Durand-Chancerel, — Tanneurs et corroyeurs. —
Usine des Cordelières : — Cuirs forts.
Usine des Gobelins : — Veaux cirés et Tiges.
Les Cuirs forts de cette Maison sont classés en première marque de Paris. — Les Veaux cirés et Tiges sont connus sous la marque : C. D.
    Rue Magnan, 11 (anciennement rue Française, 6 et 8.
    — (V. page 341).

**DURIEUX (Jules).** — Commissionnaire en Cuirs et Peaux.
Rue Montorgueil, 45.

**FERRY.** — Courtier assermenté près la Bourse de Paris, plus spécialement chargé des ventes concernant la Tannerie et l'Industrie des Cuirs et des Peaux, — les suifs et corps gras.
Place de la Bourse, 5.

**FITZHENRI.** — Machine à mettre au vent. — Concessionnaire pour la France du brevet, s. g. d. g., M. Lesaulnier, tanneur-corroyeur.
Rue Censier, 31.— (V. page 342.)

**FLOTARD (Ernest).** — Commissionnaire en Peaux en tous genres.
Rue Greneta, 43. — (V. 377.)

**FORTIER-BEAULIEU (Ad).** — Manufacture de Cuirs pour Sellerie. — Spécialité de Peaux de Cochon.
Maison fondée, en 1796, par Pierre Fortier-Beaulieu. Usine, rue de la Lancette, 7, à Bercy-Paris, et rue de Charenton, 241.
Rue du Faubourg-Saint-Denis, 64 :—Dépôt.(V. p. 343)

**FREMIER (P.).** — Commissionnaire en Cuirs et Peaux.
Rue Dieu, 9.

**GENIGOUD.** — Négociant-exportateur en Cuirs et Peaux.
Rue Greneta, 34.

**GÉRARD (Édouard).** — Commission. — Cuirs en Poil de pays et étrangers. — Cuirs de la Boucherie de Paris. — Cuirs tannés. — Tans et Déchets de Tannerie.
Magasins à la Halle aux Cuirs de Paris, rue Santeuil.
Rue Guy-de-la-Brosse, 6 : — Bureau et Caisse.
*Adresser les marchandises en gare.* — (V. page 378).

**GUÉRIN-DELAROCHE.** — Tannerie, — Corroierie, — Vernisserie pour Sellerie, Carrosserie et Chaussures.
Faubourg-Saint-Martin, 78. — V. page 363.)

**GUERRY Fils.** — Commissionnaire en cuirs.
Rue Dieu, 12.

**GUICHARDOT (Casimir).** — Receveur de Cuirs en poil de la Boucherie de Paris. — Receveur spécial des Tanneries de Chateau-Renault.
Rue Linné, 14.

**HALLE AUX CUIRS DE PARIS.** — Etablissement municipal. — Magasins généraux dits *du quartier Saint-Marcel.* — Salle de Ventes publiques où se tiennent les Ventes publiques de l'abat de Paris chaque fin de mois.
Poste. — Télégraphie et Salles pour faire la correspondance.
Rue Santeuil. — (V. page 334.)

HENRIOT Fils. — Négociants en Cuirs verts et salés de l'abat de Paris.
Boulevard Saint-Jacques, 31.

HERRENSCHMIDT (LES FILS DE G.-F). — Tanneurs-Corroyeurs. — Cuirs pour Chaussures et pour l'Armée. — Usines et Maisons à STRASBOURG (Alsace) ; — à MEUNG SUR-LOIRE (Loiret) ; — à PARIS.
Rue des Marais, 35. — (V. page 345.)

HURARD (Th.). — Spécialité de Cuirs vernis lisses et à grains, pour Carrosserie et Chaussures.
Rue des Vinaigriers, 44.

HOUETTE (AD.). — Cuirs vernis.
Rue Richer, 23.

JODOT (ALFRED). — Successeur de son père. — Commissionnaire en Cuirs.
Rue Dieu, 5.

JOIGNAUX-POULAIN. — Dégras, — Huiles de Poisson, — Cirage, etc.
Rue du Maroc, 21. — (V. page 379.)

JUMELLE. — Cuirs vernis de couleurs.
Rue Saint-Martin, 285.

KULP JEUNE. — Exportation de Veaux cirés et blancs, — Peausserie, etc.
Rue de Chabrol, 26.

LEBAS (ERNEST). — Successeur de BING. — Tannerie et Corroierie. — Fabrique spéciale de veaux pour vernis. — Travaille à façon.
Rue Poliveau, 32. — (V. page 379).

LEMOINE. — Commissionnaire en Cuirs.
Rue Dieu, 8.

LESAULNIER (LÉON). — Spécialité de cheval tanné et corroyé. Cuirs noirs, jaunes, brunis et vernis, pour Selliers, Carrossiers et Bourreliers. Concessionnaire du brevet de la Machine *à mettre au vent* de Fitzhenry.
Rue Censier, 31. — (V. page 342).

LÉVÊQUE FILS (ALEXANDRE). — Commissionnaire en Cuirs de Boucherie. — Magasins : — Rue Saint-Maur, 223, au coin de celle Grange-aux-Belles.
Rue du Cloître-Saint-Jacques, 1.

LUTZ (GEORGES). — Outils et Machines pour Tanneurs et Corroyeurs.
Rue Dieu, 3. — Usine à vapeur, rue Saint-Hyppolyte, 25. — (V. page 365).

MAGASINS GÉNÉRAUX *dits du quartier Saint-Marcel*. Avec Entrepôt d'Octroi. — La Société reçoit toutes les Marchandises, procure aux Négociants des avances et délivre des Warants. — Halle aux cuirs de Paris.
Rue Santeuil. — (V. page 334).

MÉNAGER. — Tanneries et Corroieries à Sens (Yonne) et à Levallois-Perret (Seine).
    Rue de la Grande-Truanderie, 7.

MILCENT G. et O. WAHL. — Ancienne Maison Liégard. Commissionnaires en peaux de toute espèce.
    Rue Tiquetonne, 38.

MOULIA. — Cuir de Hongrie — Cuir noir — Spécialité de Housses.
    Rue des Cordelières, 13.

OGERAU (FRÉDÉRIC). — Cuirs forts. — Veaux cirés. — Chamoiserie. — Usine à Vernon (Eure).
    Comptoir à New-York (Etats-Unis).
    Rue Baudin, 36 : Dépôt. — (V. page 349).

OUVRÉ, F. P. — Commissionnaire en Laines et Peaux en tous genres.
    Rue de l'Entrepôt, 27 et 29.

PATHIER-BIGAREL. — Corroierie. — Spécialité de Vaches en croûtes et étirées. — Débris de toutes sortes en croûte et lissés.
    Rue Dieu, 6.

PATOUT. — Huiles. — Dégras. — Cirage.
    Chamoiserie au moulin Guillaume, à VILLIERS-SUR-MORIN (Seine-et-Marne)
    Maison et Bureaux, à PANTIN, rue de Montreuil, 19.

PEIGNÉ (L.) et CHOUIPE (EM) — Fabrique de Chèvres et Veaux Mégis.
    Rue Beaubourg, 72.

PICHARD (AUGUSTE). — Chevreaux et Veaux mégissés noirs, — Tiges en maroquin. — Chèvres chagrinées et Veaux chagrinés. — *Spécialité de tiges cambrées pour grandes bottes.* — Breveté s. g. d. g.
    Rue Saint-Sauveur, 14.

PICOT et BLONDIN. — Tanneurs-corroyeurs.
    Rue de la Glacière, 49, et à LA SUZE (Sarthe).

PIEDSOCQ JEUNE. — Tannerie et corroierie. — Cuirs pour sellerie et cordonnerie. — Achat et vente de toutes sortes de débris en croûte et autres.
    Grand-Montrouge, route d'Orléans, 208,
    Rue Brantôme, 15

POIRIER oncle et neveu. — Fabrique spéciale d'outils pour Tannerie, Corroierie, Maroquinerie et Mégisserie.
    Fabrique, rue Pascal.
    Rue de l'Entrepôt, 15. — (V. page 366).

POTTIER Jne et BLOT. — Seuls fabricants taillandiers à l'usage de la fabrication des Cuirs. — Fabrique spéciale d'outils à l'usage des Cuirs et des Peaux. — Envoi en Province et à l'Etranger.
    Rue de Lourcine, 25. — (V. page 382.)

RICORD. — Ancien juge au Tribunal de commerce.
    Commissionnaire en Peausserie.
    Rue Dieu, 13.

RIVIÈRE (CHARLES). — Commissionnaire en cuirs verts salés et secs.
— Vente publique de toute espèce de cuirs.
Rue Daubenton, 3.

ROY (H.) — Tabliers et guêtres imperméables.
Rue Saint-Martin, 20. — (V. page 369.)

SAMSON et BOUTARD. — Commissionnaires en cuirs.
Rue des Marais-Saint-Martin, 48.

SCELLOS, E. DOMANGE et C$^{ie}$. — Tanneries-corroieries. — MANUFACTURE SPÉCIALE DE CUIRS ET COURROIES POUR MACHINES ET FILATURES.
Boulevard Voltaire, 74.

SENDRET FILS. — Manufacture de Cuirs en tous genres. — Cuirs pour l'armée. — Sellerie. — Cordonnerie et Usines.
Spécialité de Croupons, Tiges, Cheval corroyé, Veaux cirés et vaches lissées.
Tannerie et Corroierie, à SAINT-JULIEN-LÈS-METZ.
» à PAGNY-SUR-MOSELLE.
Maison de vente à METZ (Lorraine.)
Représenté à Paris par M. GAREAU. — (V. page 351.)
Rue de l'Entrepôt, 5, près la rue Dieu. (Dépôt.)

SERVIN-ASSEGOND FILS. — L'une des plus anciennes corroieries de France.
Fournitures pour l'armée et la marine.
Cuirs noirs et vernis. — Cuirs jaunes et brunis. — Cuirs pour pompes et pour lampes.
Spécialité pour la pose de la vache à l'eau.
Rue Bellefond, 18. — (V. page 352.)

SOYER (CH.) — Tannerie-Corroierie-Vernis. — Tous articles de carrosserie et de sellerie. — Croupons pour courroies. —
Spécialité de vaches vernies à grains pour chaussures.
Rue Mayran, 4, square Montholon. — (V. page 368.)

STERNER (EDWARD). — Laines. — Poils et Bourres. — Achète la bourre de veau et vache. — Poils de chèvre et chevreau.
— Colle tant à l'état frais que sec.
Rue Croulebarbe, 6. — Maison à DEWSBURY (Angleterre).

SUC (A.), CHAUVIN et C$^{ie}$. — Maison fondée par A. Suc en 1857. — Chemins de fer pour *Tanneries*. — Wagon culbutant à caisse automatique, versant des quatre côtés, pour transport de *tannée*. — Wagon plate-forme pour transport des *Peaux*. — Transmissions de mouvements. — Bascules fixes et mobiles. — Ponts à bascule, etc., etc., pour *tanneries*.
Boulevard de la Villette, 50. — (V. page 354.)

SUEUR (T.) et FILS. — Spécialité de Cuirs vernis pour la Carrosserie. —
Cuirs lisses. — Vaches grainées. — Chevaux grainés pour chaussures.
Rue du faubourg Montmartre, 4.
Dépôt de Buffles de la maison T. Sueur. — (V. p. 353.)

**SUEUR (T.).** — Huiles. — Moellons. — Dégras, Buffles.
Rue Dieu, 17.

Dépôt de Chamoiserie, à PARIS, rue d'Allemagne, 138.

Maison représentée à Paris par M. DEMEUDE.
» dans l'est et le nord de la France, par M. Désiré CAUX.
» dans le Midi et la Suisse, par M. FOUQUET.
» dans l'Ouest, par M. FOUSSARD.

**TAVERNIER (CH.).** — HONGROIERIE-CORROIERIE. — Fournitures pour l'armée et la marine. — Seule maison de Paris fabriquant le cuir hongroyé façon PONT AUDEMER.
Rue de la Glacière, 51, quartier Saint-Marcel.

**TONDEUSE FRANÇAISE.** — *La Rapide perfectionnée* pour les chevaux et tous les animaux à poil.
Rue Beautreillis, 11. (V. pages 369).

**TOURIN.** — Constructeur mécanicien spécial aux Cuirs et Peaux. — Moulins à écorce, à noix (5 chevaux), garantis pour 5 à 600 kil. à l'heure.

Voir chez M. Damitte, à Paris, rue Humboldt, 11, PARIS.
*Machines à faire les jonctions de courroies* (coupé de 50 à 80 cent.) et pouvant servir à refendre le Veau et Manchon pour filatures, 800 fr. et .................... 500 »»
*Nouveau tendeur à allonger le croupon* pour courroies .......................... 600 »»
*Tendeur à allonger la courroie toute finie* ..... 350 »»
*Appareil mécanique* pour le foulage des cuirs (B. s. g. d. g.) Prix ..................... 700 »»

On peut fouler d'une façon parfaite, en demi-suif 8 bandes à l'heure, en plein-suif 3 bandes à l'heure ; on peut voir ledit appareil chez M. FAGES, rue de Rocroy, 4, PARIS. — Tonneaux, foulons, agitateurs, prix suivant grandeur. — Cuves dites balançeuses pour le tannage du Cuir de Hongrie, (système Lepelley). — Machines à vapeur fixes et locomobiles de toute force.

Quai Valmy, 17. — (Voir les dessins des machines, pages 355, 356 et 357).

**VAILLANT (GUSTAVE et GASTON).** — Commissionnaires et négociants en cuirs en poil et tannés.
Mégisserie. — Ganterie. — Laines. — Bourres. — Tans. — Sumacs.

*Halle aux Cuirs de Paris*, rue Santeuil. — (V. page 370.)

**VASSAL ET TH. GUEIT.** — Commissionnaires en peaux.
Rue Mauconseil, 27, Paris. — Boulevart du Nord, 12, MARSEILLE.

**VASSEL ET C$^e$** (ancienne maison ANDRILLAT aîné.)
Commissionnaires en cuirs.
Rue Mauconseil, 29, 31 et 33.

VENTES PUBLIQUES. — Concernant les tanneries : Cuirs verts de l'abat. — Cuirs secs et salés.—Cuirs tannés. —Ecorces. — Tans, etc., etc. — Chaque fin de mois, vente des abats parisiens.
    *Halle aux Cuirs de Paris*, rue Santeuil. — (V. p. 334.)

VIGNES (B.) — Commissionnaire en veaux de Millau.
    Rue Mauconseil, 31.

WERTHEIM (A.) — Cuirs, peaux, laines, bourres.
    Rue de Trévise, 28. — (V. page 384.)

# DÉPARTEMENTS

ALDEBERT (Casimir.) — Veaux parés.
    Millau (Aveyron).

ALÉGATIÈRE (J.) Fils. — Spécialité de Cuirs lissés et battus en Peaux de pays, Produits classés au même rang que les premières sortes de Paris et de la Touraine.
    Lyon-Vaise (Rhône), chemin Gorge-du-Loup, 14.
    — (V. page 335.)

ANDRÉ. — Courtier de commerce. — Cuirs et Peaux.
    Marseille (Bouches-du-Rhône).

ARQUEMBOURG-VASSEUR. — Tannerie et Mégisserie.
    Fruges (Pas-de-Calais).

ARTUR (Ch. et J.) — Ancienne Maison V$^{re}$ Artur. — Cuirs en gros. — Commission. — Exportation de Cuirs fabriqués. — Tannerie et Corroierie. — Tannage pur chêne. — Spécialité de Croupons lissés. — Croupons légers et Cheval étrangers corroyés. — Equipements militaires.
    Rennes (Ille-et-Vilaine). — (V. page 358.)

ASSELIN (A.) et BLAIS (L.) — Courtiers. — Cuirs et Laines.
    Havre (Seine-Inférieure).

AUDRY (Ch.), BOULLANGER et C$^{ie}$. — Négociants en cuirs en poil.
    Havre (Seine-Inférieure).

BALEY (Guillaume). — Tannerie et Corroierie.
    Port-Launay, près Chateaulin (Finistère).—(V. p. 371.)

BARRIÈRE-CHAMPAULT. — Tanneur-Corroyeur.
    Bois-Belle, près Henrichemont, à 36 k. de Bourges.

BART-BRETON (Veuve). — Tannerie fondée en 1776.
>FONTBOUILLANT, par MONT-GUYON (Charente Inf<sup>re</sup>).

BAUDIN PÈRE et FILS. — Tannerie et Corroierie.
>BROU (Eure-et-Loir.) — (V. page 371.)

BASTIEN FRÈRES. — Ancienne Maison BASTIEN ET GEORGES, de Metz. — Tannerie et Corroierie.
>PONT-A-MOUSSON (Meurthe.) — (V. page 359.)

BEAUSSART (VICTOR). — Tanneur-Corroyeur. — Spécialité de Cuirs pour la Cordonnerie.
>AUXY-LE-CHATEAU (Pas-de-Calais).

BECKER (JULES). — Tannerie et Corroierie en tous genres. — Maison BECKER-NOEL, de Metz. — Transportée au 1<sup>er</sup> octobre 1872, à
>BAR-LE-DUC (Meuse).

BEER (CHARLES). — Chamoiseur.
>NIORT (Deux-Sèvres).

BELOUIN (CLÉMENT). — Manufacture de Cuirs tannés et corroyés.
>ANGERS (Maine-et-Loire.) — (V. page 372.)

BIÉMONT (P.) — Tannerie. — Bœufs. — Vaches et Veaux en croûte. — Gros Bœufs en croûte pour Courroies.
Ecorces en bottes et en écorçons. — Tans moulus.
>ORBAIS-L'ABBAYE (Marne.) — (V. page 373.)

BIZOUARD-GROSBOIS. — Tannerie et Corroierie.
Fabrique spéciale de Cuirs forts et de Vaches lissées.
>SEMUR (Côte-d'Or).

BLOT (EDOUARD.) — Ancienne Maison BLOT-LECOMTE. — Tannerie.
>BEAUMONT-LE-ROGER (Eure.) — (V. page 373.)

BOSC PÈRE et FILS. — Négociants-Armateurs. — Cuirs et Peaux en poil. — Laines, Peaux de moutons et Suifs.
>MARSEILLE (Bouches-du-Rhône).

BRAULT PÈRE et FILS. — Manufacture de Cuirs.
>MONTBAZON de TOURAINE (Indre-et-Loire).

BRISSET FRÈRES. — Manufacture de Cuirs.
>CHÂTEAU-RENAULT (Indre-et-Loire.) — (V. page 359).

CASTRO (JULES). — Négociant en Cuirs et poils tannés.
>BAYONNE (Basses-Pyrénées).

CHALLE (R.) — Successeur de l'ancienne Maison DELAVAUD (EDOUARD), Négociants en Cuirs et Peaux de toutes sortes. — Fournitures pour Selliers — Carrossiers — Bourreliers — Cordonniers.
>SURGÈRES (Charente-Inférieure.) — (V. page 374.)

**CHEYSSON et FILS (Veuve)** — Tannerie.— Corroierie. — Commissionnaires en Cuirs en poil et en Cuirs tannés.

MARSEILLE (Bouches-du-Rhône).

**CLAVÉ-BERTRAND.** — Tannerie. — Corroierie. — Hongroierie.
Cuirs forts.— Vaches lissées.— Croupons à semelles.—
Veaux cirés et toute espèce de Cuirs et Peaux pour Cordonnerie.
Cuirs de Hongrie.—Cuirs noirs pour Sellerie et Bourrellerie.
Fabrique de Brides et Dessus de sabots.
Outillage perfectionné pour chaque spécialité.
Usines à vapeur et hydraulique.
Commerce de tan au Moulin Trochard.
Marque de Fabrique : C. B.

COULOMMIERS (Seine-et-Marne.) — (V. page 338.)

**COQUET FRÈRES.** — Manufacture de Cuirs.

TROYES (Aube).

**CORNEILLAN FRÈRES.** — Fabricants de Veaux cirés.

MILLAU (Aveyron).

**CORNEILLE-GIVELET.** — Spécialité de Cuir noir et de Veaux cirés.
Articles de Cordonnerie — Bourrellerie et Sellerie.
Cuirs et Courroies pour Mécaniques et Filatures.

REIMS (Marne), rue Colbert, 18, et rue du Tambour, 25.

**CORNEILLE.** — Tannerie et Mégisserie. — Commission de Cuirs tannés et en poil.

DINAN (Côtes-du-Nord).

**CORNET (OCTAVE).** — Chamoiserie.— Huile et Dégras.

AMIENS (Somme). — (V. page 375.)

Représenté à PARIS par M. ALBERT PITRAIS, r. Turbigo, 76, présent les dix derniers jours du mois.

**COÜILLARD (E.) et VITET.** — Cuirs tannés — Corroyés — Vernis et Hongroyés. — Successeurs de la maison PLUMMER.

PONT-AUDEMER (Eure).—Dépôt à Paris.
— (Voir page 339.)

**DABADIE (Veuve) et FILS et DASTE (A.)** — Manufacture de Cuirs. — Spécialité de Cuirs lissés battus. — Veaux blancs.— Croupons égalisés.—Cuirs à courroies et Cuirs de harnais.

PAU (Basses-Pyrénées). — (V. page 340.)

**DARRIEUS FRÈRES.** — Tannerie et Corroierie. — Spécialité de Tiges — Bottillons.—Avant-Pieds.—Cheval pour Empeignes.— Veaux blancs et cirés.— Empeignes pour Galoches.— Peausserie.

TOULOUSE (Haute-Garonne). — (V. page 360.)

DELAHAYE et FILS. — Maison fondée par l'aïeul en 1785. — Spécialité de Cuirs forts. — Produits cotés en premières sortes de Halle à PARIS. — Tannage lent et rationnel.
    IVRY-LA-BATAILLE (Eure).

DELGUTTE (FRANÇOIS-JULES). — Tannerie et Corroierie.
    LILLE (Nord). — (V. page 375.)

DELNAUD (A.). — Cuirs en poil. — Laines et Peaux de moutons. — Commission.
    BORDEAUX (Gironde), 35, rue de Cursol.

DÉON FILS. — Tannerie et Corroierie.
    SENS (Yonne.) — (V. page 375.)

DESACHÉ-BLIN (G.). — Manufacture de Cuirs de Touraine et de Bretagne.
    TOURS (Indre-et-Loire). — (V. page 376.)

DÉTROYAT (ACH.) et POYDENOT. — Tannerie et Corroierie en tous genres. — Gros Cuirs. — Vaches lissées et battues. — Chevaux. — Veaux corroyés en blancs et cirés.
Usine à EAUROUZE. — Machine à vapeur.
    BAYONNE (Basses-Pyrénées).

DEZAUX-LACOUR. — Manufacture de Cuirs.
    GUISE (Aisne). — (V. page 376.)

DOMER (OCTAVE). — Ancienne maison AMAND-DOMER fils. — Fabrique de Cuirs en tous genres.
    ROUEN (Seine-Inférieure). — (V. page 376.)

DOUMERGUE AÎNÉ et CALMEL (ET.). — Tannerie et Corroierie. — Spécialité de Veaux gris. — Vaches lissées.
    VILLENEUVE-SUR-LOT (Lot-et-Garonne).

DORGÉ-HEUZÉ. — Tannerie et Corroierie de toute espèce.
Fabrique de Brides à sabots et de Tiges pour chaussures.
    COULOMMIERS (Seine-et-Marne). — (V. page 361.)

DROUET FRÈRES. — Tanneurs. — Bœufs. — Vaches. — Veaux. — Cuirs forts.
    CAUDEBEC-EN-CAUX (Seine-Infér.). — (V. page 362.)

DUPUIS-SPECQUE. — Spécialité de Cuirs forts étrangers.
    ABBEVILLE (Somme), chaussée Marcadet, 134 et 136.

DURAND (H.). — Corroyeur. — Cuirs pour Selliers, Bourreliers, Cordonniers. — Spécialité de Cuirs pour courroies.
    CHARTRES (Eure-et-Loir).

DUSART-CUVELIER. — Tanneur-Corroyeur, à BERNY-SUR-NOYE.
    Gare du chemin de fer, à AILLY-SUR-NOYE (Somme).

ETCHEVERS. — Cuirs tannés et préparés. — Outils de tanneurs-corroyeurs. — Commission.
    BAYONNE (Basses-Pyrénées), rue Port-de-Castets, 4.

FARAGUET. — Filateur de laines. — Mégisserie très-importante. — Achat de Peaux de moutons lainées de toutes provenances. — Ventes de tous les cuirets sur le bord des pelains.

    DIJON (Côte-d'Or).

FAURE (FÉLIX). — Cuirs en poil.

    HAVRE (Seine-Inférieure).

FORTIER-BEAULIEU JEUNE. — Spécialité de Tiges de bottes pour civil et militaire.

    ROANNE (Loire). — (V. page 377.)

GALLIEN et C$^{ie}$, N. — Manufacture de Cuirs tannés et corroyés. — Cuirs forts connus comme premières marques de Paris. — Vaches et Bœufs lissés. — Veaux tannés et corroyés.

    LONGJUMEAU (Seine-et-Oise). — (V. page 363.)

GARROS J$^n$. — Tannerie et Corroierie. — Achat et Vente de Cuirs en poil et tannés. — Fabrique de chandelles. — Spécialité de suifs pour tanneurs.

    PAMIERS (Ariége).

GATIEN FILS. — Manufacture de cuirs.

    CHATEAU-RENAULT (Indre-et-Loire). — (V. page 377.)

GAVOTY DE PHILÉMON. — Commissionnaire en Cuirs.

    MARSEILLE (Bouches-du-Rhône), 50, rue Thubaneau.

GAYRAUD (A.). — Tannerie et Corroierie. Spécialité de Cuirs à la garouille.

    NARBONNE (Aude).

GEISLER (ALBIN) et LEFÈVRE. — Négociants en Cuirs en poil.

    HAVRE (Seine-Inférieure), rue de Bordeaux, 18.

GEISLER (THÉODORE). — Négociant en Cuirs en poil.

    HAVRE (Seine Inférieure).
    PARIS, rue de l'Entrepôt, 20.

GÉRARD FRÈRES. — Manufacture de Cuirs en tous genres. — Spécialité de Croupons corroyés. — Veaux cirés. — Vaches lissées. — Cheval corroyé. — Cuir noir. — Cuirs à courroies, etc., etc. — Marque de Fabrique : *Gérard frères*.

    NANCY (Meurthe). — (V. page 344.)

GERMAIN PÈRE ET FILS. — Tannerie et Corroierie. — Spécialité de Cuirs noirs à chair propre.

    TRUN (Orne).

GODARD-DUBÉ (J.) — Croupon à courroie. — Cuir noir. — Croupon en huile. — Cuirs en Poil.

    CHAUMONT (Haute-Marne). — (V. page 378.)

GOSSEZ (Louis). — Spécialité de Cuirs pour Cardes, Filatures. Spécialité de Cuirs pour Selliers et Fournitures militaires.
   Lille (Nord). — (V. page 378.)

GOUBE-PIÉRACHE. — Cuirs pour Cardes et Équipements.
   Douai (Nord).

GOURDON et C° (T.). — Ancienne Maison Girard-Merlant. Cuirs Tannés. — Cuirs en poil. — Huiles de poisson. — Fabrique spéciale de Croupons corroyés.
   Nantes (Loire-Inférieure). — (V. page 378.)

GUY (Guillaume) et TESSIER. — Veaux cirés.
   Milhau (Aveyron).

HENRY (E.). — Spécialité de Cuirs forts. — Écorces et Tans.
   Coulommiers (Seine-et-Marne). — (V. page 379.)

HERBERT. — Fabricant de Cuirs.
   Nantes (Loire Inférieure), rue Biesse, 45.

HERRENSCHMIDT (Les Fils de G.-F.). — Tanneurs-Corroyeurs. — Cuirs pour Chaussures et pour l'Armée.
   Usines et Maisons à Strasbourg (Alsace); — à Meung-sur-Loire (Loiret); — à Paris.
   — (V. page 345).

JACQUET (F.). — Tanneur-corroyeur.
   Pierrelatte (Drôme).

JARLET (Émile). — Fabricant de Cuirs forts étrangers. Spécialité de Cuirs très-forts.
   Saint-Saens (Seine-Inférieure).

JUSTAFRÉ (A.). — Fabrique de Cuirs garouille et Vaches lissées. — Grand entrepôt d'Écorces garouille et Chêne vert. — Sumacs français et étrangers. — Talc en poudre. — Blanc impalpable.
   Céret (Pyrénées-Orientales) — V. page 364.

KOCK (Aimé) et C°. — Tannage au bois de châtaignier. Bois de châtaignier découpé. — Extrait de Tannin. Médaille d'argent à l'Exposition universelle de 1867.
   Lyon (Rhône), Chemin de Gerland, 10. — (V. page 347.)

LAPALLIÈRE. — Corroierie en tous genres.
   Saint-Lô (Manche). — (V. page 379.)

LEBASTARD (E.) et (A.) — Cuirs jusés et Cuirs lissés, étrangers et pays.
   Rennes (Ille-et-Vilaine). — (Voir page 380.)

LECOINTE (Paul). — Manufacture de Cuirs.
   Saint-Omer (Pas-de-Calais). — (V. page 380.)

— DÉPARTEMENTS —

**LEGAL.** — Tannerie. — Corroierie. — Veaux mégissés. Spécialité de Cuirs vernis et de Chèvres à grain du Levant. Etablissement fondé en 1836 par LEGAL (Réné), le propriétaire actuel.
L'une des plus importantes maisons de la région de BRETAGNE.
Douze Médailles obtenues aux grandes Expositions.
CHATEAUBRIANT (Loire-Inférieure). — (V. page 348.)

**LEKER-DUGUÉ.** — Fabricant-Tanneur.
RENNES (Ille-et-Vilaine).

**LEMARCHAND.** — Tanneur-Corroyeur.
GUINGAMP (Côtes-du-Nord).

**LENOUVEL (EUGÈNE).** — Tannerie-Corroierie.
DINAN (Côtes-du-Nord). — (V. page 380.)

**LENORMAND (ÉMILE).** — Cuirs forts étrangers.
SAINT-SAENS (Seine-Inf<sup>re</sup>). — (V. page 380.)

**LEROY AINÉ.** — Tannerie-Corroierie-Hongroierie.
ROUEN (S.-Inf<sup>re</sup>), rue Eau-de-Robec, 16. — (V. p. 381.)

**LOTH ÉMILE.** — Spécialité de Cuirs forts.
SARREGUEMINES (Moselle). — (V. page 364.)

**MAGY-MAGY et ses FILS.** — Spécialité de Vaches en croûte. — Tannage pur chêne. — Commerce d'Écorces à tan.
SOLRE-LE-CHATEAU (Nord).

**MAHIEUX-FAMIN.** — Tannerie et Corroierie.
MÉRU (Oise).

**MARRAST J. FILS et VEUVE** — Bœufs. — Vaches lissées battues. — Croupons. — Cuirs noirs. — Veaux blancs et cirés.
MONT-DE-MARSAN (Landes).

**MARQUAIRE (F. E.)** — Tannerie et Corroierie.
LA BROQUE, près *Schirmeck* (Vosges). — (V. page 381.)

**MARETTE et C<sup>ie</sup>.** — Successeurs de G. AMAURY.
Dégras et Huiles de poissons.
Commission de cuirs tannés.
ROUEN (Seine-Inférieure), rue Racine, 13.

**MAUDUIT (G.) FILS.** — Chamoiserie à PAVILLY (Seine-Inférieure). — Moëllon. — Dégras.
ROUEN (Seine-Inférieure).
BELLE, représentant de la maison Mauduit, 38, rue de la Reine, à LYON. — (V. page 381.)

**MESLIER FRÈRES.** — Fabrique de Cuirs fondée en 1805. — Spécialité de Vache lissée et de Cheval lustré.
ANGOULÊME (Charente).

**MEUSNIER.** — Tannerie-Corroierie. — Commerce de Cuirs en tous genres.
ARPAJON (Seine-et-Oise).

MILLET (Charles.) — Spécialité de Cuirs de Hongrie. — Vaches à couture. — Cuirs noirs et Croupons pour courroies.
> Saint-Ouen-l'Aumône, près *Pontoise* (Seine-et Oise).

MISERY (Louis.) — Chamoiseur.
> Annonay (Ardèche).

MONNEINS Fils. — Spécialité de Vaches lissées.
> Gironde (Gironde).

MOREL (Émile.) — Manufacture de Cuirs. — Grande spécialité pour Harnais. — Bœufs et Vaches lissés. — Veaux et Cheval lustré. — Outillage spécial produisant 1,300 côtés Cuir noir par jour.
> Surgères (Charente-Inférieure). — (V. page 365.)

NOIROT (Veuve). — Chamoiserie. — Peausserie.
> Niort (Deux-Sèvres).

NUGUE (Aimé). — Tannerie et Hongroierie à Saint-Jean-de-Pournay (Isère).
> Lyon (Rhône), quai de la Charité, 23.

ODELIN (Hte.) — Corroierie. — Spécialité pour filatures. — Courroies.
> Reims (Marne). — (V. page 381).

OGERAU (Frédéric). — Tannerie. — Corroierie. — Chamoiserie. — Maison fondée en 1819. — Usine à Vernon (Eure.) — Paris, rue Baudin. 36. — Dépôt.
> New-York (Etats-Unis). — Comptoir. — (V. page 349).

PARAYRE et COSTE. — Fabrique de Cuirs garouille.
> Céret (Pyrénées-Orientales). — (Voir page 382).

PARENT (Adolphe et Fils). — Cuirs forts.
> Givet (Ardennes).

PARENT (Albéric). — Cuirs forts.
> Givet (Ardennes).

PATOUT. — Huiles. — Dégras. — Cirage. Chamoiserie au Moulin, à Villiers-sur-Morin (Seine-et-Marne).
> Pantin (Seine), rue de Montreuil, 19. — Maison et Bureaux.

PAULY (Pierre). — Fabricant de Cuirs forts.
> Sierck (Lorraine).

PÉCULLIER. — Tanneur-Corroyeur.
> Au Blanc (Indre).

PELTEREAU (Auguste). — Manufacture de Cuirs tannés et corroyés. — Spécialité de Cuirs jusés. — Bœufs et Vaches lissés. — Veaux cirés. — Cuirs pour courroies, etc., etc. Etablissement fondé en 1597; l'un des plus anciens et des plus importants du pays.
> Chateau-Renault (Indre-et-Loire). — (V page 350).

PELTEREAU (Placide). — Manufacture de Cuirs tannés et corroyés. — Spécialité de Cuirs jusés. — Bœufs et Vaches lissés. — Veaux cirés. — Cheval lustré. — Cuirs pour courroies et Courroies confectionnées.
Maison fondée au XVI° siècle.
 Chateau-Renault (Indre-et-Loire). — (V. page 366).

PERRIER-HIRSCH. — Vaches lissées. — Veaux cirés.
 Sézanne (Marne).
 Par chemin de fer d'Epernay à Romilly-sur-Seine.

PICOT et BLONDIN. — Tanneurs-Corroyeurs.
 A La Suze (Sarthe). — Paris, rue de la Glacière, 49.

RICHARD (Émile). — Tanneur et Corroyeur. — Cuirs pour Sellerie. — Equipement. — Cordonnerie. — Courroies rivées. — Brides à sabots.
 Joigny (Yonne). — (V. page 383).

RICHÉ. — Marchand de Cuirs — Cuirs en poil. — Spécialité pour tout ce qui concerne la Cordonnerie. — Couvertures et brides à sabots.
 Aulnay (Charente Inférieure).

RICQUE Père et Fils. — Spécialité de Cuirs de Hongrie. — Cuirs pour harnais — Pour lacet ou couture sans déchets. — Pour tirants et lanières. — Tissage mécanique (préparation spéciale.)
 Montivilliers (Seine-Inférieure.) — (V. page 367).

ROBELIN Père et Fils. — Tannerie et Corroierie.
 Longjumeau (Seine-et-Oise). — (V. page 383).

ROCHIER (Cyprien). — Corroierie de Peaux de chèvres.
 Lyon (Rhône). — (V. page 383).

ROLLAND. — Spécialité de Cuirs et Peaux de Veaux en poil. — Peaux de Moutons sèches.
 Lyon, Cours Perrache, 22.

ROQUES (Antoine) Frères — Mégissiers.
Spécialité de peaux de Moutons du Languedoc. — Basanes huilées en croûte sans huile. — Façon Veaux blancs et quadrillés pour chaussures.
Peaux de Moutons tannées à l'écorce, huilées et en croûte sans huile.
 Montpellier (Hérault). — (V. page 367).

ROSSOLLIN (Émile). — Fabrique de Cuirs lissés.
Ancienne marque de fabrique : Rossollin G. V.
 Brignoles (Var).

ROUVEURE Ainé. — Mégisserie.
 Annonay (Ardèche).

SALTET. — Fabricant de Veaux cirés et parés.
 Milhau (Aveyron).

SCHEFFLER Fils (A.).—Tanneur et Corroyeur.—Spécialité de Veaux en croûte et secs d'huile.—Bœufs et Vaches en croûte et lissés.
CHATEAU-SALINS (Meurthe).

SENDRET Fils. — Manufacture de Cuirs en tous genres.
Cuirs pour l'armée. — Sellerie. — Cordonnerie et Usines. Spécialité de Croupons, Tiges, Cheval corroyé, Veaux cirés et Vaches lissées.
Tannerie et Corroierie à SAINT-JULIEN-LÈS-METZ.
Tannerie et Corroierie à PAGNY-SUR-MOSELLE.
Représenté à PARIS par M. GAREAU, rue de l'Entrepôt, 5, près la rue Dieu.
Maison de vente à METZ (Lorraine). — (V. page 351.)

SERVAIN (V.). — Tanneur. — Vaches en croûte et lissées.
FÉCAMP (Seine-Inférieure).

SIMON (A.). — Classeur spécial. — Cuirs et Peaux.
HAVRE (Seine-Inférieure), rue d'Orléans.

SÜNN. — Chamoiserie. — Huiles. — Moellon. — Dégras. — Chamois et Buffles — Maison à PARIS et à BEDBURG, près d'AIX-LA-CHAPELLE,
ENENCOURT-LÉAGE (Oise). — (V. page 384).

THÉRY (JULES). — Tanneur et Corroyeur.
BAPAUME (Pas-de-Calais.)

THIREL (VEUVE). — Tannerie et Corroierie.
SOISSONS (Aisne).

THIERRY (VICTOR), Successeur de THIERRY FRÈRES. — Tannerie et Corroierie.
LUXEUIL (Haute-Saône).

THIRY et LEFEBVRE. — Cuirs forts étrangers et pays. — Vaches en croûte. — Veaux et basanes. — Moulin à vapeur.
GIVET (Ardennes).

ULLMO (SIMON) et Cⁱᵉ—Tannerie et Corroierie.—Peaux et Cuirs en poil. Spécialité de veaux blancs et cirés pour l'exportation.
LYON (Rhône), rue Vendôme, 153 et 155.

VEILLON FRÈRES. — Tannerie et Corroierie. — Cuirs pays et étrangers lissés. — Veaux blancs et cirés. — Cheval lustré.
ANGOULÊME (Charente).

VERNIÈRE (STANISLAS). — Tannerie et Corroierie.
Spécialité de Veaux cirés pour l'exportation.
Dépôts à NEW-YORK — LONDRES — CONSTANTINOPLE — NAPLES et LIVOURNE.
ANIANE (Hérault). — (V. page 370.)

VICHERAT (AUG.). — Tanneur-Corroyeur. — Vaches en croûte et lissées. Cheval, Veaux, Cuirs forts étrangers et pays.
NEMOURS (Seine-et-Marne).

WETZEL. — Cuirs forts dits suisses. — Première marque de Lyon.
SOCHAUX, près MONTBÉLIARD (Doubs).—(V. page 384.)

ZIMMERMANN. — Fabrique de cuirs à semelles.
SAINT-AVOLD (Lorraine). — (V. page 384.)

# ÉTRANGER

## ANGLETERRE (Grande Bretagne).

### LONDRES

BACON et Fils. — Tanneurs de cuirs forts. — Vaches et Vachettes. —
    Royal oak Yard, 139 (Bermondsey).

BARROW (S.) et Frères. — Cuirs forts. — Vaches et Vachettes.
    Grange Bermondsey.

BEACH (Wm et John) et Fils. — Moutons et Chèvres.
    William Wolk (Bermondsey).

BEVINGTONS et Fils. — Maroquins. — Mégisserie. — Ganterie. Commerce de Cuirs en tous genres.
    85, Cannon Street (Cité).

BEVINGTONS et MORRIS. — Tannerie. — Corroierie. — Peaux de moutons teintés en laine. — Commerce de Cuirs en tous genres.
    Cannon Street (Cité).

BOUTCHER, MORTIMORE et Cie. — Commissionnaires en Cuirs.
    Leadenhall hide Market (Cité).

COOPER. — Teinturier pour maroquinerie.
    Page Walk (Bermondsey).

COX, HINKES et Cie. — Tannerie de Cuirs forts.
    Russel Street (Bermondsey).

DEED (J. S.). — Corroierie. — Maroquinerie. — Moutons teints en laine pour tapis.
    Oxford Street, 451 (Westend).

FISCHER et Fils. — Corroyeurs et Négociants en Cuirs.
    Maze Pond, 31, (Bermondsey).

HEPBURN et FILS. — Tannerie et Corroierie en tous genres — Équipement militaire.
    Longlane, 16 (BERMONDSEY).

HOOPER (BENJAMIN). — Commissionnaire en Cuirs.
    Sainte-Mary Axe (CITÉ).

HYDE (ARCHER). — Cuirs pour Sellerie. — Carrosserie. — Bourrellerie.
    Finsbury pl. sonth. (CITÉ).

JANSON (J.-W.). *Commissions et ventes. (Cuirs et Peaux).*
    M. Janson s'est retiré, à partir du 1er janvier 1872, de la raison *Janson Bloot et Heal*, et il s'est associé avec MM. SMITH ET SON DE CAMOMILE STREET, 36, qui occupent depuis quarante ans une des premières positions du commerce.
    Camomile street, 36.

JUDSON (DANIEL) et FILS. — Tannerie.
    Southwark street.

LAMBERT et Cie. — Corroyeurs. — Fabrique de tiges.
    Walk New-Road (BERMONDSEY).

MAC RAE (J.). — Chamois. — Buffles. — Dégras.
    Bermondsey street (BERMONDSEY).

OASTLER et PALMER. — Tanneurs-Corroyeurs. — Fournitures pour l'armée.
    Market street (BERMONDSEY).

PAGE et WECCH. — Commissionnaires en Cuirs.
    Bishop Gate street (CITÉ).

PLUMMER, VAUGHAN et Cie. — Corroyeurs et Commerce de Cuirs.
    Barge Yard, 5, Queen Victoria street,

POWEL (T. J.). — Commissionnaire en Cuirs.
    Lime street (CITÉ).

SCHAFERS (BÉRICKT). — Commissionnaire en Cuirs.
    Great Tower Street, 25.

SCHMITZ (F.). — Commissionnaire en Cuirs.
    (CITÉ).

SHARP et FILS. — Tannage et Corroyage de Veaux marins.
    Russel street, 111 (BERMONDSEY).

SMITH (E.) et FILS. — Négociants en Cuirs et Peaux. — Commissionnaires.
    Camomile street, 36. E C.

STOCKIL (Wm). — Tannerie. — Corroierie. — Veaux mégis.
    New Road (BERMONDSEY).

WADINGTON et Cie. — Corroierie et Commerce de Cuirs.
    Bartholomew Close, 86, 87, 88 et 89 (CITÉ).

## COMTÉS

JOHNSTON (Alex.). — Manufacture de Cuirs.
    Liverpool (comté de Lancastre).
KITCHIN et C<sup>ie</sup>. — Tannerie et Corroierie.
    Leeds (comté d'York).
MIDDLEMORE (W<sup>m</sup>.). — Cuirs tannés et corroyés.
    Birmingham.
RYMER et SCHEPARD. — Manufacture de Cuirs.
    Northampton (Northamptonshire).
SMITH Frères. — Tannerie et Corroirie.
    Leeds (comté d'York).
STAYNES et Fils. — Manufacture de Cuirs.
    Leicester (Leicestershire).
TAYLOR (J.) — Tannerie et Corroierie.
    Birmingham.
THOMPSON et Fils. — Cuirs tannés et corroyés.
    Hull (comté d'York).
WILSON, VALKER et C<sup>ie</sup>. — Cuirs tannés et corroyés.
    Leeds (comté d'York).

## AUTRICHE

DÜCK (G.). — Tannerie et Corroierie.
    Cronstadt (Transylvanie).
FABRIQUE IMPÉRIALE ET ROYALE de Cuirs et Cuirs vernis de Prague et Tyrolka.
    Ancienne Maison J. J. Pollack et Fils.
    Prague (Bohême.) — Ecrire au Directeur.
FRIEDMANN (Alex ). — Propriétaire de la Halle aux Cuirs de Vienne.
GERLACH. — Manufacture de Cuirs.
    Vienne.
GOLDSCHMIDT (A. S.). — Commissionnaire en Cuirs.
    Prague (Bohême).
GOLDSCHMIDT (J. S.). — Tannerie et Cuirs vernis.
    Prague (Bohême).

JANESCH (E.). — Tannerie et Corroierie.
  Klagenfurth (Corinthie).
LIPINSKY. — Fabricant de Cuirs en tous genres.
  Krakau (Cracovie, Gallicie).
SCYKORA. — Tannerie et Corroierie.
  Adler-Kosteletz (Bohême).
SCHMITT (F.). — Manufacture de Cuirs.
  Krems (Basse-Autriche).
SCHIFFNER (R.). — Tannerie. — Corroierie. — Peausserie.
  Kamnitz (Bohême).
SUESS et Fils. — Tannerie. — Maroquinerie.
  Vienne (près Sechsauss).
RIECKH (François). — Manufacture de Cuirs vernis.
  Gratz (Styrie).

# BELGIQUE

BLEYENHEUFT (A.). — Successeur de H. J. Fasbender. Tannerie-Corroierie-Vernisserie.
  Bruxelles, rue des Tanneurs, 63. — (V. page 386.)
CHEREQUEFOSSE (V.). — Tannerie Marvis. — Spécialité de Vaches lissées. Commerce de Cuirs tannés.
  Tournai.
DEGIVE (A.) et C$^{ie}$. — Commissionnaires en Cuirs. — Anvers.
DE PAUW et C$^{ie}$. — Tannerie-Corroierie. — Veaux cirés lustrés. — Cuirs pour carrosserie. — Peausserie en général.
  Bruxelles, rue Ulens (porte du Rivage).
DEWEZ (Jos.). — Tannerie et Corroierie. — Cuirs pour cardes. — Courroies.
  Herve (province de Liége). — (V. page 386.)
DUWELZ (N.). — Spécialité de Tiges. — Bruges.
FAID'HERBE-DANHIER (Alfred). — Tanneur. — Cuirs en poil. — Veaux secs salés. — Spécialité de Chevaux indigènes salés. — Achat de Rognures. — Cornes. — Os. — Dérayage de Cuirs tannés et vieux Cuirs.
  Elouges (Hainaut).
FRANCKX (G$^{me}$). — Tannerie-Corroierie-Maroquinerie.
  Bruxelles. — (V. page 386.)

GRISAR (G. et E.). — Courtiers. — Cuirs et Peaux. — ANVERS.

HOEBERECHTS (THÉOPHILE A.). — Tanneur et Corroyeur. — Huiles et Dégras.
    LIÉGE. — (V. page 387.)

HORTSMANS FRÈRES. — Cardes et Courroies en cuir pour transmissions.
    LIÉGE. — (V. page 385.)

MEEUS (ALP.) et VAN CASTER. — Tannerie et Corroierie industrielles.
    BORGERHOUT-LÈS-ANVERS. — (V. page 388.)

VAN NITSEN et HOUBEN. — Tannerie et Corroierie.
    Spécialité de Cuirs pour cardes et pour courroies.
    Fabrique de courroies.
    VERVIERS (province de Liége).

PIRET-PAUCHET (E.). — Spécialité de Cuirs à semelles.
    Moulin à tan. — Commerce d'Ecorces.
    NAMUR.

SCHOVAERS (E.), E. COLLET et C$^{ie}$. — Manufacture de cuirs vernis.
    BRUXELLES. — (V. page 388.)

VANDEWALLE DE COSTER (L.). — Tannerie-Corroierie. — Cuirs pays.
    Vaches en croûte et en lissé. — Empeignes et veaux en humide et en corroyé.
    GAND (Flandre orientale.)

VERBOEKHOVEN (E.-B.). — Tannerie-Corroierie-Vernisserie.
    BRUXELLES. — (V. page 388.)

VERSÉ SPELMANS. — Tannerie-Corroierie-Vernisserie.
    ETTERBEEK-LÈS-BRUXELLES, chaussée d'Etterbeek, 272. — (V. page 388).

VERSÉ SPELMANS, BRICHOT (ANT.) et C$^{ie}$. — Courroies soudées et à œillets (brevetées).
    BRUXELLES, rue d'Artois, 39. — (V. page 388.)

WAUTERS-RIGO (H$^{the}$). — Tannerie de Cuirs à semelles.
    LIÉGE, rue des Tanneurs, 7.

WAUTERS-CLOES (A.). — Tannerie de Cuirs à semelles.
    LIÉGE, quai des Tanneurs, 56.

WILLAERT FRÈRES. — Commissionnaires en Cuirs et Peaux.
    ANVERS, 18, rue du Prince.

## BRÉSIL

BREISSAN (J.-B.). — Cuirs et Peaux de toute espèce.
    RIO-JANEIRO.

CAMPAGNAC. — Tannerie et Corroierie.
    RIO-JANEIRO.

JOAO SUIZ PEDROSO et C$^{ie}$. — Tannerie et Corroierie.
    RIO-JANEIRO.

## CANADA

MOSELLY et RICKERT. — Fabrique de Cuirs vernis.
Montréal (Bas-Canada).

---

## DANEMARK

ALBECH. — Tannerie-Corroierie-Peausserie.
Svendborg

BORCH Frères. — Manufacture de Cuirs. — Spécialité de Veaux blancs.
Copenhague.

DANCHELL. — Cuirs vernis.
Copenhague.

ERICHSEN (S.). — Maroquinerie-Mégisserie.
Copenhague.

---

## ESPAGNE

ALLUSTANTE de ALMERGE. — Mégisserie.
Sarragosse.

BÉDART (B.) et ETCHEVERRY. — Cuirs tannés et Peaux brutes.
Haro (Vieille Castille).

BELLO et C° (Manuel). — Cuirs en poil et Cuirs tannés.
Madrid. — Maison-de-Paredès, 77.

ESPINOSA y BORRI HIJO. — Tannerie. — Fabricants de Peaux de Veaux cirés et blancs et Peaux de moutons.
Barcelone. — Entrepôt, rue Vigatans, 6.

GOITI (P.). — Manufacture de Cuirs. — Exportation.
Vitoria (Guipuscoa).

GOMEZ. — Cuirs et Peaux. — Exportation.
Valence.

ITURBIDE. — Cuirs et Peaux. — Exportation.
Valladolid (Vieille Castille).

— ÉTRANGER —

JOSÉ PEREZ y ROS. — Tannerie et Corroierie. — Admettent à commission, sous garantie, la vente des Peaux vernies, mégies, cirées, et tout ce qui concerne la chaussure fine.
    PALMA (Iles Baléares).

MENENDEZ-BARCENA. — Tannerie. — Exportation.
    VIGO (Galice).

MIGUEL (ALEXANDRE). — Laines lavées et en suint.
    BARCELONE (Catalogne).

MURGA et C°. — Tannerie et Corroierie. — Exportation.
    MADRID. — Rue de Pontejos, 1.

PEDRO (IRIATE). — Gros Cuirs et petites Peaux. — Exportation.
    VALLADOLID (Vieille Castille).

PERRIER (J.). — Manufacture de Cuirs. — Exportation.
    SÉVILLE (Andalousie).

RODRIGUEZ-AVELLA. — Tannerie et Corroierie.
    SANTIAGO (Galice).

SATURIO y TIMOTEO AVISMEND. — Tannerie et Corroierie.
    RENTERIA (province de Guipuzcoa).

SIBIANI (MANUEL). — Négociant en Cuirs et Peaux.
    CADIX (Andalousie).

TANNERIE BARCELONAISE. — Ecrire au Directeur-gérant.
    BARCELONE (Catalogne).

## ÉCOSSE

BROWN (H.). — Tannerie et Corroierie.
    ÉDIMBOURG.

JONSTON et FILS. — Manufacture de Cuirs.
    ÉDIMBOURG.

TULLIS et FILS. — Tannerie et Corroierie.
    GLASGOW.

## ÉTATS-UNIS

ARMSTRONG et FILS. — Cuirs et Peaux. — Importation — Exportation.
    NEW-YORK, 11, 17 et 19, Ferry street.

BACON et C° (J.) — Tannerie-Corroierie.
    ST-JOHNSBURY (État de Vermont).

BEEBE (L.). — Manufacture de Cuirs.
    Boston, 74, Pearl street.
BROWNE (D. J.). — Tannerie et Corroierie.
    Roxbury.
BRAKE (H. V.). — Manufacture de Cuirs.
    New-York, 8, Ferry street.
BRUYANT et KING. — Fabricant de Cuirs.
    Boston, 159, Pearl street.
COMBS (J. F.). — Corroyeur.
    Philadelphie, 809, Front street.
FARNAM, LANG et C*e*. — Corroyeurs.
    New-York, 62, Francfort street.
GAMBLE (W. P.) et Frère. — Fabricants de Cuirs.
    Philadelphie, 113, Margaretta street.
GROSS (Christopher). — Manufacture de Cuirs.
    Philadelphie, 1123, North third street.
GUILD Chester et Fils. — Tanneurs et Corroyeurs.
    Boston, Milk street.
HORTON et C*e*. — Tannerie et Corroierie.
    New-York, 78, Cliff street.
HULL (T. B.) et C*e*. — Fabricants de Cuirs.
    Boston, 62, High street.
KIMBALL. — Cuirs fabriqués en tous genres.
    Brauleboro (Etat de Vermont).
LOOMIS (E. C.). — Tannerie et Corroierie.
    Burlington (Etat de Vermont).
MAURICE S. KERRIGAN. — Manufacture de Cuirs.
    New-York, 8, Ferry street.
MULFORD, CARY et CONKLIN. — Importation de Cuirs et Peaux.
    New-York, 27, Spruce street.
PACKER (George). — Manufacture de Cuirs.
    Boston, 190, High street.
PETERSON et C*e*. — Corroyeurs.
    Philadelphie, 809, Front street.
RALSTON et PENDERGEAT. — Corroyeurs.
    Philadelphie, 243, Race street.
RUSSEL (L. R.) et C*e*. — Manufacture de Cuirs.
    New-York, 58, Warren street.
SCHEVILL (Thomas) et C*e* — Manufacture de Cuirs.
    New-York 35, Ferry street.
SPAULING (Edward) et BUMSTEAD. — Tanneurs.
    Boston (Dépôt de leur usine à).
WIGAND (F.). — Cuirs et Peaux — Importation.
    New-York, 38, Spruce street,

## GRÈCE

CALOUTAS (C.). — Tannerie. — Maroquinerie.
    SYRA.
KTENAS (S.).— Fabrique de Maroquins.
    ATHÈNES.
SALOUTROS (E.). — Tannerie. — Corroierie. — Mégisserie.
    SYRA.

## HOLLANDE

FICQ et FILS (A.). — Cuirs en poil.
    ROTTERDAM.
VAN GRINSVEN Fz (F. E. J.). — Tannerie et Corroierie.
    BOIS-LE-DUC (Brabant septent). — (Voir page 387).
KALKER Mz (L.). — Négociant en Cuirs et Peaux salés et secs.
    AMSTERDAM. — Keizesgracht W. 420.
POTT (J.). — Tannerie et Corroierie.
    TIEL (Province d'Utrecht).

## HONGRIE

BRECH (ANDRÉAS). — Tannerie et Corroierie.
    TEMESVAR.
JORDAN. — Manufacture de Cuirs.
    PESTH.
ZUZACK (C. J.). — Tannerie. — Corroierie. — Mégisserie.
    TEMESVÁR.

## ILES DE LA MANCHE (GRANDE-BRETAGNE)

LE GRIFFON (J.). — Tanneur. — Corroyeur.
    ST-HÉLIER (Ile de Jersey).

## IRLANDE (Grande-Bretagne)

ANDREWS et Fils. — Tannerie et Corroierie.
>   Dublin.

LYONS et Fils. — Cuirs et Peaux sèches et salées.
>   Dublin.

MOORE (A.). — Manufacture de Cuirs.
>   Dublin.

---

## ITALIE

BOCCIARDO (Gerolamo) Fu GIO. — Commissionnaires en cuirs.
>   Gênes.

BINA. — Cuirs tannés. — Vaches lissées.
>   Brescia.

CAPRETTI (P.). — Tannerie et Corroierie. — Vaches lissées.
>   Brescia.

CARISSIMI (Jacques). — Manufacture de Cuirs.
>   Bergame.

CLERICI (Edoardo). — Négociant en Cuirs, Peaux et Laines.
>   Milan.

COSTA. — Fabrique de Cuirs.
>   Rome.

FABBRI (Sebastiano). — Tannerie et Corroierie.
>   Agneaux, Moutons. — Chèvres et Chevreaux en poil.
>   Exportation.
>   Gênes (Tannerie de San-Fruttoso, près).

GIANELLO et FERRARO. — Cuirs, Peaux, Laines et Suifs.
>   Gênes.

LANZA et MOMBELLO. — Tanneurs et Commissionnaires en Cuirs tannés et en poil.
>   Ecorces. — Huiles. — Suifs. — Dégras, etc.
>   Turin. — (V. page 387).

PIVATO (J.). — Tannerie et Corroierie. — Exportation.
>   Venise.

SEPÉ Fratelli. — Fabrique de Cuirs.
>   Naples.

WEIS. — Tannerie et Corroierie.
    FLORENCE.
ZAFFARONI (ANDREA). — Fabricant de Cuirs.
    MILAN.

## INDES (Possessions Anglaises)

MONTEITH (JAMES). — Fabrique de Cuirs.
    CALCUTTA.
TEIL (JOHN) et C°. — Tannerie et Corroierie.
    CALCUTTA.
WATTSS et C°. — Tannerie. — Cuirs et Peaux
    CALCUTTA.

## LUXEMBOURG (Grand-Duché de)

BECH-DECK. — Tannerie. — Corroierie. — Spécialité de Vachettes. — Commerce d'Ecorces à tan.
    GREVENMACHER. — (V. page 385.)
LARUE. — Tannerie. — Cuirs forts et autres.
    LUXEMBOURG.

## NORVÈGE

TONNESEN (A.). — Fabrique de Cuirs forts. — Buenos-Ayres.
    CHRISTIANIA.
HEYERDALL. — Tannerie et Corroierie.
    CHRISTIANA.

## POLOGNE (Possession Russe)

DEMMLER et SCHWEDE. — Tannerie et Corroierie.
    VARSOVIE.
LIEDTKNIE. — Fabrique de Cuirs.
    VARSOVIE.

PFEIFFER. — Manufacture de Cuirs.
  VARSOVIE.

## PORTUGAL

FERREIRA LÉOCADO (J.). — Cuirs de toute espèce.
  LISBONNE.
GARRIDO, MONTEIRO et C⁰. — Cuirs pour Carrosserie et Sellerie.
LOBO et C⁰. — Cuirs vernis et cirés.
  LISBONNE.
SCHRECK (M.). — Commissionnaire en Laines et en Cuirs.
  PORTO (Province du Minho).

## RÉPUBLIQUE ARGENTINE

BI ETSCHER. — Tannerie et Corroierie.
  BUENOS-AYRES.
MARTIN AMESPIL. — Tannerie et Corroierie. — Bœufs et Vaches lissés. — Vachettes. — Cuirs noirs, jaunes et blancs.
  BUENOS-AYRES, rue Maipu, 46.

## RUSSIE

BAKHROUCHINE FRÈRES. — Fabrique de Cuirs et de Maroquins.
  MOSCOU.
HAASE. — Chamoiserie.
  SAINT-PÉTERSBOURG.
KARTAVTSEEF et C⁰. — Manufacture de Cuirs.
  SCOUBIEVKA.
LIKATCHEEF. — Tannerie et Chaussures.
  SAINT-PÉTERSBOURG
MILLER (LOUIS). — Fabrique de Tiges.
  SAINT-PÉTERSBOURG.

## SUÈDE

LÉRISSON Fils. — Tannerie. — Cuirs à semelle.
GOTHEMBOURG.

---

## SUISSE

BLOCH Frères et C⁰. — Cuirs en poil en tous genres.
BALE.

DELARUE Ainé (J.).— Tannerie et Corroierie.
BEX. — (V. page 386.)

HAUSER (Jean de Jacq$^s$). — Spécialité de Cuirs tannés extra forts pour l'Exportation.
WADENSCHWEIL, près *Zurich*. — (V. page 387.)

LACK-REINHART (F.). — Fabrique de Cuirs forts.
SOLEURE.

MERCIER (J. J.). — Manufacture de Veaux cirés.
LAUSANNE.

RAICHLEN (Louis). — Fabrique de Cuirs forts et Vaches lissées. — Veaux cirés pour l'Exportation.
GENÈVE.

REYMOND. — Cuirs forts et Veaux cirés. (Exportation.)
MORGES (canton de Vaud).

---

## TURQUIE

RIZA-EFFENDI. — Manufacture de Cuirs vernis.
CONSTANTINOPLE.

---

## VILLES LIBRES HANSÉATIQUES

PELTZER (Charles-Auguste).—(Belge). — Commissionnaire en Cuirs en poil et tannés.
HAMBOURG (Ville libre).

# TABLE

## PAR CHAPITRE ET PAR ORDRE ALPHABÉTIQUE

DES

## MATIÈRES CONTENUES DANS CE VOLUME

### AGRICULTURE et TANNERIE

Tondeuse nouvelle pour les chevaux et tous les animaux à poil, par . . . Charles Vincent. Pages de 296 à 298

### CARBONATE DE SOUDE

Son emploi dans les pelains . . . . . . . . de 282 à 283

### CATALOGUE GÉNÉRAL

de Fabricants, Commissionnaires et Négociants notables concernant l'industrie des Cuirs et des Peaux, de Paris . . . . . . . . . . . de 389 à 397
        des Départements . . . . . . . de 397 à 406
        de l'Etranger . . . . . . . . . de 407 à 419

### CHAMOISERIE

par . . . . . . . . . . . F.-P. Ouvré de 284 à 288

### CHATAIGNIER (Du Tannage au)

par . . . . . . . . . . Alégatière de 259 à 268
Réflexions par . . . . . Charles Vincent de 269 à 270

### CIRAGE DES VEAUX

par . . . . . . . . . . . . . . C. H. de 280 à 281

### COUP D'ŒIL SUR L'INDUSTRIE DES CUIRS ET DES PEAUX DANS LES DEUX-MONDES

par . . . . . . . Charles Vincent. Pages 3 à 47
Angleterre . . . . . . . . . . . . . » 43 à 47
Autriche . . . . . . . . . . . . . » 22 à 23
Bavière . . . . . . . . . . . . . » 21 à 22

— TABLE DES MATIÈRES —

| | Pages |
|---|---|
| Belgique | 17 à 19 |
| Canada | 45 à »» |
| Danemark | 27 à 28 |
| Duché de Bade | 20 à »» |
| Egypte | 42 à 43 |
| Espagne | 25 à 26 |
| États-Unis d'Amérique | 41 à 42 |
| France | 6 à 16 |
| Grand-Duché de Hesse | 20 à »» |
| Grand-Duché de Luxembourg | 17 à »» |
| Italie | 32 à 41 |
| Norvége | 27 à »» |
| Pays-Bas | 17 à »» |
| Portugal | 26 à »» |
| Prusse | 19 à 20 |
| Russie | 28 à 31 |
| Suède | 26 à »» |
| Suisse | 23 à 25 |
| Wurtemberg | 21 à »» |

### CUIR FORT DE GIVET (Le)

| | |
|---|---|
| par . . . . . . . . . CH. DEBRAUX. | de 271 à 275 |
| Sa réputation — sa qualité | de 271 à 272 |
| Classement | 272 à »» |
| Le Travail de Rivière | de 272 à 273 |
| La Basserie | 273 à »» |
| Le Tannage en fosse | 274 » »» |
| La Sèche | de 274 à 275 |
| Les Cours, la Vente | 275 à »» |

### DÉCRET

| | |
|---|---|
| Concernant les Tanneries. Formalités à remplir pour établir une Tannerie en France, par . . . . . . . . . Victor ÉMION. | de 299 à 301 |

### EAUX

| | |
|---|---|
| Leurs qualités | de 155 à 157 |
| Id. | de 246 à 248 |
| Voir aussi les pages . . . . 58, 65, 212, 222, 223, 225, 272 | |

### ÉCORCES (Des).

| | de 229 à 253 |
|---|---|
| Coup d'œil général sur la question, par . A. L. | de 229 à 232 |
| Considérations générales par CHARLES VINCENT | de 232 à 235 |
| De l'âge des coupes. — De la Séve. . . . A. L. | de 236 à 237 |
| De l'agencement des coupes, par. . . . A. L. | de 238 à 242 |
| De l'influence de la Séve sur le tannin, par. . . . . . . . . BAUDIN FILS | de 243 à 248 |
| Réflexion sur l'article de M. Baudin fils, de Brou par . . . . . . . CHARLES VINCENT | de 249 à 250 |
| De l'emmagasinage des Ecorces par . A. L. | de 250 à 252 |
| Résumé, par . . . . . CHARLES VINCENT | de 252 à 253 |
| Voir aussi . . . . . . . | de 162 à 168 |

### EXPOSITIONS FUTURES (Des)

par. . . . . . . . . . CHARLES VINCENT
   Du mode à adopter pour les récompenses Pages de 302 à 312

### GAROUILLE (De la)

Fabrication et commerce dont les cuirs tannés
à la garouille sont l'objet, par . . . . G. D.   de 255 à 258

### MACHINES A QUADRILLER

par. . . . . . . . . . GEORGES LUTZ.   de 294 à 295

### NOTICE INDUSTRIELLE

Liste, par ordre alphabétique, page — demi-page
— quart de page — de Fabricants, Commissionnaires et Négociants notables, concernant l'industrie et le Commerce des Cuirs et des Peaux.   de 333 à 388

### OUTILLAGE MÉCANIQUE

par . . . . . . . . . . . LEPELLEY   de 290 à 293

### REVERDISSAGE DES PEAUX ÉTRANGÈRES POUR MOLLETERIE

par . . . . . . . . . . Édouard GÉRARD   de 211 à 223
  Idem, par . . . . . . . Alp. LANDRON   de 224 à 227
  Idem, par . . . . . . . . . . RÉNÉ   de 64 à 68
De l'eau courante et du coup de fer. . . . .   212 à  »»
Du foulon à dames et du tonneau à chevilles . .   de 212 à 213
Du foulage à tonneau fermé et à la bigorne. . .   213 à  »»
De l'échauffage au feu . . . . . . . . .   de 213 à 214
De la mise en poutée et de l'emploi de la chaux
  vive . . . . . . . . . . . . . . .   214
De la mise en poutée et de l'emploi du sang . .   215
De l'emploi de l'eau salée . . . . . . . .   215
De la trempe, de l'égraminage et de la pile . .   de 215 à 216
Des Confits ou Ramollissages . . . . . . .   de 216 à 218
De l'emploi de l'orpin . . . . . . . . . .   218 à  »»
Du Reverdissage de la vachette par l'échauffe
  naturelle . . . . . . . . . . . . .   de 219 à 221
Du Reverdissage des Buenos-Ayres secs et salés
  pour cuir fort. . . . . . . . . . . .   de 221 à 223
Des veaux salés et secs en poil. . . . . . .   de 64 à 66

### TANNAGE RAPIDE ET RATIONNEL

par. . . . . . . . . . . CHARLES VINCENT   de 313 à 331
Questions sur le Tannage, soumises à M. Buran,
  ingénieur-chimiste, et réponses de ce dernier .   de 314 à 319
Des Inventions concernant le tannage. — Études
sur ses procédés brevetés, par. . . . BENOIT   de 319 à 330

### TIGE (De la)

par . . . . . . . . . . . . . . RÉNÉ
Réflexions sur le Tannage des veaux destinés
à cette spécialité. . . . . . . . . . .   de 276 à 279

## VACHE LISSÉE (De la)

par . . . . . . . . . . . E. BAUDIN fils Pages. de 144 à 210
Tannerie, Construction et Outillage mécanique . . de 144 à 149
Du Travail de Rivière. . . . . . . . . . . . de 150 à 160
   LE TANNAGE. . . . . . . . . . . . . . . de 161 à 192
Des Ecorces. . . . . . . . . . . . . . . . de 162 à 168
Des Jus et du montage en cuves . . . . . . de 169 à 173
Des Fosses à jus . . . . . . . . . . . . . de 173 à 182
Du Travail de cour. . . . . . . . . . . . de 183 à 187
Des Refaisages . . . . . . . . . . . . . . de 187 à 190
Du Couchage en fosse. . . . . . . . . . . de 190 à 192
   LA CORROIERIE. . . . . . . . . . . . . . de 193 à 210
Du Lissage en général . . . . . . . . . . de 194 à 198
De l'Essorage et du Séchage. . . . . . . . de 199 à 202
Du Rebroussage et du Butage. . . . . . . de 203 à 205
Du Lissage proprement dit . . . . . . . . de 206 à 208
De la mise au vent. . . . . . . . . . . . de 209 à 210
Du Retenage. . . . . . . . . . . . . . . . 210 à  » »

## VEAU CIRÉ (Du)

par . . . . . . . . . . . . . . . RÉNÉ de 49 à 143
   LE TANNAGE. . . . . . . . . . . . . . . . de 49 à 99
Coup d'œil sur le passé . . . . . . . . . de 49 à 56
Le Veau en poil. . . . . . . . . . . . . . de 57 à 63
Des Veaux salés et secs en poil . . . . . de 64 à 68
Le Travail de rivière . . . . . . . . . . de 69 à 74
Conduite de la passerie . . . . . . . . . de 75 à 81
Travail de la passerie ou basserie . . . . de 82 à 92
La mise en fosse . . . . . . . . . . . . . de 93 à 99
   LA CORROIERIE. . . . . . . . . . . . . . de 100 à 143
L'Essorage . . . . . . . . . . . . . . . . de 100 à 101
Le Dérayage. . . . . . . . . . . . . . . . de 101 à 105
La mise au vent . . . . . . . . . . . . . de 105 à 109
La mise au vent, travail de fleur . . . . de 109 à 111
Le Retenage . . . . . . . . . . . . . . . 112 à  » »
La mise en huile de fleur . . . . . . . . de 112 à 114
La mise en huile de chair . . . . . . . . de 115 à 118
La sèche sur la mise en huile . . . . . . de 118 à 120
Le Dégraissage. . . . . . . . . . . . . . 121 à  » »
Le Blanchissage . . . . . . . . . . . . . de 121 à 127
Le Dégraissage de fleur . . . . . . . . . de 128 à 129
Le Grainage . . . . . . . . . . . . . . . de 129 à 132
Manière de fabriquer le Cirage. — Son emploi et
  sa couleur suivant les pays où doivent être
  exportés les veaux . . . . . . . . . . . de 133 à 135
Le Finissage. . . . . . . . . . . . . . . de 135 à 143

# NOTES

## CONCERNANT LES MATIÈRES

### CONTENUES DANS CE VOLUME

---

ÉCORCES

NOTES — ÉCORCES

NOTES — ÉCORCES

NOTES — VACHE LISSÉE

NOTES — VACHE LISSÉE

NOTES — REVERDISSAGE

NOTES — REVERDISSAGE

NOTES DIVERSES

# NOTES — DIVERSES

15e Année　　　　　　　　　　　　　　　　　　　　　　　　　　　　　　1872

# LA HALLE AUX CUIRS

| PRIX DE L'ABONNEMENT | LE JOURNAL DE LA | PRIX DE L'ABONNEMENT |
|---|---|---|
| POUR LA FRANCE | TANNERIE ET LE TANNEUR RÉUNIS | POUR L'ÉTRANGER |
| Un An . . 22 f. » » | | Europe . . 25 f. » » |
| Six Mois . . 12 » » | SEUL JOURNAL SPÉCIAL | Autres pays 30 » » |

DU

## COMMERCE DES CUIRS ET DES PEAUX

PARAISSANT LES 3, 10, 18 ET 26 DE CHAQUE MOIS

*Les abonnés reçoivent gratuitement, le 1er de chaque mois, tous les Cours des ventes publiques de la veille.*

| CHARLES VINCENT | ON S'ABONNE | Les Lettres non affranchies |
|---|---|---|
| Directeur-Gérant | Rue de Turbigo, 42, Paris. | sont refusées. |

Ce Journal publie dans chaque numéro un premier article de M. CHARLES VINCENT, passant en revue les Abats de Paris — les Cuirs fabriqués — la Peausserie — la Corroierie — la Chamoiserie — la Mégisserie, les Laines et les Peaux de Mouton — la Sauvagine — les Matières tannantes — les Cours des Suifs de l'Abat Parisien.

Après cette revue, viennent les marchés français pour les Cuirs en poil et les Cuirs fabriqués : le Havre, Marseille, Bordeaux, Lyon, Château-Renault, Givet, Nantes, le Mans, St-Saens, Reims, Nancy, Lille, Rouen, etc., etc. Puis les marchés étrangers, en tête desquels figurent toujours Londres, Bruxelles, Gand et Anvers.

Enfin, ce journal publie de nombreux articles spéciaux sur la Tannerie, la Corroierie, la Mégisserie et tout ce qui concerne la fabrication et le commerce des Cuirs et des Peaux, ainsi que tous les faits qui intéressent ces importantes spécialités.

A la troisième page du Journal se trouve un tableau des Cuirs et Peaux fabriqués, avec provenances indiquées et prix vendus sur la place de Paris, ainsi que les cours officiels et raisonnés des Corps gras de toute sorte ; les cours des débris ; enfin, les offres et demandes de toute nature émanant de l'industrie et du Commerce des Cuirs.

La quatrième page est entièrement composée d'annonces spéciales où figurent toutes les machines nouvelles, les ventes de fonds, etc.

Un seul renseignement recueilli dans ce Journal compense largement les frais d'un abonnement annuel.

Paris. — Edouard VERT, imp., 29, rue Notre-Dame-de-Nazareth.

ADMINISTRATION DU GRAND DICTIONNAIRE
49, PARIS, RUE NOTRE-DAME-DES-CHAMPS, 49

# GRAND DICTIONNAIRE UNIVERSEL
## DU XIX⁰ SIÈCLE
### Sous la Direction de M. PIERRE LAROUSSE

Le septième volume (lettre E) du *Grand Dictionnaire* vient de paraître. Tout le manuscrit de cette œuvre encyclopédique, la plus considérable depuis l'invention de l'imprimerie, est entièrement terminé. On peut s'en assurer *de visu* rue Notre-Dame-des-Champs, 49, où le *Grand Dictionnaire* a installé une imprimerie fonctionnant pour lui seul.

Des doutes se sont élevés, on le sait, sur la possibilité de l'achèvement de cette œuvre monumentale; doutes qui s'étaient surtout affirmés dans le journal le *Temps*, par la plume d'un de nos critiques les plus autorisés. Eh bien, c'est à ce journal, c'est au même écrivain, et à trois ans de distance, que nous allons emprunter la réponse la plus éloquente que l'on puisse faire à ces appréhensions :

Je ne puis parler de lexicographie française sans dire un mot du *Grand Dictionnaire universel du XIX⁰ siècle*, l'une des plus étranges entreprises de ce temps, et dont je ne vois jamais paraître une livraison sans admirer la vaillance et le savoir-faire de M. Larousse. Qu'on se figure un dictionnaire complet de la langue, sur lequel on a enté une encyclopédie non moins complète des connaissances humaines, et, par-dessus tout cela, des articles qu'on n'avait jamais rencontré dans un recueil de ce genre, l'analyse de tous les ouvrages littéraires un peu célèbres, des études sur les monuments et les œuvres d'art, des anecdotes, des bons mots, des chansons, que sais-je ? je n'ai pas encore pu trouver un sujet qui ait échappé à l'ambition encyclopédique de M. Larousse. Mais ce qu'il y a de plus extraordinaire peut-être dans ce livre, c'est qu'il paraît régulièrement et qu'on peut en regarder l'achèvement comme assuré. Du train dont il va, il aura environ 18 volumes, et quand ces 18 volumes auront paru, on possédera tout un monde d'informations utiles, curieuses ou amusantes, un répertoire immense de choses qui ne sont rassemblées que là.

Or, lorsque le savant et honorable critique du *Temps*, M. Edmond Scherer, exprimait un jugement si contraire à ses premières appréciations, le *Grand Dictionnaire* ne publiait que 80 pages par mois. Aujourd'hui, quatre fascicules, c'est-à-dire l'équivalent de 2,560 pages in-8°, paraissent chaque mois. Ainsi, avant que cinq années se soient écoulées, le XIX⁰ siècle aura, lui aussi, son encyclopédie. Singulière coïncidence ! c'est vers 1775 que fut terminée la grande œuvre de Diderot et de d'Alembert — juste un siècle avant le nôtre.

### CONDITIONS DE LA SOUSCRIPTION

Le prix de la souscription à forfait au *Grand Dictionnaire* est actuellement (février 1872) de **600 fr.**, payables : **300 fr.** comptant, et les **300 fr.** restant en trois billets à ordre de **100 fr.** chacun, à 12, 24 et 36 mois. De la somme de **300 fr.** à payer au comptant, on défalque autant de **0 fr. 75 cent.** qu'on a déjà de fascicules.

Tous les ouvrages en vente à l'Administration du GRAND DICTIONNAIRE sont expédiés franco contre l'envoi du prix en un mandat-poste ou en timbres-poste.

En vente à l'Administration du Grand Dictionnaire
Rue Notre-Dame-des-Champs, 49, à Paris.

# FLEURS LATINES
### DES DAMES ET DES GENS DU MONDE
### Par Pierre LAROUSSE

Ouvrage indispensable à ceux qui, n'ayant pas fait d'études latines, aiment cependant à se rendre compte de toutes les allusions qu'ils rencontrent dans les livres ou entendent dans la conversation. On y trouve l'explication des principales locutions latines tirées de Virgile, Horace, Cicéron, Térence, Ovide, Tacite, Lucain, Lucrèce, etc., etc., qui ont passé dans le domaine de toutes les littératures, telles que : Ab Jove principium. Ab uno disce omnes. Adhuc sub judice lis est. Æquo pulsat pede. Ære perennius. Æs triplex. Alea jacta est. Amant alterna Camenæ, etc., etc.

Un magnifique volume grand in-8°, papier splendide.
Broché : 10 fr. | Relié : 12 fr.

# FLEURS HISTORIQUES
### DES DAMES ET DES GENS DU MONDE
### Par Pierre LAROUSSE

Ouvrage où sont rappelées l'origine et l'explication de tous ces mots, de tous ces faits célèbres auxquels les écrivains font sans cesse allusion, et qui restent bien souvent une énigme pour le lecteur, tels que : l'Abîme de Pascal. A demain les affaires sérieuses. Ah! le bon billet qu'a La Châtre ! Ai-je dit quelque sottise ? A l'œil droit de Philippe ! A moi! Auvergne, voilà les ennemis! Anch' io son' pittore! L'Ane de Buridan. L'Anneau de Gygès. L'Anneau de Polycrate. Après moi le déluge. Après vous, Messieurs les Anglais. Au plus digne, etc., etc.

Un magnifique volume grand in-8°, papier splendide.
Broché : 10 fr. | Relié : 12 fr.

*Sous presse, pour paraître incessamment :*

# FLEURS LITTÉRAIRES & MYTHOLOGIQUES

Livre où figurent toutes ces allusions à des faits mythologiques, ou à des traits, des idées, des personnages littéraires, qui ont donné lieu à des sortes de proverbes dont on ignore souvent l'origine, et qui ont passé dans toutes les langues : Les armes, l'éducation, le talon d'Achille ; Adamastor, Adonis, Agnès, les Petits du Hibou, la Lampe d'Aladin, Alceste, Ali-Baba des *Mille et une Nuits*; Puisqu'il faut l'appeler par son nom ; Plus d'amour, partant plus de joie ; Vous leur fîtes, seigneur, en les croquant beaucoup d'honneur, etc., etc., etc.

NOTA. Ce volume forme, avec les *Fleurs latines* et les *Fleurs historiques*, une collection complète qui s'adresse particulièrement aux dames, aux jeunes gens, aux jeunes personnes de plus de 12 ans, et où l'on trouve tout ce qui peut être appris à la Maison des demoiselles de la Légion d'honneur de Saint-Denis, à l'Abbaye-aux-Bois et au couvent des Oiseaux. En d'autres termes, il est le complément naturel d'un cours d'éducation et d'instruction.

**En vente à l'Administration du Grand Dictionnaire**

Paris, rue Notre-Dame-des-Champs, 49, Paris.

# DICTIONNAIRE LYRIQUE

## HISTOIRE DES OPÉRAS

CONTENANT

L'ANALYSE ET LA NOMENCLATURE DE TOUS LES OPÉRAS
ET OPÉRAS-COMIQUES REPRÉSENTÉS EN FRANCE ET À L'ÉTRANGER
DEPUIS L'ORIGINE DE CE GENRE D'OUVRAGES
JUSQU'À NOS JOURS

PAR

**FÉLIX CLÉMENT** ET **PIERRE LAROUSSE**

Ce dictionnaire, qui sera désormais une sorte de code, le *vade-mecum* des amateurs de musique, et qui renferme la substance de l'enseignement professé au Conservatoire de Paris, est le premier qui ait été conçu et exécuté sur ce plan. Veut-on assister à un spectacle lyrique, on consulte le programme; on voit le titre des pièces qui doivent être représentées; on ouvre son Dictionnaire, et l'on est au courant de ce qui va être joué.

Magnifique volume grand in-8° de 800 pages. — Prix : broché, 10 fr.; relié, 12 fr.

# GRAMMAIRE LITTÉRAIRE

## PAR PIERRE LAROUSSE

Explications suivies d'exercices sur les phrases, les allusions, les pensées heureuses empruntées à nos meilleurs écrivains et qui font aujourd'hui partie du domaine public de notre littérature, à laquelle elles servent en quelque sorte de condiment.

On trouve souvent dans ses lectures des locutions comme celles-ci : *Les dés du juge de Rabelais — Faire de la prose sans le savoir — La tache de sang de lady Macbeth — Comment peut-on être Persan? — Vous êtes orfèvre, monsieur Josse — Les beaux yeux de ma cassette — Pour l'amour du grec — A demain les affaires sérieuses — Ai-je dit quelque sottise? — Aimez-vous la muscade? on en a mis partout — Et voilà justement comme on écrit l'histoire — Les restes d'une voix qui tombe et d'une ardeur qui s'éteint — Le trident de Neptune est le sceptre du monde — Lettre de Bellérophon — Le vivre et le couvert, que faut-il davantage? — Enfin Malherbe vint — Et ces deux grands débris se consolaient entre eux — Et de Caron pas un mot — Cet oracle est plus sûr que celui de Calchas — Chez elle un beau désordre est un effet de l'art*, etc., etc. Eh bien, chacune de ces citations a une histoire. Ces allusions forment ce qu'on pourrait appeler l'assaisonnement du style. Si l'on en ignore l'origine, et si l'on ne connaît pas les cadres d'où elles ont été tirées, on court le risque de ne comprendre un texte qu'imparfaitement, et, ce qui est plus désagréable encore, de passer pour un ignorant. C'est ici que le *Sésame, ouvre-toi*, des *Mille et une Nuits*, devient indispensable à tous les esprits curieux. Telle est précisément la clef d'or que la GRAMMAIRE LITTÉRAIRE met entre les mains de tous ceux qui aiment à s'instruire.

Prix, cartonné : 3 fr.

En vente à l'Administration du Grand Dictionnaire
Rue Notre-Dame-des-Champs, 49, à Paris.

# LES JEUDIS DE L'INSTITUTRICE

LIVRE DE LECTURE COURANTE

## A L'USAGE DES PENSIONNATS DE DEMOISELLES

ET DES FAMILLES

PAR

**PIERRE LAROUSSE & ALFRED DEBERLE**

Directeur et Rédacteur

DU GRAND DICTIONNAIRE UNIVERSEL DU XIX° SIÈCLE

Édition classique. Prix : cartonné. . . . . . . . **1** fr. **50** c.
Édition de luxe.    —    relié. . . . . . . . . **2**    **50**
      —    —    demi-reliure chagrin,
                    tranche peigne. . . **3**    **50**

Cet ouvrage, composé sur un plan tout nouveau, comprend vingt-quatre sujets. Il a pour épigraphe : *Instruire, plaire et moraliser.* Toutes les mères de famille, toutes les personnes qui ont à cœur de suivre et surveiller l'éducation de leurs enfants voudront posséder ce livre attachant, d'où sont exclues avec soin ces banalités qu'on se plaît trop souvent à mettre sous les yeux des jeunes filles.

# DICTIONNAIRE COMPLET

FRANÇAIS, HISTORIQUE, GÉOGRAPHIQUE, MYTHOLOGIQUE,
BIBLIOGRAPHIQUE, ARTISTIQUE ET LITTÉRAIRE

## PAR PIERRE LAROUSSE

Les mots *bibliographique, artistique* et *littéraire*, qui complètent le titre, montrent clairement que cet ouvrage se distingue de tous les dictionnaires classiques qui ont paru jusqu'à ce jour. Outre tous les mots de la langue, les noms propres, historiques et géographiques, on y trouve :

1° Tous les chefs-d'œuvre de la peinture, de la sculpture et de l'architecture.

2° Les chefs-d'œuvre de la littérature chez tous les peuples.

3° Les personnages dont l'existence est purement littéraire, tels que : *Adamastor, Agnès* (de *l'Ecole des femmes*), *Agramant, Akakia* (le docteur), *Aladin, Alceste, Ali-Baba, Almaviva,* la *belle Angélique,* madame *Ango,* sœur *Anne, Armide, Artaban* (le fier), *Asmodée,* etc., etc.

Chacun de ces mots est l'objet de développements intéressants et instructifs; ils ne figurent par ordre alphabétique dans aucun ouvrage, et cette idée est la propriété exclusive de ce nouveau Dictionnaire.

Volume in-18 raisin de près de 1,200 pages.
Prix : cart., 3 fr. ; relié à l'angl., 4 fr. ; demi-rel. chagr., 4 fr. 50.

www.ingramcontent.com/pod-product-compliance
Lightning Source LLC
Chambersburg PA
CBHW070607230426
43670CB00010B/1438